北大社 "十三五"普通高等教育本科规划教材

电子商务与快递物流综合信息技术实训系列教材

# 电子商务与快递物流

杨萌柯 周晓光 编著

## 内 容 简 介

本书包括概述篇、理论篇和应用篇三大部分，共 13 章。概述篇阐述了电子商务与快递物流的基本概念和特点；理论篇阐述了电子商务物流管理基础、电子商务物流基本功能和电子商务与快递物流的作业流程；应用篇阐述了电子商务运营与网站建设推广、电子商务物流配送与配送中心、仓储管理与库存控制、装卸与运输管理、电子商务与快递物流信息技术、电子商务与快递物流信息系统、智能物流终端快递柜和电子商务与快递物流的发展趋势等内容。

本书可作为物流管理、物流工程、电子商务等相关专业的教学用书，也可作为电子商务和快递公司的员工培训资料。

### 图书在版编目(CIP)数据

电子商务与快递物流 / 杨萌柯，周晓光编著. —北京：北京大学出版社，2018.1
（电子商务与快递物流综合信息技术实训系列教材）
ISBN 978-7-301-28980-8

Ⅰ. ①电… Ⅱ. ①杨…②周… Ⅲ. ①电子商务—物流管理—高等学校—教材 Ⅳ. ① F713.365.1

中国版本图书馆 CIP 数据核字 (2017) 第 304674 号

| | |
|---|---|
| 书　　　名 | 电子商务与快递物流<br>DIANZI SHANGWU YU KUAIDI WULIU |
| 著作责任者 | 杨萌柯　周晓光　编著 |
| 策 划 编 辑 | 刘　丽 |
| 责 任 编 辑 | 李瑞芳 |
| 数 字 编 辑 | 陈颖颖 |
| 标 准 书 号 | ISBN 978-7-301-28980-8 |
| 出 版 发 行 | 北京大学出版社 |
| 地　　　址 | 北京市海淀区成府路 205 号　100871 |
| 网　　　址 | http://www.pup.cn　　新浪微博：@ 北京大学出版社 |
| 电 子 信 箱 | pup_6@163.com |
| 电　　　话 | 邮购部 010-62752015　发行部 010-62750672　编辑部 010-62750667 |
| 印 刷 者 | 河北滦县鑫华书刊印刷厂 |
| 经 销 者 | 新华书店 |
| | 787 毫米 ×1092 毫米　16 开本　20.25 印张　474 千字<br>2018 年 1 月第 1 版　2021 年 7 月第 3 次印刷 |
| 定　　　价 | 49.00 元 |

未经许可，不得以任何方式复制或抄袭本书之部分或全部内容。
**版权所有，侵权必究**
举报电话：010-62752024　电子信箱：fd@pup.pku.edu.cn
图书如有印装质量问题，请与出版部联系，电话：010-62756370

# 前言
## PREFACE

随着国民经济的飞速发展及移动互联网的迅速普及，电子商务逐渐成为经济增长的新亮点并将推动快递业的持续发展。2015年，我国快递业务量完成206.7亿件，同比增长48%，稳居世界第一；快递业务收入完成2 760亿元，同比增长35%。"十二五"期间，全国快递服务企业的业务量持续快速增长，市场规模从2011年的36.7亿件增长到2015年的206.7亿件，年均增长率超过50%。国家邮政局局长马军胜表示，到2020年，我国年快递业务量将达到500亿件，年快递业务收入将达到8 000亿元。人们快速变化的电子商务消费需求推动着快递业的高速发展，电子商务与快递物流协同发展的重要性日益凸显。

2015年全国人大三次会议上，国务院总理李克强在政府工作报告中首次提出"互联网+"行动计划，"推动移动互联网、云计算、大数据、物联网等与现代制造业结合，促进电子商务、工业互联网和互联网金融健康发展"。所谓"互联网+"是指传统产业经过互联网改造后的在线化、数据化、信息化。

"互联网+物流"从技术、设备、商业模式等诸多方面改变了传统物流业的运作方式和效率水平，促进了物流业的飞速发展，同时也对互联网物流人才提出了新的要求。新型互联网物流信息技术人才，是指把电子商务应用和快递物流各环节相结合，既熟悉电子商务与快递物流的理论知识，又通晓现代电子商务与快递物流信息技术；既掌握电子商务网站构建、维护、管理的相关知识和技能，又具备电子商务与快递物流系统的分析、设计、实现、评价技能的综合应用型人才。

然而，目前高等院校在电子商务与快递物流相关人才的教学培养上，存在创新创业教育理念滞后，与专业教育结合不紧，与实践脱节；教学方式方法单一，针对性实效性不强；教学内容较陈旧，市场适用性不足；实践平台短缺，创新创业教育体系亟待健全等问题。

因此，新型电子商务物流人才的培养，亟须改革物流专业现有课程体系设计，探索校企协同合作培养机制，强化电子商务物流实践教学环节，强调专业教学与实训操作相结合，培养学生的实践能力和创新能力，以满足未来电子商务、快递物流公司的人才需求。

本书根据目前各高校、企业、培训机构对电子商务、物流及相关专业的需要，有针对性地设置教学内容，包括概述篇、理论篇和应用篇。概述篇介绍了电子商务与快递物流的基本概念、关系和发展趋势；理论篇阐述了电子商务物流的基本模式、基本功能和作业流

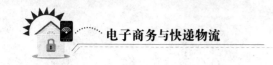

程；应用篇阐述了电子商务网站运营和网站建设推广、配送中心的规划设计、物流信息系统的设计与维护等内容。

  本书以注重案例分析和实践应用为原则，根据课程教学的实际需要，结合大量的国内外电子商务快递物流相关研究成果和知名企业电商物流运作的实际案例，对电子商务与快递物流基础理论进行了比较详细的说明，既与实际应用密切结合，又突出实践技能，具有较强的实用价值。

  通过对本书的学习，读者可以了解电子商务与快递物流的基本理论，掌握电子商务环境下快递物流的业务流程，熟悉电子商务物流运作的基本模式和技术手段，进而适应现今社会对新型电子商务物流人才的需求。

  本书是电子商务与快递物流综合实训系列教材，根据北京邮电大学和中科富创（北京）科技有限公司联合成立的电子商务与物流协同发展研究院的研发成果编写而成，亦得益于张琦、邓庆元、周红艳、王海霞、杨宁、潘彦、孙琼、于清、郑磊、刘刚等团队成员的努力和贡献，在此对他们的付出表示感谢。

  由于编者水平有限，加之时间仓促，书中难免会有不完善和谬误之处，敬请读者批评指正。

编 者

2017 年 7 月

【资源索引】

# 目录
## CONTENTS

## 概 述 篇

**第1章 电子商务与快递物流概述** 1
- 1.1 电子商务与快递物流的基本概念 2
  - 1.1.1 电子商务 2
  - 1.1.2 快递物流 11
  - 1.1.3 快递服务与物流服务的区别 19
- 1.2 电子商务与快递物流的关系 20
- 1.3 快递物流的发展 22
  - 1.3.1 中国快递市场概况 22
  - 1.3.2 国际快递巨头概况 27
  - 1.3.3 快递服务业的特征 31
- 本章小结 33
- 习题 34

## 理 论 篇

**第2章 电子商务物流管理基础** 38
- 2.1 电子商务物流管理概述 40
  - 2.1.1 电子商务物流管理的含义及特点 40
  - 2.1.2 电子商务物流管理的职能 42
- 2.2 电子商务物流模式 43
  - 2.2.1 自营物流 43
  - 2.2.2 第三方物流 45
  - 2.2.3 物流联盟 50
  - 2.2.4 第四方物流 54
  - 2.2.5 物流一体化 57
  - 2.2.6 电子商务逆向物流 59
- 本章小结 64
- 习题 64

**第3章 电子商务物流的基本功能** 68
- 3.1 包装 70

3.1.1 包装概述 ·················································································· 70
　　3.1.2 包装的操作技法 ········································································· 72
　　3.1.3 包装的合理化 ············································································ 75
　　3.1.4 包装的现代化趋势 ····································································· 76
3.2 装卸搬运 ··························································································· 80
　　3.2.1 装卸搬运概述 ············································································ 80
　　3.2.2 装卸搬运的合理化 ····································································· 81
3.3 流通加工 ··························································································· 82
　　3.3.1 流通加工概述 ············································································ 82
　　3.3.2 流通加工的方式与合理化 ·························································· 84
3.4 运输 ·································································································· 87
　　3.4.1 运输的概念 ··············································································· 88
　　3.4.2 运输的地位 ··············································································· 88
　　3.4.3 运输的分类 ··············································································· 89
　　3.4.4 运输方式 ·················································································· 90
3.5 仓储 ·································································································· 92
　　3.5.1 仓储的概念和现状 ····································································· 92
　　3.5.2 仓储活动的性质 ········································································ 93
　　3.5.3 仓储的基本功能 ········································································ 94
　　3.5.4 仓储在物流中的作用 ································································· 96
3.6 配送 ·································································································· 98
　　3.6.1 配送的含义和特征 ····································································· 98
　　3.6.2 配送与运输及送货的关系 ·························································· 99
　　3.6.3 配送在生产流通中的作用 ························································ 101
本章小结 ··································································································· 103
习题 ········································································································· 104

## 第 4 章 电子商务与快递物流的作业流程 ·················································· 108
4.1 作业流程概述 ···················································································· 109
4.2 作业流程的内容 ················································································· 111
　　4.2.1 订单处理流程 ·········································································· 112
　　4.2.2 运输作业流程 ·········································································· 114
　　4.2.3 配送作业流程 ·········································································· 115
　　4.2.4 退货处理流程 ·········································································· 117
本章小结 ··································································································· 119
习题 ········································································································· 119

## 应 用 篇

## 第 5 章 电子商务运营与网站建设推广 ······················································· 123
5.1 电子商务运营概述 ············································································· 126
　　5.1.1 电子商务运营的概念 ······························································· 126

  5.1.2 电子商务运营注意事项 ········································ 127
  5.1.3 电子商务运营内容 ············································ 127
  5.1.4 电子商务的运营模式 ········································ 128
  5.1.5 电子商务网站运营 ············································ 135
  5.1.6 电子商务网站的功能及分类 ································ 136
 5.2 电子商务网站的建设规划 ············································ 139
  5.2.1 电子商务网站的定位与策划 ································ 139
  5.2.2 电子商务网站的规划设计 ···································· 143
  5.2.3 电子商务网站的构建与设计 ································ 145
 5.3 电子商务网站的运营及推广 ········································ 149
  5.3.1 电子商务网站的运营管理 ···································· 149
  5.3.2 电子商务网站的推广营销 ···································· 151
 本章小结 ············································································ 156
 习题 ···················································································· 157

## 第6章 电子商务物流配送与配送中心 ········································ 161
 6.1 配送 ················································································ 162
  6.1.1 配送的概念 ························································ 162
  6.1.2 配送的分类 ························································ 162
  6.1.3 电子商务下的快递物流配送特征 ························ 165
 6.2 配送中心 ········································································ 168
  6.2.1 配送中心的概念、分类 ···································· 168
  6.2.2 配送中心的功能 ·················································· 169
  6.2.3 配送中心的规划设计 ·········································· 171
  6.2.4 配送中心的基本作业流程 ···································· 175
 6.3 "最后一公里"配送 ···················································· 178
  6.3.1 "最后一公里"配送概述 ···································· 178
  6.3.2 "最后一公里"配送现状 ···································· 178
 本章小结 ············································································ 181
 习题 ···················································································· 182

## 第7章 快递物流仓储管理与库存控制 ········································ 187
 7.1 仓储管理概述 ································································ 188
  7.1.1 仓储管理的基本概念 ·········································· 188
  7.1.2 仓储管理的作用 ·················································· 189
 7.2 库存管理与控制 ···························································· 190
  7.2.1 库存的定义和分类 ············································ 190
  7.2.2 库存的作用 ························································ 191
  7.2.3 库存管理与控制的含义 ······································ 192
  7.2.4 库存控制方法 ···················································· 193
 本章小结 ············································································ 198
 习题 ···················································································· 198

## 第 8 章 快递物流装卸与运输管理 ································· 203

### 8.1 装卸搬运管理 ································· 204
#### 8.1.1 装卸搬运的概念 ································· 204
#### 8.1.2 装卸搬运的地位 ································· 205
#### 8.1.3 装卸的分类和原则 ································· 205
#### 8.1.4 装卸搬运设备的选择原则 ································· 207
#### 8.1.5 装卸搬运合理化 ································· 209

### 8.2 运输管理 ································· 212
#### 8.2.1 运输管理概述 ································· 212
#### 8.2.2 运输方式 ································· 214
#### 8.2.3 第三方物流运输管理的合理化 ································· 215

### 本章小结 ································· 216
### 习题 ································· 217

## 第 9 章 电子商务与快递物流信息技术 ································· 221

### 9.1 物流信息技术概述 ································· 222
#### 9.1.1 物流信息技术的概念和分类 ································· 222
#### 9.1.2 物流信息技术的作用 ································· 223

### 9.2 信息识别技术 ································· 224
#### 9.2.1 RFID 技术 ································· 224
#### 9.2.2 条形码技术 ································· 226
#### 9.2.3 二维码技术 ································· 231
#### 9.2.4 磁卡技术 ································· 234
#### 9.2.5 硬币识别技术 ································· 235
#### 9.2.6 POS 技术 ································· 236
#### 9.2.7 指纹技术 ································· 239

### 9.3 通信技术 ································· 241
#### 9.3.1 无线 WiFi 技术 ································· 241
#### 9.3.2 蓝牙技术 ································· 243

### 9.4 自动跟踪技术 ································· 245
#### 9.4.1 全球卫星定位系统 ································· 245
#### 9.4.2 地理信息系统 ································· 247

### 本章小结 ································· 248
### 习题 ································· 249

## 第 10 章 电子商务与快递物流信息系统 ································· 251

### 10.1 电子商务与快递物流信息系统概述 ································· 252
#### 10.1.1 电子商务与快递物流信息系统的功能 ································· 253
#### 10.1.2 电子商务与快递物流信息系统的构成 ································· 254

### 10.2 电子商务与快递物流信息系统的设计 ································· 257
### 10.3 物流管理信息系统的实施与评价 ································· 258

10.3.1 物流信息系统的实施 ………………………………… 258
10.3.2 物流信息系统的评价 ………………………………… 264
本章小结 …………………………………………………………… 266
习题 ………………………………………………………………… 267

# 第11章 智能物流终端快递柜 ………………………………… 270
11.1 智能快递柜概述 ……………………………………………… 271
11.2 智能快递柜的发展历程 ……………………………………… 273
　　11.2.1 国外智能快递柜的发展 ……………………………… 273
　　11.2.2 国内智能快递柜的发展 ……………………………… 275
11.3 智能快递柜系统框架 ………………………………………… 282
本章小结 …………………………………………………………… 284
习题 ………………………………………………………………… 285

# 第12章 电子商务与快递物流的发展趋势 …………………… 287
12.1 物流网络化运营 ……………………………………………… 288
12.2 增值服务柔性化 ……………………………………………… 289
12.3 物流过程精益化 ……………………………………………… 290
12.4 物流社会化 …………………………………………………… 292
12.5 物流国际化 …………………………………………………… 293
12.6 物流标准化 …………………………………………………… 295
12.7 物流绿色化 …………………………………………………… 297
12.8 物流智能化 …………………………………………………… 298
本章小结 …………………………………………………………… 300
习题 ………………………………………………………………… 300

# 第13章 电子商务与快递物流综合实训方案 ………………… 303
13.1 实训目标 ……………………………………………………… 304
13.2 实训方案 ……………………………………………………… 305
13.3 实训内容 ……………………………………………………… 306
本章小结 …………………………………………………………… 310

**附录　本书主要专业术语** ……………………………………… 311
**参考文献** ………………………………………………………… 315

# 概述篇

## 第1章 电子商务与快递物流概述

【学习目标】
(1) 了解电子商务的发展历程、基本概念和分类。
(2) 掌握快递和物流的概念、分类和特征。
(3) 理解电子商务与快递物流的关系。
(4) 了解国内外快递物流的发展情况。

【学习重点】
(1) 电子商务、快递物流的基本概念、分类和特征。
(2) 快递物流的发展情况。

【学习难点】
(1) 电子商务的分类。
(2) 快递物流的发展情况。

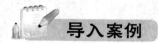

## 导入案例

### 顺丰强攻电商物流，快递公司备战"双11"系

2015年上半年，顺丰集团总裁王卫的一份内部讲话透露出顺丰"五大事业群"的内部重构事宜，这在业内引起了轩然大波。

2015年9月22日，顺丰"五大事业群"中曝光度最低的"顺丰集团仓配物流事业群"（以下简称顺丰仓配）在2015电商物流高峰论坛上亮相，顺丰仓配全系产品随之揭开面纱，其涵盖电商专配、云仓产品和增值服务三大板块。

在2015年"双11"大战前夕，顺丰还发布了2015年电商高峰应急预案。至此，包括通达系（申通、圆通、中通、韵达）在内的国内主要快递公司已全部宣布启动备战模式。业内人士评价，顺丰仓配此番集体亮相"蓄谋已久"，大有借道"双11"强攻电商物流市场的势头。随着以顺丰为代表的"仓网时代"的推动，电商物流正跑步进入2.0时代。《每日经济新闻》记者了解到，重点区别于通达系，顺丰2015年的应急预案力推"仓配全国一口价""仓储预售""备货融资零利率"和"买卖保"四大高峰产品。顺丰内部人士接受记者采访时表示，海量备货、资金吃紧、发货困难、蜗牛时效、遗失破损等物流供应链痛点已成为电商们在大促期间必须面对的首要问题。在"互联网+"时代，电商的经营模式正在不断发生变化，与之相对应的电商物流服务也必须随之而变。

（资料来源：http://www.nbd.com.cn/articles/2015-09-23/948387.html.）

为何快递与电商有着如此紧密的联系，它们之间到底有什么关系？本章将阐述电子商务的基本概念、类型和快递物流的基本知识和发展情况等。

# 1.1 电子商务与快递物流的基本概念

## 1.1.1 电子商务

**1. 电子商务概述**

1）电子商务的定义

目前学术界对于电子商务还没有统一的定义，通常可以从狭义和广义两个角度对其进行理解。

狭义的电子商务也称电子贸易（E-commerce）、电子化商务系统，仅仅将互联网上进行的商业活动归属于电子商务。

广义的电子商务（E-business）也可称为商务电子化，是指利用包括互联网、内联网、LAN等各种不同形式的网络在内的一切计算机网络进行的各种商务活动。这些商务活动不局限于企业之间，还包括企业内部、个人与企业之间。

## 电子商务

电子商务是以信息网络技术为手段,以商品交换为中心的商务活动;也可理解为在互联网(Internet)、企业内部网(Intranet)和增值网(Value Added Network,VAN)上以电子交易方式进行交易和相关服务的活动,是传统商业活动各环节的电子化、网络化、信息化。

2)电子商务的特点

电子商务是互联网爆炸式发展的直接产物,是网络技术应用的全新发展方向。互联网本身所具有的开放性、全球性、低成本、高效率等特点,也成为电子商务的内在特征,并使得电子商务大大超越了作为一种新的贸易形式所具有的价值,它不仅会改变企业本身的生产、经营、管理活动,而且会影响到整个社会的经济运行与结构。电子商务主要具有以下几个特点。

(1)信息技术的支撑使得电子商务将传统的商务流程电子化、数字化。一方面,电子商务以电子流代替了实物流,可以大量减少人力、物力,降低成本;另一方面,电子商务突破了时间和空间的限制,使得交易活动可以在任何时间、任何地点进行,从而大大提高了效率。

(2)网络的支撑使得电子商务具有开放性和全球性的特点,为企业创造了更多的贸易机会。

(3)电子商务使所有的企业都可以以相近的成本进入全球电子化市场,使得中小企业有可能拥有和大企业一样的信息资源,提高了中小企业的竞争能力。

(4)电子商务重新定义了传统的物流模式,减少了中间环节,使生产者和消费者的直接交易成为可能,从而在一定程度上改变了整个社会经济运行的方式。

(5)电子商务一方面突破了时空的壁垒,另一方面又提供了丰富的信息资源,为各种社会经济要素的重新组合提供了更多的可能,从而影响到社会的经济布局和结构。

3)电子商务的作用

要实现完整的电子商务还会涉及很多方面,除了买家、卖家外,还需要金融机构、政府机构、认证机构、配送中心等。由于参与电子商务的各方在物理上是互不谋面的,因此整个电子商务过程并不是物理世界商务活动的翻版,网上银行、在线电子支付等条件和数据加密、电子签名等技术在电子商务中发挥着不可或缺的作用。因此,电子商务的作用通常可以分为直接作用和间接作用两个方面。

(1)电子商务的直接作用:①降低商务成本,尤其能节约商务沟通和非实物交易的成本。②提高商务效率,尤其能提高地域广阔但交易规则相同的商务效率。③有利于进行商务(经济)宏观调控、中观调节和微观调整。电子商务可以将政府、市场和企业乃至个人连接起来,将"看得见的手"和"看不见的手"连接起来,既可克服"政府失灵",又可克服"市场失灵";既为政府服务,又为企业和个人服务。

（2）电子商务的间接作用：①促进整个国民经济和世界经济高效化、节约化和协调化；②带动一大批新兴产业的发展，如信息产业、知识产业和教育事业等；③促使物尽其用、保护环境，有利于人类社会可持续发展。

此外，随着电子商务规模的不断扩大，各地政府大力推进电子商务发展。电子商务对于快递等上下游行业都有很强的带动作用，由此衍生出来的就业机会大幅增加，如随之而来的客服、配送、技术等工作岗位。随着我国大量的中小企业将深度应用电子商务、电子商务服务商规模的扩大以及电子商务创业热潮的兴起，都将带动更多的电子商务直接从业人员和间接就业人员。2010—2016年中国电子商务服务企业带动从业人员的规模如图1.1所示。

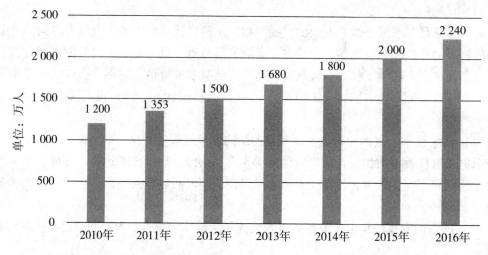

图1.1　2010—2016年中国电子商务服务企业带动从业人员的规模①

2. 国内外电子商务的发展趋势

电子商务是20世纪90年代中期伴随着网络经济的兴起，在世界经济生活中出现的应用技术革命。面对经济全球化的发展趋势，电子商务将成为21世纪商务和贸易活动的重要形态，以及企业竞争的主要手段。互联网和电子商务的兴起，将对整个社会经济生活产生了巨大影响，电子商务作为商贸经济活动的一个平台，引发了一场信息技术对传统商务活动的革命。

1）国外电子商务发展现状

欧盟（European Union，EU）于2000年推出了"电子欧洲行动计划"；美国提出了改善电子交易措施的指引计划；经济合作与发展组织（Organization for Economic Co-opration and Development，OECD）建议设立观察指标来反映电子商务的发展趋势；亚太经济合作组织（Asia-Pacific Economic Cooperation，APEC）在2000年文莱会议上也提出了类似计划，并成立了E-APEC工作组。2001年，APEC上海会议在文莱会议的成果基础上进一步提出了《E-APEC战略》行动方案。2002年的墨西哥会议提出可持续经济增长应与发展数字经济相结合，并通过了《贸易和数码经济协定》。2002年11月，由联合国贸发会议和联

---

① 数据来源：《2015年度中国电子商务市场数据监测报告》。

合国亚太经社委员会在曼谷联合召开的亚太国际会议的主题就定位于"E – Commerce Strategies for Development"（电子商务发展策略）；大会宣言特别指出：政府和商业机构包括私人商业机构都应成为推动和应用电子商务发展的伙伴。

联合国贸易法委员会（UNCITRAL）1996 年通过了《电子商务示范法》，2001 年通过了《电子签名示范法》、2005 年通过了《电子合同公约》、2016 年通过了《关于网上争议解决的技术指引》。目前正在制定《电子可转让记录示范法》。世界贸易组织（WTO）成员自 1998 年开始讨论电子传输及数字化产品的世贸规则如何适用等问题，目前就通过电子方式传输临时性免征关税达成一致。经济合作与发展组织（OECD）1998 年发布《关于电子商务中消费者保护指南》《电子商务税收政策框架条件》。亚太经合组织（APEC）1998 年发布《APEC 电子商务行动蓝图》，并设立电子商务工作指导组，其成员经济体于 2004 年签署《APEC 隐私保护框架》。

目前已有 30 多个国家和地区制定了电子商务相关法律法规，从信息安全、知识产权、隐私保护等方面保障企业和消费者权益，防范和打击不法行为。美国制定了《互联网税收不歧视法案》《网络安全法案》。加拿大制定了《反网络诈骗法》。欧盟制定了《电子商务指令》《电子通信领域个人数据处理和隐私保护指令》《消费者纠纷网上解决机制条例》《一般数据保护条例》。英国制定了《电子商务条例》。

美国参议院于 2013 年、2015 年先后两次通过《市场公平法案》，试图将电子商务税收从个别征收扩展至普遍要求。日本在内阁设立 IT（信息技术）推进战略本部，负责制订实施有关 IT 促进计划。欧盟制定《单一数字市场战略规划》。英国、法国、德国等也加强信息基础设施建设，积极创造电子商务发展的基础环境。

可见，发展电子商务已成为国际社会的共识。

纵观当今全球电子商务市场，各地区发展并不平衡，呈现出美国、欧盟、亚洲"三足鼎立"的局面。

美国是世界上最早发展电子商务的国家，同时也是电子商务发展最为成熟的国家，一直引领着全球电子商务的发展，是全球电子商务的成熟发达地区。欧盟电子商务的发展较美国晚，但发展速度快，成为全球电子商务较为领先的地区。亚洲作为电子商务发展的新秀，市场潜力较大，是全球电子商务的持续发展地区。

欧美国家电子商务飞速发展有以下因素。

(1) 欧美国家拥有计算机的家庭、企业众多，网民人数占其总人口的 2/3 以上，尤其是青少年，几乎都是网民，优裕的经济条件和庞大的网民群体为电子商务的发展创造了一个良好的环境。

(2) 欧美国家普遍实行信用卡消费制度，信用保证业务已开展有 80 多年的时间，这建立了一套完善的信用保障体系，同时很好地解决了电子商务网上支付的问题。在西方发达国家，市场经济可以说就是信用经济，信用文化十分发达，讲究信用蔚然成风，信用渗透到社会经济生活的方方面面。西方人普遍将信用看作自己的第二生命，在网上购物时，他们会在点击物品时直接输入密码，将信用卡中的电子货币划拨到网站上，商务网站在确认货款到账后，会立即组织送货上门。

（3）欧美国家的物流配送体系相当完善、正规，尤其是近年来大型第三方物流公司的出现，使得不同地区的众多网民，基本上都能在点击购物的当日或次日就可收到自己所需的产品。这要得益于欧美国家近百年的仓储运输体系的发展史。以美国为例，第二次世界大战后，许多企业将军队后勤保障体系的运作模式有效地加以改造并运用到物资流通领域中来，逐渐在全国各地设立了物流配送网络。有了这样庞大、完善的物流配送体系，在电子商务时代到来后，美国只需将各个配送点用计算机连接起来，即完成了传统配送向电子商务时代配送的过渡，电子商务活动中最重要、最复杂的环节——物流配送问题就这样轻而易举地解决了。

2）国内电子商务发展现状

20世纪90年代初，电子商务概念开始在我国传播，1998年3月我国第一笔互联网网上交易成功，此后中国电子商务迅猛发展。

中国电子商务研究中心发布的《2016年度中国电子商务市场数据监测报告》数据显示：2016年，中国电子商务交易额达22.97万亿元，同比增长25.5%。其中，B2B电商交易额16.7万亿元，同比增长20.14%。网络零售市场规模5.3万亿元，同比增长39.1%。2010—2016年中国电子商务的交易规模如图1.2所示。

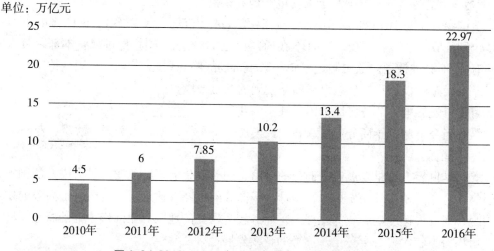

图1.2　2010—2016年中国电子商务的交易规模①

我国电子商务发展的趋势呈现良好态势。

（1）发展电子商务的环境持续改善。在网络基础建设方面，随着计算机的普及和互联网技术的发展，我国加大了对网络平台以及网络带宽的投入，为电子商务的发展提供了基本保障。

在法律援建方面，国家已经出台和即将出台的有关电子商务的政策、法规，为电子商务的发展提供了法律保障。

在信息安全方面，我国政府非常重视有关电子商务应用与发展中的安全问题，相继成

---

① 数据来源：《2015年度中国电子商务市场数据监测报告》。

立了多个相关行业认证中心，安全标准、电子签名、密码系统等相关核心技术的开发也得到了更多的重视。

（2）电子商务成为经济增长的新引擎。电子商务已经成为经济增长的新引擎，网络购物成为消费增长的新力量。2015年我国网络购物同比增长33.3%，高于同期社会消费品零售总额21%，占社会消费品零售总额达到10.8%，连续第三年成为全球网络最大市场。2015年全国电子商务园区数量已经超过500个，全国电子商务仓储面积超过1亿平方米，多个创业热点频发，线上线下互动。

（3）涌现出一批大型电子商务交易平台。近年来，我国涌现出一批优秀且发展迅速的大型电子商务网站，如淘宝网、聚美优品、唯品会、凡客诚品、京东商城等。这些网站不仅是我国电子商务行业的杰出代表，也是我国电子商务快速发展的最好见证。

（4）跨境电子商务迎来重要增长空间。近年来跨境电子商务发展势头非常迅速，我国外贸电子商务企业平台数已经超过了5 000家，开展跨境电子商务业务的外贸企业已经超过了20万家。另外，我国网购人群的跨境消费规模从2010年的20亿美元大幅增加至2014年的200亿美元。2016年，中国跨境电商交易规模为6.7万亿元，同比增长24%。其中跨境出口交易规模达5.5万亿元，跨境进口交易规模达1.2万亿元。我国2011—2016年的跨境电子商务交易规模，如图1.3所示。

图1.3　2011—2016年中国跨境电子商务交易规模①

此外，各类电子商务企业纷纷发力，加快布局跨境电子商务。京东商城开启"自营＋平台"模式，一方面通过海外直采与国外原产地品牌商合作增强品控能力，另一方面依托平台引进第三方商家入驻来销售国外商品，两者互为补充，效益明显；淘宝、亚马逊等平台推出专门的全球购频道，开辟海淘商品代拍或直采业务，并通过自建物流或第三方物流将商品配送到消费者手中；唯品会和聚美优品等垂直电商积极拓展跨境电子商务业务，相继推出全球特卖和网上免税店业务；蜜芽宝贝、洋码头等一批跨境电子商务新秀则获得资

---

① 数据来源：《2015年度中国电子商务市场数据监测报告》。

本市场青睐,分别获得数千万至上亿元美金不等的风险投资,快速发展势头强劲。表1-1展示了目前我国主要的跨境口电商类型。

表1-1 我国主要跨境口电商类型

| 经营模式 | 代表公司 | 简介 | 优势 | 劣势 |
| --- | --- | --- | --- | --- |
| 平台模式 | 天猫国际 | 将第三方商家引入平台,提供商品服务 | 轻资产模式 | 收入仅靠租金,第三方商家品质难以保障 |
| "自营+平台"模式 | 京东商城 | 一部分采取自营,一部分允许商家入驻 | 供应链管理能力强,与品牌建立稳固关系,打通产品流通环节、规效应强 | 重资产模式 |
| 闪购模式 | 唯品会、聚美优品 | 凭借积累的闪购经验和用户黏性采取低价抢购策略 | 产品更换快,新鲜度高,客户重复购买率高 | 物流成本高,门槛低,竞争激烈 |
| 垂直型自营平台 | 蜜芽宝贝 | 品类的专项化程度高 | 供应链模式多样 | 前期需要较大资金支持 |

(5) 农村电子商务呈现巨大发展潜力。从电子商务发展情况来看,当前三线以上城市的电子商务渗透率已经接近顶峰,农村电子商务成为下一轮"互联网+"①电子商务发展的巨大市场空间。电商时代的到来,让农村购买力得到释放,逐渐实现了与城市无差别的消费,更深刻影响到农村生产生活的方方面面,显示出强大的生命力。例如,当前会在电商上购买农用商品的用户仅有10%,潜在客户群体尚有很大提升空间。同时,生鲜电子商务作为农产品电子商务的重要内容,在消费升级、技术进步和资本介入的背景下,迎来高速发展的爆发期。2015年1月至10月,人均线上生鲜消费达到339.7元,远超其他品类消费。随着阿里巴巴、京东商城等大电子商务主导的金融服务在农村的普及,以及电商渠道下沉带来的农村物流体系完善,农村电子商务的发展将迎来进一步爆发的空间。

(6) 移动电子商务引领电商发展潮流。随着智能终端和移动互联网的普及,移动端已经成为电子商务的新入口,以碎片化、场景化、社交化等为特征的移动网购新模式,正在挑战基于PC端的传统购物模式。2015年,中国移动端网购交易额达到2.1万亿元,同比暴涨123.2%,在网购总交易额中的占比首次超越PC端,达到55%。同时,基于微博、微信等自媒体社交平台兴起的"微商"群体快速崛起,正在构筑以"社群"和"APP"为核心的去中心化的电子商务新模式。

---

① 2012年11月,易观国际董事长兼首席执行官于扬首次提出"互联网+"理念。

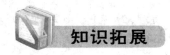

## 中国电子商务发展简史

电子商务是以信息网络技术为手段,以商品交换为中心的商务活动;也可理解为在互联网(Internet)、企业内部网(Intranet)和增值网(ValueAddedNetwork,VAN)上以电子交易方式进行交易活动和相关服务的活动,是传统商业活动各环节的电子化、网络化、信息化。

在今天,大家对电子商务都有了非常全面的了解,大部分网民都懂得通过互联网购物交易。随着物流配送的各项措施越来越完善,以及互联网科技的飞速发展,就算我们相隔千里,也只需要数秒之间,就可以通过互联网完成交易行为。所以,电子商务不再只是一个概念,而是随着这20年的发展,转变成很多人的一个习惯。

(1) 萌芽期(1996—1998年)

1996—1998年是中国电子商务的概念萌芽期,没错,在20年前,电子商务只能算是一个概念。因为当时的互联网在中国来说仅仅是一个梦,甚至说,很多人根本就还没有做过这个梦。

电子商务的基石是互联网,如果连基石都还没有奠定,其余的也就只能是空谈。即使我们还能看到化工网、中国制造网等一些网页,不过当时能看到的仅仅是英文界面,中国的互联网市场一切都还只是雏形。有的只是无数个"可能",这个时期的当今互联网大佬们,有的还在研究微软、IBM,马云刚开始开发对外交易网站,马化腾正在跟代码死磕,李彦宏还在硅谷考虑什么时候回国创业……

说不清为什么,到了1999年,中国互联网的征程就像打了鸡血一般,开始了实质性的商业化阶段。这一年,几乎可以称之为中国电商元年,一切都充满了机会和未知。

在8848网成立4个月以后,其策划了一场72小时网络生存的活动;也就是说,在不通过实体购物的前提下,仅仅借助互联网来产生消费购物度过这72小时,说白了,也就是你这72小时的吃喝全都必须通过互联网搞定。不过让人感到无奈的是,12位参加活动的选手绞尽脑汁,到了最后,仅仅通过网络买到了永和豆浆!由此也可以看出,在电子商务发展初期,所面临的发展空间和未来展望,一切都是迷茫的。

不过就算如此艰难的时期,也并未阻止到电子商务发展的脚步。这一年,不仅开始萌生出许多民营互联网企业,国企单位也开始介入互联网的建设。1999年9月6日,中国国际电子商务应用博览会举办,招商银行启动一网通网上银行服务,12月建行推出网上支付,还有携程、盛大等电商都在这一年成立。

1999年年底,正是互联网高潮来临的时候,国内诞生了370多家从事B2C的网络公司,到2000年,变成了700家,随着电子商务雏形开始的时候,网民暴增至890万,能上网的计算机达350万台,电子商务开始有了市场,很多我们早已无法记住名字的公司激情澎湃地进行烧钱大业,资本的目光也不断聚集到他们身上。

但就在他们刚刚起步之时,美国的互联网泡沫破灭,资本再次远离互联网,新浪、网易、搜狐在纳斯达克都没有讨到好处,8848等一批电子商务企业更是在这个阶段倒闭。到2001年,人们还有印象的只剩下三四家。随后电子商务经历了一个比较漫长的"冰河时期"。但也许正是这样的冷热,让诸多公司找到了新的方向。

(2) 成长期(2003—2008年)

冰冻时期一直延续到2003年,这一年对于中国的实体经济来说,是极其艰难的,因为"非典"的肆虽令许多行业在春天里感受到寒冬的冷意，但却让电子商务时来运转。

2003—2008年，绝对是中国电子商务的成长期，电子商务界经历了一系列重大事件，如2003年5月，阿里巴巴集团成立淘宝网，进军C2C市场。2003年12月，慧聪网香港创业板上市，成为国内首家B2B电子商务上市公司。

2004年1月，京东涉足电子商务领域。2004年12月，阿里巴巴成立支付宝，打通电商第一个第三方支付平台；2005年9月，腾讯依托5亿QQ用户成立拍拍网；2007年11月，阿里巴巴网络有限公司成功在香港主板上市。

再加上腾讯对于网络社交的推动，新浪对网络社群的建设，网易对网络游戏的引领，还有天涯、百度贴吧等互动交流平台的诞生，盛大、17K等一批网络文学引领整个互联网，已经在短短的几年时间里，变成了一个活跃度最高的战场。这些互联网平台的发展，也在无形之中推动了电子商务领域建设的加速。

同时，随着网民和电子商务交易量的迅速增长，电子商务成为众多企业和个人新的交易渠道，如传统商店的网上商店、传统企业的电子商务部门以及传统银行的网络银行等，越来越多的企业在线下渠道之外开辟了线上渠道。2007年，我国网络零售交易达561亿元。

（3）群雄期（2008—2016年）

2008年，随着中国电子商务未来走向势头大好，任何一个企业和个人，都希望能抓住这一次互联网新的浪潮机遇。在这个阶段，也是PC互联网开始向移动互联网转型的关键期。所以能把这一次转型机会掌握好，势必能在未来的电子商务领域中占有自己的一席之地。

此时的B2C，已经开始被淘宝网占据了大半个江山，并且淘宝网早已将B2B和C2C无缝连接，所以电商领域的市场可谓是阿里巴巴一家独大。可是对于整个中国的消费市场来说，其市场空间还是非常大的。于是，京东开始发力，朝着B2C的市场布局发展，也夺得了自己的一片天下。紧接着，聚美、唯品会、凡客等一些小众领域的市场，也在互联网经济浪潮的带领下，逐步获得了消费市场的认可。

就连原本以电器销售为主的苏宁和国美，也忍不住进入电子商务的行列。到2010年，整个电子商务市场可谓是百花齐放。当然，在这个过程中，一些做出错误判断和独断独行不按照中国市场规则来布局的企业，最终也被市场经济的现实状况狠狠地扇了一巴掌。

也许是一些传统制造业的互联网思维转型举措，影响到一些企业的思维布局，随着移动互联网的普及，智能手机取代了传统手机。2010年，小米推出了全新的互联网营销思维，进一步推动了新的电子商务营销进程。

当微信逐步取代QQ成为了中国最大的社交应用商之后，C2C的销售模式不再仅局限于第三方平台作为支撑的营销方式，慢慢地，微商成为全新的商业模式。随着李克强总理提出的"双创"理念在中国全面开展落实，整个电子商务领域，呈现出了更多新的经营理念和模式。

纵观电商的发展史，我们也许无法体会那时风口浪尖的壮阔，但我们还是会感谢他们，因为他们的坚持（即使目的只是为了赚钱），我们能拥有现在更加便利的生活。

（资料来源：风行软件研发 http://mp.weixin.qq.com/s?src=11&timestamp=1508676743&ver=468&signature=f2nS8SXWHaY6QudbotOsYBuAvd6QvYmPAS33JqZtNq93BokL*LRfXeg-rAbp0KlavWYzASoeJYNKYL91zypER6qawAKpJkSZMhlt*QW3VyVeXiWyUcVcbBk3BfC1C1Q8&new=1）

## 1.1.2 快递物流

**1. 快递**

1）快递的概念

快递又称速递（Courier Service or Express Service），是指按照发件人要求，在适当短的期限内，保证快件优质、高效、快速地从发件人运送到收件人的门到门服务。快递对象包括两大类，一是以处理文件、图纸、资料、贸易单证为主的函件快递，二是以处理样品、社会活动礼品和家庭高档商品为主的包裹快递。快递为商务文件和包裹提供快捷、安全的"门到门"全程服务。快递企业收取发件人托运的快件后，利用多种快捷运输方式，按照发件人要求的时间将其运到指定的地点，送交指定的收件人，并要将运送过程的全部情况向有关人员提供，以方便实时信息查询服务。

快递市场的兴起源于消费者对所寄递物品的安全快速到达存在强烈的要求，因此时效性和安全性是快递服务的两个重要因素。时效性取决于物流速度，与收件、派送、通关、国际运输等环节的工作流程与效率关系密切，尤其是运输工具的选择。快递行业的时效性，使得在正常工作流程情况下，货物到达时间与消费者期待的时间相比不会延误。安全性主要包括两个方面：一是快件本身的安全性，即快件本身是否会全部或部分丢失，是否会被损坏，信息是否会被泄漏；二是快件对社会的安全性，即快件是否会对国家、公民、企业及其他单位的安全和权利构成威胁。

2）快递的分类

（1）根据寄递距离的远近及是否跨国境，快递可分为国际快递、国内快递、同城快递。国际快递是指在国家与国家（或地区）之间以最快的速度传递信函、商业文件及物品的递送业务。国内快递是指在本国境内各城市之间以最快速度传递信函、商业文件及物品的递送业务。同城快递是指在同一个城市内以最快速度传递信函、商业文件及物品的递送业务。

（2）根据托寄物内容的性质，快递可划分为信函类、商业文件类、包裹类三种。信函主要指具有个人现时通信内容的文件。根据《中华人民共和国邮政法》的规定，所有信函类归属邮政专营的范围，私人及快递公司不允许经营。商业文件包括商业合同、工程图纸、照片、照相复印品、金融票据、有价证券（不包括各国货币和无记名支票）、证书、单据、报表及手稿文件等全部以印刷方式印制、复制的各种纸制品。包裹指托寄物为所有适合于寄递的货物样品、馈赠礼品及其他物品等。

（3）根据快递的服务形式，快递可划分为门（桌）到机场、门（桌）到门（桌）、专差三种。

门（桌）到机场的快递服务是指寄件人电话通知快递公司，快递公司接到下单通知后上门取件，然后将所收到的快件集中到一起，根据其目的地分拣、整理、制单、报关后发往世界各地。到达目的地后，由快递公司通知收件人自己去机场办理通关手续并提取货物。采用这种方式的多是目的地海关当局有特殊规定的货物或物品。

门(桌)到门(桌)的服务形式是目前快递公司最常用的一种服务形式。首先,寄件人在需要寄快件时电话或传真通知快递公司,快递公司接到通知后派人上门取件,然后将所有收到的快件集中到一起,根据其目的地分拣、整理、制单、报关后发往世界各地。到达目的地后,再由当地的分公司办理清关、提货手续,并送到收件人手中。在此期间,客户可以依靠快递公司的电脑网络对快件所处的位置进行查询,或通过快递公司的客户服务热线进行查询投诉;快件送达后,也可以及时通过电脑网络将信息反馈给寄件人。

专差是指由快递公司指派专人到寄件人处收取快件,然后携带快件在最短时间内将快件直接送到收件人手中,快递的起源便是这种方式。专差的特点是比较可靠、安全,同时费用也较高。

3) 快递产业的基本特征

快递产业具有服务性、网络性、时效性及规模经济性等基本特征。

(1) 服务性。从本质上说,快递服务只是实现物品的空间位置转移,并不生产新的产品,因此服务性是其基本特征之一。快递服务包含服务广度、服务深度及服务舒适度。服务广度是指快递服务的业务种类及其满足用户需求的程度。业务种类越多,服务广度就越广;反之,服务广度就越窄。服务深度是指为用户提供快递服务的完全程度和便利程度。提供的服务越完全越便利,即需要由用户自己完成的工作量越小,服务深度就越深;反之,需要由用户自己完成的工作量越大,则为用户提供的服务就越不完全,快递服务深度就越浅。服务舒适度是指以员工服务态度、服务质量和工作效率为核心,用户在使用过程中心理感受的优劣程度。

(2) 网络性及规模经济性。快递的网络性表现在两方面:一方面,快递服务主要依靠各种交通运输工具(如飞机、火车、汽车、船舶等)组成的物理网络来实现,同时快递网络的建立具有实物网络的明确指向性,在网络局部拥塞或利用不足的情况下,各线路实物流交叉调度的灵活性及可实现性差,这一点与电信网络不同。因而邮运网络各线路上的实物流量都有规模经济性的要求。另一方面,快递服务的全过程必须要在由不同企业合作的全国(或全球)范围内完成(或同一企业在不同区域之间合作完成)。

(3) 时效性。时效性是信息、物品类传递服务的基本要求。快递的时效性突出表现在用户对物品传递速度的要求。快递的实物传递性,决定了快递服务在保证安全、准确的前提下,传递速度是最重要的反映快递服务质量的核心要素。

2. 物流

1) 物流的概念

关于物流的概念,学术界有以下多种定义方法。

(1) 物流是指为了满足客户的需求,以最低的成本,通过运输、保管、配送等方式,实现原材料、半成品、成品或相关信息进行由商品的产地到商品的消费地的计划、实施和管理的全过程。物流是一个控制原材料、制成品、产成品和信息的系统,从供应开始经各种中间环节的转让及拥有而到达最终消费者手中的实物运动,以此实现组织的明确目标。

物流有七大构成部分：物体的运输、仓储、包装、搬运装卸、流通加工、配送以及相关的物流信息等环节。具体内容包括以下几个方面：用户服务、需求预测、订单处理、配送、存货控制、运输、仓库管理、工厂和仓库的布局与选址、搬运装卸、采购、包装、情报信息。

（2）中国国家标准《物流术语》指出：物流是物品从供应地到接收地的实体流动过程，根据实际需要，将运输、储存、装卸、搬运、包装、流通加工、配送、信息处理等基本功能实施有机的结合。

（3）物流中的"物"是物质资料世界中同时具备物质实体特点和可以进行物理性位移的那一部分；"流"是物理性运动，这种运动有其限定的含义，即以地球为参照系，相对于地球而发生的物理性运动称之为"位移"。"流"的范围可以是地理性的大范围，也可以是在同一地域、同一环境中的微观运动，小范围位移。"物"和"流"的组合，是一种建立在自然运动基础上的高级的运动形式，其互相联系是在经济目的和实物之间、在军事目的和实物之间甚至在某种社会目的和实物之间寻找运动的规律。因此，物流不仅是上述限定条件下的"物"和"流"的组合，而且是限定于军事、经济、社会条件下的组合，是从军事、经济、社会角度来观察物的运输，达到某种军事、经济、社会的要求。

（4）现代物流不仅考虑从生产者到消费者的货物配送问题，而且还考虑从供应商到生产者对原材料的采购，以及生产者本身在产品制造过程中的运输、保管和信息等各个方面，全面地、综合性地提高经济效益和效率的问题。因此，现代物流是以满足消费者的需求为目标，把制造、运输、销售等市场情况统一起来考虑的一种战略措施。这与传统物流把它仅看作"后勤保障系统"和"销售活动中起桥梁作用"的概念相比，在深度和广度上又有了进一步的含义。

总之，物流是包括运输、搬运、储存、保管、包装、装卸、流通加工和物流信息处理等基本功能的活动，是由供应地流向接受地以满足社会需求的活动，是一种经济活动。

2）物流的分类

由于物流对象不同、物流目的不同、物流方向不同、物流范围不同，人们可以从不同角度采用不同的标准对物流进行分类。目前主要有以下几种主要的物流分类方法。

（1）按物流在社会再生产中的作用不同可将其分为宏观物流和微观物流两类。

① 宏观物流是指从社会再生产总角度认识和研究的物流活动。这种物流活动的参与者是构成社会总体的大生产者、大集团，宏观物流也就是研究社会再生产总体物流，研究产业或集团的物流活动行为，即从宏观的角度，以长远性和战略性为观点，全面系统地研究物流、管理物流。

② 微观物流是指消费者、生产者所从事的实际的、具体的物流活动。在整个物流活动中的一个局部、一个环节的具体的物流活动，在一个小地域空间发生的具体的物流活动，针对某一种具体产品所进行的物流活动都属于微观物流。在物流活动中，企业物流、生产物流、供应物流、销售物流、回收物流、废弃物流、生活物流等都属于微观物流。微观物流的特点是具体性和局部性，微观物流的运行状况将直接影响企业的经济效益。

（2）按物流活动的空间范围不同可将其分为国际物流和区域物流两类。

① 国际物流是指跨越不同国家或地区的物流活动。它是国内物流的延伸和进一步发展，是跨国界的、物流范围扩大的物的流通。国际物流是现代物流系统发展很快、规模很大的一个物流领域，国际物流是伴随和支撑国际经济交往、贸易活动和其他国际交流所发生的物流活动。由于近几年国际贸易的急剧扩大，国际分工日益深化及区域一体化速度的加快，国际物流业成了物流现代化研究的热点问题。随着世界经济一体化的发展，"多国制造"的产品越来越多，如由某些国家生产某些零部件、配件，再由另一些国家组装或装配成整机，这种生产环节之间的衔接也需要依靠国际物流。

② 区域物流是指某一行政区域或经济区域的内部物流。由于区域物流都是处于同一法律、规章和制度之下的，都受相同文化和社会因素影响，都处于基本相同的科技水平和装备水平之中，因而都有其独特的特点，都具有区域性的特点。研究区域物流应根据区域的特点，从本区域的利益出发组织好物流活动，又要保障该区域的生产和生活环境，促进区域经济的发展。

（3）按物流系统的性质不同可将其分为社会物流和企业物流两类。

① 社会物流是指企业外部物流活动的总称，即国民经济部门与部门之间、地区与地区之间、企业与企业之间为实现商品流动的各种经济活动，包括企业向社会的分销物流、购进物流、回收物流、废弃物流等。

② 企业物流是指货主企业在经营活动中所发生的物流活动。它体现为企业内部各部门之间物质实体流动的各种活动，是以企业经营为核心的物流活动，是具体的、微观物流活动的典型领域。企业系统活动的基本结构是"投入→转换→产出"，对于生产型的企业来讲，是原材料、燃料、人力、资本等的投入，经过制造或加工使之转换为产品或服务；对于服务型企业来讲，则是设备、人力、管理和运营转换为对客户的服务。

（4）按物流的过程不同可将其分为企业供应物流、企业生产物流、销售物流、回收物流和废弃物物流。

① 企业供应物流是指为下游客户提供原材料、零部件或其他物品时所发生的物流活动，即为生产企业、流通企业或消费者购入原材料、零部件或商品的过程，也就是商品从生产者、持有者到使用者之间的物流。对生产企业而言，供应物流需将原材料配送给工厂，它的主要客户是工厂，它处理的对象主要是生产商品所需的原材料和零部件。由于原材料与零部件的数量之间有固定的比例关系，因此供应物流的功能就是强调原材料的配套储存、分拣、及时配送、加工和预处理等。对流通领域而言，供应物流是指在为商品配置而进行的交易活动中，从买方角度出发的交易行为中所发生的物流。由于供应物流占用大量的企业流动资金，因此对其严格管理，使其合理化，对企业的成本至关重要。

供应物流不仅要保证供应的目标，而且还要以最低成本和最少消耗来组织供应物流活动，满足限定的条件，因此难度很大。现代物流学是基于非短缺商品市场这样一个宏观环境来研究物流活动的，在这种市场环境下，供应数量的保证是容易做到的，而企业竞争的关键则在于如何降低这一物流过程的成本。为此，企业供应物流就必须解决有效的供应网络、供应方式和零库存等问题。

供应物流的重心是采购，因为企业生产或经营活动所需的货物都通过采购获得，它是企业物流管理的起点。在有效的货物或服务的采购中，"按需采购"既是前提又是原则，即尽量做到以最小的费用、最低的价格购进企业所需的最合适的各类货物。

② 企业生产物流是指制造企业在生产过程中原材料、在制品、半成品、产成品等的物流活动，即从工厂的原材料购进入库起，直到工厂产品库的产品发送为止这一全过程的物流活动。生产物流是制造产品的企业所特有的，它需要与生产流程同步。原材料及半成品等按照工艺流程在各个加工点之间不停地移动、流转，形成了生产物流。因此，生产物流合理化对工厂的生产秩序和生产成本有很大的影响。

过去人们注重的是生产加工过程，现在人们在研究生产加工过程的同时更加关注生产流程如何安排，从物流角度看如何做得更合理，生产活动环节如何有效衔接，如何缩短生产的物流时间，如何选配合适的机械装备等，特别是注意工厂布置、工艺流程、装卸搬运、生产物流的物流节点等。

③ 销售物流是指生产企业、流通企业在出售商品过程中所发生的物流活动，即企业为保证自身的经营利益，伴随销售活动将产品所有权转给用户的物流活动。在现代社会中，市场环境是一个买方市场，因此销售物流活动便带有极强的服务性，以满足买方的要求，最终实现销售。在这种市场前提下，销售往往以送达用户并经过售后服务才算终止。因此，销售物流的空间范围很大。企业销售物流的特点就是通过包装、送货和配送等一系列物流步骤来实现销售，这就需要研究送货方式、包装水平及运输路线，并采用各种诸如少批量、多批次、定时及定量配送等特殊的物流方式来达到目的，因而其研究领域是很宽的。

专业批发业务的物流作业具有大进大出和快进快出的特点，它强调的是批量采购、大量储存及大量运输的能力，大型分销商需要大型的仓储和运输设施。另外，分销商属于中间商，需要与上游和下游进行频繁的信息交换，需要具有良好的信息接口和高效的信息网络。

④ 回收物流是指退货、返修物品和周转使用的包装容器等从需方返回供方所引发的物流活动。在生产及流通活动中，有一些资料需要回收并加以利用，如作为包装容器的纸箱、塑料筐、酒瓶等；还有可用杂物的回收和再加工，如旧报纸、书籍通过回收、分类可以再制成纸浆加以利用，金属废弃物可以回收并重新冶炼成有用的原材料等。

【拓展知识】

企业在生产、供应及销售活动中总会产生各种边角余料和废料，这些东西的回收是需要伴随物流活动的。在一个企业中，若回收物品处理不当，会影响整个生产环境，甚至影响产品质量，同时还会占有很大的空间，造成浪费。

要提高对废旧物资的认识，如废旧物资残存着物资的使用价值，有些物资在某一应用方面的价值丧失后，其另一方面的使用价值仍然存在；有些废旧物资经简单加工可恢复其全部或部分使用价值；有些废旧物资经深加工有可能发挥其他更有作用的使用价值。

⑤ 废弃物物流是指将经济活动中失去原有使用价值的物品，根据实际需要进行收集、分类、加工、包装、搬运、储存等，并分送到专门处理场所的物流活动。

(5) 其他分类。

① 一般物流和特殊物流。一般物流指物流活动的共同点和一般性。物流活动的一个重要特点是涉及全社会、各企业，因此物流系统的建立、物流活动的开展必须有普遍的适用性。一般物流研究的着眼点在于物流的一般规律，建立普遍适用的物流标准化系统，研究物流的共同功能要素，研究物流与其他系统的结合、衔接，研究物流信息系统及管理体制等。

特殊物流是指在专门范围、专门领域、特殊行业，在遵循一般物流规律的基础上，带有特殊制约因素、特殊应用领域、特殊管理方式、特殊劳动对象、特殊机械装备特点的物流。特殊物流活动是社会分工深化、物流活动合理化和精细化的产物，在保持通用的、一般的物流活动的前提下，能够有特点并能形成规模，能产生规模经济效益的物流便会形成本身独特的物流活动和物流方式。特殊物流的研究对推动现代化物流发展的作用是巨大的。特殊物流可进一步细分如下：按劳动对象的特殊性来分，有水泥物流、石油及油品物流、煤炭物流、腐蚀化学物品物流、危险品物流；按数量及形体不同来分，有多品种、少批量、多批次产品物流和重大件物流等；按服务方式及服务水平不同来分，有"门到门"的一贯物流和配送等；按装备及技术不同来分，有集装箱物流、托盘物流等；对于特殊的领域则有军事物流、废弃物物流等。

② 第三方物流是指接受客户委托为其提供专项或全面的物流系统设计及系统运营的物流服务模式。它是物流渠道中的专业化物流中间人，以签订契约的方式，在一定时期内，为其他公司提供所有的或某些方面的物流业务服务。物流经营方不参与商品的买卖，只是提供从生产到销售的整个流通过程中专门的物流服务，诸如商品运输、存储配送及增值性物流服务。

第三方物流服务分为3个层次：基本业务（运输、仓储、配送、装卸搬运）、附加值业务（订单处理、货物验收、仓库再包装、仓库再加工、代理货物保险、送货代收款、货物回收与替代）和高级物流服务（库存分析报告、库存控制、建立分销中心、设计供应链）。

③ 第四方物流是一个供应链集成商，它对公司内部和具有互补性服务的供应商所拥有的不同资源、能力和技术进行整合和管理，并提供一整套供应链解决方案。

第四方物流不仅控制和管理特定的物流服务，而且对整个物流过程提出策划方案，并通过电子商务将这个过程集成起来。因此，第四方物流成功的关键在于为顾客提供最佳的增值服务，即迅速、高效、低成本和人性化服务等。发展第四方物流需平衡第三方物流的能力、技术及贸易畅通，为客户提供功能性一体化服务并扩大营运自主性。

第四方物流的特点之一就是提供了一个综合性供应链解决方法，以有效地适应需方多样化和复杂的需求，集中所有资源为客户完美地解决问题，如供应链再造、功能转化、业务流程再造等。

第四方物流的提出虽然引起了物流业界的争议，但作为设想还是值得我们关注的。

④ 虚拟物流是指为实现企业之间物流资源共享和优化配置，以减少实体物流方式，是基于计算机信息及网络技术所进行的物流运作与管理。

⑤ 精益物流是指在物流系统优化的基础上，剔除物流过程中的无效和不增值作业，用尽量少的投入满足客户需求，实现客户的最大价值，并获得高效率、高效益的物流。

⑥ 反向物流是指由物品从供应链下游向上游的运动所引发的物流活动，也称逆向物流。简而言之，逆向物流就是从客户手中回收用过的、过时的或者损坏的产品和包装开始，直至最终处理环节的过程。

3）物流的特征

现代物流的特征可以理解为物流的现代化特征。随着现代物流的发展，它也表现了许多特征，而这些特征又具有不同属性，物流的现代化特征或者说现代物流的特征具有科学属性、技术属性、经济属性、管理属性和社会属性。

需要说明的是，由于科学技术的发展出现了交叉学科和边缘学科，因此在划分现代物流的特征属性过程中，人们往往是很难区别现代物流的特征属性，例如，有时难以区别科学属性和技术属性，有时难以区别经济属性和管理属性。现代物流的各种属性相互影响、相互促进、相互交叉、相互包含，既有区别又有联系，形成了复杂多变的现代物流。

另外，现代物流的特征是发展的、动态的，因此，现代物流的特征也是不断变化的。为了比较准确地分析现代物流的特征，我们在现代物流的科学属性、技术属性、经济属性、管理属性及社会属性范围内分析现代物流的主要特征，目的是在探讨现代物流的本质以及探讨现代物流与传统物流区别的同时进一步探讨现代物流的发展趋势。

现代物流主要具有以下特征。

（1）科学系统化。现代物流已经成为一门学科，物流的科学化表现为在发达国家拥有专门的物流科学机构和从事物流科学的专业人员，并已经建立了完整的、系统的、全面的物流科学研究、教育、培训体系。

在物流科学的发展过程中，物流作为一门年轻的学科不断从其他学科中汲取营养，不断地采用和应用其他学科的成果（如分销管理、运输管理、物资管理和其他技术学科），从而形成了一个相对独立的学科。与此同时，物流又与其他学科（如市场营销、运作管理、供应链管理、电子商务等）融会贯通，促进了整个管理科学的发展。

物流系统化是系统科学在物流管理中应用的结果。系统科学在物流管理领域中得到了广泛的应用，人们利用系统科学的思想和方法建立起物流系统，包括社会物流系统和企业物流系统。

（2）自动化。物流自动化是指物流作业过程的设备和设施自动化，包括运输、装卸、包装、分拣、识别等作业过程，如自动识别系统、自动检测系统、自动分拣系统、自动存取系统、自动跟踪系统等。

（3）智能化。从某种意义上看，智能化是自动化的继续和提升。智能化中包含更多的电子化成分，如集成电路、计算机硬件和计算机软件等，智能化在更大范围内和更高层次上实现物流管理的自动化，如库存管理系统、成本核算系统等。

（4）标准化。在物流管理的发展过程中，从企业物流管理到社会物流管理都在不断地制定和采用新的标准。从物流的社会角度看，物流标准可以分为企业标准和社会标准；从物流的技术角度看，物流标准可以分为产品、技术和管理等标准。

（5）精益化。精益生产方式是由日本企业创立的生产方式，精益生产涉及准时化生产、全面质量管理、并行工程、团队作业等工作方式，其特点就是多品种、小批量、低消耗和高质量。精益的核心思想是用尽可能少的生产要素创造尽可能多的满足用户需求的价值。精益思想在物流管理中的运用主要体现在降低成本、提高价值方面。

（6）网络化。现代电子技术和产品在物流管理中的广泛应用使得物流实现了自动化、智能化、实时化和可视化，实现了从计算机静态管理到点对点信息交换的动态管理，从而形成网络信息的交换。在讨论物流网络时，"网络"有两种含义，一是指物理网络或实体网络；二是指信息网络，即利用电子网络技术进行物流信息交换，根据物理网络的发展需要，企业应用网络技术建立起来的信息网络。

（7）个性化。物流个性化指个性化需求和个性化服务。

（8）专业化。社会分工导致了专业化，导致了物流专业化的形成。物流专业化主要包括两个方面：一方面是在企业中，物流管理作为企业一个专业部门独立存在并承担专门的职能；另一方面是在社会经济领域中，出现了专业化的物流企业，物流企业提供各种不同的物流服务，并进一步演变成为服务专业化的物流企业。

（9）协同化。传统的供需关系主要是买卖关系，而在现代物流中，供需关系包括了更多的协同因素，甚至成为战略合作关系，现在的企业竞争实质是企业供应链之间的竞争。物流的协同化是指供应链中的各个企业及企业内部围绕着核心企业的物流协调同步运作，这与传统的合作和协作是不同的，其合作是横向的，协作是纵向的，而协同是协作各方利益的共同目标。

（10）规范化和法制化。物流规范化是指在全社会范围内建立了各种物流规范，包括非物流企业内部的各种物流规范、物流企业内部的各种规范、物流行业的企业行为规范及物流从业人员的行为规范。在法律体系中，要建立针对物流企业和物流产业的各种法律法规，以及在相关的法律中对物流做出相应的规定。

（11）社会化。社会化是指社会中的任何组织机构对物流的需求不再单纯地由自己内部完成，而是由社会的其他专门的物流组织机构完成。物流从自给自足的生产方式转变为在一定社会分工条件下的专业化和社会化的生产方式。随着社会化的进一步发展和完善，不仅社会物流需求实现社会化，而且物流组织机构需求也实现现代化，从而实现真正广泛意义上的物流社会化。

（12）国际化和全球化。自然资源的分布和国际分工导致了国际贸易、国际投资、国际经济技术合作，由此产生了货物和商品的转移，从而带动了国际运输和国际物流的产生和发展。物流的国际化一般表现在两个方面：一是其他领域的国际化产生了国际物流的需求，即国际化的物流；二是物流领域自身的国际化。

全球化是国际化的产物，是国际化的更高层次。全球化加快、加强了物流国际化。国际化主要是立足本国的国际物流，而全球化是跨国经营，包括与目的国企业的国际合作和国际投资，以及在目的国设立分支机构，开展物流业务。在国际化阶段，国际化物流业务是间接的或者说是通过与其他的企业合作来完成的。由于物流跨国企业的出现，使得国际化物流业务可以直接实现，跨国物流企业可以利用公司的全球网络独立完成国内和国际物流业务，实现综合化物流业务。

3. 快递物流的含义及流程

1）快递物流的含义

快递物流指的是快递服务公司提供快速收寄、运输、配送有明确地址的快件，按交易双方规定的时限、地点，将商品完好地送至收件人要求的地点，并最终获得收件人亲笔签收的服务。

2）快递物流的流程

快递公司接到网上或者电话下的订单，通过网点收寄、上门收寄等服务方式，对收到的包裹进行分类、封装，将包裹运输到物流中心，再次进行分拣，交给快递员进行配送，直至客户签收。快递物流流程如图1.4所示。

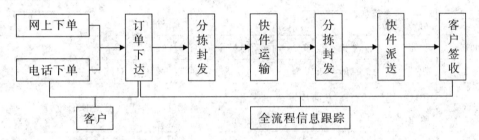

图1.4 快递物流流程

## 1.1.3 快递服务与物流服务的区别

世界贸易组织在《服务贸易总协定》中按照联合国集中产品分类系统，将服务分类定义为12个部门。其中，快递服务被定义为："除国家邮政局提供的服务以外，由非邮政快递公司利用一种或多种运输方式提供的服务，包括提取、运输和递送信函和大小包裹的服务，无论目的地在国内还是国外。这些服务可利用自有和公共运输工具来提供。"

我国邮政行业国家标准《快递服务》（GB/T 27917—2011）中明确规定：快递服务就是快速收寄、运输、投递单独封装的、有名址的快件或其他不需要储存的物品，按承诺时限递送到收件人指定地点、并获得签收的寄递服务。

快递服务与物流服务，表面上看都是对物品空间位置的一种转移，但又有明显不同。其最本质的区别是快递服务属于邮政业，具有实物通信性质，而物流服务是与生产活动相关的物质资料的供应，与商品（货物）运输相关联，不具有实物通信性质。

除此之外，在服务形式、封装要求、内件性质、受理方式、重量要求、规格要求、资费标准、作业方式、时限要求、享受政策、业务定位、市场准入、国家定位、标准体系、政府管理、名址要求等方面具有明显的区别，具体见表1-2。

表1-2　快递服务与物流服务（货物运输、零担、整装）的区别

| 类别 | 快递服务 | 物流服务 |
| --- | --- | --- |
| 服务形式 | 门到门、桌到桌 | 形式不限 |
| 封装要求 | 带有本企业专用标识的封装（封装、包装箱、邮袋等），每件必须单独封装 | 无特殊要求，符合运输要求即可 |
| 内件性质 | 严格执行禁限寄物品规定 | 无特殊要求，符合运输要求即可 |
| 受理方式 | 填写、确认快递运单 | 签订运输合同 |
| 重量要求 | 单件重量不宜超过50千克 | 货运重量不限，不超载即可 |
| 规格要求 | 单间包装规格任何一边的长度不宜超过150厘米，长、宽、高三边长度之和不宜超过300厘米 | 规格不限，不超高、超宽即可 |
| 资费标准 | 价格较高 | 价格适中 |
| 作业方式 | 收寄、运输、分拣、投递，且不需存储等 | 运输（储存）等 |
| 时限要求 | 快速、及时，一般两天以内 | 双方约定，时间较长 |
| 享受政策 | 税收、道路通行等方面均享受国家相关优惠政策 | 执行服务业政策或其他政策 |
| 业务定位 | 国际及国内法规的规定（WTO相关协议、《万国邮政公约》、联合国《中心产品目录》《中华人民共和国邮政法》《中华人民共和国邮政法实施细则》等） | 国内法的规定（《道路交通安全法》《道路运输管理条例》等） |
| 市场准入 | 属于经营邮政通信业务许可 | 属于经营道路运输业务许可 |
| 国家定位 | 邮政业属于国家重要的社会公用事业，邮政网络属于国家重要的通信基础设施 | 属于服务业中的一项业务 |
| 标准体系 | 执行《快递业务》标准（YZ/T 0128—2007） | 执行物流标准规划的相关规定 |
| 政府管理 | 邮政管理部门 | 交通管理、流通管理、综合管理部门 |
| 名址要求 | 每件都要填写收件人和寄件人特定名址 | 不需每件填写名址 |

## 1.2　电子商务与快递物流的关系

### 1. 物流是电子商务实现的基础

一个完整的物流体系是电子商务特别是网上有形商品交易发展的保障。有形商品的网上交易活动作为电子商务的一个重要构成方面，在近几年中也得到了迅速发展。在这一发

展过程中，没有一个高效的、合理的、畅通的物流系统，电子商务所具有的优势就难以得到有效的发挥；没有一个与电子商务相适应的物流体系，电子商务就难以得到有效的发展。

电子商务以快捷、高效地完成信息沟通、资金支付和所有权的交换而著称，然而对于实体产品的交易，只有商品通过现代化物流体系以最快的速度到达消费者手中，才标志着电子商务活动的最终实现。因此，现代化物流是电子商务实现的基础，也是电子商务的应有之义，它提高了电子商务的效益和效率，扩大了电子商务的市场范围，协调了电子商务的目标。

2. 电子商务是物流发展的拉动力

（1）电子商务的发展增加了物流客户数量。目前，我国电子商务进入了快速发展阶段。电子商务的快速发展使物流企业客户数量激增，成为拉动物流业发展的重要力量。

（2）电子商务的发展拓宽了物流服务范围。电子商务不但对物流的增值服务提出了要求，而且也使物流的增值服务成为可能。电子商务条件下物流的增值服务表现在服务的便利性、物流反应的快速性、服务成本化和延伸服务。

（3）电子商务发展促进了物流技术①的发展。物流技术既包括各种操作方法、管理技能，如物品包装技术、物品标识技术、流通加工技术、物品实物流设计、实时跟踪技术等，也包括物流规划、物流评价、物流策略等。随着电子商务的飞速发展，物流技术中又综合了许多规划技术，如射频技术、GPS、GIS等。物流信息技术的提高必然促进物流管理效率的提高。

（4）电子商务的发展要求物流专业化。因为实力雄厚的大企业自办物流尚具有可行性，而对于广大中小型企业来说，则无效率可言。这就要求物流向专业化方向发展，第三方物流的实质就是物流专业化。第三方物流是指由商品的供、需方之外的第三方去完成物流服务。第三方物流解决了企业物流某些方面的问题，如节约了物流的成本，提高了物流效率。

**案例 1—1**

### 菜鸟联盟推动电子商务物流升级

2016年3月28日，菜鸟网络宣布将联合物流企业组成菜鸟联盟，以提升中国电商物流体验。在未来的5~8年，菜鸟联盟预计将服务1 000万家企业，每年配送1 000亿个包裹。

菜鸟联盟首期已经在包括北京、上海、广州、武汉等12个城市推出当日达服务，在90个城市推出次日达服务。菜鸟网络CEO童文红称，到2016年年底，实现当日达城市增加至20个，次日达城市实现150个，次日达区县要拓展到1 000个。

目前快递行业正处于高速发展时期，据菜鸟提供的数据，近10年来，电商包裹量从每年8.6亿个增加到了206亿个。从量上来看，快递行业已经实现了突破，但从其整体的服务来看，却不尽如人意。

（资料来源：http：//www.jiemian.com/article/590602.html.）

---

① 物流技术包括硬技术和软技术。

## 1.3 快递物流的发展

### 1.3.1 中国快递市场概况

1. 快递业在中国的兴起

快递是物流的一个分支,主要从事的是小件包裹和函件的配送业务。快递产业的前身包裹运送服务由邮政送信业务发展而来。世界第一家快递公司是1907年吉姆·凯西创建的UPS公司(联合包裹速递服务公司),主要从事西雅图市内的递送业务。随着汽车和电话的普及,1919年UPS公司的业务已经由信使转移到包裹运送。

EMS是中国邮政物流速递公司(隶属于中国邮政集团公司)于1980年创办的一项国际业务,1984年开办国内特快专递服务。顺丰快递成立于1993年,同年成立的还有申通快递,宅急送成立于1994年。其他的快递公司如圆通、中通、韵达等快递公司大多成立于2000年前后。近几年随着电子商务的发展,又涌现出了众多新的快递公司。

2. 快递业发展概况

1979年,中国外运股份有限公司与日本海外新闻株式会社签订代理协议后,中国快递业开始萌芽。1985年,中国邮政成立中国速递服务公司(EMS),成为我国第一家专业快递企业。1992年以后,民营快递企业如雨后春笋般出现在大江南北,和国有快递企业、外资快递企业一起角逐我国快递市场。

1) 快速发展

2010年以来,受电子商务爆发式增长的影响,我国快递行业快速发展,年均增长率达57%。2012年,中国每天配送快递量达到2 500万票,其中至少1 500万票来自网购。2013年,中国成为仅次于美国的世界第二大快递市场。2014年,我国快递业务量接近140亿件,业务收入超过2 040亿元。这标志着我国的快递业务量超过了美国,跃居全球第一大快件国。2015年,快递服务累计完成业务量206.7亿件,按照全国人口总数13.6亿人推算,年人均快递使用量约为15件,年人均快递支出201.5元人民币。2016年快递业务量首次突破300亿件大关,达到312.8亿件,同比增长51.4%,居现代服务业前列,成为我国新经济的亮点。快递日均处理量达到8 571万件,最高日处理量超过2.5亿件。2016年快递支撑网络零售额超过4万亿元,占社会消费品零售总额比重达到12.5%,直接服务农产品外销超过1 000亿元,直接服务制造业产值超过1 200亿元。日均服务人次超过1.7亿,年人均快递使用量接近23件。从业务增长预期指标来看,预计2017年,我国快递业务量将完成423亿件,同比增长35%;快递业务收入完成5 165亿元,同比增长30%。2017年上半年,邮政行业业务收入(不包括邮政储蓄银行直接营业收入)累计完成3 060.3亿元,同比增长23.6%;业务总量累计完成4 297.6亿元,同比增长32.7%。邮政寄递服务业务量累计完成116.9亿件,同比下降0.5%;邮政寄递服务业务收入累计完成175.2亿元,同比增长11.2%。全国快递服务企业业务量累计完成173.2亿件,同比增长

30.7%；业务收入累计完成2 181.2亿元，同比增长27.2%。据预测，2020年中国将至少拥有两家年业务收入过千亿元和若干家年业务收入过500亿元的快递企业。

2）三足鼎立

经过多年发展，当前我国快递市场已基本形成三足鼎立的局面。

第一类是外资快递企业，包括联邦快递（FedEx）、敦豪（DHL）、天地快运（TNT）、联合包裹（UPS）等。外资快递企业具有丰富的经验、雄厚的资金以及发达的全球网络。

第二类是国有快递企业，包括中国邮政（EMS）、民航快递（CAE）、中铁快运（CRE）等。依靠其背景优势和完善的国内网络，国有快递企业在国内快递市场处于领先地位。

第三类是民营快递企业，包括大型和中小型民营快递企业两类。大型民营快递企业有顺丰速运、宅急送、申通快递、圆通快递、百世汇通等。大型民营快递企业在局部市场站稳脚跟后，已逐步向全国扩张。小型民营快递企业主要经营特定区域的同城快递和省内快递业务，这类企业规模小、经营灵活，但管理比较混乱。2016年我国有快递企业业务量完成28.4亿件，实现业务收入397.8亿元；民营快递企业业务量完成282.4亿件，实现业务收入3 328.8亿元；外资快递企业业务量完成2亿件，实现业务收入247.8亿元。国有、民营、外资快递企业业务量市场份额分别为9.1%、90.3%和0.6%，业务收入市场份额分别为10%、83.8%和6.2%。

3. 中国快递服务市场现状

1）快递市场规模位居世界第一

随着中国快递市场发展环境的优化，快递业持续保持快速发展的态势。2015年，中国快递服务企业累计完成业务量206.7亿件，同比增长48%，市场规模升至世界第一位。2007—2016年间，中国快递业务量增长了大约20倍，年均增长43.493%，快递收入增长了近10倍，年均增速约30%。尤其是2010年以来，快递市场规模增势愈发迅猛，年均增长达54.18%[①]，如图1.5所示。

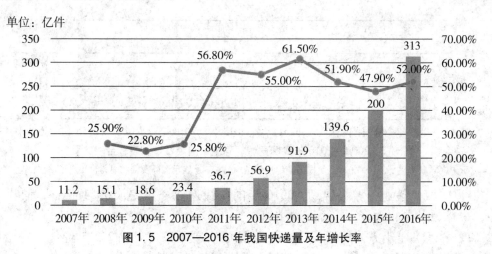

图1.5 2007—2016年我国快递量及年增长率

注：▇ 表示快递量（亿件）；—●— 表示年增长率。

---

① 数据来源：国家统计局。

2016年，中国快递服务企业累计实现业务收入4 005亿元人民币，同比增长44.6%。2007—2016年间，快递收入增长近10倍[①]，如图1.6所示。

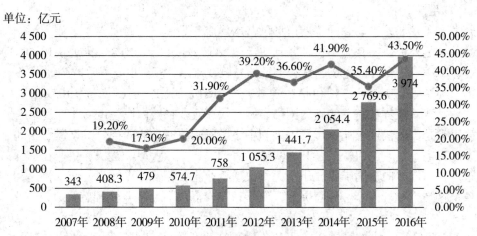

图1.6　2007—2016年我国快递业务收入及年增长率

注：▆ 表示快递业务收入(亿元)；━●━ 表示年增长率。

从市场整体来看，异地业务在整个快递业务结构中占有主导地位。2015年，异地业务量占全部快递业务量收的比重达到七成，高于同城和国际及港、澳、台业务的份额。同城业务自2011年以来呈现强劲的增长势头，增速显著领先于异地和国际及港澳台业务，也高于快递业务的整体增速。2016年我国同城、异地、国际及港、澳、台的具体表现如图1.7所示。

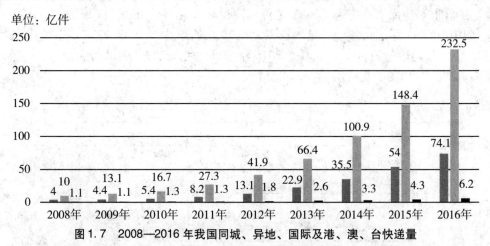

图1.7　2008—2016年我国同城、异地、国际及港、澳、台快递量

注：▆表示国内同城快递量(亿件)；▆表示国内异地快递量(亿件)；▆表示国际及港、澳、台快递量(亿件)。

（1）同城快递业务增势强劲。2016年同城快递业务量完成74.1亿件，同比增长37.2%；实现业务收入563.1亿元，同比增长40.5%。

（2）异地快递业务快速增长。2016年异地快递业务量完成232.5亿件，同比增长56.7%；实现业务收入2 099.3亿元，同比增长38.8%。

---

① 数据来源：国家统计局。

(3) 国际及港、澳、台快递业务稳定增长。2016 年国际及港、澳、台快递业务量完成 6.2 亿件,同比增长 44.9%;实现业务收入 429 亿元,同比增长 16.1%。

2) 快递服务民生能力增强

(1) 快递业务在邮政行业各项主要业务中的地位显著加强。快递服务收入占全行业总收入的比重从 2007 年的 28% 升至 2015 年的 68.6% 左右;快件量在 2013 年一季度首次超过了邮政函件量,说明中国消费对快递产品的消费量正快速增加,并已超越同类的邮政产品,现代多样化的寄递类需求已超过传统单一型的通信类需求(图 1.8)。

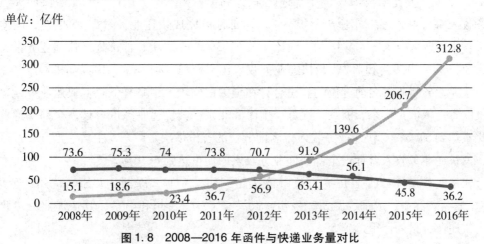

图 1.8 2008—2016 年函件与快递业务量对比

注:—— 表示快递量(亿件); —— 表示函件数(亿件)。

(2) 快递业务服务大众生活消费的能力不断增强。2015 年,快递服务累计完成业务量 206.7 亿件,按照全国人口总数 13.6 亿人推算,年人均快递使用量约为 15 件,年人均快递支出 201.5 元人民币。与往年相比,人均快件使用量较 2008 年增长了 14 件,并在 2013 年首次超过了人均发函件量(4.7 件);人均快递支出较 2008 年增加了 170 元人民币(图 1.9)。

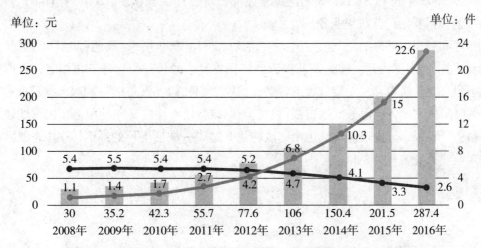

图 1.9 2008—2016 年人均快递使用量、发函件量和快递支出情况

注:—— 表示人均快递支出(元); —— 表示人均发函件量(件); —— 表示人均快递使用量(件)。

3）区域快递业务规模情况

从实践看,广东、浙江、江苏、上海、北京的快递业务量合计占全国业务量超过 2/3,这些地区服务业占比高、产业发展层级高、对资源的依赖程度低。一些重点城市的快递行业在经济中的贡献更加突出,义乌的快递业务收入占 GDP 比重超过 7%,杭州的邮政和快递业务收入比电信收入高 16%,广州的邮政业务收入已经接近电信业务收入。

2016 年全年东部地区完成快递业务量 253.2 亿件,同比增长 49.3%;实现业务收入 3 224.1 亿元,同比增长 42%。中部地区完成快递业务量 37.1 亿件,同比增长 61%;实现业务收入 425.4 亿元,同比增长 49.8%。西部地区完成快递业务量 22.5 亿件,同比增长 61%;实现业务收入 324.9 亿元,同比增长 51.3%。东、中、西部地区快递业务量比重分别为 80.9%、11.9% 和 7.2%,快递业务收入比重分别为 81.1%、10.7% 和 8.2%。

快递业务量收排名前五位的省份合计在全国占比较上年略有下降。快递业务量排名前五位的省份依次是广东、浙江、江苏、上海和北京,其快递业务量合计占全部快递业务量的比重达到 67.3%。快递业务收入排名前五位的省份依次是广东、上海、浙江、江苏和北京,其快递业务收入合计占全部快递业务收入的比重达到 68.6%。

快递业务量排名前十五位的城市依次是广州、上海、深圳、北京、杭州、金华（义乌）、东莞、苏州、成都、温州、泉州、武汉、宁波、台州和南京,其快递业务量合计占全部快递业务量的比重达到 59.7%。

4）快递行业主要参与者

中国现代快递服务,在很长一段时期里,都是通过邮政以特快专递的形式来提供的,这与世界各国现代快递的发展路径基本一致,在经济发展到一定规模后,其他性质的快递经营主体才开始涌现。20 世纪 80 年代中后期,UPS、FedEx 和 DHL 先后和中国对外贸易运输集团在华合资成立国际货运代理公司,开始经营在华国际快递业务。中国正式加入 WTO 后,2005 年起 UPS、FedEx 相继成立独资公司经营在华业务,2007 年 TNT 通过全资收购中国公司开始经营在华业务。

申通和顺丰(1993 年)、宅急送(1994 年)、韵达(1999 年)、圆通(2000 年)等快递企业相继成立[①]。中国民营快递企业从民营经济比较发达的长三角、珠三角崛起,以商务文件、小包裹为传递内容,以较低廉的资费,采取"门到门、桌到桌"的服务方式,承诺在规定的时间内完成寄递服务。通过提供这种与邮政特快专递差异化的服务,民营快递企业迅速站稳了脚跟,国内快递市场也由邮政特快专递"一枝独秀"的局面,逐步过渡到众多快递企业"百花齐放"的时代。

---

① 据中国电子商务研究中心监测数据显示,截至 2015 年 3 月我国快递物流企业有 8 000 多家,除"四通一达"、顺丰等大型快递企业外,其余多为中小型快递企业。

## 1.3.2 国际快递巨头概况

**1. 四大国际快递公司概况**

2001年中国加入世界贸易组织,为抢占中国巨大的快递市场,国际快递公司纷纷把触角伸到中国。被《财富》杂志评为前四名的跨国快递公司:美国联合包裹运输公司(UPS)、美国联邦快递公司(FedEx)、荷兰TNT邮政集团(TNT)及敦豪国际速递公司(DHL),以实力雄厚、技术先进、效率高的优势迅速抢滩中国快递市场。

1)美国联合包裹运输公司

成立于1907年的美国联合包裹运输公司(UPS)最初由几位年轻人在西雅图开展小范围的递送服务起家,经过十年的艰苦创业,随着机动化交通工具在美国的大量应用,他们的业务扩展到为百货公司提供专业送货服务方面。

【拓展案例】

20世纪20年代和30年代是该公司发展、创新和变革的时期,在这一时期,公司的业务扩展到加利福尼亚州等其他大城市,1929年公司开办了"联合航空邮件快递",通过航空运输将业务扩展到美国东部的纽约。在此期间,该公司采用了"联合包裹服务(UPS)"这个名称。

20世纪50年代至70年代是UPS的全国性增长时期,公司通过获得"公共货运公司"的权利为所有地址(所有私人或商业的用户)递送包裹,以拓展他们的服务,这项决定将他们直接置于与"美国邮政服务"竞争的地位。同时,UPS也拓展新的领域,经过30年的努力,UPS系统得到了美国48个州的授权,并在1975年缔造了"黄金连接",实现了全国性的包裹递送服务。

20世纪80年代,UPS正式加入了国际性运输市场,并不断与美国、欧洲、中东、非洲和泛太平洋国家和地区建立了联系,成为全球最大的包裹递送公司,服务范围覆盖全球200多个国家和地区。

UPS在中国的业务发展也有过高潮和低谷。最开始的时候,也就是1988年与中国的大型公司进行合作,组建了自己的办事处。在2005年,在中国加入WTO之后快递市场开始对外正式开放,外资企业纷纷进入中国全面开展国际快递业务,UPS在中国区也随之全面运营。2008年,UPS成为北京奥运会的物流与快递赞助商。另外,UPS已于2001年4月1日首次直航中国,UPS不必再取道香港向中国内地提供服务,从而缩短了运转时间。该公司全部采用波音747货机,每周有从安大略和纽瓦克起飞直飞中国北京和上海的6个往返航班。

UPS亚太区总部设在香港,其下属的联合全球贸易融资公司在香港为中小企业提供进出口融资及信用服务,充当了进出口银行的角色。该公司提供的"一站式"贸易融资服务,包括风险管理、融资及付款管理,对中小企业具有一定吸引力。

2014年UPS营业收入554亿美元(约3 400亿元人民币),在2014年《财富》世界

500强排行榜排名第182名。2015年5月，UPS的市值为935亿美元。UPS每天为全球各地200多个国家和地区递送1 600万件包裹，UPS也是专业的运输、物流、资本与电子商务服务的提供者和领导者。

此外，UPS航空公司是世界上第9大航空公司，截至2016年4月，UPS航空公司拥有500多架飞机(自有238架，租赁305架)，有15座航空转运中心，全球雇员40多万人，1 800多个货运枢纽和配送中心，有100 000多个包裹递送车辆(货车、汽车、摩托车、卡车等，见图1.10)，4 200多个商店，40 000多个UPS投递箱，1 500多个营业店，1 000多个UPS服务中心，17 000个授权服务点。

图1.10　UPS运输车辆

2) 美国联邦快递公司

美国联邦快递公司(FedEx)成立于1973年，是全球第二大快递企业。在美国本土，除了田纳西州孟菲斯市的超级转运中心外，还有5个美国本土转运中心，该公司的亚太转运枢纽中心位于菲律宾苏碧湾，还有一些转运设施设于东京、大阪，以及阿联酋的迪拜。

FedEx总部的全球营运控制中心内设有大型屏幕，有点像美国太空总署内监控宇航船的指挥中心。通过屏幕，可以观察环球运输网的运作情况，监控货机的航行路线及各地区气候状况。

FedEx在1999年9月与深圳黄田机场(集团)公司签署合作协议，每周有五班飞机，为华南地区提供服务；还有五班飞机飞往北京及上海。此外，该公司还与中国天津大田集团成立合资企业"大田-联邦速递有限公司"。该公司在北京及上海设有特快存送中心，并计划未来五年内在中国大陆100多个城市开设办事处。2013年4月1日起，联邦快递中国有限公司实施GDS(全球分销系统)中国区全境覆盖计划，在武汉设立中国区公路转运中心，正式将武汉作为全国公路转运枢纽，承担武汉至西安、郑州、长沙、南昌、上海、重庆、成都、广州8条公路干线16个往返班次的货物分拨与转运业务(图1.11)。

为了使客户能随时掌握货物配送流程与状态，FedEx开设了用户网站，客户可以通过网站同步追踪自己的货物，还可以免费下载实用软件，进入FedEx协助建立的亚太经合组

图1.11 FedEx 飞机

织关税资料库。它的网上交易软件可以协助客户完成网上交易的所有环节,从订货到收款、开发票、库存管理等一直到将货物交到收货人手中。另外,该公司还可以根据顾客的特定需求制定货物配送方案。

FedEx 还有一些高附加值的服务,如:将已坏的电脑或电子产品送修和归还所有者;充当客户的零件库或零售商,提供仓储服务和客户服务;帮助客户协调数个地点之间的产品运送流程等。

FedEx 的服务特点在于,协助顾客节省了仓储费用,使顾客能够准确地掌握货物的行踪,可利用 FedEx 的系统来处理货物订单。

2014 年 FedEx 年营业收入高达 442 亿美元,在 2014 年财富世界 500 强排行榜排名第 236 位。FedEx 拥有全世界最大的航空货运飞机队,其全球航空转运中心在美国田纳西州孟菲斯市。截至 2016 年 4 月,FedEx 拥有 650 架自有飞机,在全球拥有 12 个航空转运中心,超过 375 个飞机场提供服务,在全球拥有超过 160 000 名员工,日均运送量超过 3 900 万个包裹和 1 100 万磅的货件,约 47 500 辆机动车,1 200 个服务站(美国 640 个,其他国家和地区 560 个)。

3)荷兰 TNT 邮政集团公司

TNT 快递公司在 1946 年创建于澳大利亚,1996 年被荷兰皇家邮政收购,成立了荷兰 TNT 邮政集团公司,总部设在荷兰的阿姆斯特丹。TNT 快递是全球最大的快递公司之一,2013 年 TNT 的营业收益为 67 亿欧元。TNT 每天在全球范围内的 200 个国家和地区运送 100 多万件货物,包括文件、包裹和托盘货物。TNT 快递在全球各地大约拥有营运中、转运中心及分拣中心有 2 600 个;TNT 在全球各地拥 143 000 名员工,40 多个欧洲国家被 TNT 在欧洲的发达的公路网络无缝连接。TNT 快递在欧洲各地拥有雄厚资源:30 000 辆运输车,19 个公路枢纽,50 架飞机,550 个站点,在欧洲拥有无与伦比的稳固的地位。除欧洲外,TNT 快递还在亚太、中东、南美、非洲和美洲地区运营航空和公路运输网络。

【拓展案例】

荷兰 TNT 邮政集团公司在欧洲有四种速递网络:①同天投递网,当天收寄,当天投递;②第二天投递网,白天收寄,夜里分拣,第二天投递;③夜间投递网,在 18:00 至第二天 8:00 之间收寄和投递;④货运网,用于快递和后勤业务。4 种网络各有自己的信息系统,TNT 正在将其互联起来。在欧洲以外,TNT 没有自己的投递组织,只能依靠当地的业务运营商投递。

荷兰 TNT 邮政集团公司在荷兰乌特勒支市设有"TNT 客户服务中心",对于客户呼入电话的服务形式类似于我国邮政速递的"185"电话。每个呼入的客户电话号码都会被该中心的电脑自动记录下来,并自动转接到相应的客户服务中心。荷兰 TNT 邮政集团公司的大客户都有专门的联系人,实行派驻制或通过呼叫中心与客户联系。客户服务中心的电脑系统可使工作人员迅速、准确地查找到客户资料。

面对网络经济时代的到来,荷兰 TNT 邮政集团公司推出了供需链管理体系——@TNT,该系统可以为 B2B(商家对商家)电子商务市场提供全球物流服务。

为减少因货物重量、体积测量不准而带来的损失,TNT 引进安装了挪威 Cargoscanner 公司开发的货物扫描仪,该设备可以快速准确地获取条形码信息,并自动测量货物的重量和体积,为每件货物提供准确的清单。

2015 年 4 月 7 日(美国当地时间),国际快递巨头 FedEx 与 TNT 联合宣布,前者同意以每股 8 欧元收购后者。2016 年 5 月 25 日,FedEx 宣布,已经完成对荷兰 TNT 快递公司价值 44 亿美元的收购。此后,全球四大快递巨头变为"三强鼎立"。一方面 TNT 在欧洲的地面网络将与联邦快递在美国的优势结合,此外联邦快递在亚洲等全球其他市场的地位也会进一步加强。

4)敦豪国际速递公司

敦豪国际速递公司(DHL)是全球领先的国际快递服务提供商,是全球知名的德国邮政集团所控股的全资速递物流公司。德国邮政集团 2014 年营业收入 757.32 亿美元,在 2014 年财富世界 500 强排行榜排名第 110 位。DHL 快递拥有全球一流的快递网络,在全球 220 多个国家和地区提供紧急文件和物品的输送服务,全球的员工人数超过 315 000 人,全球组成一个服务覆盖 220 多个国家、12 万个目的地、每年为全球 280 万客户递送近 1.2 亿票快件的可靠的门对门快递服务,并且建立了范围最广的全球快递网络,是全球国际化程度最高的公司(图 1.12)。

图 1.12  DHL 公司

1986年该公司与中国对外贸易运输总公司联合建立了中国敦豪中外运速递公司。作为中国第一家国际航空快递合资企业，它已经取得了中国国际速递市场36%的份额。该公司已在中国27个大城市设立了分公司。

德国邮政公司为了扩大其国际速递邮件业务，在全世界进行了一场大规模的购并活动。仅3年时间就收购了包括快递、货运和配送等在内的37家外国公司，并控制了敦豪国际速递公司51%的股份，为公司走向世界奠定了坚实的基础。网络时代的快速发展又给已控股敦豪国际速递公司的德国邮政带来无限商机。德国邮政公司一方面努力成为网上交易的桥梁，代卖方建立网上店铺，向买方提供包括订、存、装、运乃至收款的全方位服务；另一方面，还直接面向网络上的个人用户建立名为"网中生活"的销售平台，为网上购物提供更多的方便。此外，还推出一种新的"电子邮局"业务，客户只需将信件内容通过网络发至电子邮局中心，其他打印、装信封、贴邮票及递送等工作均由邮局来完成，从而大大地方便了用户。

综上所述，可以充分看到，四大跨国快递公司都各具参与国际市场竞争的经验和营销策略，凭借雄厚的实力和先进的技术在国际快递市场上称雄一方。

2. 四大国际快递公司的经营经验

1）服务第一、客户至上的经营理念

四大国际公司始终如一地遵循服务第一、客户至上的经营理念，信守诺言，以此赢得客户的信任。例如，UPS的口号是"最好的服务，最低的价格"。FedEx的广告用语为"联邦快递，使命必达"，明白无误地给客户一种可信赖的感觉。

2）配送网络发达，服务周全

四大国际快递公司在全球都有数千个快件处理中心和数万个客户投送地点，形成覆盖全球的配送网络系统，为公司快递业务的开展和兑现对客户的承诺提供了保证。同时，这些公司都不断引进新的服务项目，例如，门到门送取货，对国际快递货物预报关、合并报关，多种付费方式，严格的保险和及时的赔付承诺，等等。

3）配送速度快，充分体现快递服务的行业特点

四大国际快递公司依靠其发达的运输网络和严格的组织管理，整个快递过程像流水线一样进行设计和操作，保证托运货物以最快的速度送到收件人手中。

4）每个公司都有自己先进完备的信息支持系统

完善的信息支持系统是现代快递企业业务开展的基本先决条件。UPS和FedEx都建立了完善的软硬件信息系统，形成该公司的全球即时信息网络。

## 1.3.3 快递服务业的特征

快递行业始于20世纪70年代的美国，它是市场经济发展对服务贸易扩大的客观需求，也是全球经济一体化的产物。与基本寄递服务相比，快递服务具有如下五个特征。

1) 迅速

快递服务就是企业根据客户的要求完成快件的快速传递，因此迅速或者快速是快递行业的显著特征之一。在邮政业务中，为反映不同邮件迅速程度的差异，行业规定了不同邮件的全程传递时限，其中快件的全程传递时限要求最高的(快件的全程传递时限最短)，快递投递时间不能够超出承诺或约定的全程传递时限。快递企业推出的不同时限的快递服务，是为了满足客户对不同时限的快递服务的要求。可以说，传递速度是影响快递服务质量的最重要的核心要素，迅速是快递服务的灵魂。使用快递服务的客户往往将时限要求放在首位，而将其他要求放在次要位置。快递企业应正视客户的这一需求特点，为其提供尽可能快速的服务。

2) 准确

快递企业应将快递投递到约定的收件地址和收件人。快件是快递服务组织按承诺时限快速递送的信件、包裹、印刷品等的总称。快件具有名址，在投递时要按照约定的收件地址和收件人准确投递；有约定时间的，还需要按照约定的投递时间准确投递。除投递环节外，在快递企业内部，对快件进行处理时(包括快件的实物形式和有关快件传递的信息)也必须做到准确无误，力争消除企业内部作业过程中的各种差错，尤其是快件分拣处理时的差错。

3) 安全

快递企业在传递快件的过程中，如果出现快件的丢失、损毁，快件(信息)内容被窃取，造成失密、泄密，或者传递了易燃易爆甚至危害国家安全的物品，不但给消费者带来重大损失，更会造成通信事故，带来不良的社会影响。因此安全性是快递服务的又一重要特征，是社会对快递企业的重要要求。快递全程被监控，快件递送信息(收件、转运、报关、投递等)可实时查询并能够给予确切的回复。快件在快递企业自身的网络中封闭式运转，并利用精密的信息系统对快递物品进行全程监管控制，以确保门到门的递送，最大限度地保障快件的安全。在货源集散地，尤其是经营区域的中心地带，快递公司设置专用集配、中转和控制中心，配备有大型仓库群、电脑中心、控制和指挥中心、客户服务中心、运输工具、存放中心等，都是为了充分保证快递服务的安全性。

4) 方便

快递企业提供快递服务时，一定要让用户感到方便，为用户提供便利的快递服务。与时限需求相伴的是便利需求。快递服务提供商通过提供门到门的便利服务，一方面，让客户体会到快递服务与基本寄递服务的不同；另一方面，也可以通过提供上门服务，尽早使快件进入快递网络，从而节约快件的传递时间。

5) 网络性

快递服务一般都有高效的网络组织和完善的网络覆盖，国内外健全的揽货和配送网络是经营快递业务的基础，也是快递企业经营实力的重要体现。知名的快递企业，都拥有国际国内网络或班机(代理)，包括运输车队、操作中心、通信和结算系统。网络一般与经济发达区域紧密相连，在区域中心城市，既设有快递物流处理中心，也建有信息服务中心，以便对整个网络的正常运转进行指挥、调度与控制。快递服务网络覆盖范围虽不及公共邮政，但效率更高，提供门到门的直送直达服务。

随着电子商务的发展，快递市场将同步快速增长，而且，电子商务快递市场将成为快递行业主要服务市场。

快递服务业是一个发展前景十分广阔的朝阳产业，尤其在面向生产的快递等商业化服务方面，迎来了发展的历史机遇。也正是如此，我国快递服务总体规模呈迅速增长的趋势，而且在服务支撑能力以及服务功能等方面的快递服务能力得到了显著提升。有关企业应抓住机遇，提高服务水平，扩大业务范围，积极参与国内、国际市场的竞争。

## 本章小结

广义的电子商务（E-business）也可以称为商务电子化，是指利用包括互联网、内联网、LAN 等各种不同形式网络在内的一切计算机网络进行的各种商务活动。电子商务是互联网爆炸式发展的直接产物，是网络技术应用的全新发展方向。

快递又称速递是指按照发件人要求，在适当短的期限内，保证快件优质、高效、快速地从发件人运送到收件人的门到门服务。物流是电子商务实现的基础，电子商务是物流发展的拉动力。目前，中国快递市场规模位居世界第一，国际上四大国际快递巨头有美国联合包裹运输公司（UPS）、美国联邦快递公司（FedEx）、荷兰 TNT 邮政集团（TNT）及敦豪国际速递公司（DHL）。

随着电子商务的发展，快递市场将同步快速增长，而且，电子商务快递市场将成为快递行业主要服务市场。快递服务业是一个发展前景十分广阔的朝阳产业，尤其在面向生产的快递等商业化服务方面，迎来了发展的机遇。

## 关键术语

电子商务（E-commerce）　　　　　物流（Logistics）
信息（Information）　　　　　　　　快递（Courier Service or Express Service）

# 习 题

## 一、判断题

1. 电子商务是互联网爆炸式发展的间接产物,是网络技术应用的全新发展方向。（　）
2. 根据寄递距离的远近及是否跨国境,快递可分为国际快递、国内快递、同城快递。（　）
3. 快递服务属于邮政业,不具有实物通信性质,而物流服务是与生产活动相关的物质资料的供应,与商品(货物)运输相关联,具有实物通信性质。（　）
4. 物流是电子商务实现的基础,电子商务是物流发展的拉动力。（　）
5. 快递服务是快速收寄、运输、投递单独封装的、有名址的快件或其他不需要储存的物品,按承诺时限递送到收件人指定地点并获得签收的寄递服务。（　）

## 二、选择题

1. 不属于互联网本身具有的特点的是（　　）。
   A. 开放性　　　B. 全球性　　　C. 无成本　　　D. 高效率
2. 属于电子商务直接作用的是（　　）。
   A. 提高商务效率　　　　　　B. 促进整个国民经济和世界经济发展
   C. 促进新型产业的发展　　　D. 保护环境,可持续发展
3. 下列不属于现代物流主要特征的是（　　）。
   A. 绿色化　　　B. 自动化　　　C. 标准化　　　D. 网络化
4. 下列不是被《财富》杂志评为前四名的跨国快递公司的是（　　）。
   A. UPS　　　　B. TNT　　　　C. STO　　　　D. DHL

## 三、简答题

1. 什么是电子商务？它有什么特点？
2. 简述国内外电子商务的发展趋势。
3. 什么是快递？它的分类是什么？什么是快递物流？
4. 电子商务和物流服务有什么关系？
5. 简述中国快递市场的现状。
6. 简述国际快递巨头的发展概况。

## 案例分析

### 顺丰:"电商"的将来

互联网时代,很多新生事物都得到了突飞猛进的展现,新商业形态的发展不断加快。如今,连快递都跨界电商了。从"顺丰优选"到最近遍地出现的"嘿客",显然顺丰在下一盘棋。

1. "前有狼后有虎"

如果上网查阅一些顺丰速运的历史和资料,你会发现这是一家颇具传奇色彩的企业:成立于1993年的顺丰速运以深港地区的商务递送起家;老板王卫低调神秘的形象以及颇具争议的直营化模式让他们在

2002年之前默默无闻，即使那时已经占据了广东地区大部分市场；凭借2002年的SARS以及后续引发的航空业萧条，顺丰不但把自己的业务扩张到全国，同时还成为第一家民营包机的快递公司。

也正是因为SARS，大家开始认识到电子商务的存在，如2003年的淘宝网、2004年的京东商城。随着电商的发展，人们发现，快递这一项业务已变得与自己的生活息息相关。据中国电子商务研究中心监测数据显示，截至2013年6月，全国电子商务交易额达4.35万亿元，同比增长24.3%。其中网络零售市场交易规模达7 542亿元，同比增长47.3%。

电商给顺丰带来了机遇但也带来了挑战。2013年前后，国内有60%的快递量来自淘宝网，而这其中有80%的单量被"四通一达"（申通、圆通、中通、汇通、韵达）分食，顺丰仅占10%左右。且"四通一达"也在逐步地步入高端市场以逼近顺丰，这从它们航空货运的积极备战中可见一斑。

同时，随着电子商务的发展，很多电商都已经开始自建物流。早在2007年，京东就开始建设自有的物流体系。2009年，京东斥资成立物流公司，开始全面布局全国的物流体系。截至2013年年底，京东在国内拥有82个仓储中心、1 453个物流中心、209个提货点、18 005个配送员工、8 283个仓储员工、4 842个售后中心。阿里巴巴2013年也联合多家企业共同组建菜鸟物流，目标是建立一个的社会化物流大平台。此外，苏宁易购、1号店等也都有自己的物流体系。

电商自建物流在一定程度上分食了传统快递企业的市场蛋糕，并且在发展到一定程度时，电商自建物流或不仅仅是服务于自己的业务，也将成为其盈利计划的一部分。

在这种可谓"前有狼后有虎"的情况下，顺丰开始向产业链的上游延伸，进军电商业。

2. 试水电商

2012年5月31日，"顺丰优选"网购商城正式上线，定位生鲜食品速配。其实，"顺丰优选"并非顺丰介入电商领域的首次尝试，但却是力度最大且成效卓著的一次。

2010年8月，"顺丰E商圈"开始投入运营，主打健康生活网上购物，销售食品及少量3C产品。同时并在深圳布局便利店业务，试图尝试O2O（Online To Offline）模式，即网上下单后可到门店自提，也可到门店体验产品后再回到网上下单，实现双向互通，然而该业务并没有达到如期目标。

2012年3月，顺丰上线了高端礼品平台"尊礼会"，销售各类消费卡、保健品、工艺品等，主要面向中高端商务人士。这其实是"E商圈"的升级版，仍试图通过O2O的方式锁定高端礼品市场，然而上线不久便停止运营。

"其实这也是顺丰一贯的特点，没做成不要紧，不行就换个方向再去尝试，直到把一件事情最终做成为止。"这是一位顺丰内部员工的评价。

事实上，在"顺丰优选"推出之前，顺丰内部曾对到底从哪里切入做电商有过深度的探讨，讨论的结果是：其他品类如服装、3C等都已经有比较优秀的电商，但高端食品以及生鲜类却没有表现特别突出的公司，而食品在电商里所占的比例不到3%。这对于顺丰来说是一个重要的机会。

如今再回头去看，大多数人会感慨顺丰当初决策的果断。2012年5月底"顺丰优选"正式上线后；6月1日亚马逊中国就跟着开卖生鲜；随后7月17日"本来生活"横空出世；7月18日京东商城也宣布开通生鲜食品频道；随后1号店推出生鲜品类；天猫预售频道旗下上线"时令最新鲜"板块，预售生鲜产品。

虽然参与者越来越多，但"顺丰优选"CEO李东起认为："市场还很小，现在谈竞争对手太狭隘了，关键是培养用户习惯，把这张饼摊大。"

有资料显示，截至2013年年底"顺丰优选"已全面覆盖了生鲜食品、酒水饮料、粮油副食等几乎所有食品品类，还在26个城市建设了仓储中心，完成了一张初步覆盖全国的仓储配送网络，并在10多个城市建立了冷链物流配送体系。

可以说，"顺丰优选"的布局已初步完成，这让顺丰考虑开始布局其未完成的O2O嘿客。

2014年5月18日，顺丰的"嘿客"便利店已经在全国启动，当时就布点500多家。据记者了解，5个月后，嘿客开业的门店数量，全国已经接近2000家，覆盖全国至一、二、三、四线城市。

记者了解到，筹划建立之初，嘿客的定位只是顺丰为解决快递最后一公里难题而铺设的收派件网点，便利店功能并不是其主业，目的旨在分摊运营成本。但据专业人士测算，顺丰每建一家20平方米左右的嘿客店，其房租、装修、人工、水电、道具等就需三四十万元，按2014年年底建成3000家计算，顺丰前期就需投入10亿元左右。这几乎相当于顺丰2013年全年2/3的利润。显然，嘿客还有更大的用途。

2014年9月末的一天，记者在位于亚运村的一家嘿客店看到，由于大闸蟹上市，店里也推出了直接由原产地发货、可48小时内到达的多种大闸蟹礼盒。住在附近的两位客人正在询问这一产品的价格。记者看到，目前店里依然没有实物产品，只贴了几十款的产品广告图片。如果想获取更丰富的产品信息，可用店里提供的iPad上网挑选。

不论是客流还是产品供应量，这一号称新一代社区服务商业模式似乎还没办法赶超传统的便利店并为此受到质疑。对此，记者从顺丰内部了解到，目前大众看到的"嘿客"，尚处于试运营阶段，模式上并不是最终版。而且如果你留心的话，可以发现在众多的质疑声中，绝大部分都是针对嘿客的网购体验和便民服务的，而很少提及嘿客的商品预购功能，大多数人仅仅将嘿客看作一个寻常的网购场所，甚至将其与普通的便利店相比，而没有将之与顺丰的物流优势及战略布局结合起来。

对于"顺丰优选"上的生鲜食品而言，除了快速的物流配送，优质的体验才是目标客户产生购买的关键，而有了嘿客就能很好地解决这一问题。嘿客选址最重要的一条标准就是社区的快递业务和网购渗透情况，这使嘿客能与目标客户距离更近，互动性更强，从而实现"顺丰优选"与嘿客的O2O闭环。

依靠顺丰强大的地面网络和队伍可以使顺丰优选轻易地实现产地直供，再通过嘿客进行社区团购，反之亦然。嘿客存在的价值逐渐浮现。

而且值得注意的是，在嘿客店里的iPad上，除了"顺丰优选"的网购商城外，还给10多家第三方商家的零售平台提供了接口，点击进入便可直接登录到其相应的店铺界面购物。作为回报，嘿客店每销售出一件第三方商家的商品，将从中抽取部分佣金，抽成比例约8%。

这一做法使嘿客的未来发展有了更大的空间，除了解决"最后一公里派送"难题和完成自身O2O闭环外，顺丰或许正在利用嘿客购物终端搭建一个类似淘宝、京东的电商平台。若真如此，顺丰不仅可以进一步壮大自己的物流业务，还可以衍生出一个庞大的生态圈和金融版图。

3. 互联网化带来的新商业雏形

"嘿客"店的出现，似乎可以看出顺丰正在与以天猫、京东为代表的电商企业竞争赛跑，从各自的方向杀向同一个目的地。在这个过程中，他们竞相与线下便利店展开合作。

在北京，好邻居成为京东的自提点；在广东，美宜佳可以接受天猫商家发给顾客的包裹；在成都，如果你半夜有顺丰的急件要发，可以去WOWO便利；在上海，亚马逊的顾客可以到全家便利提取自己的货品。

记者从阿里巴巴方面获悉，天猫在上海、深圳等地签约近两万个服务站，主要向各大快递公司包裹自提和货物保管服务，消费者购物后可就近选择收货地自提，后续将统一为"菜鸟驿站"品牌运营，下半年，阿里巴巴集团还将在"最后一公里"方面发力。

京东与便利店展开的合作更为深入。2014年3月，京东宣布与全国15个城市十余家便利店品牌、上万家便利店门店合作。操盘京东O2O项目的京东首席物流规划师侯毅认为，一旦京东线上、线下双渠道营销的O2O平台整合完成，就可以直接从世界各地的原产地直采龙虾、牛奶等商品，一方面在网上平台卖，另一方面提供给便利店销售。

侯毅介绍，京东将建全国、同城和点对点物流体系，甚至京东内部正在开发一个"物流众包平台"，订单产生后，将投放到相关区域，该区域里的京东配送人员或快递公司配送人员，甚至家庭妇女、退休工人，只要愿意，都可以参与。

事实上,侯毅描述的模式在国外已有人在做。一家创办于2008年的英国创业公司Shutl就是提供这样一个平台,将快递公司和在线零售商对接,以此来帮助在线零售商拓宽派送范围、缩短送货时间。这家公司在2013年10月被eBay收购,以此帮助eBay拓展在伦敦的业务。

而在阿里巴巴首席运营官张勇看来,不同行业的线上和线下连接,并不存在统一的解决方案,必须看行业特性,解决实际问题,形成新商业。

"其实今天已经分不出谁在线上谁在线下了,只要你是被互联网化了,其实就是新商业的雏形。"张勇说。

（资料来源：http://www.86xsp.com/news/show-19249.html.）

**思考：**

（1）在电子商务环境下,快递企业发生了什么变化？

（2）顺丰在电子商务方面有什么进展？

（3）了解中国其他快递企业的情况。

# 理论篇

## 第 2 章 电子商务物流管理基础

【学习目标】
(1) 了解电子商务物流管理的含义和特征。
(2) 了解电子商务物流管理的职能。
(3) 了解电子商务物流市场交换关系。
(4) 掌握电子商务的几大物流模式。

【学习重点】
(1) 电子商务物流管理的含义和特征。
(2) 电子商务几大典型物流模式的含义、特征,以及它们的优、缺点。

【学习难点】
电子商务物流模式。

## 导入案例

### 春节电商物流比拼

2016年春节期间，越来越多的消费者选择通过网购置备年货，而对于消费者关注的春节物流，各大电商也公布了自己的部署和安排。众所周知，随着电商行业的销售规模和量能不断增强，同质化商品之间微乎其微的"价格战"已经不能博取消费者眼球，满足巨头们之间的"明争暗斗"。2016年春节，一场以"物流不打烊"为名的电商暗战也随之上演。国美在线、京东商城、天猫/淘宝三大电商2016年春节期间物流对比如表2-1和表2-2所示。

表2-1 三大电商春节期间大件物流对比

| 商家 | 不打烊区域 | 其他地区打烊时间 | 预估延迟 | 门店自提 |
| --- | --- | --- | --- | --- |
| 国美在线 | 181个城市 | 2月7日至2月13日 | 无延迟 | 支持 |
| 京东商城 | 87个城市 | 2月7日至2月13日 | 无延迟 | 不支持 |
| 天猫/淘宝 | 无 | 1月15日至2月29日 | 一个月 | 不支持 |

表2-2 三大电商春节期间小件百货物流对比

| 商家 | 不打烊区域 | 其他地区打烊时间 | 预估延迟 |
| --- | --- | --- | --- |
| 国美在线 | 88个城市 | 2月7日至2月10日 | 无延迟 |
| 京东商城 | 10个城市 | 2月7日至2月10日 | 3~4天 |
| 天猫/淘宝 | 无 | 2月1日至2月19日 | 5~10天 |

通过对比梳理发现，如果买彩电、冰箱、洗衣机等大件商品，国美在线的物流覆盖能力最广，春节全国不打烊城市可达181个；如果买百货小件商品，京东商城可以做到全国88城配送区域内的无延迟。此外，2016年春节天猫物流提前打烊。根据天猫春节发布的公告显示，1月15日到2月22日期间的家装、建材、大家电等大件商品订单都暂停发货。

天猫、京东、国美在线三家电商具体物流部署以下内容。

1. 天猫、淘宝

关键词：关闭"发货时间承诺"功能。

天猫、淘宝依靠第三方物流配送，在2016年春节期间所有的物流安排只能以第三方为准。但是淘宝还是权衡了双方利益做出了相应的措施。

保障商家权益方面，淘宝关闭了2月20日（农历正月十三）16:00之前的"发货时间承诺"功能，从而将春节期间因物流配送延误而给商家带来的风险降到了最低。

（1）小件商品：消费者于2月1日至2月16日期间购买的商品，卖家必须要在2月19日（农历正月十二）之前发货。

（2）大件商品：家装建材、大家电等大件商品，从1月15日至2月22日付款订单暂停发货，卖家必须在2月29日前发货。

2. 京东商城

关键词：小件商品88个城市配送不打烊。

在春节物流保障方面，拥有自营物流的电商显然更加给力。京东商城发布的2016年春节运营公告中称，京东物流春节期间将确保小件订单88个城市不打烊，大件商品87个城市以及139个京东帮县级区域不打烊。

在小件商品配送上，京东首先保了北上广深等88个城市"核心区域"在2月8日~2月10日（农历正月初一至初三）期间的正常配送。而对于非配送区域的商品，则交予邮政等其他物流公司负责，直至2月11日（农历正月初四）恢复正常。而如极速达等特殊服务，则需要等到2月13日（农历正月初六）恢复正常。

对于大家电等大件订单，京东则保证在87个城市支持正常生产、配送、取件、换新服务。在春节期间，暂停大家电配送211服务，直至2月14日（农历正月初七）恢复。

3. 国美在线

关键词：大件181城春节物流不打烊。

国美在线依托于线下门店的强大供应链和物流仓储体系，推出的春节物流不打烊系列活动。从国美在线发布的春节物流不打烊公告中可以看到，2月7日~2月13日春节放假期间，国美在线推出"181个城市物流不打烊"服务，自营大家电全部正常下单配送，保证在下单后1~2日送达。同时，遍布全国400多个城市的物流中心，以及国美全国1 700多家线下门店春节都将正常营业，家电3C支持就近配送和上门自提。考虑到用户走亲访友在家时间不固定，国美在线将与消费者进行提前沟通，按照消费者需要实现精准和个性化配送，力保消费者春节网购无忧。

在小件方面，国美在线春节期间则支持北京市、天津市、石家庄市、保定市、唐山市、上海市、广州市、深圳市、成都市、重庆市在内的10个城市正常配送。全国区域春节期间亦可正常下单，2月11日（农历正月初四）起恢复正常配送。限时达等个性化服务，将根据实际情况进行调整，2月16日（农历正月初八）后恢复正常。

综合来看，各大电商的春节期间物流举措都是根据自身特点出发。天猫、淘宝由于没有自营物流，侧重规范商家发货时间，尽量减少物流停运带来的损失，作用可说聊胜于无。京东在百货小件上保障更全面，配送及时范围广，并且通过京东帮将触角伸向了大量的县级区域。国美在线则发挥线上、线下联合的优势，不打烊城市达181个，并通过约时服务、门店自提等满足消费者的差异化需求。

（资料来源：http://ec.zjol.com.cn/system/2016/02/08/021018216.shtml.）

不可否认，在春节物流大战中，拥有自建物流的京东与国美在线将取得绝对性优势。但是自建物流存在的壁垒也在无时无刻地撕扯着企业主：庞大的维护费用、不可避免的社会资源浪费以及缓慢的变现能力都使"自建物流"成为一把双刃剑。虽然在某些重要节点里自建物流可以成为电商之争的关键性因素，但是自建物流究竟是累赘还是奇兵？本章将阐述电子商务物流管理的含义、职能、相关理论学说，以及电子商务的物流模式等。

## 2.1 电子商务物流管理概述

### 2.1.1 电子商务物流管理的含义及特点

1. 电子商务物流管理的含义

电子商务物流管理，简单说就是对电子商务物流活动所进行的计划、组织、指挥、协调、控制和决策等。

 资料卡

电子商务物流管理，是指在社会再生产过程中，根据物质资料实体流动的规律，应用管理的基本原理和科学方法，对电子商务物流活动进行计划、组织、指挥、协调、控制和决策，使各项物流活动实现最佳协调与配合，以降低物流成本，提高物流效率和经济效益。简而言之，电子商务物流管理就是研究并应用电子商务物流活动规律对物流全过程、各环节和各方面的管理。

2．电子商务物流管理的特点

电子商务时代的来临，使物流具备了一系列新特点。

1）信息化

电子商务时代，物流信息化是电子商务的必然要求。物流信息化表现为物流信息的商品化、物流信息收集的数据库化和代码化、物流信息处理的电子化和计算机化、物流信息传递的标准化和实时化、物流信息存储的数字化等。因此，条码技术、数据库技术、电子订货系统、电子数据交换、快速反应及有效的客户反应、企业资源计划等先进技术与管理策略在我国的物流中将会得到普遍的应用。

2）自动化

自动化的基础是信息化，自动化的核心是机电一体化，自动化的外在表现是无人化，自动化的效果是省力化。另外，电子商务物流管理还可以扩大物流作业能力、提高劳动生产率、减少物流作业的差错等。物流自动化的设施非常多，如条码/语音/射频自动识别系统、自动分拣系统、自动存取系统、自动导向车、货物自动跟踪系统等。这些设施在发达国家已普遍应用于物流作业流程中，而在我国由于物流业起步晚，发展水平低，自动化技术的普及还需要相当长的时间。

3）网络化

物流领域的网络化有两层含义：一是物流配送系统的计算机通信网络，包括物流配送中心与供应商或制造商的联系要通过计算机网络，另外与下游顾客之间的联系也要通过计算机网络通信，例如物流配送中心向供应商提出订单这个过程，就可以使用计算机通信方式，借助于增值网上的电子订货系统（Electronic Ordering System，EOS）和电子数据交换技术（Electronic Date Interchange，EDI）来自动实现，物流配送中心通过计算机网络收集下游客户的订货的过程也可以自动完成；二是组织的网络化，即所谓的组织内部网。例如，我国台湾地区的计算机业在 20 世纪 90 年代就创造出了"全球运筹式产销模式"，这种模式基本是按照客户订单组织生产，生产采取分散形式，即将全世界的计算机资源都利用起来，采取外包的形式将一台计算机的所有零部件、元器件和芯片发往同一个物流配送中心进行组装，由该物流配送中心将组装的计算机迅速发给用户。

4）智能化

这是物流自动化、信息化的一种高层次应用，物流作业过程中大量的运筹和决策，如库存水平的确定、运输（搬运）路径的选择、自动导向车的运行轨迹和作业控制、自动分拣

机的运行、物流配送中心经营管理的决策支持等问题，都需要借助于大量的知识。在物流自动化过程中，物流智能化是不可回避的技术难题。为了提高物流现代化的水平，物流的智能化已成为电子商务下物流发展的一个新趋势。

5）柔性化

柔性化本来是为实现"以顾客为中心"理念而在生产领域提出的，但要真正做到柔性化，即真正根据消费者需求的变化来灵活调节生产工艺，没有配套的柔性化的物流系统是不可能实现的。20世纪90年代，国际生产领域提出了弹性制造系统、计算机集成制造系统、制造资源系统、企业资源计划以及供应链管理的概念和技术，这些概念和技术的实质是要将生产和流通进行集成，根据需求端的需求组织生产，安排物流活动。因此，柔性化的物流正是适应生产、流通与消费的需求而发展起来的一种新型物流模式。这就要求物流配送中心必须根据消费需求"多品种、小批量、多批次、短周期"的特色，灵活组织和实施物流作业。

另外，物流设施、商品包装的标准化，以及物流的社会化、共同化也都是电子商务物流模式的新特点。

## 2.1.2 电子商务物流管理的职能

电子商务物流管理和其他管理活动一样，其职能也包括组织、计划、协调、指挥、控制、激励和决策。

1. 组织职能

确定物流系统的机构设置、劳动分工、定额定员；配合有关部门进行物流的空间组织和时间组织的设计；对电子商务中的各项职能进行合理分工，各个环节的职能进行专业化协调。

2. 计划职能

编制和执行年度物流的供给和需求计划，月度供应作业计划，物流各个环节的具体作业计划（如运输、仓储等），物流运营相关的经济财务计划等。

3. 协调职能

协调对电子商务物流尤其重要，除物流业务运作本身的协调功能外，更需要物流与商流、资金流、信息流相互之间的协调，才能达到电子商务用户的服务要求。

4. 指挥职能

物流过程是物资从原材料供应到最终消费者的一体化过程，指挥就是物流供应管理的基本保证，它涉及物流管理部门直接指挥下属机构和直接控制的物流对象，如产成品、在制品、代售和售后产品、待运和在运货物等。

### 5. 控制职能

物流过程是物资从原材料工业供应者到最后的消费者的一体化过程,控制就是物流供应管理的基本保证,它涉及物流管理部门直接指挥的下属机构和直接控制的物流对象,如产成品、在制品、待售和售后产品、待运和在运货物等。由于电子商务涉及面广,其物流活动参与人员众多、波动大,所以,物流管理的标准化,标准的执行和督查,偏差的发现与矫正等控制职能相应具有广泛性、随机性。

### 6. 激励职能

物流系统内职员的挑选与培训、绩效的考核与评估、工作报酬与福利、激励与约束机制的设计等。

### 7. 决策职能

物流管理的决策经常与物流技术挂钩,如库存合理定额的决策、采购数量和采购时间决策等。

## 2.2 电子商务物流模式

【拓展知识】

电子商务企业采取的物流模式一般有自营物流、第三方物流及物流联盟等运作模式。此外,第四方物流模式作为一个新生模式,正在被研究和实践着。

### 2.2.1 自营物流

#### 1. 自营物流的概念

自营物流又称自理物流,是指企业自身投资建设物流的运输工具、储存仓库等基础硬件,以及经营管理企业的整个物流运作过程的模式。它是由工业企业自己经营的物流,其主要的经济来源不在于物流本身。相比之下,现代企业自营物流已不是传统企业的物流作业功能的自我服务,而是基于供应链物流管理以制造企业为核心的经营管理概念。电子商务下的自营物流是在传统的自营物流基础上加入电子商务的新型概念(图2.1),旨在使物流的整体运作效率得到提高。

图2.1 电子商务企业自建物流体系

【拓展案例】

目前采用自营物流的电子商务企业主要有两类。

(1) 资金实力雄厚且业务规模较大的电子商务企业。电子商务在我国兴起的时候，国内第三方物流的服务水平还远不能满足当时的电子商务企业的要求，而这些企业持有大量的外国风险投资，为了抢占市场的制高点，他们不惜动用大量资金，在一定区域甚至全国范围内建立自己的物流配送系统。京东商城、苏宁易购等著名电商企业是此类电子商务公司的典型代表。然而，关于如何在提高配送时效和控制配送成本中间寻找一个平衡点的问题，始终困扰着所有电子商务企业。

(2) 经营电子商务网站的传统大型制造企业或批发企业。由于这些企业在长期的电子商务活动中已经建立起颇具规模的营销网络和物流配送体系，在开展电子商务时它们只需对其加以改进、完善就可以满足电子商务条件下物流配送的要求。

### 2. 自营物流的优、缺点

由于自营物流的利润源不在物流本身，也就是说物流的成本往往大于物流的利润，所以采用自营物流的企业往往需要有能力自己承担物流业务并从中获利；同时，由于我国物流体系制度还不够完善，利用第三方物流也不是一个很好的解决办法。因此，现在有许多生产型企业都处于两难境地，不知道该采用自营物流还是该采用第三方物流。相比于第三方物流，自营物流具有以下优、缺点。

1) 优点

(1) 能够灵活、快速地对企业物流需求做出反应。自营物流以服务于本企业的生产经营为主要目标，与企业经营关系密切，其整个物流体系是企业内部的一个组成部分。与第三方物流相比，它能够更好地满足企业在物流业务上的时间与空间要求。尤其是对于物流配送较为频繁的企业，自营物流能更快速、灵活地满足企业要求。

(2) 企业拥有对物流系统运作过程的有效控制权。在自营物流模式下，企业可以通过内部行政权力控制物流运作的各个环节，对供应链有较强的控制能力，容易与其他业务环节密切配合，使企业的供应链更好地保持协调、稳定，从而提高物流的运作效率。

2) 缺点

(1) 一次性投资大、成本高。虽然自营物流具有一定的优势，但由于涉及运输、仓储、包装等多个环节，建立物流系统的一次性投资较大，占用资金较多，对于资金有限的企业来说，物流系统建设投资是一个很大的负担。另外，企业自营物流一般只服务于自身，是依据企业自身物流量的大小而建立的，但是单个企业物流的物流量一般较小，企业物流系统的规模也较小，这就导致物流成本较高。

(2) 需要较强的物流管理能力。自营物流的运营，除了需要强有力的硬件支持外，更需要企业工作人员具有专业化的物流管理能力。目前，我国的物流人才培养严重滞后，物流人才严重短缺。部分企业内部从事物流管理的人员综合素质也不高，他们在面对复杂多样的物流问题时，经常仅凭经验或主观的考虑来解决。提高物流管理人员的综合素质已成为我国企业开展自营物流亟待解决的一个问题。

尽管如此，自营物流也并不一定会成为公司的负担。只要配以现代化的管理或是进行高效的整合，往往能够给企业带来新的动力，这也是自营物流一直被人们所研究、学习的原因之一。换言之，电子商务化的现代物流系统本身只是整个公司产业链的一环，通过高效的整合，尽管前期需要较大的投入，但最后却能转换成无可比拟的强大竞争优势，给自营物流带来新的活力。

### 京东商城自营物流

京东商城是中国较大的综合网络零售商，是中国电子商务领域极受消费者欢迎和比较有影响力的电子商务网站之一，在线销售家电、数码通信、电脑、家居百货、服装服饰、母婴、图书、食品、在线旅游等12大类数万个品牌的百万种优质商品。

随着电子商务的发展，物流问题一直是制约电子商务企业进一步发展的瓶颈，而在各种电子商务模式中，受物流配送影响和制约最大的是B2C企业。京东商城作为一家典型的B2C企业，也面临着同样的问题。

如何解决这一瓶颈？京东商城选择了自建物流体系，这样京东商城能够将物流最大限度地控制在自己手里，并且形成了对整个供应链链条的控制。自建物流体系为京东商城保持高速发展提供了强有力的支撑，大幅提升了其在全国的配送速度，服务质量得到改善，解决了许多问题，最终帮助京东商城将物流从成本控制中心转变成了新的盈利点。自营物流也形成京东商城的差异化战略，提高了电子商务网站竞争的门槛。

（资料来源：http：//wenku.baidu.com/link? url = OkWa_ TCSC5zmFjLAGfs – QqnIfhv4qnzhDb4t_ tUwErM387 – DaEfFuYlkSB7rdaBtTNLuEvSR5a150Q4op – DKxhZyZb10OKJcG – chuwCywnm.）

## 2.2.2 第三方物流

### 1. 第三方物流的概念

第三方物流（Third – party Logistics，3PL/TPL）在国外又称契约物流（Contract Logistics），是20世纪80年代中期以来在欧美发达国家出现的概念。我国的国家标准《物流术语》（GB/T 18354—2006）对第三方物流所下的定义是：由供方与需方以外的物流企业提供物流服务的业务模式。

根据定义，第三方物流主要由以下两个要件构成：①主体要件，即在主体上是指"第三方"，表明第三方物流是独立的第三方企业，而不是依附于供方或需方等任何一方的非独立性经济组织。②行为要件，即在行为上是指"物流"，表明第三方物流从事的是现代物流活动，而不是传统意义上的运输、仓储等。

也有人认为第三方物流的概念源自于管理学中的 Out – sourcing。Out – sourcing 意指企业动态地配置自身和其他企业的功能和服务，利用外部的资源为企业内部的生产经营服务。将 Out – sourcing 引入物流管理领域，就产生了第三方物流的概念。所谓第三方物流是指生产经营企业为集中精力搞好主业，把原来属于自己处理的物流活动，以合同方式委托给专业物流服务企业，同时通过信息系统与物流服务企业保持密切联系，以达到对物流全程的管理和控制的一种物流运作与管理方式。因此，第三方物流又叫合同制物流。提供第三方物流服务的企业，其前身一般是运输业、仓储业等从事物流活动及相关行业的企业。从事第三方物流的企业在委托方物流需求的推动下，从简单的存储、运输等单项活动转为提供全面的物流服务，其中包括物流活动的组织、协调和管理、设计和建议最优物流方案及物流全程的信息搜集、管理等（图2.2）。

【拓展知识】

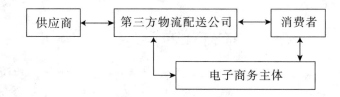

图2.2　第三方物流管理模式

**2. 第三方物流的特征**

第三方物流具有以下特征：①整合超过一个物流功能的活动，通常为客户提供两项以上物流功能的服务；②第三方物流企业通常不会代替客户做存货管理，仓储不等于存货管理；③为客户提供服务所使用的物流设备通常由第三方物流企业控制，即使这些资产不隶属于第三方物流企业本身；④具备全面的物流服务能力；⑤附加价值的提供等。

**3. 第三方物流运作模式**

1）传统外包型物流运作模式

传统外包型物流运作模式是第三方物流企业独立承包一家或多家生产商或经销商的部分或全部物流业务。

企业外包物流业务可以降低库存，甚至达到"零库存"，还可以节约物流成本，同时也可以精简部门，集中资金、设备于核心业务，提高企业竞争力。第三方物流企业各自以契约形式与客户形成长期合作关系，保证了自己稳定的业务量，避免了设备闲置。这种模式以生产商或经销商为中心，第三方物流企业几乎不需专门添置设备和业务训练，管理过程简单。订单由产销双方完成，第三方物流只完成承包服务，不介入企业的生产和销售计划。

目前我国大多数物流业务就是这种模式，实际上这种方式比传统的运输、仓储业并没有走多远。这种方式以生产商或经销商为中心，与第三方物流之间缺少协作，没有实现资源更大范围的优化。这种模式最大的缺陷是生产企业与销售企业和第三方物流之间缺少沟通的信息平台，会造成生产的盲目和运力的浪费或不足，以及库存结构的不合理。据统计，目前物流市场以分包为主，总代理比例较少，难以形成规模效应。

2）战略联盟型物流运作模式

战略联盟型物流运作模式是指运输、仓储、信息经营者等以契约形式结成战略联盟，内部信息共享和信息交流，相互协作，形成第三方物流网络系统。联盟可包括多家同地和异地的各类运输企业、场站、仓储经营者。理论上联盟规模越大，可获得的总体效益就越大。在信息处理方面，联盟成员可以共同租用某信息经营商的信息平台，由信息经营商负责收集处理信息，也可连接联盟内部各成员的共享数据库实现信息共享和信息沟通。目前我国的电子商务网站普遍采用这种模式。

这种模式比起第一种模式有两方面改善。首先，系统中加入了信息平台，实现了信息共享和信息交流，各单项实体以信息为指导制定运营计划，在联盟内部优化资源；同时，信息平台可作为交易系统，完成产销双方的订单和对第三方物流服务的预定购买。其次，联盟内部各实体实行协作，某些票据联盟内部通用，可减少中间手续、提高效率，使得供应链衔接更加顺畅。例如，联盟内部经营各种方式的运输企业进行合作，实现多式联运，一票到底，可大大节约运输成本。但在这种方式下，联盟成员是合作伙伴关系，实行独立核算，彼此之间服务租用，有时就很难协调彼此的利益。在彼此利益不一致的情况下，要实现资源更大范围的优化就存在一定的局限。例如，A地某运输企业运送一批货物到B地，而B地恰有一批货物运往A地，为减少空驶率，B地承包这项业务的某运输企业应转包这次运输，但A、B两家在利益协调上也许很难达成共识。

3）综合物流运作模式

综合物流运作模式就是组建综合物流公司或集团。综合物流公司集成物流的多种功能——仓储、运输、配送、信息处理和其他一些物流的辅助功能（如包装、装卸、流通加工等），组建各相应功能的部门。综合第三方物流大大扩展了物流服务范围，对上游生产商可提供产品代理、管理服务和原材料供应，对下游经销商可全权代理为其配货送货业务，可同时完成商流、信息流、资金流、物流的传递。

4. 选择第三方物流的优越性及风险

1）选择第三方物流的优越性

（1）有利于集中主业。由于任何企业拥有的资源都是有限的，所以很难将涉及自身产品的业务都做得非常理想。因此，企业必须充分利用现有的资源，集中精力于核心业务和核心能力构筑，应将不擅长或条件不足的功能弱化或外包。

（2）有利于减少库存。企业不能承担多种原料和产品库存的过度费用增长，尤其是高价值的配件要及时被送往装配点才能保证库存最小。利用第三方物流可以在保证生产经营和营销正常进行的前提下实现"零库存"，从而降低库存成本。

（3）有利于减少投资和加快资本周转。企业若采用自营物流，往往要进行物流设施设备的投资，如建设仓库、购买车辆、构建信息网络、组织管理等，这样的投入是相当大的，对于资金运作缺乏的企业来说是个沉重的负担。而采用第三方物流，企业可以减少在此方面的巨额投资，可以将固定投资转变为可变资本。

（4）有利于灵活运用新技术。随着物流业务的发展和科技进步的加速，物流领域的新技术、新设备层出不穷，表现在物流功能专业化、自动化、智能化等。非物流企业通常缺乏时间、精力、资金等资源，难以适应快速发展的物流活动。而采用第三方物流，企业可以在不增加投入的情况下，不断获取物流功能带来的新技术，并获取一定的增值利益。

（5）有利于提高顾客服务水平。顾客服务水平的提高会增加顾客的满意度，增强企业信誉，促进销售，提高市场占有率，进而提高利润率。采用第三方物流先进的信息网络和通信技术，有助于提高市场响应速度，加快对顾客订货的反应能力，尤其是对销售物流、回收物流的作用，以保证企业为客户提供稳定、可靠的高水平服务。

（6）有利于降低物流成本。物流成本通常被认为是企业经营中较高的成本之一，控制了物流成本，就等于控制了总成本。而采用第三方物流，可以使得企业物流成本下降一定比例。对企业而言，应建立一套完整的物流成本核算体系，以便真实地反映企业采用第三方物流后所带来的效益，促使企业物流活动日趋合理化。

（7）有利于企业进入新的市场。通过专业化的发展，第三方物流企业通常已经开发了自己的信息网络并积累了针对不同物流市场的专业知识，不仅提供运输、仓储和其他增值服务，而且在国内外也可能有良好的运输和分销网络。因此，采用第三方物流，企业就有可能开展自身原本无法开展的物流业务。

（8）有利于提升企业形象。企业可以通过第三方物流"量体裁衣"式的设计，制定出以客户为导向、低成本、高效率的物流方案，为企业在竞争中取胜创造有利条件。

2）选择第三方物流的风险

（1）对物流的控制能力降低甚至丧失的风险。企业采用第三方物流后，第三方物流企业会介入客户企业的采购、生产、销售及顾客服务的各个环节，成为客户企业的物流管理者，这必然使客户企业对物流的控制能力降低。同时，这将导致第三方物流企业具有与客户企业讨价还价的能力。

另外，采用第三方物流也使原来由企业内部沟通来解决的问题，变成还要与外部的第三方物流企业之间进行沟通。在沟通不充分的情况下，容易产生相互推诿，影响物流的效率。

（2）顾客关系管理上的风险。采用第三方物流，在顾客关系管理上有两个风险：一是企业同顾客关系被削弱的风险，即由于订单集成、产品的递送甚至售后服务基本上是由第三方物流企业完成，势必减少与客户的沟通，可能导致企业的快速反应体系失灵；二是客户资料被泄密的危险。

（3）企业战略被泄密的危险。在市场竞争日益激烈的情况下，企业的核心竞争力是其生存与发展的重要保障。而采用第三方物流，由于双方合作的紧密性以及提高物流效率的需要，通常要求双方的信息平台对接，这就势必增加企业经营战略被泄密的风险。

（4）连带经营风险。企业采用第三方物流后，双方可能形成战略伙伴关系。一旦需要解除合作关系，需要付出一定的成本。如果第三方物流企业由于自身的经营不善导致暂停或终止提供服务，将可能直接影响客户企业的经营，甚至会带来相当大的损失。特别是在合约解除过程中，企业要面临新的第三方物流企业的选择成本和磨合成本。

（5）机会主义风险。采用第三方物流后，双方对合作关系依赖性的不同，可能导致第三方物流企业在出现一些纠纷时往往处于有利地位，有时可能欺诈客户而变相提高价格或提出其他较为苛刻的条件，并转向其他能满足其利益的客户，产生一定的机会主义行为。

5. 我国第三方物流发展中存在的问题

近年来，随着我国电子商务的迅速崛起，第三方物流也呈现出蓬勃发展的态势。然而物流成本高、人才匮乏、物流效率低等问题，成为困扰我国第三方物流持续发展的障碍。

1）物流成本居高不下，成为我国第三方物流发展的主要障碍

随着电子商务的迅速崛起，我国第三方物流呈现快速发展的态势，年均增速在20%左右。据中国物流与采购联合会统计数据显示，2014年我国第三方物流业务收入达到9 380亿元，较2013年同期增长11%。2015年1—6月第三方物流业务收入达到5 860亿元。但物流成本长期在较高位置徘徊，如2015年我国社会物流总费用占GDP比率为16%，2016年较之前下降约1个百分点，但仍远高于美国约为8%的比重。这一难题已成为困扰我国第三方物流乃至整个物流业发展的主要障碍。进一步分析，第三方物流是规模化产业，而我国第三方物流以中小企业居多，约占到90%，其中不乏家庭手工作坊，再加之第三方物流企业大多专业化程度低，信息化普及程度低，约占18%。由此，导致物流效率低下、成本上升，阻碍了第三方物流的发展。

2）阻碍物流发展的体制约束依旧存在，导致第三方物流效率低下

受经济体制的影响，我国第三方物流发展的体制约束依旧存在，最为突出的问题便是地域冲突。地方政府"各自为政"，存在一些地方保护主义情况，导致第三方物流运输成本上升、程序烦琐、效率低下。例如，第三方物流企业接到货物从四川省宜宾市运送至云南省昭通市的业务，目前两地直接通公路、高速公路、铁路，距离约为225公里。但由于这两个地区分属不同的省份，由此导致第三方物流企业不得不选择距离较远的运输路线，即"宜宾—成都—昆明—昭通"，全程长达1 500公里，导致物流运输距离大幅增加、成本上升、效率低下。

3）物流基础设施建设滞后，制约了第三方物流的健康发展

基础设施建设是物流行业前行的力量源泉与基石。我国在"十一五""十二五"期间，物流业固定资产投资不断加大，尤其是2008年、2009年受政府四万亿的拉动，增速更是加速放大，分别达到62.8%、56.1%，物流基础设施建设得到明显改善。然而与美国相比，人口基数庞大导致我国物流基础设施建设依旧显得滞后。如截至2016年年底，我国公路总里程达到469.63万公里，占美国的74.54%。同时，经济发展不均衡导致我国公路交通运输网络也呈现"东部密度较高，西部严重落后"的格局。如直到2013年西藏墨脱县公路通车，才实现了我国"县县通公路"的发展目标。对于第三方物流的"最后一公里"，从"村村通公路"再到"村村通车"还有漫长的路要走，尤其是四川、甘肃、西藏等地的偏远山区。总体而言，我国物流基础设施建设滞后，人均享有公路里程较低，制约了第三方物流的发展进程。

4）复合型物流人才匮乏，限制了第三方物流的持续发展

第三方物流旨在提供专业化的物流服务，专业型人才是推动第三方物流发展必不可少的无形资产。受传统思想的影响，目前我国第三方物流行业中，从业人员专业素质普遍较低，复合型的物流专业人才更是严重匮乏。随着我国电子商务的迅速发展，第三方物流有了更广阔的发展空间。第三方物流以专业化、高效著称，这就需要专业的物流人才对物流环节、物流资源进行统筹管理。然而，当前我国物流人才培养体系尚不完善，高校"闭门造车"现象严重。

### 案例 2-2

### 申通快递

申通快递品牌初创于 1993 年,公司致力于民族品牌的建设和发展,不断完善终端网络、中转运输网络和信息网络三网一体的立体运行体系,立足传统快递业务,全面进入电子商务物流领域,以专业的服务和严格的质量管理来推动中国物流和快递行业的发展。

随着中国快递市场的发展,申通快递在提供传统快递服务的同时,也在积极开拓新兴业务,为国内大型 C2C、B2C 企业提供物流配送、第三方物流和仓储、代收货款、贵重物品通道等服务,并在国内建立了庞大的信息采集、市场开发、物流配送、快件收派等业务机构,同时也积极拓展国际件服务。2016 年,申通国际网络覆盖全球 38 个国家超过 70 个城市和地区,申通快递的全球化理念正在一步一步地践行。

(资料来源:http://www.56885.net/news/201131/260867.html.)

## 2.2.3 物流联盟

### 1. 物流联盟概述

物流联盟(Logistics Alliance)是为了取得比单独从事物流活动更好的效果,在物流方面通过契约形成优势互补、要素双向或多向流动的中间组织,其运营系统架构如图 2.3 所示。该方式是一种介于自营物流和外包之间的物流模式,可以降低前两种模式的风险。联盟是动态的,只要合同结束,双方又会变成追求自身利益最大化的单独个体。

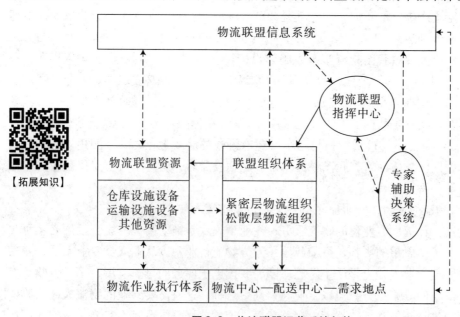

图 2.3 物流联盟运营系统架构

注:◀--▶ 表示信息流;──▶ 表示管理流。

电子商务企业与物流企业进行联盟,一方面有助于电子商务企业降低经营风险,提高竞争力,以及从物流伙伴处获得物流技术和管理技巧;另一方面也使物流企业有了稳定的货源。然而物流联盟的长期性、稳定性会使电子商务企业改变物流服务供应商的行为变得困难,因此电子商务企业必须对过度依赖物流伙伴的局面作周全的考虑。

## 环亚运商物流联盟

环亚运商物流联盟创始于2004年,由北京环亚运商物流有限公司、北京环亚运通货运有限公司等多家专业物流企业共同发起成立,至今已先后有北京、天津、河北等地数十家物流企业加盟。近年来,环亚运商物流联盟以强大的实力、专业化的技术和管理水平、优质的服务以及良好的信誉,在为联盟成员带来高收益的同时,还凭借多年的物流经验,为成员提供多种物流经营思路,同时还提供物流管理方面的多种支持,还为加盟企业的快速发展提供了宝贵的经验指导和有力的后备支持。目前,环亚运商物流联盟旗下聚集着仓储、货运、计算机软件、电子商务等多个专业公司,围绕物流行业的各个方面进行全面的管理支持和商务服务;致力于提升物流行业工作效率,提高物流行业管理和调控水平,拓展物流经营的发展空间。在促进同业协作,共同开拓市场,扶持新兴企业方面,环亚运商联盟也获得了业内人士的一致认可。

(资料来源:https://club.1688.com/threadview/25061470.html.)

2. 物流联盟的优越性

1)有助于减少物流合作伙伴在交易过程中的相关费用

交易频率越高,物流合作伙伴之间的交易量就越大,交易过程中产生的费用也就越多。通过寻求一种有效的组织形式,消除交易频率较高带来的负面影响,物流联盟不失为一种可供考虑的方法。因为物流联盟作为一种长期的契约安排,可减少单位交易所承担的费用。例如,物流合作伙伴之间经常进行沟通与合作,可使搜寻交易对象信息方面的费用大为降低;因提供个性化物流服务而使物流合作伙伴之间建立起相互信任的关系,可减少各种履约风险;即使物流合作伙伴在服务过程中产生冲突,也会因为物流合约一般签约时期较长而可通过协商加以解决,从而避免了无休止的讨价还价甚至提出法律诉讼所产生的费用。

2)有利于减少因交易主体的有限理性而产生的交易费用

交易的不确定性和市场的多变性与交易主体的有限理性和机会主义行为密切相关。交易双方都不可能对未来洞察秋毫,并对将要发生的变故预先在契约中设置相应条款。例如,如果交易双方信息不对称,就很难避免其中一方产生机会主义行为,而通过联盟组织代替市场交易,提高双方对不确定性环境的认知能力,便可以减少此类情况的发生。

联盟企业之间的长期合作促使伙伴之间的"组织学习",这在很大程度上抑制了交易双方的机会主义行为。因为,一次背叛和欺诈在长期合作中会导致针锋相对的报复和惩罚,面临着逆向选择的高昂代价。这就把交易双方机会主义行为带来的费用控制在了最低限度,从而减少了因交易主体的有限理性而产生的交易费用。

### 3）资产的专用性

资产的专用性高，意味着投资所带来的固定成本和可变成本包含了一定的不可收回的成本或沉没成本，因此交易双方的契约关系保持连续性具有特别重要的意义。联盟的建立以及对专用性资产的共同占有成为解决这一矛盾的有效选择。例如，美国加利福尼亚州有一家年销售收入15亿美元的厂商，其物流系统非常完善，在美国有9个工厂、8个仓储配送基地。为了降低物流成本，该公司考虑与其他企业共同使用配送系统。刚好一家在美国有两个工厂、年销售收入2.5亿美元的欧洲同行企业欲开拓加利福尼亚市场，于是两家结成联盟。这样一来，这家美国企业既能降低仓储固定成本，又能提高其在加利福尼亚的运输设备利用率；这家欧洲企业也更容易打入加利福尼亚市场，而且与其他各种方案相比，采用美国企业的配送系统花费更小。

通过以上分析可以看出，物流联盟能减少在交易的全过程、交易主体行为和交易特性等领域及环节中产生的各种费用，是一种节约交易费用的制度安排。因此，寻找合适的物流伙伴建立物流联盟也是电子商务企业进行物流运作的一个较好的选择。

### 3. 电子物流联盟的建立

#### 1）电子物流联盟的总体框架

电子物流联盟以电子商务集成服务平台为支撑，主要包括物流电子交易中心、结盟管理中心、联盟伙伴库三个组成部分。

（1）物流电子交易中心是为物流服务的供方和需方提供交易机会及交易过程的场所。生产商、销售商等物流需求方可以借助物流电子交易中心发布物流服务需求信息、获取供给信息，找寻合适的服务提供商，进而进行商务洽谈、合同签订、资金支付等电子商务链的活动。由于现代物流服务一体化的特征，物流需求方往往只与服务集成商（即针对任务的物流价值链核心企业）确定商务关系。物流电子交易中心具备一般电子商务平台的特征，但商务交易主要是物流服务。为了完成物流服务的电子交易过程，物流电子交易中心通常具备电子认证、信息发布与获取、在线洽谈、电子合同、电子支付、责任认定等功能，同时提供与交易相关的增值服务。

（2）结盟管理中心主要是为针对任务的物流价值链核心企业寻求合作伙伴、进行成员管理的场所。在核心企业获取物流任务后，首先根据核心能力原则确定是否选择一定的合作伙伴共同完成此项物流任务；当确定需要建立面向任务的虚拟物流企业后，借助结盟管理中心完成物流任务分解、物流任务招标信息发布、伙伴选择等过程。为了支持电子物流联盟物流任务层的运作，通常结盟管理中心应能满足以下几方面的功能需求：

① 需求响应：根据客户需求和自身核心能力确定物流招投标方案。

② 伙伴管理：对伙伴成员的各种信息进行管理。

③ 任务管理：监督、了解任务进展情况，协调子任务之间的相互关系，保证任务完成的质量和时间。

④ 协调管理：主要通过信息交流达到任务顺利完成的目的。为了满足成员之间不同类型的交流需求，可提供文字语言、线下线上多种交流工具。

⑤ 绩效评估：对运行结果进行分析，衡量伙伴成员及物流价值链的整体运作绩效，为下一次的合作及联盟管理提供决策支持。

联盟伙伴库是包含了所有联盟成员详细信息的数据库。电子物流联盟的正常运作，必须由联盟伙伴库提供准确、强大的信息支撑，其中成员的数量、质量以及信息的完备性直接关系到电子物流联盟物流任务层构建与运作的成本与效率。

2）电子物流联盟的参与者

电子物流联盟的参与者包括客户、电子物流联盟整合方、电子物流联盟成员以及政府管理机构。

（1）客户。客户即物流服务的需求方，包括工商企业、政府机构等一切具有物流服务需求的主体。

（2）电子物流联盟整合方。电子物流联盟整合方通常是指电子商务集成服务平台的所有者，由其发起组建电子物流联盟，设计加盟成员企业的业务规范、合作协议等，指导加盟成员企业的内部改造，并进行电子商务集成平台的运营与维护。电子物流联盟的整合方具备的关键要素能力是信息整合能力、物流功能整合能力和电子商务平台的运营能力。也就是说，它可以具备某种或相对完善的物流功能，也可以完全不具备物流作业设施。

（3）电子物流联盟成员。电子物流联盟成员归属于物流联盟伙伴库，伙伴之间是在整合三边规制下的长期伙伴关系。在针对某项物流任务构建的虚拟企业中，成员可以划分为物流价值链参与者与非参与者，参与者又可分为核心节点企业与非核心节点企业。物流价值链的参与者具备自组织特性，参与者之间一般核心能力互补，任务产生前关系平等。识别与获取到物流需求的企业自动成为物流价值链的核心企业，由其根据相应的评价标准选择节点企业，共同组建针对任务的物流价值链。

（4）政府管理机构。政府管理机构主要为电子物流联盟的运作提供政策环境支持、法律法规保障。同时，通过与电子政务系统的对接，实现物流运作过程中的电子报关、纳税、行政审批等功能。

自营物流、第三方物流和物流联盟三种物流配送模式的比较见表2-3。

表2-3 三种物流配送模式的比较

| 项目 | 自营物流模式 | 第三方物流模式 | 物流联盟模式 |
| --- | --- | --- | --- |
| 控制能力 | 较强，可跟踪物流变化 | 失去对物流的控制权 | 一般 |
| 物流成本 | 前期投入成本大 | 成本低 | 成本较低 |
| 服务水平 | 可以不断改进提高，提供个性化的服务 | 因第三方物流而定，整体服务水平偏低 | 共同协商谈论 |
| 响应速度 | 比较快 | 反应稍慢 | 一般水平 |
| 信息水平 | 及时、有效 | 滞后、不健全 | 及时、有效 |
| 服务对象 | 电子商务企业自身 | 没有限制 | 联盟组建企业 |

续表

| 项目 | 自营物流模式 | 第三方物流模式 | 物流联盟模式 |
|---|---|---|---|
| 覆盖范围 | 有区位优势但是范围较小 | 覆盖范围较广 | 范围较广 |
| 专业化水平 | 缺乏物流专业管理人才，专业化水平低 | 专业化 | 专业化 |
| 选择风险性 | 高 | 相对较低 | 较高 |
| 资金周转 | 前期基本投入高，加大了固定资金的占有率，但销售资金回笼快，资金流动性好 | 销售资金回笼慢，影响资金的流动性 | 销售资金回笼较快，有利于加速资金流动 |
| 优势 | ① 零售电子商务企业对物流配送有较强的控制能力<br>② 物流部门与其他职能部门易于协调<br>③ 企业容易保持供应链的稳定 | ① 电子商务企业可以将力量与资源集中于自己的核心业主<br>② 降低经营成本<br>③ 改进客户服务 | ① 可以降低经营风险和不确定性<br>② 较少投资<br>③ 获得物流技术和管理技巧 |
| 劣势 | ① 物流基础设施需要非常大的投入<br>② 需要较强的物流管理能力 | 容易受制于人 | 更换物流伙伴比较困难 |
| 适用范围 | 大型集团零售企业或零售连锁企业 | 处理物流配送能力相对较低的B2C企业或C2C网上零售商家 | 销售网络较完善的传统零售企业开展电子商务时 |

## 2.2.4 第四方物流

### 1. 第四方物流概述

1）第四方物流的概念

第四方物流的概念是 1998 年美国埃森哲咨询公司率先提出的，它是指一个供应链集成商通过调集、管理和组织自己的以及具有互补性的服务提供商的资源、能力和技术，为客户提供一个综合的供应链解决方案，见图 2.4。这种方式利用了整个供应链的影响力，可以为用户带来更大的价值。第四方物流不仅控制和管理特定的物流服务，而且对整个物流过程提出策划方案，并通过电子商务将这个过程集成起来。因此，第四方物流成功的关键在于为用户提供最佳的增值服务，即迅速、高效、低成本和人性化服务等。

在实际的运作中，由于第三方物流公司缺乏对整个供应链进行运作的战略性专长和真正整合供应链流程的相关技术，第四方物流正日益成为一种帮助企业实现持续运作成本降低和区别于传统的外包业务的真正的资产转移。

第四方物流依靠业内最优秀的第三方物流供应商、技术供应商、管理咨询顾问和其他

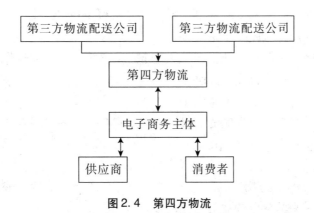

图2.4 第四方物流

增值服务商,为用户提供独特和广泛的供应链解决方案。这是任何一家公司都不能单独提供的。

第四方物流最大的优越性在于,它能保证产品更快、更好、更廉价地送到需求者手中。当今经济形势下,货主(或托运人)越来越追求供应链的全球一体化以适应跨国经营的需要,跨国公司也因为要集中精力于其核心业务而必须更多地依赖物流外包。因此,它们不只是要在操作层面上进行外部协作,在战略层面上也需要借助外界的力量,以期能得到更快、更好、更廉价的物流服务。

2) 第四方物流的基本功能

第四方物流的基本功能有三个:一是供应链管理功能,即管理从货主(或托运人)到用户的供应全过程;二是运输一体化功能,即管理运输公司、物流公司之间在业务操作上的衔接与协调问题;三是供应链再造功能,即根据货主(或托运人)在供应链战略上的要求,及时改变或调整战略战术,使其高效率地运作。第四方物流以行业最佳的物流方案为用户提供服务与技术,而第三方物流要么独自提供服务,要么通过与自己有密切关系的转包商来提供服务,不大可能提供技术、仓储和运输服务的最佳整合方案。因此,第四方物流就成了第三方物流的协助提高者,也是货主的物流方案集成商。

3) 第四方物流的优越性

(1) 提供了一个综合性供应链解决方法。第四方物流提供了一个综合性供应链解决方法,能有效地满足用户多样和复杂的需求,集中所有资源为用户完美地解决问题,具体如下。

① 供应链再建。供应链再建是指供应链的参与者将供应链规划与实施同步进行,或者利用独立供应链的参与者之间的合作提高规模和总量。这种再建改变了供应链管理的传统模式,将商贸战略与供应链战略连成一线,创造性地重新设计了参与者之间的供应链,使之达到一体化标准。

② 功能转化。功能转化是指通过战略调整、流程再造、整体性改变管理和技术使用户间的供应链运作一体化,包括销售和操作规划、配送管理、物资采购、用户响应以及供应链技术等方面。

③ 业务流程再造。业务流程再造是指将用户与供应商信息和技术系统一体化,把人

的因素和业务规范有机结合起来，使整个供应链规划和业务流程能够有效地贯彻实施。

④ 实施第四方物流。通过开展范围远远超出传统外包运输管理和仓储运作的多功能、多流程的供应链业务，企业可以把整条供应链全权交给第四方物流运作。第四方物流可为所有的供应链功能或流程提供完整的服务。

（2）通过影响整个供应链来获得价值。

第四方物流通过影响整个供应链来获得价值，它与外包的供应链的区别之一便是其能够为整条供应链的用户带来利益，具体如下。

（1）利润增长。由于关注的是整条供应链，而非仓储或运输单方面的效益，因此，第四方物流的利润增长将取决于服务质量的提高、实用性的增强和物流成本的降低。第四方物流为用户及自身带来的综合效益会出现惊人的增加。

（2）运营成本降低。用户可以通过将整条供应链外包来达到节约成本的目的。流程一体化、供应链规划的完善与实施将使运营成本和产品销售成本降低。

（3）工作成本降低。用户采用现代信息技术、科学的管理流程和标准化管理，能使存货和现金流转次数减少，从而降低工作成本。

（4）资产利用率提高。用户通过第四方物流减少了固定资产的占用，提高了资产利用率，使得用户通过投资研究设计、产品开发、销售与市场拓展等获得经济效益的提高。

2. 第四方物流企业模式

1）知识密集型模式

在知识密集型模式中，以低资产和供应链管理为主体的第四方物流公司作为核心加入高资产的第三方物流公司，提供技术、供应链战略、专门项目管理等补充功能，为多个用户提供全方位物流服务。

2）方案定制模式

在方案定制模式中，第四方物流公司只为一个用户提供运作和管理服务。通常由第四方物流公司与用户成立合资公司或合伙公司，用户在合资（合伙）公司中占主要份额，因为大多数物流公司不希望将自己限制在一个用户中。

3）整合模式

在整合模式中，低资产的第四方物流公司作为主导，联合其他第三方物流公司提供运输、仓储、配送等服务，给多个行业用户设计供应链解决方案。

3. 基于电子商务的第四方物流

电子商务将传统的商务流程电子化、数字化，一方面以电子流代替了实物流，可以大量减少人力、物力，降低成本；另一方面突破了时间和空间的限制，使交易活动可以在任何时间、任何地点进行，从而大大提高了效率。整个电子商务过程就是一个网上协商、网上签约、网下送货的过程。运用电子商务的最大优势就在于这种商务模式下的交易的便捷性和快速性。因此第四方物流企业必须建立起稳定可靠、反应敏捷的业务信息系统。

第四方物流（即物流公共信息平台）这个全新的物流发展理念正逐渐被应用于实践。第三方物流模式由于受到规模、技术、资金等众多因素的制约，不能得到充分的发展；而具有领导力量的第四方物流提供商作为电子商务物流发展的新动力和新方向，通过建立全国范围内的物流公共信息平台，提供综合的供应链解决方案，能够有效地整合和共享全社会的物流信息资源，形成物流产业的发展合力。基于互联网的物流公共信息平台，不仅可以解决物流信息资源共享的问题，更重要的是作为客户之间的连接点，通过合作或联盟提供优质高效的服务，可以大大缩短物流时间，为企业带来赢利和新的利润增长点。

### 案例 2-4

#### 菜鸟网络实为"第四方物流"的载体

2013 年 5 月，马云在深圳宣布组建菜鸟网络科技有限公司。在这个规模庞大的计划中，阿里巴巴携手联合银泰、复星、富春、顺丰、"三通一达"启动中国智能物流骨干网项目，致力于让全国任何一个地区 24 小时内收到包裹。

菜鸟网络计划首期投资人民币 1 000 亿元，希望用 5～8 年的时间，努力打造遍布全国的开放式、社会化物流基础设施，建立一张能支撑日均 300 亿元(年度约 10 万亿元)网络零售额的智能骨干网络。

菜鸟网络的模式属于新瓶装老酒，这种模式在国外被称为"第四方物流"。早在 1998 年，美国埃森哲咨询公司就已经提出第四方物流的概念。第四方物流为已经有物流企业提供规划、咨询、物流信息系统、供应链管理等服务，而且第四方并不实际承担具体的物流运作活动。

(资料来源：http://www.chinawuliu.com.cn/information/201306/04/232901.shtml.)

## 2.2.5 物流一体化

随着市场竞争的不断加剧，企业建立竞争的关键已由节约原材料的"第一利润源泉"、提高劳动生产率的"第二利润源泉"，转向建立高效的物流系统的"第三利润源泉"。20 世纪 80 年代，西方发达国家(如美国、法国和德国等)就提出了物流一体化的现代理论，在发展第三方物流，实现物流一体化方面积累了较为丰富的经验，应用和指导其物流取得了明显的效果，使他们的生产商、供应商和销售商均获得了显著的经济效益。实现物流一体化，发展第三方物流，关键是拥有一支优秀的物流管理队伍。物流一体化的理论为中国的国有大中型企业带来了一次难得的发展机遇和契机，即探索适合中国国情的物流运作模式，降低生产成本，提高效益，增强竞争力。

#### 1. 物流一体化的含义

所谓物流一体化，是以物流系统为核心的，由生产企业经由物流企业到销售企业直至消费者的供应链的整体化和系统化，是物流业发展的高级和成熟的阶段。在此阶段，物流业高度发达，物流系统完善，物流业成为社会生产链条的领导者和协调者，能够为社会提供全方位的物流服务。物流专家指出，物流一体化就是利用物流管理，使产品在有效的供应链内迅速移动，使参与各方的企业都能获益。

物流一体化是物流产业化的发展形式,它必须以第三方物流充分发育和完善为基础。物流一体化的实质是一个物流管理的问题,即专业化物流管理人员和技术人员,充分利用专业化物流设备、设施、发挥专业化物流运作的管理经验,以求取得整体最优的效果。同时,物流一体化的趋势为第三方物流的发展提供了良好的发展环境和巨大的市场需求。

### 2. 物流一体化发展的三个层次

【拓展案例】

物流一体化的发展可进一步分为物流自身一体化、微观物流一体化和宏观物流一体化三个层次。

(1) 物流自身一体化的发展是指物流系统的观念逐渐确立,运输、仓储和其他物流要素趋向完备,子系统协调运作及系统化发展。

(2) 微观物流一体化是指市场主体企业将物流提高到企业战略的地位,并且出现了以物流战略作为纽带的企业联盟。

(3) 宏观物流一体化是指物流业发展到这样的水平:物流业占国家国民生产总值的一定比例,处于社会经济生活的主导地位。它使跨国公司从内部职能专业化和国际分工程度的提高中获得规模经济效益。

从物流的发展看,第三方物流是在物流一体化的第一个层次时出现萌芽的,但是这时只有数量有限的功能性物流企业和物流代理企业;第三方物流在物流一体化的第二层次得到迅速发展,专业化的功能性物流企业和综合性物流企业以及相应的物流代理公司开始出现,并发展得很快;这些企业发展到一定水平,物流一体化就进入了第三个层次。

## 案例 2-5

### 海信集团物流一体化整合方案

海信集团在总结长期经营和市场运作过程中存在的不足时,深刻意识到增加企业效益的重要的利润来源之一是优化整合企业采购、销售的整个过程。在海信集团现代物流整合项目的招标中,兰剑物流科技公司技压群雄,承接了此项整合任务的设计和实施,并为其开发海信化物流信息平台,以"信息管理带动物流管理"。

兰剑物流科技公司经过实地考察,再结合海信集团实际情况和具体要求,提供了建立准时制采购、生产、配送的一体化物流系统解决方案:将海信销售体系与物流体系分离,三大子公司的物流业务流程合并,统一由物流推进部运作。销售过程中所发生的各种订单和业务处理都要通过海信物流信息系统平台处理,物流推进部根据信息平台数据,结合各地第三方物流企业的运输能力,有效调度货物配送。同时各子公司营销机构都可以通过物流信息平台直观、实时地了解仓储和销售情况,并做到准确、快速反馈。

通过物流系统整合,使海信集团的缺货损失费减少了8 000万~1.2亿元,资金周转速率提高20%,流动资金减少4 000万元,同时增强了海信对用户的承诺的可靠性,提高了服务的可信度,扩大了市场的占有率,提升了企业形象。

(资料来源:http://www.wangxiao.cn/wl/17371564161.html。)

## 2.2.6 电子商务逆向物流

**1. 逆向物流概述**

1）逆向物流的含义

逆向物流也称反向物流,是指物品从供应链下游向上游运动所引发的物流活动。电子商务逆向物流示意图见图2.5。

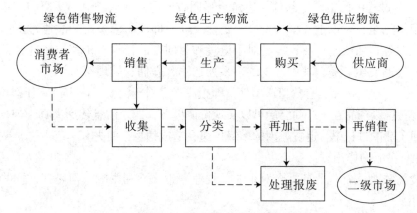

图 2.5 电子商务逆向物流

注:⟵:正向物流;⇠⇠:逆向物流。

2）逆向物流运行的内容

(1) 回收物流。回收物流是指退货、返修物品和周转使用的包装容器等从需方返回供方所引发的物流活动。

(2) 再生资源物流。再生资源物流是指对有价值的物品和资源的回收加工活动。

(3) 废弃物物流。废弃物物流是指将经济活动中失去原有使用价值的物品,根据实际需要进行收集、分类、加工、包装、搬运、储存等,并分送到专门处理场所的物流活动。

3）逆向物流形成的原因与特点

经济全球化、网络经济和电子商务的迅速发展,使得企业生产能力不断增大,营销速度加快,单位时间产品输出量增大,但与此同时也带来一系列问题。

(1) 退货问题。它包括产品过期造成的退货;客户无理由的退货;产品不合格导致的退货(目前,生产系统还不能保证100%的产品合格率,大规模的生产也会带来次品数量的增加);产品运输不合理形成的退货(由于运输系统的不完善,在运输过程中可能造成产品被盗、缺件、功能受损或包装受损导致客户不满意而形成退货);订单处理疏忽造成产品的重复运输、错误运输所形成的退货;产品有危害导致客户不满意的退货;等等。

(2) 产品召回问题。产品创新是许多企业追求的目标,但创新产品生产体系和生产工艺的不成熟性,增加了产品缺陷的风险。世界上许多大型企业如IDN、英特尔、福特等都

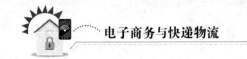

有过产品召回的历史。随着产品召回制度的形成,产品召回的次数和数量呈增长趋势。产品召回的过程也逆向物流产生形成的过程。

(3) 报废产品回收问题。在市场空间争夺日益困难,显性生产成本已经降到很难再下降的情况下,通过报废产品的回收来进一步寻找生产原料成本的下降,已经成为许多企业提高竞争力的下一步战略。国外许多发达国家,如日本、美国已从20世纪末开始重视报废产品的回收。在我国,制造业对报废产品的回收已经开始实施。可以肯定,报废产品的回收将会成为我国企业逆向物流的主流业务。

(4) 生产过程中的报废零部件、边角余料回收问题。逆向物流形成原因有很多,而这些原因决定了它至少有以下几个特点:一是逆反性,即产品或报废产品通过逆向物流渠道从消费者流向经销商或生产商;二是对于退货和召回产品,具有价值递减性,即产品从消费者流向经销商或生产商,其中产生的一系列运输、仓储、处理等费用都会冲减回流产品的价值;三是已报废产品具有价值递增性,即报废产品对于消费者而言没有什么价值,但随着逆向回流,报废产品在生产商终端可以实现价值再造;四是信息传递失真性递增,即产品从客户流回企业的过程中,退货原因的多级传递会造成信息扭曲失真,产生"长鞭效应"。

4) 逆向物流的作用

逆向物流作为非常规业务,会对企业常规业务带来不利影响。但是,逆向物流也有其自身的作用。

(1) 能降低原材料成本,稳定原材料供应。企业在原有供应链的基础上,通过实施逆向物流形成一定范围的原材料循环供应,减少原材料的浪费,降低企业对原供应商的依赖,同时保证原材料供应的及时、稳定,促进供应链的整合。

(2) 能改善企业形象,获取社会效益。产品在丰富人们生活的同时,大量的残留物对环境造成了严重危害与威胁,社会对绿色产品、绿色服务的呼声越来越高。企业实施逆向物流可以减少产品及其副产品对环境的污染,向社会展现企业负责的形象,从而获取一定的社会效益。

(3) 能改善服务,提高客户满意度。企业通过逆向物流,可以改善产品销售或售后服务。客户可以对不符合自己要求的产品顺利退货,消除客户购买企业产品的后顾之忧,提高客户满意度,赢得客户信任,增加企业竞争优势。

**2. 退货物流管理及处置方法**

【拓展案例】

退货是指由于产品出厂后,经储存、运输过程中损坏及消费需要变化等原因而退回企业的产品。与正向合格品物流相比,它有着自身明显的特征:①退货物流产生的地点、时间和数量是不确定的;②发生退货物流的地点较为分散、无序,不可能集中一次向接收点转移;③退货物流发生的原因通常与产品的质量或数量的异常有关;④退货物流的处理系统与方式复杂多样,不同处理手段对恢复资源价值的贡献差异显著。

在很大程度上,退货并没有丧失使用价值,可以采取综合开发的方式解决。例如,为退货开辟新的市场;对退货进行简单的流通加工、更新包装等,挖掘退货新的使用价值再销售；将退货捐赠到有关机构等，以发挥其应有的作用。

退货既可以纳入本企业生产经济计划统筹管理，也可以与几个相关企业联合起来建立一个退货品处理基地，或者责成社会第三方物流外包解决。退货物流的类别与特点如表2-4所示。

表2-4 退货物流的类别与特点

| | 类别 | 周期 | 驱动因素 | 处理方式 | 例证 |
|---|---|---|---|---|---|
| 投诉退货 | 运输短少、偷盗、质量问题、重复运输等 | 短期 | 市场营销、客户满意服务 | 确认检查、退、换、补货 | 电子消费品，如手机、录音笔等 |
| 终端退回 | 经完全使用后需处理的产品 | 长期 | 经济市场营销 | 再生产、再循环 | 电子设备的再生产、地毯循环、轮胎修复 |
| | | | 法规条例 | 再循环 | 白色和黑色家用电器 |
| | | | 资产恢复 | 再生产、再循环、处理 | 计算机元件及打印机硒鼓 |
| 商业退回 | 未使用商品退回还款 | 短到中期 | 市场营销 | 再使用、再生产、再循环、处理 | 零售商积压库存，时装、化妆品 |
| 维修退回 | 缺陷或损坏产品 | 中期 | 市场营销、法规条例 | 维修处理 | 有缺陷的家用电器、零部件、手机 |
| 生产报废和副品 | 生产过程中的废品和副品 | 较短期 | 经济法规条例 | 再循环、再生产 | 药品行业、钢铁行业 |
| 包装回收 | 包装材料和产品载体 | 短期 | 经济 | 再循环 | 托盘、条板箱、器皿 |
| | | | 法规条例 | 再使用 | 包装袋 |

**3. 废弃物物流管理及处置方法**

废弃物是指企业在生产过程中不断产生的基本上或完全失去使用价值，无法再重新利用的最终排放物。

废弃物这一概念不是绝对的，只是在现有技术和经济水平条件下，暂时无法利用。目前，许多发达国家的最终废弃物为原垃圾的50%以下。我国也在加强这方面的研究，如我国许多地区对生活垃圾用于堆肥、制肥，尽可能地使之资源化。

1）废弃物的种类及其物流特点

（1）固体废弃物。固体废弃物也被称为垃圾，其形态是各种各样的固体物的混合杂体。这种废弃物物流一般采用专用垃圾处理设备处理。

（2）液体废弃物。液体废弃物也称为废液，其形态是各种成分液体混合物。这种废弃物物流常采用管道方式处理。

(3) 气体废弃物。气体废弃物也称为废气，主要是工业企业，尤其是化工类型工业企业的排放物。大多情况下，气体废气物是通过管道系统直接向空中排放或利用。

(4) 产业废弃物。产业废弃物也称为产业垃圾。产业废弃物通常是指那些被再生利用之后不能再使用的最终废弃物。产业废弃物来源于不同行业，第一产业最终废弃物为农田杂屑，大多不再收集，而是自行处理，目前很少有物流问题；第二产业最终废弃物则因行业不同而异，其物流方式也各不相同，多数采取向外界排放或堆积场堆放、填埋等；第三产业废弃物主要是生活垃圾和基本建设产生的垃圾，这类废弃物种类多、数量大，物流难度大，大多采用就近填埋的办法处理。

(5) 生活废弃物。生活废弃物也称生活垃圾。生活废弃物排放点分散，所以需用专用的防止散漏的半密封的物流器皿储存和运输。

(6) 环境废弃物。企业环境废弃物一般有固定的产出来源，主要来自企业综合环境中。环境废弃物产生的面积大，来源广泛，对环境危害大。其主要处理方式是收集掩埋，要完成收集并输送到处理掩埋场的物流。另外，有些环境废弃物要流通加工，不过这种流通加工的目的不同于一般产品的流通加工，主要不是为了增加价值，而是为了减少危害。

2) 废弃物的物流处理方式

(1) 废弃物掩埋。大多数企业对其产生的最终废弃物，在政府规定的规划区内，利用原有的废弃坑塘或用人工挖掘出的深坑，将其运来、倒入，再用土掩埋。掩埋后的垃圾场，还可以作为农田进行农业种植，也可以用于绿化或作为建筑、市政用地。

(2) 垃圾焚烧。垃圾焚烧是指在一定地区用高温焚毁垃圾。这种方式只适用于有机物垃圾。

(3) 垃圾堆放。垃圾堆放是在远离城市的沟、坑、塘、谷中，选择合适位置直接倒垃圾。

(4) 净化处理加工。对垃圾进行净化处理，以减少对环境危害。

废弃物的几种物流具体处理方式如表2-5所示。

表2-5 废弃物物流的具体处理方式

| 处理方式 | 优点 | 缺点 | 适用范围 |
| --- | --- | --- | --- |
| 废弃物掩埋 | 不形成堆场，不占地不露天污染环境，可防止异味对空气污染 | 挖坑、填埋要有一定投资 | 对地下水无毒害的固体垃圾 |
| 垃圾焚烧 | 可燃性 | 容易发生生物化学作用，是造成空气、水及环境污染的主要原因 | 有机物含量高的垃圾或经过分类处理将有机物集中的垃圾 |
| 垃圾堆放 | 简单方便 | 容易发生生物化学作用，是造成空气、水及环境污染的主要原因 | 物流距离较远，但垃圾无须再处理，通过自然净化作用使垃圾逐渐沉降风化，是降低成本的处理方式 |

续表

| 处理方式 | 优点 | 缺点 | 适用范围 |
| --- | --- | --- | --- |
| 净化处理加工 | 减少对环境危害的物流方式，尤其是废水的净化处理是这种物流方式有代表性的流通加工方式。在废弃物流领域，这种流通加工时为了实现废弃物无害排放，因而特点显著 | 投资大，有生产周期 | 能够净化处理的废水及能够加工处理成无害排放物的废弃物 |

3）废弃物的物流合理化

企业废弃物的物流合理化必须从能源、资源及生态环境保护三个战略高度进行综合考虑，形成一个将废弃物的所有发生源包括在内的广泛的物流系统。

（1）生产过程中产生的废弃物的物流合理化。

① 建立一个对废弃物收集、处理的管理体系，要求企业对产生的废弃物进行系统管理，把废弃物的最终排放量控制到最小的限度之内。

② 在设计、研制、产品开发时，要考虑到废弃物的收集及无害化处理的问题。

③ 加强每个生产工序变废为宝的利用，并鼓励员工群策群力。

④ 尽可能将企业产生的废弃物在厂内合理化处理；暂时做不到厂内处理的要经过无害化处理后，再考虑向厂外排放。

（2）产品进入流通、消费领域产生的废弃物的物流合理化。

① 遵守政府有关规章制度，鼓励商业企业和消费者支持产品废弃物的收集和处理工作，如可以采取以旧换新等方式。

② 要求消费者对产品包装废弃物纳入企业废弃物的回收系统，不再作为城市垃圾而废弃，增加环境压力，如购买产品对回收部分收取押金或送货上门时顺便带回废弃物。

③ 教育企业员工增强环保意识，改变价值观念，注意本企业产品在流通、消费中产生的废弃物的流向，积极参与物流合理化的活动。

（3）企业排放废弃物的物流合理化。

① 建立一个能够被居民和员工接受，并符合当地商品流通环境的收集系统。

② 通过有效的收集和搬运废弃物，努力做到节约运输量。

③ 在焚烧废弃物的处理中，尽可能防止二次污染。

④ 对于最终填埋的废弃物，要尽可能减少其数量和体积，使之无害化，保护好处理场地周围的环境。

⑤ 在处理最终废弃物的过程中，尽可能采取变换处理，把不能回收的部分转换成具有其他用途的物品，如用焚烧废弃物转化的热能来制取蒸气、供暖、供热水等。

## 本章小结

电子商务物流管理,简单说就是对电子商务物流活动所进行的计划、组织、指挥、协调、控制和决策等。电子商务物流管理和其他管理活动一样,其职能也包括组织、计划、协调、控制、激励和决策。

随着信息网络化进程的加快,电子商务已经成为未来企业生存和发展的重要手段,企业也演变为电子商务企业,物流演变为电子商务物流,标志着现代物流发展进入一个新的阶段。

电子商务企业采取的物流模式一般有自营物流、第三方物流及物流联盟等运作模式。此外,第四方物流模式作为一个新生模式,正在被研究和实践着。

### 关键术语

第三方物流(Third – party Logistics)　　　　契约物流(Contract Logistics)
物流联盟(Logistics Alliance)

## 习 题

### 一、判断题

1. 电子商务物流管理的综合性主要是降低物流成本、提高物流效率,有效地提高客户服务水平。
(　　)

2. 电子商务物流管理和其他管理活动一样,其职能也包括组织、计划、协调、控制、激励和决策。
(　　)

3. "商业模式"是指一个企业从事某一领域经营的市场定位和盈利目标,以及为了满足目标顾客主体需要所采取的一系列的、整体的战略组合。
(　　)

4. 自营物流又称自理物流,是指企业自身投资建设物流的运输工具、储存仓库等基础硬件,经营管理企业的整个物流运作过程的模式。
(　　)

5. 物流联盟是为了取得比单独从事物流活动更好的效果,在物流方面通过契约形成优势互补、要素双向或多向流动的中间组织。
(　　)

### 二、选择题

1. 不属于电子商务物流管理特点的是(　　)。
　　A. 目的性　　　B. 创新性　　　C. 综合性　　　D. 绿色性

2. 不属于电子商务物流管理的职能的是(　　)。
　　A. 组织　　　　B. 监控　　　　C. 计划　　　　D. 激励

3. 不属于采用自营物流电子商务企业类型是(　　)。
   A. 大型电商企业　　B. 制造业　　C. 批发企业　　D. 零售商
4. 不属于第三方物流运作模式的是(　　)。
   A. 传统外包型　　B. 传统自建型　　C. 战略联盟型　　D. 综合物流运作模式
5. 企业建立竞争的"第三利润源泉"是(　　)。
   A. 节约原材料　　　　　　　　B. 提高劳动生产率
   C. 建立高效的物流系统　　　　D. 开发创新

### 三、简答题

1. 什么是电子商务物流管理？它有什么特点？
2. 电子商务物流管理有哪些职能？
3. 简述电子商务物流市场的交换关系。
4. 电子商务物流模式有哪些？
5. 简述电子商务物流模式各自的定义和优、缺点。

案例分析

## 几大物流配送模式典型企业

1. 菜鸟物流——3万亿背后的物流生态

2016年3月21日14时58分37秒，阿里巴巴对外宣布，阿里巴巴2016财年商品交易即时总额超过3万亿人民币。阿里巴巴集团董事局主席马云表示："从2003年淘宝网诞生至今，我们用了13年时间将成为全世界最大的零售平台。这是新的技术、新的理念，完全调动了整个社会的资源，让社会共同参与、共同富裕。"

早在2014年，我国快递业务量达140亿件跃居世界第一，与电商平台发展相辅相成。根据菜鸟网络发布的数据显示，阿里巴巴3万亿元的背后是覆盖了224个国家和地区的全球物流网络；在国内也已实现7个城市当日达、90个城市次日达。菜鸟网络致力于建设一个数据驱动、社会化协同的物流及供应链平台，3万亿元背后是五大体系的物流网络。

快递网络：为中国70%的快递包裹提供数据服务，协同15家主流快递公司，超过170万名"快递小哥"。

跨境网络：全球74个跨境仓，16条跨境专线，400万单跨境处理能力。

仓配网络：全国11个城市分仓，配送线路10 000条，六大行业仓配一体化。

末端网络：遍布全国的菜鸟驿站40 000个，校园站点1 500个，覆盖全国50%高校。

农村网络：联合合作伙伴，覆盖国内2 800个区县，50万个村子送货入村。

2. 京东物流配送：自建物流+第三方物流

京东商城是中国B2C市场最大的3C网购专业平台，是中国电子商务领域最受消费者欢迎和最具有影响力的电子商务网站之一。

1) 自建物流体系

2009年，京东网上商城陆续在天津、苏州、杭州、南京、深圳、宁波、无锡、济南等23座重点城市建立了城市配送站，最终，配送站覆盖全国200座城市，均由自建快递公司提供物流配送、货到付款、移动POS刷卡、上门取换件等服务。此外，京、沪、粤三地仓储中心也已扩容至8万平方米，仓储吞吐量全面提升。

分布在华北、华东、华南的三大物流中心覆盖了全国各大城市。2009年3月，京东网上商城斥资2 000万元人民币成立了上海圆迈快递公司，上海及华东地区乃至全国的物流配送速度、服务质量得以全面提升。

2010年4月初，京东商城在北京等城市率先推出"211限时达"配送服务。2010年5月15日在上海嘉定的京东商城"华东物流仓储中心"内，投资上千万的自动传送带已投入使用。工人们手持PDA，开着小型叉车在数万平方米的仓库内调配商品。这是京东迄今为止最大的仓储中心，承担了一半销售额的物流配送，也是公司将融到的2 100万美元的70%投放到物流建设的结果。在这里，京东每日能正常处理2.5万个订单，日订单处理能力达到5万单。在此基础上，京东商城2011年在嘉定建成一座超大型仓储中心，其规模是鸟巢的8倍。

2) 自建体系+第三方物流相结合

虽说京东商城2010年获得了100亿元的销售额，可其主要业务阵营仍局限于北京、上海、广州等经济发达城市。随着互联网应用的深入，京东业务阵营已经扩展到二级城市或三级城市。可是，如果在全国每个二级城市都建立自己的物流或运输公司，成本至少要在数百亿元。更何况，现在二级城市的利润不足以维持物流中心的运营。正因于此，大多数B2C网站都与第三方物流合作完成配送。

在北京、上海、广州之外的其他城市，京东商城和当地的快递公司合作，完成产品的配送。而在配送大件商品时，京东选择与厂商合作。因为厂商在各个城市均建有自己的售后服务网点，并且有自己的物流配送合作伙伴。比如，海尔在太原就有自己的仓库和合作的物流公司。京东与海尔合作，不仅能利用海尔在本地的知名度替自己扩大宣传，也较好地解决了资金流和信息流的问题。京东主要的第三方物流公司有宅急送、中国邮政等。

3. 当当网物流配送模式：自己运营+第三方配送

当当网是北京当当网信息技术有限公司营运的一家中文购物网站，是全球最大的综合性中文网上购物商城，由国内著名出版机构科文公司、美国老虎基金、美国IDG集团、卢森堡剑桥集团、亚洲创业投资基金（原名软银中国创业基金）共同投资成立，总部设在北京。当当网于美国时间2010年12月8日在纽约证券交易所正式挂牌上市，成为中国第一家完全基于线上业务、在美国上市的B2C网上商城。

1999年11月，当当网正式开通。当当网在线销售的商品包括图书音像、美妆、家居、母婴、服装和3C数码等几十个大类，超过100万种商品，在库图书近60万种，百货近50万种，当当网的注册用户遍及全国32个省、市、自治区和直辖市，每天有上万人在当当网浏览、购物。

1) 自营配送模式

当当网选择自营模式，这样可以提供更高的顾客的专业价值，使自己拥有对物流系统运作过程的有效控制权，借此提升该系统对企业服务顾客的专用性，因此配送速度及服务都是很好的。另外，它有利于企业内部各个部门之间的协调，对于获得第一手市场信息也有帮助作用，同时，可以有效地防止企业商业秘密的泄露。但是对于B2C电子商务企业来讲，企业自建物流配送体系，会分散企业内部的财力、人力、物力，影响主营业务的发展，不利于培养企业的核心业务，所以，当当网以自营物流配送模式为辅。

2) 第三方物流配送模式

进入21世纪，随着作为新兴产业之一现代物流业的迅猛发展，国内的物流公司如雨后春笋般涌现，进而形成了第三方物流产业。相比传统的物流公司，第三方物流更专业化，综合成本更低，配送效率更高，已经成为国际物流业发展的趋势、社会化分工和现代物流发展的方向。当当网为此主要选择第三方物流。对于B2C的当当网而言的电子商务模式下的物流配送模式来说，由于客户比较分散、订货量也比较小，使得现阶段的配送成本仍然较高，往往对送货上门的特色服务做了很多限制。而第三方物流更加专业化的服务大大减轻了当当网在物流配送方面的顾虑，使其能够专心经营网络商品，同时又降低了当当网的物流配送成本。当当网将实现在第三方物流当当网络的资源整合，然后物流和公共平台整合物流服务的角色向其他企业开放,这是传统的快递公司和自建电子商务企业不同的配送车队。与开放的平台相比,更具扩展性和可持续性集物流配送队伍的自我实践。首先,自发行队伍正面临着前合伙人(第三方快递公司)的竞争;其次,因为电子商务自己的小,仅仅是中部地区中心城市建立自己的业务团队,而周边和县级与第三方快递公司等城市仍然很容易自我配送车队抢了第三方公司,最好的商业快递公司,但仍然要依赖第三方做更多的区域快递服务。物流格局的形式开放式平台是不同的,当当网物流存在的突出的第三方快递公司开放平台将建立一个组织和服务标准,严格的服务考核制度的公共集。电子贸易,吸引更多的企业使用这种开放式平台,当当网物流可以有一个规模规模非开放的平台,使得第三方共同特快业务收入一个更加稳定和更好的资源,竞争,形成良好的关系。

(资料来源:http://wenku.baidu.com/link?url=vgvK7vwpYUpgEjuFwYtzA2oucvEU39gAKnXeD_S3GLO jAwaNmH-wavP-z6hCdWUdPF0icAb39jpR_ 71ZyQbeFKPfj8uka0uHGgiB1vZXY8vS. 有改动.)

思考:

(1) 电子商务物流模式都有哪些?

(2) 各个电子商务物流模式有什么优、缺点?

(3) 淘宝、京东和当当网等电商企业是如何选择适合自己的物流模式的?

# 第3章
# 电子商务物流的基本功能

【学习目标】
(1) 了解包装的概念和作用。
(2) 了解包装的操作技法。
(3) 了解装卸运输的概念、作用,以及装卸搬运合理化的原则。
(4) 了解流通加工的概念、作用及方式。
(5) 了解运输的概念、分类和方式。
(6) 了解仓储、配送的概念、性质和作用。

【学习重点】
(1) 包装、装卸搬运和流通加工的概念和作用。
(2) 流通加工、运输和仓储的概念和作用。
(3) 六大基本功能的合理化原则。

【学习难点】
电子商务物流各功能的特点。

# 第3章 电子商务物流的基本功能

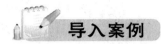 导入案例

## "双11"电商物流怎样玩转仓储?

每年的"双11",对于商家来说,无疑是一场大考。订单量暴涨,物流配送时效的要求越来越严,对于不能按时发货的商家处罚力度也越来越大,这些都让商家不得不十分重视仓配物流环节的管理。动辄数万、数十万的订单,十倍百倍于平日单量,在有限的时间里完成发运,这对于电商仓库的考验可不一般,如果没有很强的仓库管理能力,这几乎是不可能完成的任务。

存储空间基本是普通的隔板货架,拣货设备主要是一些使用便利的人力拣货小车。大部分商家还会在"双11"期间招募大量临时工,或者其他部门的同事一起投入"战斗"。总之,商家仓库的自动化设备少,仍是以人力为主,所以如何优化调度和充分利用人力是关键。

1. 海量订单分析

"双11"期间,出库环节,包括拣货、补货、复核、包装、打单贴单、集货、发运等,是仓库作业压力最大的环节。因此基于海量订单进行数据分析,优化拣货策略,将使仓库作业的整体效率得到非常大的提升。

我们首先需要对订单进行分析,将订单分为单件订单、单品订单、多品单区订单和多品跨区订单,针对不同的订单种类,制定相应波次组合策略、拣货模式和复核方式,以确保整体效率的最优化。

(1) 单品订单,是指顾客只订了一种或者一件货品(单品单件或者单品多件)。当同一货品的订单数量大于设定值,采用单品提总的方式,即组建单品提总波次,在存储区直拣,比如直接拣一整箱。而如果单件订单的总量小于设定值,比如不够一箱的数量,则要采用单品多SKU合并波次,它们的拣货路径相似,也是在存储区直拣。

(2) 多品单区订单,是指一张订单里有多个货品,而这些货品都在同一货区,比如,都是衣服,或者都是鞋子,没有跨越衣服和鞋子两区的订单。对于这种订单,组建多品单区批次,一个批次里订单的数量取决于拣货工具的容量和货品的大小。对于体积较小的货品,可以边拣边分,即在拣选的同时就将货品分播到相应订单。对于订单总体积较大的,可以采用播种作业,就是先拣货,再二次播种,把所拣货品分播到对应订单。复核环节都是多品复核。

(3) 多品跨区订单,即一张订单有多种货品,而且货品存放在不同库区,比如同一订单既有鞋子又有衣服。此时有两种拣货方式,一是分区边拣边分,和多品单区类似,就是跨区域的边拣边分;还有一种是分区拣货、集货播种,即从不同的货区拣货,统一集货后再二次播种到对应订单。复核时需要多品复核,以订单找货。

2. 补货环节分析

"双11"期间,补货环节也至关重要,及时、合理的补货是对顺利拣货的保障。对于补货,整体的思路是:划分作业段,提前补货。也可以依靠系统设定恰当的补货作业策略。系统根据设定的规则,自动下发补货任务,一方面确保及时补货,有货可拣,另一方面可以平衡作业压力。

(资料来源:http://www.aiweibang.com/yuedu/53953006.html.)

**电子商务对物流有哪些功能需求?本章主要介绍电子商务物流的基本功能。**

【拓展知识】

# 3.1 包　装

## 3.1.1 包装概述

### 1. 包装的概念

包装是指为在流通过程中保护产品、方便储运、促进销售，按一定技术方法采用的容器、材料及辅助物的总体名称；也指为了达到上述目的而采用容器、材料和辅助物的过程中施加一定技术方法等的操作活动。

包装是生产的终点，但怎样根据物流过程的需要进行合理包装，是生产和物流部门必须考虑的问题。例如，运输方式的选择将影响包装要求，包括产品的运输与原材料的运输。一般来说，铁路与水运因其货损的可能性大，而需支出额外的包装费用。在权衡选择运输方式时，物流管理人员要考虑运输方式的改变引起的包装费用的变化；用材料在货物外表加以包装，以便运送、储存和保护货品；根据产品的特性，如液体、固体、包装材料成本、外观等因素，决定包装容器是玻璃容器、金属容器、塑料容器、纸或纸箱等。

【拓展知识】

### 2. 包装在物流中的地位

在现代物流观念形成以前，包装被天经地义地看成生产过程的终点，是生产领域的活动，因而包装的设计往往从生产终结的要求出发，常常不能满足流通的要求。现代物流观念形成之后，人们认识到，包装是物流系统中的重要组织部分，需要和运输、仓储、配送等环节一起综合考虑、全面协调。例如，是否包装，是简易包装还是精细包装，是大包装还是小包装，包装到何种程度，这些都应该结合商品的运输、保管、装卸搬运及销售等相关因素综合考虑。只有配送等环节一起综合考虑、全面协调；只有多种相关因素协调一致，才能发挥物流的整体效果。包装时要考虑物流系统的其他因素，同时物流系统又受包装的制约。

（1）就包装与运输的关系而言，为了降低成本，充分发挥包装的功能，包装要考虑运输的方式。例如杂货载运，过去用货船混载，必须严格用木箱包装；而改用集装箱后，货物包装用纸箱就可以了。不同类型的包装，也决定了运输方式的选择。

（2）就包装与搬运的关系而言，如果用手工搬运，应按人工可以胜任的重量单位进行包装；如果运输过程中全部使用叉车，就无须包装成小单位，只要在交易上允许，可尽量包装成大的单位（例如柔性集装箱容器）。

（3）就包装与储存保管的关系而言，货物在仓库保管时，如果需要码高，那么最下面货物的包装，应能承受压在上面的货物的总重量。以重量为 20 千克的货箱为例，如果货物码放 8 层，最下边的箱子最低承重应为 140 千克。

(4) 物流系统也受到包装的制约。例如，如果用纸箱包装运输，则必须采用集装箱运输；如果设计只能承受码放 8 层的包装，就是仓库再高也只能码放 8 层货物，这样就不能有效地利用仓库空间。

3. 包装的作用

包装无论是作为生产的终点还是在物流过程中，或是作为销售品都显示出其非常重要的作用。具体来说，包装具有以下几个方面的作用。

1）保护产品

保护产品是包装最主要的作用。产品从生产厂家生产出来到最终用户或消费者手中，要经过一定的时间和历程。包装对产品的保护作用主要表现在以下方面。

(1) 包装可以保护产品不受损伤，从根本上保质保量。

(2) 包装可以防止产品破损变形。为了防止物品的破损变形，物品包装必须能够承受在装卸、运输、保管等过程中的各种冲击、振动、颠簸、压缩、摩擦等外力的作用。

(3) 包装可以防止产品发生化学变化。为了防止物品受潮、发霉、变质、生锈等，物品包装必须能在一定程度上起到阻隔水分、潮气、光线及空气中各种有害气体的作用，避免外界不良因素的影响。

(4) 包装可以防止有害生物对产品侵害。鼠、虫及其他有害生物对物品存在很大的破坏性，包装封闭不严，会给细菌、虫类造成侵入之机，导致变质腐败，特别是对食品危害性更大。鼠、白蚁等还会直接吞蚀纸张、木材等物品。

(5) 包装可以防止异物流入，减少污染，避免丢失、散失。

2）方便流通

包装对物品流通具有以下作用。

(1) 提高效率。在物流的全过程中，包装会大大提高物流作业的效率和效果。货物包装单位适度，能降低物流成本，提升仓储效率。

(2) 便利运输。包装的规格、形状、重量与物品运输关系密切。包装尺寸与运输车辆、船、飞机等运输工具箱、仓容积是否吻合，直接影响运输效率。

(3) 便利搬运装卸。物品经过适当的包装，便于各种装卸、搬运机械的使用，有利于提高装卸、搬运机械的工作效率。包装的规格尺寸标准化后为集合包装提供了条件，从而能极大地提高装载效率。

(4) 便利储存。从搬运、装卸角度看，物品出、入库时，如果包装规格尺寸、重量、形态上适合仓库内的作业，可以为仓库提供搬运、装卸的方便；从物品保管角度看，物品的包装为保管工作提供了方便条件，便于维护物品的原有使用价值。包装物的各种标识，使仓库的管理者易于识别、存取和盘点，有特殊要求的物品易于引起注意；从物品的验收角度上看，易于开包、便于重新打包的包装方式为验收提供了方便性。包装的集合方法、定量性，为节约验收时间，加快验收速度也起到十分重要的作用。

3）利于营销

包装具有一定的利于营销的作用。销售包装是指将包装连同商品一起销售给消费者的包装。销售包装的主要目的在于美化商品、宣传商品，以扩大销售。有些产品进行包装以后，首先进入消费者视觉的往往不是产品本身，而是产品的包装。所以，能否引起消费者的购买欲望，进而产生购买行为，在一定程度上取决于包装的层次。很多产品正是由于包装的层次与产品的档次不匹配而失去销售机会。特别是在自选市场里，包装起着"无声的推销员"的作用。一般来说，产品的内在质量是竞争能力的基础。但是，一种优质商品如果没有一个良好的包装相匹配，就会降低"身价"，并削弱市场竞争力。当然，销售中还应该反对通过包装销售伪劣商品的行为。

4）便于使用

包装有提供识别的功能，不易被仿冒的包装有保护知识产权的功能，例如防伪标签。包装可以根据正常使用时的用量进行适当的包装，以起到便于使用和指导消费的作用。例如，改变酒瓶的大小，可以便于计量；味素包装的大小不同可以供餐厅和家庭选择；药品的包装不同可以供不同药量需要者进行选择等。包装的大小，以及包装上的用法、用量、功能、要素组成等说明都极大地方便了消费者。

总的来说，包装可以改变产品命运。例如，"午餐肉"这种商品因为顾客食用时开启不方便，几乎完全失去了市场，而仅仅是包装的变化，它摇身一变就成为目前在国内拥有每年1 190亿元市场的"火腿肠"。而近年火腿肠"易撕口"的专利设计，又成为火腿肠市场竞争的有力武器。

### 天猫超市创意纸盒包装营销

2015年年初，天猫超市的配送纸箱可以成为信息的载体，让盒子变得有趣起来之后就不断有新的尝试出来，6月份，天猫超市主打的是盒子报，也就是说消费者在天猫超市下单后，收到的可能是一份印刷了《钱江晚报》或《南方周末》特色资讯的快递盒。而现在，天猫超市会推出印有三位插画师作品的天猫盒子，这三位插画师分别是在网络上人气很高的老树、擦主席和盖括。

插画的内容基本上延续了三位插画师一贯的风格，只是在内容上会更贴合消费和配送特征。比如老树会略带哲理地指出还得努力赚钱啊；擦主席的插画内容则以北京地区最普遍的打招呼方式"吃了吗"为切入点，最后指出天猫应有尽有啥都有；盖括的插画关注的则是配送员，并且结合北京胡同众多特征，可是再多再绕的胡同天猫超市的配送员也能搞定。通过这几个内容插画来实现天猫超市的品牌宣传。

"我们的平台每天发出千万级的包裹量，每天有成千上万的物流配送人员、客服人员与消费者发生直接关系，除了让我们的'包裹'说话，后继物流、客服都将成为天猫与消费者沟通的介质，当然也可能在快递箱这一环节中开放品牌的跨界合作。"天猫小二介绍说。

（资料来源：http：//info.hhczy.com/article/20150911/25869.shtml.）

## 3.1.2 包装的操作技法

商品包装操作既包括技术处理，又包括包装充填、封口、捆扎、裹合、加标和捡重等技术活动。商品包装技法是指在包装作业时所采用的技术和方法。任何一个产品包装在制作和操作过程中都存在技术、方法问题。通过对产品包装件合理的技术处理，才能使产品包装形成一个高质量的有机整体。研究产品包装技法的目的是以最低的材料消耗和资金消耗，保证产品完美地送到用户手中，做到保护产品、节省材料、缩小体积、减少重量等。

1. 商品包装的一般技法

(1) 对内装物的合理置放、固定和加固。在方形的容器中装进形状各异的产品时，必须要注意产品的合理置放、固定和加固，以达到缩小体积、节省材料、减少损失的目的。例如，对于外形规则的产品，要注意套装；对于薄弱的部件，要注意加固；包装内重量要注意均衡；产品与产品之间要注意隔离和固定等。

(2) 对松泡产品进行体积压缩。对于羽绒服、枕芯、絮被、毛线等松泡产品，包装时占用容器的容积太大，会导致运输储存费用增大，所以需要压缩体积。有效的方法是真空包装技法，它可以大大缩小松泡产品的体积。

(3) 外包装形状尺寸的合理选择。有的商品运输包装件，需要装入集装箱，这就存在包装件与集装箱之间的尺寸配合问题。如果配合得好，就能在装箱时不出现空隙，有效地利用箱容，并有效地保护商品。在外包装形状尺寸的选择中，要避免过高、过扁、过大、过重等。过高的包装会重心不稳，不易堆垛；过扁则给标识刷字和标识的辨认带来困难；过大包装量太多，不易销售，而且体积大也会给流通带来困难；过重的纸箱容易破损。

(4) 内包装(盒)形状尺寸的合理选择。内包装(盒)一般属于销售包装。在选择其形状尺寸时，要与外包装(尺寸)相配合。内包装(盒)的底面尺寸必须与包装模数协调，而且高度也应与外包装高度相匹配。当然，内包装的形状尺寸还应考虑产品的置放和固定，但它作为销售包装，更重要的是考虑有利于销售，包括有利于展示、装潢、购买和携带等。例如，展销包装多属于扁平式，较少使用立方形，就是应销售需要而形成的。一盒送礼的巧克力，做成扁形就比较醒目、大方，如果做成立方体，产生的效果就有所不同。

(5) 包装外的捆扎。包装外捆扎对运输包装起着重要作用，有时还起到关键性的作用。捆扎的直接目的是将单个物件或数个物件捆紧，以便于运输、储存和装卸。捆扎能防止失盗而保护内装物品，能压缩容积而减少保管费和运费，还能加固容器。

捆扎有多种方法，一般根据包装形态、运输方式、容器强度、内装物重量等不同情况分别采用井字、十字、双十字和平行捆扎等不同方法。对于体积不大的普通运输包装，捆扎一般在打包机上进行。而对于托盘这种集合包装，用普通方法捆扎费工费力，所以发展形成了两种新的捆扎方法：收缩薄膜包装技术和拉伸薄膜包装技术。收缩薄膜包装技术是用收缩薄膜裹包集装的物件，然后对裹包好的物件进行适当的热处理，使薄膜收缩而紧紧贴于物件上，使集装的物件固定为一体。拉伸薄膜包装技术是一种新的包装技术，它是依靠机械装置，在常温下将弹性薄膜围绕包装件伸拉、裹紧，最后在其末端进行封口而成，薄膜的弹性也使集装的物件紧紧固定为一体。

2. 商品包装的特殊技法

(1) 缓冲包装技法。缓冲包装技法又称防震包装技法，是使包装物品免受外界的冲击力、振动力等作用，从而防止物品损伤。缓冲包装结构是指对产品、包装容器、缓冲器材进行系统考虑后，所采用的缓冲固定方式。一个典型的缓冲包装结构有5层：产品（包括内衬）、内包装盒（箱）内的缓冲衬垫、包装盒（箱）、外包装箱内的缓冲衬垫、外包装箱。而一般的缓冲包装结构为3层：产品（内衬）、包装箱内缓冲衬垫和包装箱。

（2）防潮包装技法。防潮包装技法就是采用防潮材料对产品进行包装，以隔绝外部空气相对湿度变化对产品的影响，使得包装内的相对湿度符合产品的要求，从而保护产品质量。防潮包装技法的目标是保持产品质量，采取的基本措施是以包装来避免外部空气湿度的变化的影响。实施防潮包装是指用低透湿度或透湿度为零的材料将被包装物与外界潮湿大气相隔绝。

防潮包装技法主要有刚性容器密封、加干燥剂密封包装、不加干燥剂密封包装、多层密封包装、复合薄膜真空包装、复合薄膜充气包装和热收缩薄膜包装等。

（3）防锈包装技法。防锈包装技法是运输金属制品与零部件时，为了防止其生锈所采用的包装技术和方法。其目的是消除和减少致锈的各种因素，采取适当的防锈处理，在运输和储存中防止防锈材料的功能受到损伤，也防止一般性的外部物理性破坏。防锈包装技法是按清洗、干燥、防锈处理和包装等步骤逐步进行的，一般采用金属表面涂覆防锈材料、塑料封存等方法。

（4）防霉包装技法。防霉包装是在流通与储存过程中，为防止内装物受霉菌影响质量而采取一定防护措施的包装。例如，对内装物进行防潮包装，降低包装容器的相对湿度，对内装物和包装材料进行防霉处理等。防霉包装能使包装及其内装物处于霉菌被抑制的特定条件下，保持其质量完好和延长保存期限。防霉技术的运用可以根据产品和包装的性能和要求的不同，而采用不同的防霉途径和措施。

（5）防虫包装技法。商品在流通过程中要在仓库储存，而储存中主要危害之一是仓虫。仓虫不仅蛀食商品和包装材料，而且其排泄物会污染商品。防虫包装就是为了保护内装物免受虫类侵害而采取一定防护措施的包装。例如，在包装材料中掺入杀虫剂，有时在包装容器中使用驱虫剂、杀虫剂或脱氧剂，以增强防虫效果。

（6）危险品包装技法。危险品种类繁多，按其危险性质，交通运输及公安消防部门规定了十大类，即爆炸性物品、氧化剂、压缩空气和液化气体、自燃物品、遇水燃烧物品、易燃液体、易燃固体、毒害品、腐蚀性物品、放射性物品等，有些物品同时具有两种以上危险性。对于危险品应根据其不同的危险性质采取相应的包装技法，例如防爆可采用塑料桶包装，然后将塑料桶装入铁桶或木箱中，并应有自动放气装置；对有腐蚀性的商品采用涂有防腐涂料的金属类容器；对有毒商品主要采取包装严密不漏气并与外隔绝的包装等。

（7）集合包装技法。集合包装是将一定数量的包装件或包装产品，装入具有一定规格、一定强度和长期周转使用的更大包装容器内，形成一个合适的搬运单元。它包括集装箱、集装托盘、集装袋、滑片集装、框架集装和无托盘集装等。集合包装在现代运输包装系统中越来越显示其优越性，主要表现有：便于实现产品装卸、运输的机械化和自动化；简化了产品流通环节，加速了产品的流通；节省包装费用，降低运输成本；促进了包装规格的标准化。

### 3.1.3 包装的合理化

1. 不合理的包装现象

整个包装链中一般存在 7 种浪费：① 过度包装浪费；② 对内装产品保护不足带来的残次品浪费；③ 不必要的包装库存量浪费；④ 不适当的包装作业过程浪费；⑤ 运输过程中因包装材料选择、包装设计、包装组合不合理造成的非优化浪费；⑥ 仓储过程因包装设计不合理带来的浪费；⑦ 销售过程中因包装不合理带来的浪费。现在出现了"精益包装管理"，其目的就是尽力消除这 7 种浪费。

2. 包装合理化的基本要求

随着经济的发展和销售竞争的激烈化，包装所消耗的材料、资金越来越多，浪费、过剩包装、过度包装现象十分严重。尽管包装在物流系统中发挥着重要作用，但在一定程度上也增加了最终用户和消费者的成本。合理包装就是要尽可能利用包装的优点，减少包装的缺点和不足，使包装达到综合效用最大化。做到包装合理化，是一个综合过程，要从包装的整体效果上考虑，尤其是从包装材料、包装技术、包装方式、包装成本等综合合理运用方面下功夫，并符合包装合理化的一般要求。做到包装合理化应符合下列要求。

(1) 保护商品，造型美观。设计产品包装，首先是要保护产品质量、产品形状。因此，包装设计要科学，要在保护产品的基础上，保证产品在运输和储存中不被损坏；同时，包装的造型要美观大方、生动形象，图案设计要新颖，对顾客有一定的吸引力。

(2) 包装样式和尺寸要考虑与货柜、货台、货架相匹配。包装的样式和尺寸尽量形成倍数关系，与货柜、货台、货架的尺寸相匹配，以利于提高载货效率，利于降低运输成本和减少仓储费用。

(3) 货箱标准化。货箱必须能满足每箱的装货量达到一个标准数量，这样既能保证载货效率的提高，又能简化验收手续，给货物流通和管理带来一定的便利。

(4) 包装样式要与物流功能相适应。对于物流量大的产品，包装样式要利于运输的装载量和库存保率。包装样式设计还要考虑搬运工作是否容易迅捷，工业包装特别要求易于入库和易于开包以提高作业效率。从保护产品品质方面考虑，应采用坚固的包装，使其能够承受外部的压力与冲击；同时，为了便于废料的回收处理，包装材料也应便于迅速处理。

(5) 注意所选包装材料的价值。包装材料及包装手续的费用在商品价格中占着一定的比例，要采用价值分析法降低包装成本，从而降低物流总成本。由于产品包装已成为产品的一部分，所以产品包装必须与产品价值相符合，若不考虑产品内容、用途和销售对象，而单纯追求包装的精美、华丽，以此来吸引顾客，其结果只能是主次颠倒、弄巧成拙。

(6) 包装设计经济实用。包装设计要尽可能做到既能节约包装费用又能节约物流费用，这就要求包装设计中选用的包装材料要尽量便宜，要设计多用途和能多次使用的包装，尽可能合理地利用包装空间，要避免过分、过度的包装。

(7) 包装要凸显产品的特点、功能等。要能够从包装的图案、形状和色彩等方面显示出产品的独特风格,例如化妆品的包装要色彩艳丽、造型优美、装潢雅致;贵重工艺品的包装要材质华贵、造型独特、装潢富丽;儿童用品的包装要五彩缤纷、活泼美丽;食品的包装要喜气吉祥。有些产品的性能、使用方法、使用效果常常不能直接显示,需要用文字加以说明。包装设计要抓住顾客对产品消费的需要,指导其消费。例如,药品类产品要说明药品成分、功效、用量、禁忌等;服装类产品应说明用料、规格、尺寸、洗涤和烫熨方法等。

(8)不断探索先进的包装作业方法。使用先进的包装作业方法,提高工作效率,有时甚至只变更施工顺序,就能提高工作效率,降低包装成本。

## 3.1.4 包装的现代化趋势

所谓包装现代化,是指在产品的包装设计、制造、印刷、信息传递等各个环节上,采用先进、适用的技术和管理方法,以最低的包装费用,使物资产品经过包装顺利地进入消费领域。要实现包装的现代化,就需要大力发展现代化的包装产品,加快开发现代化的包装机械设备和推广普及先进的包装技术,加快新型包装材料的研制和生产。

现代物流是商品的包装、装卸、保管、库存管理、流通加工、运输、配送等诸多活动的有机结合,形成完整的供应链,为用户提供多种功能一体化的综合性服务。包装作为现代物流中一个重要组成部分,面对物流工程的迅速发展,包装现代化趋势也表现为以下几个方面。

(1)物流包装智能化。物流信息化发展和管理的一个基础条件就是包装的智能化,因为在物流活动过程中,信息的传递大部分是依靠包装完成的。也就是说,如果包装上信息量不足或错误,将会直接影响物流管理中各种活动的进行。随着物流信息化程度的提高,包装上除了表明内装物的数量、重量、品名、生产厂家、保质期及搬运储存所需条件等信息外,还应粘贴商品条形码、流通条码等,以便实现电子数据交换(Electronic Date Interchange,EDI)。智能化的信息包装是形成物流信息管理的有力媒介。

(2)物流包装绿色化。从整个物流过程看,唯有包装这一环节较为依赖于资源和影响着人类的生态环境。包装工业要消耗大量的资源,并增加商品的投入,同时包装废弃物又会导致环境污染等。但包装对于产品和物流活动又是必需的,因此研究现代包装工业亚效应问题就成为一个重大课题,即包装绿色化的研究。包装绿色化可从两个方面来考虑:一方面,资源的索取应尽量降低短缺和贵重资源的消耗;另一方面,包装的废弃物对环境污染最少或可回收并使之再生成为有用材料。基于这样的要求,行业人员已提出了诸如管道运输的无垃圾包装、集装运输的活包装、智能材料 ERF 的可重复包装及可降解材料的无污染包装等。

我国人口众多,包装废弃物总量高,给生态环境造成了严重污染。另外,我国还是发展中大国,经济实力不强,人均资源不足,然而废弃物利用率却很低,如纸的回收率仅为15%。与此同时,我国每年却用大笔外汇进口数十万吨纸浆,造成资源浪费的同时导致外汇流出。为解决这一问题,在物流包装中应广泛采用可回收容器。可回收容器也是物流系统的一部分。大多数可再利用的包装品为钢或塑料包装等，不过，有一种趋势是，对于许多小物品及零件，例如调料，也使用可回收包装材料运输于各厂之间及仓库到零售商店之间。如今，可回收包装的使用越来越普遍，它们有一个共同点：均有一个完整的标记系统以控制容器的流传。在可回收包装系统中，各方必须明确地使用这种标记以达到容器的最大化使用，否则，容器会丢失、误放或被遗忘。

### 2014年中国快递领域绿色包装发展报告

国内快递领域的包装主要集中在以下七大类：快递运单、编织袋、塑料袋、封套、内部缓冲物（填充物）、包装箱（瓦楞纸箱）以及胶带。

1. 快递运单140亿张

理论上，快递运单的使用量与快递包裹件数相对应。2014年我国快递业务量累计完成139.6亿件，如果将打印或填写时产生的耗损计入，保守估计2014年消耗快递运单140亿张。

2. 编织袋20亿条

根据部分快递企业提供的数据，编织袋的使用量约占公司业务总量的45%，以此测算，2014年全国使用塑料编织袋约62.82亿条。加上循环使用，帆布、塑料中转箱等替代品的使用，我国快递业一年所消耗的编织袋数量，保守估计约为20亿条。

3. 塑料袋55.84亿个

电商快件中，超过50%的快件会使用塑料袋进行包装。快递市场产品构成中，电商件的占比约为80%。以此推算，2014年全国塑料袋的使用量约有55.84亿个。

4. 封套21亿个

以电商件为代表的包裹类快递为主流，快递封套的使用量相对较少，且呈下降趋势。2014年全国快递中封套的使用量约为21亿个。

5. 内部缓冲物20.1亿个

近30%的包装箱都会根据寄递的商品使用不同的材质的缓冲物。以此测算，2014年全国139.6亿件快件中，内部缓冲物的使用量约为20.1亿个。

6. 包装箱67亿个

电商平台以及众多电商卖家是使用包装箱的"大户"，快递企业（除顺丰、中国邮政速递物流）的包装箱使用量在公司包装耗材中的占比均不足3%，按照电商快件占比约80%推算，2014年全国快递中包装箱的使用量至少为67亿个。

7. 胶带114.5亿米

快递包装耗材中，胶带的使用量达到了82.17%，仅次于快递运单。如果按照平均每票快件使用1米长胶带来算，2014年全国快递业所使用的胶带总长度为114.5亿米，可以绕地球赤道286圈。

（资料来源：http://www.56products.com/News/2015-11-13/H79B1I8EFE1FJB32922.html.）

（3）物流包装系统化。包装作为物流一个组成部分，必须把包装置于物流系统加以研究。如果只片面强调节约包装材料和包装费用，而不综合考虑其他方面，虽然包装费用降低了，但由于包装质量低，在运输和装卸搬运等物流过程中会造成破损。由于物流大系及其他子系统是相互联系、相互制约的，所以只有把作为物流基础的包装子系统与它们紧密衔接、密切配合，才能为物流大系统的经济效益创造最佳条件。

（4）物流包装标准化。包装标准化是对包装类型、规格、材料、结构、造型、标识及包装实验等所做的统一规定及相关的技术政策和技术措施，其中主要包装统一材料、统一规格、统一容量、统一标记和统一封装方法。

推行包装标准化的意义：①适应输送、保管、装卸的要求；②适应包装机械化的要求；③有利于国际贸易的发展和物资流通范围的扩大；④推行包装标准化；⑤采用无包装的物流形态。

决定包装规格尺寸的基础是产品本身的形状、质量及体积的大小等因素。但是，若把物流作为一个整体研究，包装的规格尺寸又必须适应运输、装卸等要求，尽量采用和集装箱、托盘等集合包装相适应的规格。这正好说明包装生产（规格尺寸）决定流通，同时也体现了流通对包装生产的反作用。对于这种情况，包装者应先确定物流模数（即物流集装单元基础尺寸），然后分割物流模数得到包装的规格尺寸系列。这样包装货物的尺寸在装运时没有空间的浪费，另外利用托盘装卸时就会有较好的堆码效率。

（5）物流包装方便化。方便功能是包装本身所应具有的，但在物流活动中的配送、流通加工等环节，对包装的方便性提出了更高的要求，即分装、包装的开启和再封合包装，要求简便。

（6）物流包装合理化。包装合理化是指在包装材料过程中使用适当的材料和适当的技术，制成与物品相适应的容器，节约包装费用，降低包装成本。这样既能适应和克服流通过程中的各种障碍，适应市场经济发展而不断优化，取得最优化的社会经济效益，又能充分发挥包装实体功能的包装。在物流活动中，必须谋求包装材料、成本、质量、容器结构等的合理化。缓冲包装的合理化是很重要的，因为它不但可以保证产品的安全运输，又可以通过缓冲包装的简化，减少相应包装费用，有效地利用包装资源。

对于水果、蔬菜等的运输包装，可利用损伤度来衡量包装产品的运输安全性，但作为一个完整的物理活动过程，还应考虑货价寿命。包装合理化与标准化是"一胞双胎"，二者相互依存、相互促进。要实现包装合理化，需要从以下几方面加强管理：①广泛采用先进的包装技术；②由一次性包装向反复使用的周转包装发展；③采用组合单元装载。

### 看国外如何破题快递绿色包装

随着快递事业的发展，快递包装问题日益显现，以2015年的数据为例，2015年全国快递打包胶带长达206亿米，可绕地球500圈，但是这些包装耗材应该由谁来回收呢？调查显示80%的人由于快递包装垃圾回收价钱不高或回收途径不方便而选择丢弃，只有10%的人会将包装垃圾二次利用。

然而让包装循环利用是减少浪费、降低污染的有效方法，但执行起来并非易事。在一些发达国家，该问题早在20世纪90年代就已显现。许多国家纷纷通过制定相关政策法规,对回收包装废弃物行为作了强制性规定。

1. 美国

美国从20世纪90年代便开始关注绿色包装。为了提高回收积极性,美国各地政府根据企业包装回收利用率的高低适当免除企业相关的税收。同时,美国还在《资源保护与回收利用法》中规定:"减少包装材料的消耗量,并对包装废弃物进行回收再利用。"目前,美国已在包装废弃物回收利用方面形成产业化运作,不仅改善了环境、提高了资源利用率,而且提供了大量的就业机会。

2. 德国

在法律法规中明确各方责任,有利于废弃物循环体系的运转和追责,德国的做法就十分突出。1991年,德国出台了《包装废弃物管理办法》,提出包装废弃物管理应按照"减量化、再利用、再循环、最终处置"的顺序进行,并设定了不同包装废弃物的回收目标和时限,强制性要求包装生产商、销售商对包装回收共同负责。

该办法还制定了包装废弃物从收集到最终处置的量化标准,比如规定80%的包装废弃物和100%的运输包装必须回收利用,使包装处理的每个环节都有具体标准可依。1997年,德国又出台了《包装回收再生利用法》,要求除包装生产商外,从事运输、代理、批发商、零售的企业也必须负责回收包装物。

3. 法国和荷兰

法国在1994年出台的《包装废弃物运输法》中明确规定,消费者有义务将废弃的包装物主动交给生产商或者零售商回收处理。而在荷兰的《包装条约》中,特别要求企业支付一部分费用来支持国家实行环保计划。

4. 日本

日本不仅制定并实施《能源保护和促进回收法》《包装再生利用法》,还致力于回收体系的建设。日本鼓励在境内建立大量的回收站,消费者将包装废弃物进行分类后,日本的收运系统将分类完的包装废弃物通过定时回收、集合中转等方式运输至专门的处理中心进行再循环、再制造处理。

5. 联邦快递

联邦快递的包装设计是简约设计的代表,只在包装袋(盒)上印上联邦快递的标志,用最单纯直接的版式强调企业的品牌形象。这样的创意包装不但能达到吸引消费者、传达产品的目的,以及树立品牌识别的效应,而且能尽可能地减少耗材的使用。

6. UPS

UPS注重对快递包装进行改造,使包装能适用于大型化和集约化的运输,既有效减少单位包装,节约材料和费用,也有利于提高装卸、搬运、保管、运输的作业效率。UPS还自主开发并使用环保材料,提高材料利用率,以达到环保的目的。

7. TNT

除了在包装"瘦身"和创新设计上做文章,提高包装的通用性也能降低损耗。TNT集团曾发起"行星与我规划"。其中要求TNT在物流服务全程操作中,所有集装箱和托盘等货运设备必须在公路和铁路运输中通用。这项措施使德国每年可节约至少580万张办公用A4纸用量,从根本上控制了温室气体排放量,有力地保护了环境。

如何吸取以上发达国家和先进企业经验,降低我国快递领域包装垃圾值得我们物流快递人一起思考,共同努力。

(资料来源: http://news.163.com/16/0308/14/BHL43GPD00014Q4P.html. 有改动)

## 3.2　装卸搬运

在整个物流过程中，装卸搬运是不断出现和反复进行的活动。它的出现频率高于其他各种物流活动，同时每次装卸搬运都要占用很多时间和消耗很多劳动。装卸搬运不仅是决定物流速度的关键，而且是影响物流费用高低的重要因素。

装卸搬运是以改变物品的存放状态和空间位置为主要内容的，要完成这种空间上的移动，就要有移动物品和实现这种移动所需要的人员、工作程序、设备、工具、容器及设施等。

### 3.2.1　装卸搬运概述

【拓展知识】

1. 装卸搬运的概念

按照我国国家标准《物流术语》（GB/T 18354—2006），装卸是指"物品在指定地点以人力或机械装入或卸下"；搬运是指"在同一场所内，对物品进行水平移动为主的物流作业"。装卸搬运是物流的基本功能之一。

所谓装卸搬运是指随物品运输和保管而附带发生的作业，具体来说，它是指在物流过程中对物品进行装运卸货、移运移送、堆垛拆垛、移转取出、分拣配货等作业活动。装卸是物流系统的一个重要构成要素。美国产业界人士明确指出，当前美国全部生产过程中只有5%的时间用于加工制造，95%的时间则用于装卸搬运、储存等物流过程。据运输部门考察，在运输的全过程中，装卸搬运所占的时间为全部运输时间的50%。正是装卸搬运活动把物流运动的各个阶段连接起来，成为连续的流动过程。在生产企业物流中，装卸搬运是各个工序之间连接的纽带。

装卸搬运是人和物的结合，如今完全的人工装卸搬运在物流正逐渐被现代装卸搬运所替代。现代装卸搬运表现为必须具备劳动者、装卸搬运设施设备、货物及信息、管理等多项因素的作业系统。

只有按照装卸搬运作业本身要求，在进行装卸作业的场合，合理配备各种机械设备和合理安排劳动力，才能使装卸搬运各个环节互相协调、精密配合。装卸搬运是其他物流环节相互联系的桥梁，作为一项独立的作业而存在。

为了能够高效率装卸搬运，实现托盘化和集装箱化这种单元扩大化是一个发展趋势，而单元扩大化正是需要装卸搬运的机械化。也就是说，研究物流的装卸搬运问题应主要关注物流装卸搬运的机械化问题。

2. 装卸搬运的作用

装卸搬运的基本功能是改变物品的存放状态和空间位置。无论是在生产领域还是在流通领域，装卸搬运都是影响物流速度和物流费用的重要因素，影响着物流过程的正常进行，决定着物流系统的整体功能和效益。

装卸搬运在物流过程中的作用表现在以下几个方面。

（1）物流活动的附属作用。装卸搬运是伴随着生产过程和流通过程各环节所发生的活动，是物流不可缺少的组成部分，是整个物流过程的关键所在。据有关学者统计，装卸搬运费用占工业品生产过程中成本的20%以上，企业物料搬运费用占企业营业额的30%左右，而且在国民生产总值中也占一定比例。实际上，流通过程中的"汽车运输"就包含了附属的装卸搬运；仓储中的保管活动也包含了装卸搬运活动。所以，如果没有附属性的装卸搬运活动，物流活动几乎无法完成。

（2）物流活动的支持作用。装卸搬运也是保障生产过程和流通过程各环节得以顺利进行的条件。装卸搬运质量的优劣、效率的高低都会对生产和流通其他各环节产生很大的影响，装卸搬运的支持作用下降必将导致生产过程不能正常进行，流通过程不畅通。例如，有关学者统计，在中等批量的生产车间里，零件在机床上的时间仅占生产时间的5%左右，而其余大部分时间是消耗在原材料、工具、零件的搬运或等待上。又如，车、船等的装卸不当，会导致运输途中货损增加，甚至造成翻车、翻船等重大事故；卸货不当，会造成下一步物流活动的困难，迫使劳动强度、作业工作量大幅度增加。物流活动需要在有效的装卸搬运支持下实现水平的提高。

（3）物流活动的衔接作用。装卸搬运又是衔接生产过程和物流过程各环节之间的桥梁，制约着各个生产环节和各个物流环节之间的活动，是物流活动各功能之间能否形成有机联系和紧密衔接的关键，是提高物流活动效率的"瓶颈"。一旦忽视了装卸搬运，无论在生产领域还是在流通领域，轻则造成生产、流通秩序的混乱，重则造成生产、流通的停顿。

3. 装卸搬运的分类和作业内容

装卸搬运包括装货、卸货、堆场（仓库）货物的入库和出库等作业。从作业点角度，装卸搬运可分为库场搬运和港站搬运；从货物状态的角度，装卸搬运可分为件杂货装卸搬运、散货装卸搬运、集装箱装卸搬运、液体货装卸搬运等。

装卸搬运的基本作业主要分为以下几个方面。

（1）装卸。将货物装上或卸下运输工具。
（2）搬运。将货物在短距离内移动。
（3）堆码。将物品或包装货物进行码放、堆垛等。
（4）取出。将物品从保管场所取出。
（5）分类。将物品按品种、发出方向、顾客要求等进行分类。
（6）集货。将货品备齐，以便随时装货。

【拓展视频】

## 3.2.2 装卸搬运的合理化

装卸搬运的合理化原则一般分为两个方面。

【拓展视频】

### 1. 社会和劳动保护方面

（1）安全质量原则。安全质量原则是指在装卸搬运过程中，防止货物损坏和差错，保护人员的生命安全，以及设备、设施的正常运行。在质量方面，装卸搬运工艺的设计和安排必须保证货物的搬运和储存质量。

（2）环境保护原则。环境保护原则是指在装卸搬运工艺的设计和改造中应采用有效措施，尤其是控制噪声、废弃物排放等污染，防止在作业过程中对周围环境产生有害影响。

（3）人格化原则。装卸搬运有时是劳动密集型作业，注重人格化原则既是社会和法律的基本要求，同时也可以激发劳动人员的劳动积极性。

### 2. 设备方面

（1）充分利用机械设备原则。充分利用机械设备原则是指对于劳动强度大、工作条件差、搬运和装卸频繁、动作重复的环节，尽可能采用有效的机械化作业方式。

（2）减少终端站停留时间原则。减少终端站停留时间原则是指在作业过程中，增加作业的流动时间所占比例，减少作业两端的停留时间所占比例。提高运输工具运输能力的重要措施之一，就是压缩运输工具滞留时间，提高运行能力。

（3）专业化原则。专业化原则是指尽可能采用专门的工艺、专用的设备进行货物的装卸、搬运和储存。现代化的装卸搬运设备以专业、大型、高效为特征，在一定时期内，专业化到什么程度，要根据生产发展的需要与组织协作的可能而定。

## 3.3　流通加工

【拓展知识】

### 3.3.1　流通加工概述

#### 1. 流通加工的概念

流通加工是现代物流系统构架中的重要结构之一。流通加工在物流系统中担负的主要任务是提高物流系统对用户的服务水平。

按照我国国家标准《物流术语》（GB/T 18354—2006），流通加工是指物品在从生产地到使用地的过程中，根据需要施加包装、分割、计量、分拣、刷标志、检标签、组装等简单作业的总称。流通加工是在物品从生产领域向消费领域流动的过程中，为了促进销售、维护产品质量和提高物流效率，对物品进行的加工，是物品发生物理变化、化学变化或形态变化，以满足消费者的多样化需求和提高服务水平的附加值需要，是物流的基本功能之一。

"加工"是通过改变物品的形态或性质来创造价值，属于生产活动；"流通"则是改变物品的空间状态与时间状态，并不改变物品的形态或性质。流通加工处于生产和流通的区间领域，不改变商品的基本形态和功能，只是完善物品的使用功能，提高商品的附加价值，同时提高物流系统的效率。流通加工并不一定在物流活动中必然发生，但随着市场竞争的日益激烈和客户的多样化、个性化需求，越来越显示出它不可替代的重要地位和作用。从某种意义上说，流通加工是生产加工在流通领域中的延伸，也可以说是流通领域为了更好地服务，在职能方面的扩大。

2. 流通加工的作用

1）增加物流功能，促进销售，提高收益

生产商品的目的是创造价值，流通加工是在此基础上完善、增加商品的价值。在生产和消费之间，由于存在着生产的集中、大批量与消费者的分散、小批量之间的矛盾，从而形成规模化大生产与众多消费者之间的场所价值和时间价值的空白，使商品的价值和使用价值需要通过流通加工来实现。流通加工在生产和消费者之间起着承上启下的作用，它把分散的用户需求集中起来，使零星的作业集约化，作为广大终端用户的汇集点而发挥作用。生产者几乎无法直接满足用户的要求，也达不到服务标准，只有通过流通加工的形式来弥补。

2）流通加工可节约材料，降低物流成本

流通加工具有一定的深加工性质，它直接面对终端用户，综合多方需求，集中下料，合理套裁，充分利用边角材料，减少浪费，做到最大限度的"物尽其用"，节约了大量的原材料。另外，流通加工一般都在干线运输和支线运输的节点进行，这样就能够使大量运输合理分散，有效地缓解长距离、大批量、少品种的物流与短距离、少批量、多品种物流的矛盾，实现物流的合理流向和物流网络的最佳配置，从而避免了不合理的重复、交叉及迂回运输，大幅度节约运输、装卸搬运和保管等费用，降低了物流总成本。

3）流通加工可提高原材料的利用率

流通加工中的集中下料能做到良材优用、小材大用、合理套裁，提高原材料的利用率，降低原材料的消耗。利用集中进行的流通加工代替分散在各使用部门的分别加工，其结果是降低了加工费用及原材料成本，而原材料的节省就是获取利润的源泉。例如，按使用部门的要求采用效率高、技术先进、加工量大的专门设备，将钢板进行剪板、切裁，将木材剖成板材与方木等，可以大大减少原材料的消耗，提高原材料和加工设备的利用率，提高加工质量和加工效率。

4）提高加工效率及设备利用率

加工设备在分散加工的情况下，由于受生产周期的限制，设备利用率较低，这种加工过程的不均衡导致加工设备的加工能力不能充分发挥。而在流通领域里，流通加工面向全社会，加工的数量和加工对象的范围都得到了大幅度的增加，通过建立集中加工点，可采用效率高、加工量大且技术先进的专门机构和设备，提高加工效率和设备的利用率。

5）提高物流效率，降低物流成本

（1）方便运输。例如铝制门窗、自行车等，若在制造厂装配成完整的产品，在运输过程中，将耗费大量的运费。而通过把它们的零部件分别捆扎或装箱，到达销售地点以后，再分别装成成品，这样能使运输方便而且经济，有效降低了运输成本。

（2）减少附加重量。如果在运输前先通过流通加工完成必要的切割，去除本来就应废弃的部分，就可以减少附加重量，提高运输与装卸搬运的效率，有效降低物流成本。

（3）协调运输（外）包装与商业（内）包装。运输包装与商业包装有时存在一定的冲突，例如，运输包装要求轻薄，商业包装需要夸张；运输包装需要单位重量大一点，商业包装需要很小的重量上货架。所以，商品可以先以运输包装进入物流过程，在运达目的地后，再通过流通加工，形成商业包装，进入商店的货架，这样就可以有效降低物流成本。

6）促进物流合理化

物流企业自行安排流通加工与配送。流通加工是配送的前提，根据流通加工形成的特点布置配送，使必要的辅助加工与配送很好地衔接，顺利完成物流全过程。

流通加工环节一般设置在消费地。流通过程中，生产地的大批量、高效率、长距离的输送与消费地的多品种、少批量、多用户、短距离的输送存在着很大的供需矛盾，而通过流通加工就可以较为有效地解决这个矛盾。以流通加工为分界点，从生产地到流通加工点可以利用火车、船舶形成大量的、高效率的定点输送；而从流通加工点到消费者之间则可以利用汽车和其他小型车辆，形成多品种、多用户的灵活运输。由此可以充分发挥各种输送手段的最高效率，加快输送速度，节省运力运费，使物流更加合理。

### 3.3.2 流通加工的方式与合理化

**1. 流通加工的方式**

流通加工通常有以下 9 种方式。

（1）剪板加工。剪板加工是指在固定地点设置剪板机或各种剪切、切割设备，将大规模的金属板材裁切为小尺寸的板料或毛坯。

（2）集中开木下料。集中开木下料是指在流通加工点，将原木锯裁成各种规格的木板、木方，同时将碎木、碎屑集中加工成各种规格的夹板板材，甚至还可以进行打眼、凿孔等初级加工。

（3）配煤加工。配煤加工是指在使用地区设置加工点，将各种煤及其他一些发热物资，按不同的配方进行掺配加工，形成能产生不同热量的各种燃料。

（4）冷冻加工。冷冻加工是指为解决鲜鱼、鲜肉、药品等在流通中保鲜及搬运装卸问题，采取的低温冷冻作业。

（5）分选加工。分选加工是指对于农副产品规格、质量离散较大的情况，为获得一定规格的产品，采取人工或机械方式进行分选。

（6）精致加工。精致加工是指在农牧副渔等产品的产地或销售地设置加工点，去除无用部分，进行切分、洗净、分装等加工。

（7）分装加工。分装加工是指为了便于销售，在销售地区对商品按零售要求进行新的包装，如大包装改小包装、散装改小包装、运输包装改销售包装等，以满足消费者对不同包装规格的需求。

（8）组装加工。组装加工是指在销售地区，由流通加工点对出厂配件、半成品进行拆箱组装，随即进行销售。

（9）定制加工。定制加工是指特别为用户加工制造适合个性的非标准用品。这些用品往往不能由大企业生产，只好由流通加工企业为其"量身定制"。

## 食品的流通加工

食品的流通加工的类型种类很多。只要我们留意超市里的货柜就可以看出，那里摆放的各类洗净的蔬菜、水果、肉末、鸡翅、香肠、咸菜等都是流通加工的结果。这些商品的分类、清洗、贴商标和条形码、包装、装袋等在摆进货柜之前就已进行了加工作业，这些流通加工都不是在产地，已经脱离了生产领域，进入了流通领域。食品流通加工的具体项目主要有以下几种。

1. 冷冻加工

冷冻加工是为了保鲜而进行的流通加工，如为了解决鲜肉、鲜鱼在流通中保鲜及装卸搬运的问题，采取低温冻结方式的加工。这种方式也用于某些液体商品、药品等。

2. 分选加工

分选加工是为了提高物流效率而进行的对蔬菜和水果的加工，如去除多余的根、叶等。农副产品规格、质量离散情况较大，为获得一定规格的产品，采取人工或机械分选的方式加工称为分选加工。这种方式广泛用于果类、瓜类、谷物、棉毛原料等。

3. 精制加工

农、牧、副、渔等产品的精制加工是在产地或销售地设置加工点，去除无用部分，甚至可以进行切分、洗净、分装等加工，可以分类销售。这种加工不但大大方便了购买者，而且还可以对加工过程中的淘汰物进行综合利用。比如，鱼类的精制加工所剔除的内脏可以制成某些药物或用作饲料，鱼鳞可以制高级黏合剂，头尾可以制鱼粉等；蔬菜的加工剩余物可以制饲料、肥料等。

4. 分装加工

许多生鲜食品零售起点较小，而为了保证高效输送出厂，包装一般比较大，也有一些是采用集装运输方式运达销售地区。为了便于销售，在销售地区按所要求的零售起点进行新的包装，即大包装改小包装，散装改小包装，运输包装改销售包装，以满足消费者对不同包装规格的需求，从而达到促销的目的。

此外，半成品加工、快餐食品加工也是流通加工的组成部分。这种加工形式，节约了运输等物流成本，保护了商品质量，增加了商品的附加价值。例如，葡萄酒是液体，从产地批量地将原液运至消费地配制、装瓶、贴商标、包装后出售，既可以节约运费，又安全保险，以较低的成本，卖出较高的价格，附加值大幅度增加。

（资料来源：http://blog.sina.com.cn/s/blog_ 696a176c0101e07x.html.）

### 2. 流通加工的合理化

1）不合理的流通加工

流通加工是在流通领域中进行的辅助性加工，它不仅是生产过程的延续，实际上也是生产本身或生产工艺在流通领域的延续。不合理的流通加工在流通领域中也经常出现，更有甚者是有些企业或个人利用流通加工，偷工减料、恶意加工、缺斤短两、伪劣掺假等，这些都是在流通加工中必须严厉禁止的。不合理的流通加工主要表现在以下几个方面。

（1）流通加工地点设置不合理。流通加工地点设置（即布局）是关系到整个流通加工是否合理、有效的重要因素。一般而言，为衔接单品种大批量生产与多样化需求的流通加工，加工地会设置在需求地区，这样才能实现大批量的干线运输与多品种末端配送的物流优势，否则会大大增加物流费用。

即使流通加工在产地或需求地的设置选择是正确的，还要注意在流通加工地域选择加工点，如果加工地点选址不当，仍然会出现不合理现象。这种不合理主要表现在流通加工的选址点投资过高，加工点周围的社会环境、加工条件不理想，交通不便利，加工地点与生产企业或用户之间距离较远，加工地点周围的人工成本较高、技术力量薄弱等，造成流通加工的不合理。

（2）流通加工方式选择不当。流通加工方式包括流通加工对象、流通加工工艺、流通加工技术、流通加工程度等。流通加工方式的选择不当实际就是生产加工的分工不合理。分工不合理，就是把本来应该由生产过程中完成的，却不合理地由流通加工完成；原本应该由流通加工完成的，却不合理地在生产过程中完成，由此造成物流效率的降低。

流通加工是对生产加工的一种补充和完善，目的是便于流通和消费，而不是对生产加工的替代。所以，如果加工工艺复杂，技术装备要求过高，以及可以由生产过程延续或轻易解决的，一般都不宜设置在流通加工。流通加工尤其不宜与生产过程争夺技术要求较高、效益较高的部分生产环节。如果流通加工方式选择不当，就会导致与生产过程争夺利益而影响产品整体效益的后果。

（3）流通加工作用过多、过大，形成环节多余。流通加工主要是为了方便消费者和利于流通，如果流通加工过于简单，或对生产产品及消费者作用都不大，甚至存在流通加工的盲目性，既没有解决产品品种、质量、规格、包装等问题，反而又增加了多余的流通加工环节，这也是流通加工不合理的一种形式。

（4）流通加工成本过高，影响产品效用。流通加工之所以能够有生命力，且发展势头强劲，重要优势之一就是有较大的投入产出比，因而能对生产加工有效地起着补充、完善的作用。如果流通加工成本过高，效益不好，投资得不到回报，就会影响流通加工的投入。所以，除了一些必需的、政策要求的即使亏损也应进行的流通加工外，凡是成本过高、效益不好的流通加工都是不合理的。

2）合理的流通加工

流通加工合理化是指实现流通加工的最优配置，不仅做到避免各种不合理加工，使流通加工有存在的价值，而且综合考虑流通加工与配送、合理运输、合理商流等的有机结合，做到最优的选择。

为避免流通加工过程中的不合理现象，对是否设置流通加工环节，在什么地方设置，选择什么类型的流通加工，采用什么样的技术装备设施等，都需要做出正确抉择。流通加工的合理化主要考虑以下几个方面。

（1）流通加工与合理商流相结合。通过流通加工，有效地促进销售，使商流合理化，是流通加工合理化的主要目的之一。流通加工和物流的部分功能有机结合，促进了销售，提高了物流的效益，充分体现流通加工在物流过程中的作用。离开商流和物流功能的有机结合，流通加工也就失去了意义。

(2) 流通加工与合理运输相结合。流通加工能有效地衔接干线运输与支线运输，促进运输的合理化。利用流通加工，可以减少干线运输与支线运输之间停顿的环节和时间，使两者之间的转换更加合理，从而大大提高运输水平和运输效益。

(3) 流通加工与配送相结合。在配送功能中的流通加工，一方面按配送的需要进行加工；另一方面，流通加工又是配送业务流程中分货、拣货、配货的一环，加工后的产品直接投入配货作业，这样就不需要单独设置一个加工中间环节，使流通加工有别于独立的生产，从而使流通加工与中转流通巧妙地结合在一起。同时，由于流通加工在配送之前，可使配送服务水平大大提高。这是当前对流通加工做合理化选择的重要形式之一，在煤炭、水泥等产品的流通中已表现出明显的优势。但是，如果流通加工地点选择不当，会大大增加物流费用。

(4) 流通加工与"配套"相结合。"配套"是指对于使用上有联系的用品集合成套地供应给用户使用。在对配套要求较高的流通中，配套的主体来自各个生产单位，但是，完成配套有时无法全部依靠现有的生产单位。所以，进行适当的流通加工，可以有效地促成配套，大大提高流通作为连接生产与消费的桥梁与纽带的能力。例如，方便食品的配套生产、礼品的拼装包装等。

(5) 流通加工与节约相结合。节约能源、节约设备、节约人力、节约消耗是流通加工合理化的重要因素之一，也是目前我国设置流通加工时考虑其是否合理的较为普遍的形式。

对于流通加工合理化的最终判断，是看其是否能实现社会和企业本身的双重效益，而且看其是否取得了最优效益。对流通加工企业而言，应把社会效益放在首位。如果片面追求企业的微观效益，不适当地进行加工，甚至与生产企业争利，不仅有违流通加工的初衷，而且脱离了流通加工的范畴。

(6) 流通加工绿色化。绿色流通加工是绿色物流的范畴之一。流通加工具有较强的生产性，也是流通部门对环境保护可以大有作为的领域。绿色流通加工的途径主要有两个方面：一是变消费者分散加工为专业集中加工，以规模作业方式提高资源利用效率，减少环境污染（如餐饮服务业对食品的集中加工，从而减少家庭分散烹调所造成的能源和空气污染）；二是集中处理消费品加工中产生的边角废料，以减少消费者分散加工所造成的废弃物污染，如流通部门对蔬菜的集中加工减少了居民分散垃圾丢放及相应的环境治理问题。

## 3.4 运 输

运输的功能主要是实现物品远距离的位置移动，创造物品的"空间效用"（或称"场所效用"）。所谓空间效用，是指物品在不同的位置，其使用价值实现的程度是不同的，即效用价值是不同的。通过运输活动，将物品从效用价值低的地方转移到效用价值高的地方，更好地实现物品的使用价值，即创造物品的最佳效用价值。运输除创造空间效用外，还创造时间效用，具有一定的储存功能。

### 3.4.1 运输的概念

根据我国国家标准《物流术语》(GB/T 18354—2006),运输是指用专用运输设备将物品从一地点向另一地点运送,其中包括集装、分配、搬运、中转、装入、卸下、分散等一系列操作。运输和搬运的区别在于,运输是在较大范围内进行的活动,而搬运是在同一场所内进行的活动。

### 3.4.2 运输的地位

【拓展知识】

1. 运输是物流的主要功能要素之一

根据物流的概念,物流是"物"的物理性运动,这种运动不但改变了物的时间状态,也改变了物的空间状态。而运输承担了改变空间状态的主要任务,运输是改变空间状态的主要手段,运输再配以搬运、配送等活动,就能圆满完成改变空间状态的全部任务。

2. 运输是社会物质生产的必要条件之一

运输是国民经济的基础,马克思将运输称为"第四个物质生产部门",将运输看成生产过程的继续。与一般生产活动不同,运输并不创造新的物质产品,也无法增加社会产品数量,而是通过变动物品的空间位置,推进社会再生产。运输作为社会物质生产的必要条件,具体表现在以下两个方面。

(1) 在生产过程中,运输是生产的直接组成部分,如果没有运输,生产内部的各环节就无法连接。

(2) 在社会上,运输是生产过程的继续。这一活动连接着生产与再生产、生产与消费的各个环节,连接着国民经济各部门、各企业,连接着城乡,连接着不同国家和地区。

3. 运输可以创造"场所效用"

场所效用的含义:同种"物"由于空间场所不同,其使用价值的实现程度则不同,其效益的实现也不同。由于改变场所而最大限度地发挥其使用价值,提高了投入产出比,这就称之为"场所效用"。通过运输,将"物"运到场所效用最高的地方,就能发挥"物"的潜力,实现资源的优化配置。从这个意义来讲,也相当于通过运输提高了物的使用价值。

4. 运输是"第三利润源"的主要源泉

(1) 运输是运动中的运动,它和静止的保管不同,要靠大量的动力消耗才能实现这一活动,而运输又承担大跨度空间转移的任务,所以活动的时间长、距离长、消耗也大。消耗的绝对数量大,其节约的潜力也就大。

(2) 从运费来看,运费在全部物流费用中占最高的比例,一般综合分析计算社会物流费用,运输费在其中约占50%,有些产品的运费甚至高于产品的生产费,所以,节约的潜力很大。

(3) 由于运输总里程大,运输总量巨大,通过体制改革和运输合理化可以大大缩减运输吨千米数,从而获得比较大的节约。

## 3.4.3 运输的分类

1. 按运输的范畴分类

1) 干线运输

干线运输是利用公路、铁路的干线或大型船舶的固定航线进行的长距离、大数量的运输,是进行远距离空间位置转移的重要运输形式。干线运输一般较同种形式的其他运输要快,成本也较低。干线运输是运输的主体。

2) 支线运输

支线运输是与干线相接的分支线路上的运输。支线运输是干线运输与收、发货地点之间的补充性运输形式,路程较短,运输量相对较小,支线的建设水平往往低于干线,运输工具水平也往往低于干线,因而速度较慢。

3) 二次运输

二次运输是指干线、支线运输到站后,站与用户仓库或指定接货地点之间的运输,由于是单个单位的需要,所以,用量也较小。这是一种补充性的运输形式,路程较短。

4) 场内运输

场内运输是指在工业企业范围内,直接为生产过程服务的运输,一般在车间与车间之间、车间与仓库之间进行。小企业中以及大企业车间内部、仓库内部的这种运输一般不称"运输",而称"搬运"。

2. 按运输的作用分类

1) 集装运输

集装运输是指将分散的货物汇集集中的运输形式,一般是短距离、小批量的运输,货物集中后才能利用干线运输形式进行远距离及大批量运输,因此,集货运输是干线运输的一种补充形式。

2) 配送运输

配送运输是指将已按用户要求配好的货分送给各个用户的运输,一般是短距离、小批量的运输,从运输的角度讲是对干线运输的一种补充和完善。

3. 按运输的协作程度分类

1) 一般运输

一般运输是指孤立地采用不同运输工具或同类运输工具而没有形成有机协作关系的运输。

2) 联合运输或多式联运

根据国家标准《物流术语》(GB/T 18354—2006),联合运输是指一次委托,由两个或两个以上运输企业协同将一批货物运送到目的地的活动。

联合运输简称联运，是使用同一运送凭证，由不同运输方式或不同运输企业进行有机衔接运输货物，利用每种运输手段的优势以充分发挥不同运输工具优势的一种运输形式。采用联合运输，可以简化托运手续、方便用户，同时可以加速运输速度，也有利于节省运费。

根据国家标准《物流术语》（GB/T 18354—2006），多式联运是指联运经营者受收货人、托运人或旅客的委托，为委托人实现两种以上运输方式(含两种)或两种以上(含两种)运输的衔接，以及提高相关运输物流辅助服务的活动。

**4. 按运输中途是否换载分类**

1）直达运输

在组织货物运输时，利用一种运输工具从起运站、港一直用运送至达站、港，中途不经过换载、中途不入库储存的运输形式。

直达运输的优点在于：避免中途换载所出现的运输速度减缓、货物增加、费用增加等一系列弊病，从而能缩减运输时间、加快车船周转、降低运输费用。

2）中转运输

在组织货物运输时，在货物运往目的地的过程中，在途中的车站、港口、仓库进行转运换装，包括同种运输工具不同运输路线的转运换装，不同运输工具之间的转运换装，称中转运输。

中转运输的优点在于：通过中转可以将干线、支线运输有效地衔接，可以化整为零，从而方便用户、提高运输效率；可以充分发挥不同运输工具在不同路段上的最优水平，从而获得节约或效益，也有助于加快运输速度。中转运输方式的缺点是在换载时会出现低速度、高货损、增加费用支出。

中转运输及直达运输的优势不能笼统言之，两者在一定条件下各有优势。因此，需要具体问题具体分析，并以总体效益为最终判断标准。

## 3.4.4 运输方式

**1. 汽车运输方式**

1）长距离干线匀速

长距离干线运输是采用越来越多的一种汽车运输形式。以往对各种运输方式进行技术经济分析时，将汽车运行的经济里程限定在200千米范围，主要是地区和城市内部运输。汽车大型化以后，装载吨位成倍地提高，司乘人数却未曾增加，单位用量的汽车自重相对降低，故而汽车运行的经济里程大大扩展。此外，汽车的"门到门"性质可省去转运换载的时间及成本，从而汽车的干线运输不仅在水运、铁运无法覆盖的地区不能不用，而且，即使在水运、铁运条件具备的地区也有相当强的竞争能力。在我国铁路运力十分紧张的地区，对汽运分流的形式还给予政策上的鼓励。

长距离干线的方式往往需要以首末的集配运输配合，汽车的长距离干线"门到门"的运输受用户需求量的制约,不是很普遍,和集配运输结合才算完成完整的物流。

2)近、中距离"门到门"运输

汽车的近、中距离运输较多采用"门到门"的形式,车辆大小可在较大范围选择,因而批量的制约不大,使用的局限性便很小。此外,即使对小用户,还可以用"共同化"方式实行"门到门"运输。

3)配送运输

配送运输以短距离汽车运输为主,是汽车运输的重要形式,往往以"中心到门""店到门"方式完成。

4)集配运输

集配运输是与干线运输衔接的短程运输形式,尤其是铁路、水路、航空干线运输,用汽车进行集配衔接是必然的,可以说是干线运输的必要补充和辅助形式。集配运输主要以"门到门""站到站"的形式实现。

5)汽车联运

汽车运输是联运的一个环节,参加联运的汽车运输形式主要是集装箱车、半挂车等。

2. 铁道运输方式

1)整车运输

整车运输是指铁路以整车皮装运同种货物的运输方式,整车运输可发挥整装整卸的优势,可充分使用一辆车的运力,因而整车成本较低,有关经营单位取费也较低。

2)合装整车运输

合装整车运输是指同一发到站的不同货主或同一货主的不同货物凑整一车的运输方式,主要是充分利用车辆运力,有利于加速车辆周转。

3)零担运输

货主需要运送的货不足一车,则作为零星货物交运,承运部门将不同货主的货物按同一到站凑整一车后再发运的服务形式。零担运输需要等待凑整车,因而速度慢,为了克服这一缺点,物流企业已发展出定路线、定时间的零担班车,也可利用汽车运输的灵活性,发展上门服务的零担送货运输。如日本现在大量使用的"宅配便""宅急使"就属于这种形式。

4)二三站分卸

它是整车起运,在最多三个车站分别卸货的一种运输服务方式。这种方式既利用了整车装车起运的优点,又可分别在有限的几个站卸货,方便了用户,同时不过分影响车辆周转和运力的使用。

5)集装箱专列运输

在站与站或站与港间进行集装箱专列的快速运输,是铁道运输的新形势,这种运输形式对于加快集装箱货运速度及集装箱周转速度,以及加快港口的集疏运输有很大作用。

6)铁路集装箱运输

铁路集装箱运输在铁道运输系统内整车、零担运输方面发挥了很大的作用,由于铁路集装箱吨位不大,可利用货站原有装卸设备,因而可在很大范围内办理这种运输业务。

7)"大陆桥"运输

根据国家标准《物流术语》（GB/T 18354—2006），大陆桥运输是指用横贯大陆的铁路或公路作为中间桥梁，将大陆两端的海洋运输连接起来的连贯运输方式。铁路是"大陆桥"运输的"路桥"部分，是"大陆桥"联运的核心。

3. 水运（船运）方式

（1）货物定期船运，又称定期班轮，是远洋运输按确定路线及运行时刻表运行的货船，主要装运杂货等包装货。

（2）不定期船运是一种发到时间、航期、航线都不确定的货运方式，是按货运要求配船运输。一般装运数量大、运价低的货物。

（3）水路联运。国际集装箱多式联运及一般水路联运的水运部分，航线是固定的。

4. 航空运输

空运设备主要有货机和客货机两类，现在客货机的使用越来越多。航空运输有包机运输和一般行李托运、货物托运等运输形式。

【拓展知识】

## 3.5 仓 储

### 3.5.1 仓储的概念和现状

1. 仓储的概念

根据国家标准《物流术语》（GB/T 18354—2006），仓储（Warehousing）是利用仓库及相关设施、设备进行物品的入库、存储、出库的活动。其中，"仓"也称仓库，是存放物品的建筑物或场所，它可以是房屋建筑物、大型容器、洞穴或其他特定的场所，具有存放和保护物品的功能；"储"表示收存以备使用，具有积蓄、保管和交付使用的意思。

2. 仓储行业现状

（1）仓储成本高。仓储难是整个物流业存在的普遍现象，严格的土地管理政策使仓储企业取得土地的难度加大，土地取得成本和使用成本较高。

（2）仓库布局不够合理。由于缺乏统一的国家标准和专业性的规划设计，各地已经建成的新仓库区存在许多的问题。

（3）仓储设备和技术发展不平衡。由于仓储业的投资能力有限，面对急剧增长的仓储需求，新型库房数量短缺，配送车辆、集装技术、拣选技术、信息技术等急需提升和改造。

（4）仓储企业规模偏小、经济效益偏低。这两年我国仓储企业虽然业务量与主营收入有较大幅度的增加，但利润却较低。

（5）仓储方面的人才缺乏。发展仓储行业，既需要掌握一定专业技术的人才，也需要操作型人才，更需要仓储管理型人才，而我国近年这几方面的人才都很匮乏。

（6）仓储管理方面的法律法规不够健全。在仓储管理法制方面，我国的起步较晚，已经建立的仓储方面的规章制度随着生产的发展和科学水平的提高，已经不适合实际情况。至今我国还没有一部完整的《仓库法》。同时，我国仓储管理人员的法制观念不强，不会运用法律手段来维护企业的利益。

## 3.5.2 仓储活动的性质

仓储活动的性质是指仓储活动具有的生产性和非生产性两方面性质。

### 1. 仓储活动的生产性

仓储活动的性质具有生产性，无论是处在生产领域还是处在流通领域，其生产性是不变的。其原因如下。

（1）仓储活动是社会再生产中不可缺少的一环。任何产品的生产过程，只有当产品进入消费后才算终结，因为产品的使用价值只有在消费中才能实现。而产品从脱离生产到进入消费，一般情况下都要经过运输和储存，所以说商品的储存和运输一样，都是社会再生产过程的中间环节。

（2）仓储活动具有三要素。商品仓储活动和其他物质生产活动一样，具有生产三要素，即劳动者、劳动资料和劳动对象，三者缺一不可。物质生产过程就是劳动者借助于劳动资料，作用于劳动对象的过程。商品仓储活动同样具有生产三要素：劳动者——仓库作业人员；劳动资料——各种仓库设施和设备；劳动对象——储存保管的商品。商品仓储活动是仓库作业人员借助于仓储设施，对商品进行收发保管的过程。

（3）仓储活动中的某些环节，实际上已经构成生产过程的一个组成部分。例如，卷板在储存中的碾平及切割、原木的加工、零部件的配套、机械设备的组装等都是为投入使用做准备，其生产性更为明显。

### 2. 仓储活动的非生产性

仓储活动具有生产性，但它与一般的物质生产活动相比，又具有非生产性，主要表现在以下三个方面。

（1）仓储活动所消耗的物化劳动和活劳动，不改变劳动对象的功能、性质和使用价值，只是保持和延续其使用价值。

（2）仓储活动本身并不生产产品，被储存保管物品的使用价值并不因保管劳动的消耗而增加，但商品经过保管之后，它的价值是增加的。这是因为商品仓储活动的一切劳动消耗，包括一定数量的原材料和适当的机械设备相配合，这部分消耗要追加到物品的价值中去，从而导致物品价值的增加。

（3）作为仓储活动的产品——仓储劳务，同服务一样，其生产过程和消费过程是同时进行的，既不能储存，也不能积累。

### 3.5.3 仓储的基本功能

从物流系统角度看，仓储的功能可以按照其所实现的经济利益和服务利益加以分类。

1. 经济利益方面的功能

仓储的基本经济利益有堆存、拼装、分类和交叉、加工/延期四个方面。

1）堆存

仓储设施最明显的功能就是用于保护货物及整齐地堆放产品。其经济利益来源于通过堆存克服商品产销在时间上的隔离（如甲地生产、乙地销售），克服商品产销的不平衡（如供过于求）等，来保证商品的流通过程的连续性。

2）拼装

拼装是仓储的一项经济利益，通过这种安排，拼装仓库接受来自一系列制造工厂制定送往某一特定顾客的材料，然后把它们拼装成单一的一票装运。其好处是可能实现最低的运输费率，并减少在某收货站台处发生拥塞。仓库的拼装流程如图 3.1 所示。

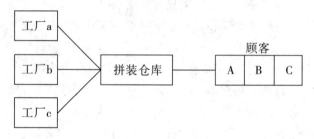

图 3.1　拼装作业

拼装的主要优点是把几票小批量装运的物流流程结合起来联系到一个特定的市场地区。拼装仓库可以由单独一家厂商使用，也可以由几家厂商联合起来共同使用出租方式的拼装服务。通过这种拼装，每一个单独的制造商或托运人都能够享受到物流总成本低于其各自分别直接装运成本的优惠。

3）分类和交叉

分类作业与拼装作业相反。分类作业接收来自某一工厂制造货物，并把它们装运到个别的顾客处去。这种分类流程如图 3.2 所示。分类仓库或分类站把组合订货分类或分割成个别的订货，并安排当地的运输部门负责递送。由于长距离运输转移是大批量货物，所以运输成本相对较低，进行跟踪也不太困难。

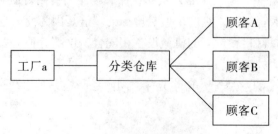

图 3.2　分类作业

当涉及多个制造商和多个顾客时，就需要采取交叉作业，如图3.3所示。在这种情况下，交叉站台先从多个制造商处运来整车的货物组合产品后，如果有标签，就按顾客进行分类，如果没有标签，则按地点进行分配；然后，产品就像"交叉"一词的意思那样穿过"站台"装上指定去适当顾客处的拖车；一旦该拖车装满了来自多个制造商的组合产品，它就被放行运往零售店去。由于所有的车辆都进行了充分装载，因而更有效地利用了站台设施，使站台装载利用率达到最大限度。

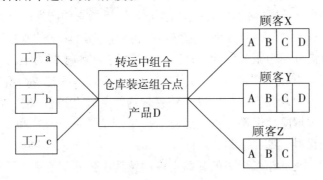

图3.3　交叉站台作业

4）加工/延期

仓库还可以通过承担加工或参与少量的制造活动，用来延期或延迟生产。具有包装能力或加标签能力的仓库，可以把产品的最后一道生产工序一直推迟到直到该产品的需求时为止。例如，蔬菜可以在制造商处加工，制成罐头"上光"。"上光"是指还没有贴上标签的罐头产品。一旦接到具体的顾客订单，仓库就能够给产品加上标签，完成最后一道加工，并最后敲定包装。

加工/延期提供了两个基本经济利益：一是风险最小化，因为最后的包装要等到敲定具体的订购标签和收到包装材料时完成；二是通过对基本产品（如上光罐头）使用各种标签和包装配置，可以降低存货水平。于是，降低风险与降低存货水平相结合，往往能够降低物流系统的成本，即使在仓库包装的成本要比在制造商的工厂处包装更贵。

2. 服务利益方面的功能

在物流系统中通过仓储获得的服务利益应该从整个物流系统来分析。例如，在特许安排一个仓库来服务于某个特定的市场时可能会增加成本，但也有可能增加市场份额、收入和毛利。通过仓库实现的五个基本服务利益分别是现场储备、配送分类、组合、生产支持以及市场形象。

（1）现场储备。在实物配送中经常使用现场储备，尤其是那些具有高度季节性的产品品种，制造商偏好这种服务。例如，农产品供应商常常向农民提供现场储备服务，以便在销售旺季把产品堆放到最接近关键顾客的市场中去，销售季节过后剩余的存货就被撤退到中央仓库。

（2）配送分类。提供配送分类服务的仓库为制造商、批发商或零售商所利用，按照对顾客订货的预期，对产品进行组合储备。配送分类仓库可以使顾客减少其必须打交道的供应商数目,并因此改善仓储服务。此外,配送分类仓库还可以对产品进行拼装以形成更细的装运批量,并因此降低运输成本。

(3) 组合。除了涉及几个不同的制造商的装运,仓库组合类似于仓库分类过程。当制造工厂在地理上被分割开来时,通过长途运输组合,有可能降低整个运输费用和仓库需要量。在典型的组合运输条件下,从制造工厂装运整卡车的产品到批发商处,每次大批量的装运可以享受尽可能低的运输费率。一旦产品到达组合仓库,卸下从制造工厂装运来的货物后,就可以按照每一位顾客的要求或市场需求,选择每一种产品的运输组合。

通过运输组合进行转运,在经济上通常可以得到特别运输率的支持,即给予各种转运优惠。组合之所以被分类为服务利益,是因为存货可以按照顾客的精确分类进行储备。

(4) 生产支持。仓库可以向装备工厂提供稳定的零部件和材料供给。由于较长的前置时间,或使用过程中的重大变化,所以在外界采购的基础上进行安全储备是完全必要的。对此,大多数总成本解决理论都建议,经营一个生产性支持仓库,以经济又适时的方式,向装配厂供应加工材料、零部件和装配件。

(5) 市场形象。尽管市场形象的利益也许不像其他服务利益那样明显,但是它常常被营销经理看作地方仓库的一个主要优点。地方仓库比起距离远的仓库,对顾客的需求反应更敏感,提供的递送服务也更快。因此,地方仓库将会提高市场份额,并有可能增加利润。

### 3.5.4 仓储在物流中的作用

**1. 仓储是保证社会再生产过程顺利进行的必要条件**

货物的仓储过程不仅是商品流通的必要保证,也是社会再生产过程得以进行的必要条件,缺少了仓储,流通过程便会终止,再生产过程也将停止。

**2. 仓储是物流系统中不可缺少的重要环节**

从供应链角度看,物流过程由一系列的"供给"和"需求"组成。在供需之间存在物的"流动",也存在物的"静止",这种静止是为了更好地使前后两个流动过程衔接,缺少必要的静止,会影响物的有效流动。仓储环节正是起到了物流中的有效静止作用。

**3. 仓储能对商品进入下一环节前的质量起保护作用**

货物在物流过程中,通过仓储环节,在进入下一环节前进行检验,可以防止伪劣商品混入市场。因此,为保证商品的质量,保证商品不变质、不受损、不短缺和有效的使用价值,把好仓储管理这一关是非常重要的。

**4. 仓储是加快商品流通,节约流通费用的重要手段**

商品在仓库内的滞留,表面上是流通的停止,而实际上恰恰促进了商品流通的畅通。一方面,仓储的发展,在调配余缺、减少生产和销售部门的库存积压,在总量上减少地区内商品存储量等方面起到了非常积极的作用;另一方面,加快仓储环节的收发和出库前为流通所做的充分准备,将直接影响到商品流通时间。

## 5. 仓储为商品进入市场做好准备

仓储可以使商品在进入市场前完成整理、包装、质检、分拣、剪标签等加工，以便缩短后续环节的工作和时间，加快商品的流通。

### 顺丰仓储的"智慧大脑"

随着电商强势崛起、线上购物对人们购物方式的重塑，物流行业正成为互联网的下一个主战场。据统计，2013年全国社会物流总额达到197.8万亿元，从2014—2020年，全国物流增加值年均增长将达到8%左右，而物流行业增加值占国内生产总值的比重可达到7.5%。

相对而言，物流业较量的背后可能不只是简单的资本、营销竞争这么简单。物流要想真正做到"快"，除了全国布点仓储中心、扩充快递配送队伍之外，仓储管理以及人员配置，作为基础性的配置，开始发挥越来越重要的作用。

这也是顺丰找到北京宏灿建立的国内首个"问题呼叫管理系统"的原因。分拣过程中的暴力执行，导致货品被损坏、"危险品"仍照发不误、货品丢失等乱象，而顺丰在分拣系统中首次上线的"问题呼叫管理系统"被誉为仓库的"智慧大脑"。顺丰位于深圳总部的高层管理人员，可以实时了解全国300多家分拣中心货品和人员状态，并作出相应的调整，让整个仓库实时掌控在自己的电脑屏幕中，让仓库分拣的人、货、设备正常运作。

顺丰仓库中的"问题呼叫管理系统"上线的初衷是为了对300多个分拣中心的信息实时监控并及时进行人员和物资的调整，保证分拣中心的正常运作。

另外，"问题呼叫管理系统"对于全国布点的顺丰来说很重要，这套系统与顺丰的ERP系统做对接，顺丰的管理层可以实时远程监控分拣中心状况，并对员工进行考核，保证货物的安全性，定时更新设备。

在顺丰的分拣仓库中，每一个货物检查的装卸口都安装有声光报警器和数字化看板（LED显示屏），在装卸口的操作工人面前"问题呼叫管理系统"有3个报警按钮，每个按钮对应相应的问题：①货品的问题，例如发现易燃易爆的货品；②设备问题，后台管理人员根据指示及时维修；③现场工作人员的问题与状况。

而后台的负责人，必须在5分钟内对按钮反馈的问题进行响应，快速处理现场问题，保证分拣系统的正常运行。"问题呼叫管理系统"作为仓库的"智慧大脑"，其背后的难点是如何实现数据的无缝对接。研华与宏灿作为软硬件提供商，提出了整体解决方案。

在硬件层面：研华ADAM数据采集模块完成数据收集，通过交换机将数据传递到主控机，实现数据采集、通信、处理和储存的一套完整的解决方案。

而在硬件之上，宏灿在软件层进行问题归类、统计，对问题进行相应的管理报表的上报，从而使安全检查问题进一步被细分为产品质量问题、员工操作问题以及其他问题，便于远在深圳的高层管理人员做出针对性的决策。

同时，针对问题货品信息集中分析，追溯来源商家，并对合作商的信誉度分级，这种智能化的数据分类体系，以数据作为支撑，避免人为操作的疏忽。整个过程，研华与宏灿的整体方案不仅极大提高了货物检查和问题处理的效率，而且也让问题数据得以集中的备存和分析，服务于顺丰对人员和货物管理的宏观需要。通过该系统，顺丰的分拣中心极大地提高了货物分拣和过机检查的效率。

无锡和杭州的试点还仅仅是一个开始，在全国，顺丰已经开始扩展向北京、深圳、上海等重要的分拣中心进行应用尝试。未来，顺丰计划要将其普及至全国超过300个的分拣中心，如此，整个顺丰速递又将再次提速。而"问题呼叫管理系统"在推广上的一个巨大优势在于，它不需要对原有的物流安检设备进行过度改造，就可以直接实施系统安装和检验升级。

事实上，顺丰与研华、宏灿的合作还不仅仅限于"问题呼叫管理系统"，在分拣中心内部，顺丰还正在开展包括视频分析系统、装卸货管理系统等项目，进一步将智能化应用到物流的更深层领域。

在这些系统背后，研华的工控机成为其数据分析的大脑，为顺丰进行有效的数据存储和分析。未来，这些数据将呈现出极大的能量，在顺丰的物流管理、能效管理、绩效考核中发挥巨大作用。

（资料来源：http://www.wtoutiao.com/p/1bfEu8Z.html.）

# 3.6 配 送

工业生产企业的产品制造出来以后一般要经过物流中心、配送中心送到店铺销售或由配送中心直接送达消费者。从配送中心到零售店铺或到消费用户手中，需要以汽车进行短途运输或配送。可见，配送是生产过程的重要组成部分，是正常生产的必要条件，不可缺少。随着电子商务的兴起，人们网上购物也离不开运输和配送。因此，配送在人们日常生活中非常普遍，而且又是形式复杂多样的物流活动。

## 3.6.1 配送的含义和特征

1. 配送的含义

配送的含义有许多种表述。

日本工业标准的表述：配送是将货物从物流节点送交收货人。

日本1991年版《物流手册》的表述：生产厂到配送中心之间的物品空间移动叫"运输"，从配送中心到顾客之间的物品空间移动叫"配送"。

美国《物流管理供应链过程的一体化》的表述：实物配送这一领域涉及制成品交给顾客的运输。实物配送过程，可以使顾客服务的时间和空间的需求成为营销的一个整体组成部分。

根据我国国家标准《物流术语》（GB/T 18354—2006），配送（Distribution）是指在经济合理区域范围内，根据客户要求，对物品进行拣选、加工、包装、分割、组配等作业，并按时送达指定地点的物流活动。

2. 配送的特征

（1）配送强调时效性。配送不是简单的"配货"加上"送货"，它有着特定的含义，配送更加强调在特定的时间、地点完成交付活动，充分体现时效性。

（2）配送强调满足用户需求。配送从用户的利益出发、按用户的要求为用户服务。因此，在观念上必须明确"用户至上""质量为本"。配送企业与用户的关系是处于服务地位，而不是主导地位，在满足用户利益的基础上取得本企业的利益。

（3）配送强调合理化。对于配送而言，应当在时间、速度、服务水平、成本、数量等方面寻求最优。因为过分强调"按用户要求"是不妥的，受用户本身的局限，要求有时存在不合理性，在这种情况下会损失单方或双方的利益。

（4）处于末端的线路活动。在一个物流系统中，线路活动不可缺少，有时可能有多个线路活动相互衔接，但如果有配送活动存在，则配送是处于末端的线路活动。

## 3.6.2 配送与运输及送货的关系

1. 配送与运输的关系

1）配送和运输都是线路活动

物流活动根据物品是否产生位置移动可分为两大类，即线路活动和节点活动，产生位置移动的物流活动称为线路活动，否则为节点活动。节点活动是在一个组织内部的场所中进行的，不以创造空间效用为目的，主要是创造时间效用或场所效用。例如，在工厂内、仓库内、物流中心或配送中心内进行的装卸搬运、包装、储存、流通加工等，都是节点活动。

2）配送与运输的差别

运输和配送虽然都是线路活动，但它们也有区别。运输与配送的区别主要表现在以下几个方面。

（1）活动范围不同。运输是在大范围内进行的，如国家之间、地区之间、城市之间等；配送一般仅局限在一个地区或一个城市范围之内。

（2）功能上存在差异。运输是实现以大批量、远距离的物品位置转移为主，运输途中客观上存在着一定的储存功能；配送以实现小批量、多品种物品的近距离位置转移为主，但同时要满足用户的多种要求，如多个品种、准时到货、多个到货点、小分量包装、直接到生产线、包装物回收等。为了满足用户的上述要求，配送有时需要增加加工、分割、包装、储存等功能，因此，配送具有多功能性。

（3）运输方式和运输工具不同。运输可以采用各种运输工具，只需根据货物特点、时间要求、到货地点以及经济合理性进行选择即可。配送则由于功能的多样化，运输批量小、频率高，只适于采用装载量不大的短途运输工具，主要是汽车。

3）配送与运输的互补关系

运输和配送虽都属于线路活动，但由于功能上的差异使它们并不能互相替代，而是形成了相互依存、互为补充的关系。物理系统创造物品空间效用的功能是要使生产企业制造出来的产品最后到达消费者手中或进入消费环节，否则产品生产者的目的就无法达到。从运输、配送的概念以及它们的区别可以看出，仅有运输或仅有配送是不可能达到上述要求的，因为根据运输的规模原理和距离原理，大批量、远距离的运输才是合理的，但它不能满足分散消费的要求；配送虽具有小批量、多批次的特点，但不适合远距离输送。因此，必须由两者互相配合、取长补短，方能达到理想的目标。一般来说，在运输和配送同时存在的物流系统中,运输处在配送的前面,先通过运输实现物品长距离的位置转移,然后交由配送来完成短距离的输送。

为了更直观地了解运输与配送的关系,下面以中转供货系统为例予以说明。

生产企业生产的产品可通过两种途径到达用户手中:一种是直接运输方式,即产品不经过中转环节直接送到用户手中,如图3.4所示。图3.4(a)为直接运输方式,图3.4(b)为直接配送方式。直接运输方式适合那些批量大、距离远或大型产品,如大型机电设备以及大批量消耗的钢材、水泥等。但如果用户需求量不大,或在时间上很分散,而且又不是大型产品,这时就应该采取配送方式,图3.4(b)的箭头表示巡回送货。

图3.4 直达供货

产品从生产厂到达用户手中的另一种途径是中转供货,即产品要经过物流中心或配送中心后再运送到用户手中,如图3.5所示。

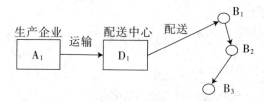

图3.5 中转供货

中转供货方式中产品的转移是由两次线路活动(实际中还可能有多次)来完成的,从生产厂到配送中心(如果是多次线路活动,则在生产厂与配送中心之间还要经过物流中心)由于运送的批量大,采用运输方式是合理的,而从配送中心到用户之间,一般运量小、批次多,则采用配送方式较为有利。

### 2. 配送与一般送货业务的区别

配送与一般送货业务的区别如表3-1所示。

表3-1 配送与一般送货业务的区别

| 项目 | 配送活动 | 送货活动 |
| --- | --- | --- |
| 目的 | 是社会化大生产、专业化分工的产物,是物流领域内物流专业化分工的反映,是提升企业竞争力的重要手段,是物流社会的必然趋势 | 只是企业的一种推销手段,通过送货上门服务达到提高销售的目的 |
| 内容 | 根据客户需求将所需物品经过分类、配组、分装、货物整理等工作 | 客户仅需要送货,没有分类、配送等理货工作 |

续表

| 项目 | 配送活动 | 送货活动 |
|---|---|---|
| 组织管理 | 是流通企业的专职，要求有现代化的装备作保证，要有完善的信息系统，有将分货、配货、送货等活动有机结合起来的配送中心 | 由生产企业承担，中转仓库的送货只是一项附带业务 |
| 基础设施 | 必须有完善的现代交通运输网络和管理水平作为基础，同时还要和订货系统紧密联系，必须依赖现代信息的作用，使配送系统得以建立起来 | 没有具体要求 |
| 时间要求 | 送货时间准确，计划性强 | 时间不一定准确，计划性相对差 |
| 工作效率 | 充分利用运力，考虑车辆的货物配载。重视运输路线优化，强调距离最短，并且一辆货车向多处地点运送 | 不考虑车辆配载，不科学制定运输规划，货车一次向一地运送 |
| 技术装备 | 全过程有现代化物流技术和装备的保证，在规模、水平、效率、速度、质量等各方面占优势 | 技术装备简单 |
| 行为性质 | 是面向特定用户的增值服务 | 是企业销售活动中的短期促销行为，是偶然性行为 |

## 3.6.3 配送在生产流通中的作用

**1. 配送是影响商品成本的重要因素**

首先，配送是物流活动的主要环节，其费用占总物流费用较大的比重，一般为10%左右，而物流费用又是商品成本的重要组成部分之一，因此配送费用是直接影响商品价值较为重要的因素；其次，配送还会影响其他物流环节和生产过程，从而间接地影响商品成本。如果配送或到货不及时，为了保证生产，必须增大库存量，否则会造成缺货而停产，但增大库存量和因缺货而停产都会导致商品成本上升。

就单个具体厂商而言，根据业务的类型、作业的地理区域，以及产品和重量/价值比率，物流开支一般为销售额的5%~35%，物流成本通常被认为是企业业务工作中的最高总成本之一，仅次于制造过程中的材料费用或批发零售商品的成本。很明显，物流对物品的生产和营销获得成功至关重要，但费用也是昂贵的。

**2. 准时制配送促进了生产方式的改革**

1) 配送与准时制生产

传统生产方式是建立在对市场需求预测的基础上，即通过需求预测制定生产计划和采购计划。在传统生产方式下，一个重要的观念就是用库存来保证需求，用库存来保证生产。因为市场需求是随机的,变化莫测,如果成产系统不能适应需求的变化,只能单纯依靠库存来保证需求就变得理所当然了。因此,生产系统要能适应需求的变化原材料、零部件的及时供应就显得至关重要。

准时制(Just In Time,JIT)是以订单为基础的一种生产方式。这种生产方式生产的品种多、批量小,其目的是减少浪费,特别是由于库存造成的浪费。实现准时制生产的重要条件之一是高效率、低成本的运输和配送。由于品种多、批量小、变化频繁,因此要求原材料、零部件的供应也应及时,而且必须是小批量、多批次的,又由于小批量、多批次运输成本高,必须做到合理组配和寻找集运机会。同时生产系统为了提高反应速度,适应需求的变化,还会将某些生产准备活动向外委托,即交由第三方物流企业承担,如原材料的初加工、零部件检测、包装物的拆除和回收等。这就要求配送功能更加完善,能够提供多功能的增值服务,使供应物流与生产物流的衔接紧密无缝。

案例 3-4

## 海尔的 JIT 配送

由于物流技术和计算机信息管理的支持,海尔物流通过 3 个 JIT,即 JIT 采购、JIT 配送和 JIT 分拨物流来实现同步流程。目前通过海尔的 BBP 采购平台,所有的供应商均在网上接收订单,并通过网上查询计划和库存,及时补货,实现 JIT 采购;货物入库后,物流部门可根据次日的生产计划并利用 EPR 信息系统进行配料,同样根据看板管理 4 小时送料到位,实现 JIT 配送;生产部门按照 B2B、B2C 订单的需求完成订单后,满足用户个性化需求的定制产品通过海尔全球配送网络达到用户手中。

2002 年,海尔在国内建立了 42 个配送中心,每天可将 500 000 多台定制产品配送到 1 550 个海尔专卖店和 9 000 多个营销点,实现分拨物流的 JIT。目前海尔在中心城市实现 8 小时配送到位,区域内 24 小时配送到位,全国 4 天内到位。

在企业外部,海尔 CRM 和 BBP 电子商务平台的应用架起了与全球用户资源网、全球供应链资源网沟通的桥梁,实现了与用户的零距离。在企业内部,计算机的自动控制的各种先进物流设备不但降低了人工成本、提高了劳动效率,还直接提升了物流过程的精细化水平,达到了质量零缺陷的目标。

(资料来源:http://wenku.baidu.com/link?url=w9S3FNN3PdtYbK1JejyDQ_O_gIruxJzMex6MkLcP40b4U7D5pGp68Ug2SqbS-rUUADh8BeXOQ8UHjmLdx37uEWvPS6HnK4KVw_7u0Q2z73W.)

2) 配送与敏捷制造

敏捷制造是指为了适应市场的变化和用户的不同要求而做出快速、灵敏和有效反应的一种生产方式。敏捷制造以全球通信网络为基础,采用虚拟企业的组织形式,将生产企业生产所需的零部件与代理商、用户紧密地联系在一起,及时了解市场需求的变化,进行新产品的开发、设计和制造、产品变化越快,对零部件的配送要求也就越高,也就是说,如果没有高效率的配送,敏捷制造将是一句空话。

3) 配送与精细生产

精细生产起源于日本丰田汽车公司,它是从企业的整体出发,合理地配置资源,科学地安排生产过程,保证质量,消除一切不能增加效用价值的活动。精细生产追求完美、零缺陷和零库存，即质量要尽可能提高，库存要尽可能少。在精细生产方式下，企业与用户的关系是"用户至上""用户第一"，与供应商的关系是合作伙伴，工厂按订单排出生产日程，并将生产日程表交给零部件生产企业组织生产和供应。精细生产方式要求原材料、零部件实行准时采购，使原材料、在制品和产成品的库存向零靠近。显然，为了满足精细生产的要求，与 JIT 方式一样，必须实行小批量、多批次且具有多功能服务的准时制配送。

3. 现代配送促进了零售业态的发展

现代商品零售业态主要有百货店、超级市场、大型综合超市、专业店、专卖店、便利店、仓储超市、连锁店等。这些零售业态的形成与发展，根本原因是生产制造业的发展和消费的不断变化共同作用的结果，中间环节的物流业发挥了重要的促进作用，特别是运输和配送。"个性化消费"是消费变化的主流，消费个性化推动商品生产朝着多品种、小批量生产方向发展，同时也促使商品流通必须不断更新服务方式，增加服务功能，从而形成了多种零售业态，满足了不同消费者个性化消费的需要。当今，零售业态发展最具代表性的是连锁店，包括连锁超市、连锁专业店、连锁方便店等。连锁店实际是某种零售业态的联合体，目的是追求规模效益。实现连锁的重要条件之一是商品的合理配送，只要做到商品的合理配送，不仅能按时、按质、按量地把商品送到零售点上，而且通过在配送中心的流通加工、分割、包装、贴标等作业更方便消费者购买，还能给消费者提供购买所需要的信息，更好地满足消费者的个性化需求，从而促进商品的销售。

# 本章小结

电子商务物流有六大基本功能：包装、装卸搬运、流通加工、运输、仓储和配送。本章分别介绍了各个功能的概念、分类、作用，以及合理化的原则。其中六大基本电子商务物流功能的概念、分类以及合理化原则尤为重要。

## 关键术语

包装(Packaging)　　　　　　　　　　装卸搬运(Handing)
流通加工(Distribution Processing)　　运输(Transport)
仓储(Warehousing)　　　　　　　　　配送(Distribution)

# 习 题

## 一、判断题
1. 包装是生产的终点。( )
2. 装卸搬运是指随物品运输和保管而附带发生的作业。( )
3. "加工"是改变物品的空间状态与时间状态,并不改变物品的形态或性质。( )
4. 仓储活动的性质是指仓储活动具有的生产性和非生产性两方面。( )
5. 配送是指在经济合理区域范围内,根据客户要求,对物品进行拣选、加工、包装、分割、组配等作业,并按时送达指定地点的物流活动。( )

## 二、选择题
1. ( )是包装最主要的作用。
   A. 方便流通    B. 保护产品    C. 利于营销    D. 便于使用
2. ( )的基本功能是改变物品的存放状态和空间位置。
   A. 运输    B. 仓储    C. 装卸搬运    D. 配送
3. ( )是"第三利润源"的主要源泉。
   A. 配送    B. 仓储    C. 流通加工    D. 运输
4. 利用公路、铁路的干线或大型船舶的固定航线进行的长距离、大数量的运输属于( )。
   A. 干线运输    B. 支线运输    C. 集装运输    D. 配送运输
5. 孤立地采用不同运输工具或同类运输工具而没有形成有机协作关系的运输属于( )。
   A. 一般运输    B. 独立运输    C. 联合运输    D. 直达运输

## 三、简答题
1. 电子商务物流的功能有哪些?
2. 什么是包装?它的操作技法有哪些?
3. 简述包装的现代化趋势。
4. 什么是装卸搬运?
5. 什么是流通加工?它有哪些方式?
6. 什么是运输?它的地位、分类和方式有哪些?
7. 什么是仓储?它有哪些基本功能?
8. 仓储在物流中有什么作用?
9. 什么是配送?
10. 简述配送、运输和送货的关系。
11. 简述配送在生产流通中的作用。

## 2015年运输行业基础设施发展状况

**1. 铁路**

2015年全国铁路营业里程达到12.1万千米，比上年末增长8.2%（见图3.6）。其中，高铁营业里程超过1.9万千米，西部地区营业里程4.8万千米，增长10.1%。路网密度126千米/万平方千米，比上年增加9.5千米/万平方千米。其中，复线里程6.4万千米，增长12.5%，复线率52.9%，比上年提高2.1个百分点；电气化里程7.4万千米，增长12.9%，电化率60.8%、比上年提高2.5个百分点。

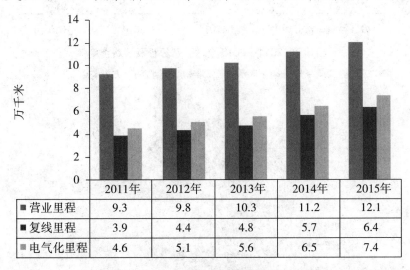

| | 2011年 | 2012年 | 2013年 | 2014年 | 2015年 |
|---|---|---|---|---|---|
| 营业里程 | 9.3 | 9.8 | 10.3 | 11.2 | 12.1 |
| 复线里程 | 3.9 | 4.4 | 4.8 | 5.7 | 6.4 |
| 电气化里程 | 4.6 | 5.1 | 5.6 | 6.5 | 7.4 |

图3.6　2011—2015年全国铁路营业里程

**2. 公路**

2015年全国公路总里程457.73万千米，比上年年末增加11.34万千米。公路密度47.68千米/百平方千米，提高1.18千米/百平方千米，如图3.7所示。公路养护里程446.56万千米，占公路总里程的97.6%。

2015年全国等级公路里程404.63万千米，比上年末增加14.55万千米。等级公路占公路总里程88.4%，提高1.0个百分点。其中，二级及以上公路里程57.49万千米，增加2.92万千米，占公路总里程的12.6%，提高0.3个百分点，如图3.8所示。

2015年全国高速公路里程12.35万千米，比上年年末增加1.16万千米，如图3.9所示。其中，国家高速公路7.96万千米，增加0.65万千米；全国高速公路车道里程54.84万千米，增加5.28万千米。

**3. 水路**

1）内河航道

2015年全国内河航道通航里程12.70万千米，比上年年末增加721千米。等级航道6.63万千米，占总里程52.2%，提高0.4个百分点。其中，三级及以上航道11 545千米，五级及以上航道3.01万千米，分别占总里程的9.1%和23.7%，分别提高0.5个和1.2个百分点。

各等级内河航道通航里程分别为：一级航道1 341千米，二级航道3 443千米，三级航道6 760千米，四级航道10 682千米，五级航道7 862千米，六级航道18 277千米，七级航道17 891千米，等外航道6.07万千米。

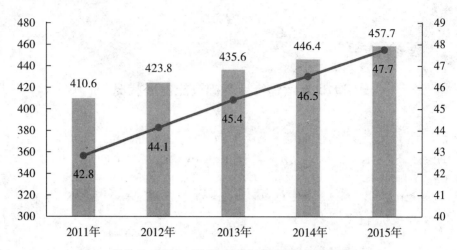

图 3.7　2011—2015 全国公路里程及公路密度

注：▇ 表示全国公路里程(万千米)；—●— 表示全国公路密度(千米/百平方千米)。

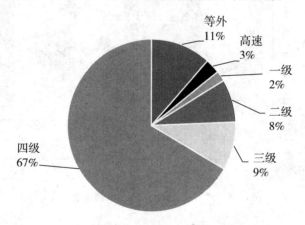

图 3.8　2015 年全国各等级公路里程构成

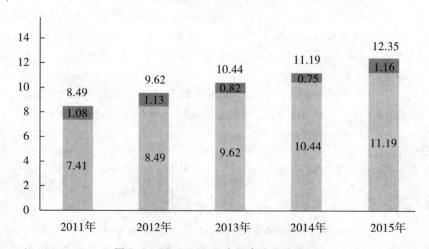

图 3.9　2011—2015 全国高速公路里程

注：▇ 表示上年年底高速公路里程(万千米)；▇ 表示当年高速公路新增里程(万千米)。

2）港口

2015 年全国港口拥有生产用码头泊位 31 259 个，比上年年末减少 446 个。其中，沿海港口生产用码头泊位 5 899 个，增加 65 个；内河港口生产用码头泊位 25 360 个，减少 511 个。

全国港口拥有万吨级及以上泊位 2 221 个，比上年年末增加 111 个。其中，沿海港口万吨级及以上泊位 1 807 个，增加 103 个；内河港口万吨级及以上泊位 414 个，增加 8 个，见表 3-2。

表 3-2　2015 年全国港口万吨级以上泊位(个)

| 泊位吨级 | 全国港口 | 比上年年末增加 | 沿海港口 | 比上年年末增加 | 内河港口 | 比上年年末增加 |
| --- | --- | --- | --- | --- | --- | --- |
| 1~3 万吨级（不含 3 万吨级） | 793 | 38 | 619 | 33 | 173 | 5 |
| 3~5 万吨级（不含 5 万吨级） | 369 | 4 | 266 | 5 | 103 | -1 |
| 5~10 万吨级（不含 10 万吨级） | 728 | 44 | 600 | 42 | 128 | 2 |
| 10 万吨级以上 | 331 | 25 | 322 | 23 | 10 | 2 |
| 合计 | 2 221 | 111 | 1 807 | 103 | 414 | 8 |

4. 民航

2015 年共有颁证民用航空机场 210 个，比上年年末增加 8 个，其中定期航班通航机场 206 个，定期航班通航城市 204 个。年旅客吞吐量达到 100 万人次以上的通航机场有 70 个，比上年增加 6 个，年旅客吞吐量达到 1 000 万人次以上的有 26 个，比上年增加 2 个。年货邮吞吐量达到 10 000 吨以上的有 51 个，比上年增加 1 个。

（资料来源：https://mp.weixin.qq.com/s?_biz=MjM5MjU3OTI0MA==&mid=2651176998&idx=2&sn=cb79fa13fc3c899dacf172f9fd7e88ff&scene=1&srcid=0520xNyVRuCbkS2d00hsmQbT&pass_ticket=DgBVaQDixyK7f9kwXkspAWhuijEzgNgWIAFX3hJAfCmwvtGjlKcOgNw%2BhNEYUPnm#rd.）

**思考：**

（1）中国运输行业方式有哪些？

（2）简述中国运输业的发展趋势。

# 第 4 章 电子商务与快递物流的作业流程

【学习目标】
(1) 了解电子商务与快递物流作业流程的概念、特征。
(2) 理解电子商务与快递物流作业流程的运作方式。
(3) 掌握订单处理、配送作业和退货处理的作业流程。

【学习重点】
(1) 电子商务与快递物流作业流程运作方式。
(2) 订单处理、配送作业和退货处理的作业流程。

【学习难点】
订单处理、配送作业和退货处理的作业流程。

# 第4章 电子商务与快递物流的作业流程

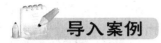导入案例

## 快递为何总"被爽约"——标示签收实际为何未收到

随着快递服务的细化,不少快递公司都开始提供快件进度查询的服务,有的甚至还会在手机微信、支付宝等软件上推送送件、取件提示,但从消费者反映的情况来看,这些推送的快递动态经常和实际进度不符,让消费者陷入尴尬。

"快件到达天津北辰集散中心""快件正在转运至南丰路服务点""快件正在派送",经常在网上购物的办公室白领高雯向记者展示着自己手机里收到的快递推送信息。她告诉记者,自己基本上每周都会有快递要签收,为此,她在手机的微信、支付宝等手机软件上都开通了顺丰、EMS、圆通等多家快递公司的服务窗口,方便接收快递的动态信息推送。

不过,高小姐也坦言,虽然手机上收到了"快递正在派送"的消息,但实际上快递小哥"爽约"没在当天送货的情况也经常发生。家住南开区的刘先生也表示有过多次类似遭遇,有时快件还没送来,手机上就收到了快件已被签收的信息。对此,不少经常使用快递的消费者表示,如果推送的信息总是与实际不符,会给消费者和快递员双方带来麻烦,也使这一功能沦为"鸡肋"。

据从事多年快递工作的陈师傅透露,快件在入库、转运、派送等每个环节都会进行扫码,扫码后的信息也会被上传到快递公司的网站上供消费者查询,有的还会直接被推送到消费者手机上。而那些和实际进度不符的信息,也都是因为扫码环节的错误。比如,派件员从仓库取货时对当天不派送的快件进行"派送扫码",个别快递员甚至会对还未成功签收的快件私自进行"签收"扫码。

(资料来源:http://www.syf77.com/Article/gzkdwhzbsy_1.html.)

为何会出现快递"被签"?电子商务的快递物流作业是怎样进行的?本章将介绍电子商务中的快递流程。

## 4.1 作业流程概述

电子商务的本质特征是生产者与消费者的关系是直接的,减少了中间环节,拉近了企业与用户之间的距离。电子商务利用互联网技术,将供应商、企业、用户以及其他商业伙伴连接到现有的信息技术上,达到信息共享,彻底改变了现有的业务作业方式及手续,实现充分利用资源、缩短商业环节及周期、提高效率、降低成本、提高服务水平的目的。

电子商务下整个供应链是由供应商、制造商、物流中心和顾客所组成的。供应商、制造商、物流中心和顾客通过Internet共享需求信息。供应商根据顾客的需求,生产所需要的原材料;原材料经过制造商的加工、包装等一系列作业后,将产品集中到物流中心,物流中心根据顾客的订单情况,将货物送到顾客手中,如图4.1所示。

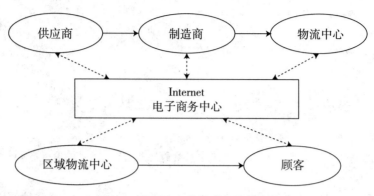

图 4.1　电子商务与快递物流供应链

注：- - ▶ 表示信息流；────▶ 表示物流。

与传统商务相比，供应链环节减少了，现实的零售店没有了，物流中心的作用变得越来越显著，物流中心既是制造商的仓库，又是顾客的实物供应仓库。如果上述流程再简化一下，就变成电子商务环境下生产企业与用户之间的物流运行流程，如图 4.2 所示。

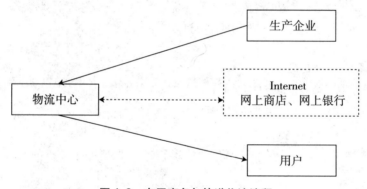

图 4.2　电子商务与快递物流流程

注：- - ▶ 表示信息流；────▶ 表示物流。

用户通过网上的虚拟商店购物，并在网上支付，信息流和资金流的运作过程很快就能完成，剩下的工作就只有实物的物流处理了，物流中心成了所有企业和供应商对用户的唯一供应者，可见，物流中心的作用越来越突出了。因此，在电子商务环境下，物流企业业务流程呈现出很多新的特点，具体归纳如下。

1. 基于信息技术的业务流程

信息技术的发展促进了电子商务的出现，信息技术是构成电子商务活动的基本设施。它促使企业的业务流程、信息系统和数据相互配合运行，并实现了高层次的集成，突出表现在以下两个方面。

（1）在信息技术与企业业务流程实现集成的同时，也对企业传统的业务流程提出了严峻的挑战，高度专业化的功能部门、等级层次等成为企业创新和先进生产方式的制约因素，而需要被改革和重新整合，企业组织内部的业务流程变得越来越精简、高效和灵活。

（2）信息技术使企业跨越了各自的组织边界，跨越了地域、空间的隔阂，企业组织以电子商务为纽带联系在一起，这促使业务流程进行跨组织的整合。

2. 企业之间的流程从松散到集成

在电子商务环境下，企业之间通过信息网络建立联系，然后在联系的基础上进行互动并开展商务活动，这时企业的业务流程和组织结构与原来相比没有发生太大的变化，流程是松散的。集成是企业之间业务流程互动的高级阶段，也是充分发挥电子商务优势的前提，它彻底改变了组织的管理模式以及运行方式。

集成按照对象的范围可以划分为三种。

（1）企业部分的集成，即企业内部一个或几个部门之间进行集成。

（2）企业整体的集成，就是把企业各个部门的业务流程集成起来，以整体的形象与外部组织进行业务活动以及共同应付来自某一部门的挑战。

（3）企业之间的集成，在电子商务活动中，许多业务流程已经突破了企业的边界，而将企业和其合作者集成在一起。

3. 流程结构从串行到并行

传统的业务流程以串行的方式细分为很多步骤，不同部门负责不同步骤，完成自己的工作之后便把结果交给下一部门。业务流程的每一个环节相对独立地进行。这种以职能和任务分工的方式使得企业流程不存在整体的概念，常常导致整个流程不通畅。电子商务活动中，业务流程更多地体现出并行特点。这是企业应对快速变化的市场需求的必然要求，同时电子商务的信息技术为业务流程的并行化提供了技术上的可能。业务流程的并行化体现在两个方面，即企业内部业务流程并行化和企业之间业务流程并行化。企业内部业务流程并行化，是以服务任务为对象，打破职能部门之间的界限。企业之间业务流程并行化，是指两个或多个企业为同一任务并行运行。

4. 流程控制方式从制度到信任

在传统的企业运行过程中，可以通过一系列的规章制度加以约束，以保证流程的正常运转。然而在电子商务活动中，对于发生在不同企业之间的业务流程，需要大量的信息交流和共享，相互信任成为交易的根本保证。

## 4.2　作业流程的内容

快件的处理从收寄环节开始，通过业务揽收人员揽收或营业柜台收寄（对于签约客户，采用批量录入的方法，可以有效地减少工作量），及时录入收寄信息，保存到数据库中。

收寄快件后，通过运输部门运输，将快件集中到快递公司的快件处理中心进行处理，快件的交接都必须使用条形码进行扫描入机处理，这样数据库可以记录下快件当前所处的位置，根据位置的不同可以确定快件的流动情况。在接收快件后，快递公司的工作人员将根据快件的寄达地等情况对快件进行分拣处理，并将分拣后的快件信息通过条形码录入数据库中进行封发处理，生成封发总包。此时数据库中即可得到快件的封发路由资料。快件的信息流将先于实物流到达投递公司。客户同样可以通过查询得到快递所处的位置。

在实物快件到达投递公司后，工作人员接收快件，通过扫描条形码对快件进行确认及分区投递处理，将快件的分区信息录入数据库中，并交投递员外出投递。投递人员投递回班后，根据条形码编号录入快件的投递情况信息，此时客户可通过查询知道快件的投递情况。

根据业务的具体流程，参与业务的人员主要有以下几种。

(1) 客户：包括收件客户和寄件客户，根据付款方式的不同也分为现金客户和月结客户。客户可通过电话或网站下订单，查询订单状态，查询快件的状态。月结客户需要每月结算一次款项。

(2) 接单员：接听客户下订单的电话，发短信给收件员；确认网上订单，发短信通知收件员。

(3) 收派员：分为收件员和派件员。收件员接收短信后到客户处收件，扫描和上传收件运单的条形码。派件员派件时扫描和上传派件运单的条形码。

(4) 录单员：将收件运单和派件运单的详细资料录入系统中，并扫描运单的图像。

(5) 仓库管理员、中转操作员：仓库管理员在营业部负责与收派员的货物交接，以及与中转车辆的货物交接工作。中转操作员负责中转货物的分拣，与上一级中转场或营业部中转车辆的货物交接。

在电子商务物流业务流程运行过程中，所涉及的核心业务主要有订单处理、运输、配送以及可能发生的退货流程如图4.3所示。

## 4.2.1　订单处理流程

订单处理在配送中心的业务运作中占有十分重要的地位，它既是配送业务的核心，又是配送服务质量得以保障的根本条件。

随着科学技术的进步和信息传输手段的提高，订单传输的方式也更加先进，采用电子化、网络化方法进行传递，以及条码技术、射频技术、电子数据交换系统的使用，可及时将订货信息传输给配送中心。

配送中心接到客户的订单后，要对订单进行处理，按作业计划分配策略，分组释放。订单处理程序如图4.4所示。

(1) 检查订单。检查客户的订单是否真实有效，即确认收到的订货信息是否准确。

(2) 顾客信誉审查。由信用部门审查，确认顾客的信誉。

(3) 将顾客的订单集合、汇总，并按一定的分类标志进行分拣。

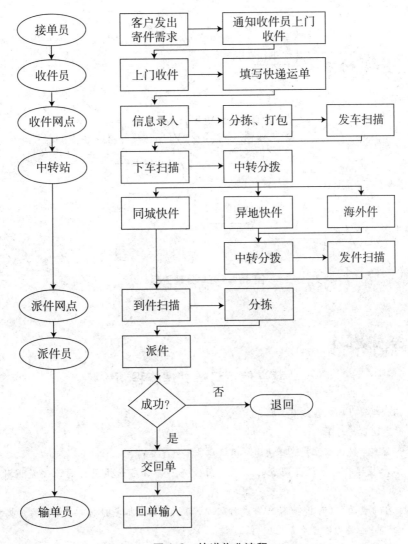

图 4.3 快递作业流程

(4) 打印订单分拣清单。列明拣出商品的项目，并将清单的一联票据交库存管理部门。

(5) 库存管理部门确定供应订货的仓库，并向仓库发出出货指示。

(6) 仓库接到相关出库通知后，按分拣要求拣货、包装、贴标签，将商品交给运输部门。

(7) 财会部门记录有关的账务。市场销售部门将销售记入有关销售人员的账户；库存管理部门调整库存记录，当库存不足时，可通过安排新的生产或向供应商发出采购订单，补充库存。

(8) 配送中心向顾客传递发货单。

(9) 运输部门组配装车，安排货物运输，将货物送至收货地点，同时完成送货确认。

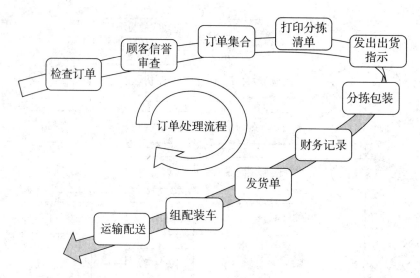

图4.4 订单处理流程

## 菜鸟储运订单处理流程

接单：菜鸟系统自动抓取在线交易订单。

审单：客户在线审核订单。

快递选择：菜鸟系统根据客户选择快递公司策略选择快递公司。

查超区：根据快递公司各运营网点的派送范围检查是否有超出快递公司派送范围的订单（简称查超区）。

打单：①打印快递面单（可根据客户要求打印内容）；②打印批量分拣单（主要用于播种式分拣策略）；③打印分拣单（也称为销售单等）。

分拣：分拣员根据订单分拣产品。

装箱：装箱员将分拣后的产品放入系统匹配的包装箱内。

复核与称重：复核人员检验装箱产品是否正确并称重（简称复合扫描）。

封箱：包装员将复核后的订单二次包装，按订单要求添加填充物并封箱、贴快递面单。

出库：将包装好快件交接给快递送件员。

拦截订单：根据客户需求设置策略，在不同情况下拦截未出仓订单和已经出仓的订单（快递件）。

（资料来源：http://www.cainiaocc.com/ddcl/.）

## 4.2.2 运输作业流程

运输作业作为电子商务物流过程中的核心业务之一，为商品创造了空间效用，使物品潜在的使用价值成为可以满足社会消费需要的现实的使用价值。运输作业流程如图4.5所示。

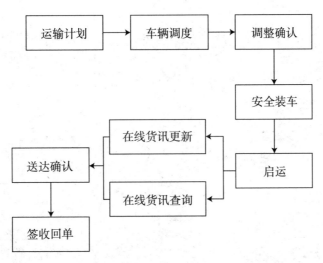

图 4.5 运输作业流程

运输业务是实现物流过程最重要的环节，主要包括运输准备、运输途中和运输到达三个过程。

（1）运输准备。运输准备工作包括制订运输计划、车辆调度、调整确认和安全装车等内容。其中，运输计划的制订需同配送业务流程和订单处理流程紧密衔接，统筹考虑安排。

（2）运输途中。运输过程是实现货物流动的关键内容，启运后，要在输送途中进行货物的实时追踪和相关信息的及时在线更新，以便于对运输业务进行监督。

（3）运输到达。运输到达包括货物送达确认和签收回单两个过程，也是运输业务的最终环节。

## 4.2.3 配送作业流程

配送作业是物流配送的核心环节。配送部门由业务管理部门进行统一配送调度，并根据客户的具体要求，打印相应的送货单，在运输途中通过 GIS 信息查询系统、GPS 车辆定位系统进行实时监控，及时沟通和反馈配送信息，并在货物到达目的地，经客户确认签字无误后，凭回单向业务管理部门确认。配送作业流程如图 4.6 所示。

配送作业流程主要由备货、理货和送货三个基本环节构成，其中每个环节又包括若干具体活动内容。

（1）备货。备货是指准备货物的系列活动，它是配送的基础环节，包括货物从配送中心进入货物分类过程、标识认证、再包装及存储过程。

（2）理货。理货是配送作业的一项重要内容，也是配送区别于一般送货的重要标志。理货包括货物分拣、配货、分货和装配等内容。

（3）送货。送货是指产品或服务如何送达顾客，具体包括速度、准确性和友好送货等内容。

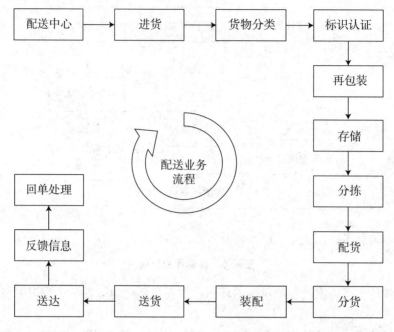

图4.6 配送作业流程

一个好的配送方案应该考虑以下内容：库存的可供性、反应速度、送货频率、送货的可靠性等。电子商务企业的成功运作，关键不仅在于有完善的配送网络，还在于在完成配送服务的同时，保证配送系统高效、低成本地运作。配送是一项专业性很强的工作，必须聘请专业人员对系统的配送细节进行精心设计。在这方面，可以借鉴国外一些配送中心的做法，即配送中心按照配送合理化的要求，在全面计划的基础上制定科学的、距离较短的货运路线，选择经济、迅速、安全的运输方式和适宜的运输工具。物流配送中心在安排每次出车时，按照物流线性规划和相关的运筹模型，尽量满足配载的要求。

高效的配送需要在配送调度和配送运输、交货等具体操作方面进行整合优化。为此，可借鉴国外的先进经验，并根据现阶段我国的物流配送条件，对单纯配送流程进行改进。其优化方案的具体内容包括：制定运输工具的统一标准，加强物流基础设施配套建设，提高现代物流的专业化水平；设计合理的统筹规划路线模型系统。制单员在每次制单时，运用配送路线模型确定路线，不必考虑运输工具的差异性，只需在配送路线模型中输进几个需要配送的地点，以及每个点需要配送货物的数量，模型就会自动选出几条可供选择的路线，让调度人员根据所在区域的交通情况灵活选择，确定配送点的合理配送路线，从而做到尽可能不安排配送跨度很大的车次。到达目的地后，配送员根据送货单上客户的详细地址和联系电话，就可以很容易地联系到客户。路线的合理安排，可以大大缩短配送员耗费在途中的配送时间，提高工作效率。

## 4.2.4 退货处理流程

退货处理是售后服务中的一项任务,应该尽可能地避免。因为退货或换货,会大幅度的增加成本,减少利润。电子商务与快递物流的快速发展,加快了商品的流通,退货行为的发生也普遍起来。

除了对瑕疵品、损坏品七天无理由退换外,不同电商企业的退货流程也存在很大的区别。根据退货原因不同,无理由退换的期限也有不同,如由于产品本身存在问题,签收15日以上(保质期内)仍可无条件退换;由于错买、多买或搬运中产品损坏,则应在15日内退还;特殊性质商品(如贴身衣物等),则不能退换。

在退货过程中,首先顾客与客服联系,讨论退换货事宜;再提交退货申请,定位自己退货原因;等待店家(或电商平台)处理申请,一般由店家(或电商平台)于10日内完成;最后完成退换货及退款赔偿。

根据顾客与卖家协调退换货处理方式,主要有以下几种情况。

(1) 无条件重新发货。因为发货人按订单发货发生错误,则应由发货人重新调整发货方案,将错发货物调回,重新按原正确订单发货,中间发生的所有费用应由发货人承担。

(2) 运输单位赔偿。对于因为运输途中产品受到损坏而发生退货的,根据退货情况,确定所需的修理费用和赔偿金额,由运输单位负责赔偿。

(3) 收取费用,重新发货。对于因为客户订货有误而发生退货的,退货所有费用由客户承担,退货后,再根据客户新的订货单重新发货。

(4) 重新发货或替代。对于因为产品有缺陷,客户要求退货,配送中心接到退货指示后,应安排车辆收回退货商品,将商品集中到仓库退货处理区进行处理。生产厂家及其销售部门应立即采取步骤,用没有缺陷的同一种产品或替代品重新发货。

### 案例 4-2

### 德国爱马仕全自动化物流退货系统

【拓展视频】

爱玛仕配送公司(Hermes Fulfilment)是德国多渠道零售商OTTO集团的成员之一,总部位于德国汉堡,面向集团内外的客户开展物流服务是其核心业务。Hermes Fulfilment 共有 5 000 名员工,在德国境内有4个物流中心,此外还与位于欧洲其他地方的物流配送网络建立了直接联系。其位于哈尔登斯莱本的物流中心是欧洲现代化的配送中心之一,每天的高峰时段可以处理多达25万个订单。

退货管理,这个对于其他物流公司最麻烦的作业正是 Hermes Fulfilment 的核心竞争力。哈尔登斯莱本物流中心以 Knapp 的 OSR 穿梭技术为核心建设了高效率的退货处理系统,以同样的面积,大大提高了退货处理能力。

1. Hermes Fulfilment 退货管理项目

Hermes Fulfillment 负责全权处理用户的退货,包括退货收货、退货整理和重新包装并发货。

原有退货系统：全部退货经过检验合格后由人工存储在分拣库房里，收到新订单后再采用拣货小车进行拣选。

升级后退货系统：为了进一步优化退货管理，Hermes Fulfilment 决定采用 Knapp 的 OSR 穿梭技术对哈尔登斯莱本物流中心的退货操作进行自动化管理。同时由于分拣库房内既有新货也有退货，所以用于重新销售的退货必须与新货进行同步处理，两个系统之间必须实现自动衔接。

2. Hermes Fulfilment 自动化退货系统

Hermes Fulfilment 退货自动处理系统的核心是 Knapp 的 OSR 穿梭系统。该系统有 17.6 万个存储货位，分布在 30 个货架阵列内，存储量高达 100 万件商品，每小时可以将混装了多个品规商品的 2 000 个退货周转箱从收货处直接送入存储货位。OSR 系统设计了两层共 30 个分拣工位，在分拣的高峰时段每小时可以处理 15 000 个订单行。退货自动处理系统设计理念的创新，主要体现在高度灵活的 OSR 穿梭技术还有基于 KiDesign 原则的分拣工位设计。

1）高度灵活的 OSR 穿梭技术

Knapp 的 OSR 穿梭技术是一个半自动化订单分拣系统，采用货到人的设计原则，利用货架存储周转箱，每层货架之间都有穿梭小车进行货物的存取，并通过垂直升降系统将货物送到操作工位，进行人工拣选。

优点：①单一技术，系统稳定性、可维护性高；②模块化设计，省略了传统设计方案的大量输送线，节省了空间；③货位数量、工位数量、存储空间等可以根据业务需要进行灵活调整。

应用：适合商品种类繁多、存储密度大、订单数量大、单个订单批量小的业务。

2）基于 KiDesign 原则的分拣工位设计

KiDesign 是 Knapp 基于人体工程学原理打造的多功能智能货到人解决方案，所有的货到人工位和服装拣货平台都是根据服装拣货特点进行定制的，因此退货处理效率大大提高。

优点：退货处理系统采用符合人体工程学设计的分拣工位，符合 Hermes Fulfilment 的批量订单结构特征。

3. Hermes Fulfilment 退货流程

Hermes Fulfilment 退货处理流程主要包括 4 个环节。

1）退货的收货

（1）退货的整理（包含从纸箱中取出、验货、重新包装）。

（2）退货混装在周转箱中送达库房。

（3）退货周转箱被拆垛系统自动拆开后放入输送线。

（4）经过系统自动复核，周转箱被存入 OSR 系统中。

2）混装货物的存储

退货周转箱按照 Knapp 的随机优化存储管理原则被自动放入合适的存储货位。Hermes Fulfilment 的退货处理系统可以配合订单需求进行快速分拣和发货，提高了退货收货和发货之间的处理效率。所以，大部分退货只在仓储系统中停留几个小时。

3）订单处理

（1）时效性：Hermes Fulfilment 所有订单最迟发货时间不会超过 3 天。

（2）发货方式：可以根据订单的缓急程度针对经采用更加经济的发货方式。

（3）分拣灵活性：OSR 穿梭系统有多条货架巷道，每条巷道都有多达 5 880 个货位，充足的货位为分拣提供了很大的灵活性。

（4）退货进行的分拣与新货的分拣同步进行，缓冲了订单结构变化带来的作业冲击。

4）拣货

（1）拣货位设计：退货处理系统采用符合人体工程学设计的分拣工位，每个工位包括两层，上面一层停放 2 个存货周转箱，下面一层停放 5 个发货周转箱，值得注意的是其中一个货位可以灵活定义到适合工人的位置，可以使操作工人方便地拣货。

（2）拣货信息确认：拣货人员可以通过中央触摸屏接收拣货信息，也可以要求系统显示商品照片，以便对照确认应该拣取的货物。同时也可以通过扫描进行确认，并可以对商品重新贴标签以利于下一步的处理。

（3）系统允许从混装的周转箱内拣货。通过采用混装周转箱拣货，提高了存储密度和拣货效率。

（4）特殊的分拣操作如抽检、清除过期存货等，都可以整合到 OSR 系统的操作之中。

（资料来源：http://www.soo56.com/news/20140912/71511m2_0.html.）

# 本章小结

电子商务的本质特征是生产者与消费者的关系是直接的，减少中间环节，拉近企业与用户之间的距离。在电子商务环境下，物流企业业务流程呈现出很多新的特点，基于信息技术的业务流程、企业之间的流程从松散到集成、流程结构从串行到并行和流程控制方式从制度到信任。

在电子商务物流业务流程运行过程中，所涉及的核心业务主要有订单处理、运输、配送以及可能发生的退货流程。订单处理是配送业务的核心，又是配送服务质量得以保障的根本条件。运输作业为商品创造了空间效用，使物品潜在的使用价值成为可以满足社会消费需要的现实的使用价值。配送作业是物流配送的核心环节，配送部门由业务管理部门进行统一配送调度。退货处理是售后服务中的一项任务，应该尽可能地避免。

## 关键术语

电子商务（E-commerce）　　　　　　　　物流（Logistics）
作业流程（Operation Process）

# 习　题

一、判断题

1. 电子商务的本质特征是生产者与消费者的关系是直接的，减少了中间环节，拉近了企业与用户之间的距离。（　　）
2. 电子商务下整个供应链是由生产商、制造商、物流中心和顾客所组成的。（　　）
3. 在电子商务物流业务流程运行过程中，所涉及的核心业务主要有订单处理、运输、配送以及可能发生的退货流程。（　　）
4. 送货是指产品或服务如何送达顾客，具体包括速度、准确性和友好送货等内容。（　　）

5. 订单处理是配送业务的核心,又是配送服务质量得以保障的根本条件。（   ）

二、选择题

1. 下列不属于电子商务下整个供应链组成的是(   )。
   A. 生产商　　　　　B. 制造商　　　　　C. 物流中心　　　　D. 顾客
2. 在电子商务环境下,物流企业业务流程呈现出很多新的特点。下列不属于这些新特点的是(   )。
   A. 基于信息技术　　　　　　　　　　B. 松散到集成
   C. 流程结构从串行到并行　　　　　　D. 流程控制方式从制度到信任
3. 在电子商务物流业务流程运行过程中,不属于核心业务的是(   )。
   A. 生产　　　　　　B. 订单处理　　　　C. 运输　　　　　　D. 配送
4. 运输业务是实现物流过程最重要的环节,共有(   )个过程。
   A. 1　　　　　　　　B. 2　　　　　　　　C. 3　　　　　　　　D. 4
5. 配送作业流程主要由(   )个基本环节构成。
   A. 1　　　　　　　　B. 2　　　　　　　　C. 3　　　　　　　　D. 4

三、简答题

1. 电子商务的本质是什么?
2. 简述物流企业业务流程的特点。
3. 简述电子商务与快递作业流程的组成。
4. 简述订单处理的流程。
5. 简述运输业务的过程。
6. 简述配送作业流程的过程。
7. 简述退货处理流程。

## 案例分析

## 六大角度全面解读英国最大的 B2C 零售商 Ocado 及其物流布局

　　Ocado(奥凯多),英国最大的 B2C 零售商,世界上最大的网上食品零售商,于 2002 年 1 月正式商业运营,除了售卖生鲜外,也卖其他食品、玩具和医药产品等。总部位于英国赫特福德郡的哈特菲尔德,2010 年 7 月 21 日在伦敦证券交易所上市。2010 年 Ocado 公司在线销售额实现 8.9 亿美元,为欧美食品、药物类在线销售额的第二名,2013 年在线销售达到 7.32 亿英镑(即 12.3 亿美元)。Ocado 公司在过去 10 年都未能实现盈利,但其市值高达 11.8 亿英镑,目前公司有超过 5 000 名员工。

　　1. Ocado 电商的运营模式

　　Ocado 是独一无二的完全独立的网络食品杂货店,专注于将高端食品、饮料和家庭用品配送至顾客家中。

　　(1) B2C 模式:线上平台(ocado.com) + 移动端购物。

　　(2) O2O 模式。

　　①"虚拟橱窗"购物,智能手机二维码扫码完成下单。

　　②与线下超市合作,与占据了英国中高端超市市场的 Waitrose 超市合作,Ocado 为其提供在线服务,使 Waitrose 的网上杂货销售增加了 54%。

　　2. Ocado 的品类

　　Ocado 打造独一无二的完全独立的网络食品杂货店,专注于将高端食品、生鲜、饮料和家庭用品,具体包括：①生鲜等自有品牌食品；②鲜花、玩具、食品杂货、杂志等其他品牌的产品；③第三方平台商品，如家乐福的产品。

目前Ocado仓库能支持21 500个品项存储，其中超过250个品项是Ocado的自有品牌。

3. Ocado营销模式

（1）街道人流集中地方设置虚拟橱窗。

（2）安装42英寸的触摸屏带动顾客购物体验。

（3）线下社区试吃体验活动。

4. Ocado供应链模式

Ocado的供应链模式为扁平化供应链，供应商直接供应到运营中心（CentralFulfilment Centre，CFC）占85%，然后直接根据订单配送到客户家里。Ocado的供应链模式和传统模式的对比如图4.7所示。

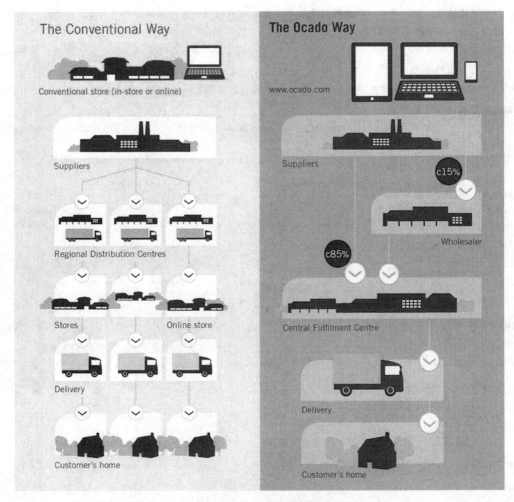

图4.7 Ocado的供应链模式和传统模式的对比

5. Ocado物流服务和技术

（1）物流中心方面：2010年Ocado在英国哈特菲尔德建立了295 000平方英尺的运营中心，Ocado物流中心选建在高速公路便捷的中转站，选择在Prologis的物流园区。所有的客户订单都在CFC中处理后出库。Ocado于2011年提升仓库能力，满足112 000单/周的峰值，同时对CFC2进行选址。

（2）配送方面：通过先进的物流技术，Ocado 的订单正确率达到 99%，配送使用的是其自有定制的冷藏型奔驰卡车，能在次日送达客户的订单占 95%，其中 95% 的订单能准时甚至提前完成，到 2011 年时 Ocado 的配送服务覆盖到 70% 的英国家庭。

（3）物流技术方面：物流中心作业选择标准化的盛具，流水线作业。

6. Ocado 的创新

（1）前瞻性的思维，推出 Future 未来冰箱设计。Ocado 具有前瞻性的创新思维，认为未来的冰箱是可能演变成真正智能冰箱，能够提供预测、全自动购物信息（购买需求的把握），并能够打通与 Ocado 网站的大数据信息。也就是未来的冰箱将能够扫描冰箱货架储存的食物信息，并能够让 Ocado 实现精准的营销。

（2）Ocado 能够实现单元化装载，精准温控的物流服务。这是 Ocado 非常自豪物流服务，他的车辆按照单独的箱体存放，能够格局不同生鲜食品的要求，放在不同的箱体，根据客户要求会以某个特定的温度送达顾客，他们可是说到做到。

（3）Ocado 物流中心的 AutoStore "机器人" 服务。为实现高效的自动化作业，Ocado 启动自动存储解决方案，由 AutoStore 提供将包括 31 个机器人，这是一个空间优化高效的数据仓库解决方案。

（4）Ocado 的配送，全部选择奔驰车。不管是干线运输还是末端配送 Ocado 都是选择奔驰车进行，末端配送的车辆内部设置货架，有效的利用配载空间。

（资料来源：http://www.56products.com/Technology/2015-9-22/I4HHKKD205DIEAA4830.html.）

**思考：**

（1）Ocado 成功的原因有哪些？

（2）Ocado 的成功对中国的电商企业有什么借鉴之处？

# 应用篇

# 第5章 电子商务运营与网站建设推广

【学习目标】
(1) 了解电子商务运营的概念、内容和模式。
(2) 掌握电子商务网站的建设和规划过程。
(3) 理解电子商务网站运营的管理内容和推广的方式。

【学习重点】
(1) 电子商务运营模式。
(2) 电子商务网站建设规划。
(3) 电子商务网站运营的推广。

【学习难点】
(1) 电子商务网站建设规划。
(2) 电子商务网站运营推广。

## 导入案例

### 2014年度中国十大"失败电商"盘点

2014年,移动互联网、O2O兴起,电商行业竞争激烈,进入到高速发展时期。电商转型求生、悄然倒闭、被收购重生的戏码不断上演。以下为电商行业十大失败案例。

1. 乐蜂网:"达人效应"转化率低,难逃运转风险

被收购时间:2014年2月。

发展概述:乐蜂成立于2008年,由知名电视人李静创办,是一家明星达人运营、静佳自有品牌及美妆垂直电商为一体的平台。其母公司东方风行分别获得红杉资本A轮投资、中金和宽带基金B轮4000万美金投资。

自2012年起,每年2月底至3月底,乐蜂网都会举办为期一个月的全网"桃花节",并逐渐成为化妆品垂直电商中一年一度最大规模的商业活动。

2014年2月,乐蜂网以1.125亿美元出售75%的股份,"卖身"唯品会。

2. 麦考林:"三位一体"牵制定位不清转型艰难

被收购时间:2014年2月。

发展概述:1999年麦网正式上线,麦考林开始涉足电子商务领域。2008年2月,红杉资本斥资8000万美元收购部分麦考林股份,这是红杉在国内最大的单笔投资。

2010年10月,麦考林赴美上市,成为"中国B2C第一股",上市初期股价疯涨到18美元,被称为仙股。但2012—2013年两年间,麦考林连续巨亏、濒临退市风险。

2014年2月,商圈网以约3900万美元收购麦考林约2.9亿股普通股,占股63.7%。

据了解,麦考林的业务包括门店、电子商务和DM三部分,而这样多元化的业务发展被指拖累麦考林业绩。尽管近年来麦考林试图通过关闭线下门店、打造线上开放平台等方式进行止损,但在激烈的电商竞争中麦考林仍然销售惨淡。

3. 俏物悄语:"洋"模式简单复制遭遇"水土不服"

倒闭时间:2014年3月。

发展概述:2008年,国内限时抢购模式兴起,俏物悄语平台应运而生,提供各品牌网络特卖会。

2011年6月,俏物悄语获得经纬创投及今日资本4300万美元投资,一度"风光无限"。

2012年,有媒体曾曝出俏物悄语在资金链上出现困难,并有大幅裁员的现象,但俏物悄语官方发出声明否认该说法。

2014年3月25日,俏物悄语于24日晚宣布破产清算,CEO蓝石失踪数月,拖欠上百名员工数月工资。8月9日,蓝石首度回应破产原因是仓库遭"内贼"私吞变卖12万件货物,致使公司资金无法周转。

4. 饭统网:重运营模式错失转型时机遭行业淘汰

倒闭时间:2014年4月。

发展概述:2003年12月,饭统网上线,成为中国第一家免费提供餐厅预订服务、免费提供餐饮优惠折扣服务的在线餐饮综合服务企业。

2008年6月,饭统网全资收购广州"天下饭庄"网站,市场扩张;2008年7月,饭统网获得四家海外风险投资企业近3000万元人民币风投;2014年4月23日,饭统网倒闭,CEO臧力失联,大部分员工11个月的工资被拖欠。

5. 腾讯电商：简单粗暴运营难止平台巨损

被收购时间：2014年5月。

发展概述：2005年9月，腾讯电商成立C2C拍拍网成立并对外试运营。2011年12月，腾讯电商成立QQ网购，并于2012年3月份面向全国推广。

2011—2013年9月，腾讯电商不断亏损，其中，2011年QQ网购和拍拍网亏损16 200万元，2012年亏损2 000万元，2013年9个月亏损7 100万元。

2014年3月，QQ网购、拍拍网被京东100%收购，易迅网少数股权被京东收购。5月，腾讯宣布实物电商业务并入京东，O2O业务并入微信事业群，虚拟业务并入企业发展事业群，电影票业务并入社交网络事业群，客服团队并入技术工程事业群，腾讯电商走向尽头。

2014年7月，京东重塑拍拍，更名"京东拍拍"。同年9月，QQ网购更名"京东网购"。

6. 尊享网：货源、流量瓶颈难突破导致"大溃败"

倒闭时间：2014年5月。

发展概述：2010年，尊享网成立，并于2011年8月正式上线，提供奢侈品、时尚潮服、美容护肤等产品，服务高端用户。

上线一个月后，尊享网获得软银赛富千万美金投资，成为史上最快拿到软银投资的商户。上线4个月，创下了销售记录，完成了部分同类网站一年的销售额。

2014年5月底，CEO任柯霏发表微博声明："总经理以及股东身份已全部转出，尊享网也换管理层运营，之后的一切运营状况，本人概不知悉。"随后，尊享网已无法打开。

7. 天品网：定位不清、资金不足难耐同行打击

被收购时间：2014年6月。

发展概述：2012年8月，天品网上线，核心团队主要来自淘宝、盛大、凡客等，定位品牌特卖，并获得蓝驰创投和软银中国千万美元投资。

天品网上线后曾遭到唯品会的封杀，供应商被告知不可向天品网供货。唯品会的激烈反应给天品网增加了更多关注的目光，但业内也担心它是否能捱得过上市大佬的打击。

2014年6月，天品网被美丽说并购，并贴出公告，不再提供原有的品牌特卖服务。随后，天品网关闭。

8. 高街网：媒体思维经营模式难成"高阶电商"

倒闭时间：2014年6月。

发展概述：2011年9月16日高街网上线，定位时尚名品限时特卖，以穿搭指导吸引成熟白领女性用户，打破了电商"血拼"价格的陈规。

上线伊始，已有多家知名VC与其洽谈A轮融资事宜。高街网曾以大手笔收购gaojie.com域名，交易价达6位数。

2014年6月20日，高街网宣布关闭网站，最后"黯然离场"。

9. 梦芭莎：域名复杂不接地气难免运营之困

被收购时间：2014年8月。

发展概述：2006年12月，梦芭莎成立，定位于内衣垂直网站，随后迅速扩张女装、箱包、鞋子等领域。

2007—2013年，梦芭莎共获得四轮国际风险资本投资，融资总金额达"八九千万美金"。

2014年8月，梦芭莎以2 000万美元低价被美国衣路集团收购，团队裁员至200人。

10. 拉手网："赔本赚吆喝"追求规模难长足发展

被收购时间：2014年10月。

发展概述：2010年3月，拉手网成立，同年4月获得天使投资泰山创投的注资，6月获得金沙江创投等投资机构的500万美元A轮股权融资和500万美元的财务借款。2011年4月，拉手网完成第三轮1.11亿美元融资。

2011年10月29日，拉手网赴美启动IPO，估值高达11亿美元。

2014年8月，拉手网再次获投。2014年10月，三胞集团正式入主拉手网。

（资料来源：http://news.paidai.com/15414.）

随着互联网时代的到来，越来越多的企业涉足电商，那么电子商务如何运营？以上这些企业为何失败？本章将介绍电子商务运营模式及网站建设规划。

【拓展知识】

# 5.1 电子商务运营概述

## 5.1.1 电子商务运营的概念

电子商务运营（Electronic Commerce Operation，ECO）最初定义为电子商务平台（企业网站、论坛、博客、微博、商铺、网络直销店等）建设，各搜索产品优化推广，电子商务平台维护重建、扩展以及网络产品研发及盈利。最开始的电子商务其实并不发生在网站上，而是发生在新闻组以及电子邮件，但是当前电子商务的主战场已经转到网站上。于是，网站的推广成为网络营销最主要的内容，网络营销就是研究怎样在网上卖得出去东西。电子邮件营销是互联网出现最早的商业活动，电子商务营销是网上营销的一种，是借助于互联网完成一系列营销环节，达到营销目标的过程。利用产品包装和灵活的价格策略来诱导用户消费。

现在所谓的电子商务运营就是搭建电子商务平台，设计完备的电子商务解决方案将产品优化，再通过电子商务平台将其推广出去，同时建立服务团队支撑整个电子商务平台的运作，其内容主要包括电子商务平台建设和维护，以及品牌策略、视觉营销、品牌塑造及推广方案。电子商务运营也是随着电子商务的发展逐渐产生的，属于一种全新的网络营销方式。

相比于企业运营，电子商务运营与其有很多相似之处，例如在运营方案制定之前，需要对市场进行一定的调查研究，为产品或者品牌定位，在通过数据的分析确定运营方案，最后就是执行及跟进了。同时，电子商务运营和企业运营还存在差异的地方，两者运营的对象有不同，企业的运营更像是整个企业的运作，电子商务运营对象则是通过搭建的电子商务平台进行宣传推广的产品。

## 5.1.2 电子商务运营注意事项

**1. 产品**

产品是公司盈利的主要方式。一款被消费者认可的产品,往往会给占据较大的市场份额,获取高额的利润。公司负责人以自我为导向确定产品是否符合市场是不可取的。最终付款的是消费者,决定要不要买产品的人也是消费者,所以一款产品一定要满足消费者需求,获得消费者的青睐。

**2. 网络广告**

网络广告是花钱营销、花钱找用户,所以必须要合适的广告才能吸引消费者。企业的网上商城的营销人员专门研究网络广告和各大广告平台,制定各类高流量、高转化率广告的营销方案和策略,加之用户实际反馈情况,创造出属于自己产品的优质广告。

**3. CPS**

CPS(Cost Per Sales)的含义:以实际销售产品量来换算广告费用,也可以理解为按照实际成交额计算佣金给推广者。

使用 CPS 模式最多的便是凡客诚品,其他很多企业花费大量资金在搜索引擎竞价排名、门户网站广告和其他网站推广方法上。广告费用的消耗速度取决于投放力度,一旦出现更大的推广团队、拥有更丰厚的资金基础,那么就很危险。所以,在网上商城推广初期不要过分投入广告,而应该优先考虑发展 CPS。

**4. 独享**

搜索引擎竞价广告常常变、广告语天天改,CPS 团队也在天天推广,企业需要做的便是将一件产品卖得更加踏实和极致。例如:不妨做一个女人站点,维护大量吸引女人的优秀内容,吸引更多的自然流量,再将这些流量自然导入至网上商城,那么这些内容流量就能成为独立网上商城的基本保障。

## 5.1.3 电子商务运营内容

电子商务运营与企业运营存在相似之处,包括调研、产品定位、管理分类、开发规划、运营策划、产品管控、数据分析、分析执行及跟进等。但其执行对象有别于实体产品,电子商务运营的对象是根据企业需要所开发设计建设的电子商务平台的附属宣传推广产品。

**1. 品牌策略的制定**

电子商务运营最重要的就是要对市场、品牌和客户有一个深入细致的分析,越是细分的市场越有发展的空间。在电子商务运营的开始,对行业和相关的数据进行分析,了解目前该行业的市场环境,再结合市场的分析对产品的属性、价格进一步分析,以确定精细运营的策略。最后针对目标顾客群，细化分析顾客需求，从爱好、年龄、地域和购买意愿等方面来进一步细分顾客需求。这些分析不仅包括对自己的目标顾客群进行了分析，同时还包括竞争对手目前销售的产品和服务以及在服务特色上的创新是否有提升运营效果等方面的分析。通过这一系列的研究和分析，对品牌策略的制定有很好的指导作用。

2. 电子商务运营平台的装饰

有了数据作为先导，在电子商务运营初期，就能根据运营规划，结合品牌与在线消费者需求来确定网络销售品牌的定位，构建规模合适的项目团队，最后入驻电子商务平台。在平台装饰不仅包含在初期建设平台的信息门户、功能性网站等内容的设计（如页面的规划和设计等），而且包括了后期平台内容提升、信息内容的修改等内容。只有不断的修正页面，让顾客能够有好的感受。

3. 品牌推广方案的策划

电子商务运营中最重要的部分就是做好运营方案，这也是狭义上电子商务运营的内容，它包含的内容很多，但都是针对营销和广告投放的部分。在推广方面，首先要有一个活动的策划，再针对策划的活动选择营销工具并加以应用，以更好地实施活动策划的内容。在社会化营销方面，采取建立店铺与顾客活动的独立网站，产品帮派的建设和维护，以及微博营销等方式，并通过对 SEM（Search Engine Marketing，搜索引擎营销）、SEO（Search Engine Optimization，搜索引擎优化）的优化来提升店铺点击率和转化率，实现定期的站外推广。在运营过程中还要根据资源利益最大化的广告投放计划和效果跟踪回馈，调整营销工具的应用。

4. 服务顾客

服务顾客不单单是客服的工作，电子商务运营也需要服务顾客，但不是对顾客咨询问题的服务，而是对顾客购买产品的数据和顾客购买行为进行分析，做好顾客的维系工作，响应顾客在购物中提出的问题，并在运营过程中加以改善。同时，对客服进行必要的解释工作也是服务顾客的一种体现。

5. 协调沟通

电子商务运营通常都是以一个项目团队的形式来完成运营项目的，运营在整个团队中属于核心的部分。由于运营人员熟知整体网络平台的运营状况，而且运营处于整个运作过程的中间阶段，要与技术、美工、测试和业务等不同部门进行沟通和协调才能完成整个运营过程，因此在过程中运营人员需要进行沟通和协调，以确保整个运营团队的通力合作，达成运营目标。

## 5.1.4　电子商务的运营模式

电子商务的运营模式从电子商务产生之初就一直在不断地发展和变化，其涵盖的内容也一直在扩展。所谓的电子商务运营模式就是在电子商务的运营中逐渐形成的参与者的组合，以及商品在这些参与者之间流动的方式、机制和规则。

电子商务的参与者主要包括企业、政府、个人和其他组织。在每一种电子商务的运营模式中参与者的组合是不一致的，可能是个人对个人、个人对企业、政府对企业、个人、政府和企业共同参与，等等。商品在参与者之间流动的方式主要是指信息流、物流、资金流以及人员流动。在电子商务中信息流、资金流等主要经过互联网等电子化方式进行传输，而物流和人员流动则还需要实现物理空间的转移。电子商务运行的机制和原则主要是指与电子商务相关的法律、信用和习惯等。这些机制的良好运行既要依赖于现有信息化技术发展的水平，同时又要基于现有电子商务运行法律的完善和网络社会信用问题的解决。

根据参与主体和方式的不同，电子商务运营模式可划分为 B2B 模式、B2C 模式、C2C 模式、B2G 模式、B2E 模式、C2B 模式和 O2O 模式。

【拓展知识】

### 1. B2B 模式

B2B（Business to Business）指企业与企业之间的电子商务。B2B 是电子商务应用最重要的和最受企业重视的一种形式，目前在电子商务的交易额中所占的资金额度也最大。企业可以在网上对每笔交易寻找最佳合作伙伴，完成从订购到结算的全部交易行为，包括向供应商订货、签约、接收发票和使用电子资金转移、信用证、银行托收等方式进行付款，以及在商贸过程中发生的其他事务，如索赔、商品发送管理和运输跟踪等。

B2B 模式的特征：①B2B 电子商务的交易对象相对固定，这种固定体现了企业的专一性，也体现了企业之间交易要求内在的稳定性；②交易过程复杂但规范，企业之间的交易一般涉及的金额较大，在交易过程中需要多方的参与和认证，过程十分复杂、严格和规范，同时注重法律有效性；③交易对象广泛，企业交易的商品有很多不属于普通物品，企业交易的物品几乎可以是任何一种物品。

B2B 运作过程分为四个阶段：①使整个企业与企业之间的"供应链"与"配销商"管理自动化，透过互联网，不但节省成本增加效率，更有开发新市场的机会，企业间商业交易资讯交换，如采购单、商业发票及确认通知等；②电子资料交换（EDI），其运作方式是将电子表格的每一个字段，以一对一的方式，对应于商业交易书面表格中的每一部分，就像所有的采购单及交易记录都记录在数据库中；③电子资金转移，如银行与其往来企业之间资金的自动转账；④所有的出货需求在经过数据库处理后会自动完成物流配送的要求。

典型的 B2B 平台有国际铸业咨询网、Directindustry、百万网、阿里巴巴、百纳网、中国网库、中国制造网、敦煌网、慧聪网、赢商网、太平洋门户网、际通宝、龙之向导等。

### 案例 5-1

## B2B 案例——阿里巴巴

阿里巴巴是目前全球最大的 B2B 电子商务平台，是 B2B 电子商务模式的典型代表。阿里巴巴由马云和 18 位创业者共同于 1999 年创建，总部设在中国的杭州市，在中国 40 多个城市开设有销售中心，通过各种渠道进行产品的推广和销售，并在美国硅谷、英国伦敦等地设立了海外分支机构。阿里巴巴的企业使命是"让天下没有难做的生意",通过建立一个完善的电子商务产业生态链,成为一家由中国人创办的世界级的百年公司。作为行业的领头羊和开拓者,阿里巴巴一直致力于建立完善的生态化,在行业标准方面,倡导建立开放的平台架构,并推动行业标准走向成熟。为了打造完善的生态化网络,阿里巴巴与其他电子商务网站、中小企业网站、个人网站、IT企业和电信运营商等都建立了广泛的合作关系,与信用、认证、支付、物流等商务服务紧密集成,共同推动电子商务生态系统的发展。阿里巴巴主要有三个网上交易市场:一是国际交易市场,域名用于服务国内外的进出口贸易;二是中国交易市场,主要是国内的商品批发和贸易;三是日本交易市场,促进日本国内贸易和国际贸易。此外,阿里巴巴也在国际交易市场上设有一个全球批发交易平台,为规模较小、需要小批量货物快速付运的买家提供服务。

阿里巴巴起初提供网络经纪服务,随着业务的发展,相继推出了"中国供应商"和"诚信通"服务。"中国供应商"是针对等级较高的会员付费服务(年费4万~12万元不等),会员可以获得域名、网店等阿里巴巴提供的一系列服务。阿里巴巴为"中国供应商"投入了大量的人力、物力,在全国招募成立了一千多人的直销队伍来获取会员,并投入了大量的资金进行营销推广。同时,阿里巴巴会组织各种行业的外贸展会,对"中国供应商"进行宣传,并在阿里巴巴国际站点上进行重点推广。诚信通,根据会员等级进行付费,缴纳会费后,阿里巴巴提供信用认证等基本服务。中国供应商和诚信通主要通过对会员进行不同等级的划分,提供不同等级的信用认证,这些信用认证和等级能够帮助卖家获取买家的信任。同时,一旦买家采信后与会员达成了交易,阿里巴巴即可获得相应比例的报酬。在这样一个交易过程中,阿里巴巴充当了传统市场中的经纪人角色。但与之不同的是,阿里巴巴充分利用了互联网与生俱来的优势,并进行了创新。随着阿里巴巴的不断发展,其核心业务和产品也在不断扩展。商务搜索是阿里巴巴新的业务方向。搜索技术与电子商务业务的结合产生了更多新的盈利点,比如行业垂直搜索,竞价排名,搜索推送等。

(资料来源:http://wenku.baidu.com/link?url=qcEgDX5K2lKIG3p0I6585y780W4LiGHsozsRBAgLXRCo53C5Na SPc-cOhnmHtdULiEIh3k-p6XacjUvylUNOPiGJGhOxW2v3cxg39lMb1nXu.)

### 2. B2C 模式

B2C(Business to Customer)指企业与消费者之间的电子商务。这是消费者利用因特网直接参与经济活动的形式,类同于商业电子化的零售商务。通过网上商店买卖的商品可以是实体化的,如书籍、鲜花、服装、食品、汽车、电视等;也可以是数字化的,如新闻、音乐、电影、数据库、软件及各类基于知识的商品;还有提供的各类服务,如安排旅游、在线医疗诊断和远程教育等。

B2C模式的特征:①B2C电子商务用户群数量巨大,所采用的商务、身份认证、信息安全等方面的技术和管理办法必须方便、简洁、成本低廉、易于大面积推广;②安全技术应能够确认客户,避免冒名顶替和非法操作;③经常会出现"一次性"客户,即不注册、不连续使用,只希望可以在方便的时候使用一下B2C的服务;④网络上传输的信息可能涉及个人机密,例如账号和操作金额;⑤商务活动涉及的支付或转账金额较低(小额支付)。

B2C电子商务的种类较多,应用系统的构成、工作方式和安全技术方案不尽相同。无线通信和无线网络技术支持下的移动电子商务对一部分B2C服务非常适用,并且使用的设备简单,客户群异常巨大,发展前景无限。

B2C 运作过程分为 5 阶段：①使用者透过入口网站找寻到特定的目的网站后，会接收来自目的社群网站（或称店家）的商品资料；②在 B2C 的运作模式中，使用者通常会将个人资料交给店家，而店家会将使用者资料加以储存，以利于未来的行销依据，当使用者要在某店家消费时会输入订单资料及付款资料；③将用户的电子认证资料、订单资料及付款资料一并送到商店端的交易平台，店家保留订单资讯，其他的送到认证；④收单银行去请求授权，并完成认证；⑤完成认证后，店家将资料传送到物流平台，最后完成物流的配送。

### 案例 5-2

## 京东商城 B2C 运作模式

京东商城 B2C 运作模式，由运营模式和物流模式两大部分组成。

（1）运营模式。

京东商城作为 B2C 零售企业，收入来源主要以商品零售为主，商品来源于各类产品的生产商和渠道商。其目前主要的销售渠道为 B2C 电子商务网站，客户可以通过在线订购或电话订购的方式来购买商品，并选择在线支付、货到付款和自提等方式支付货款并收到货物。

（2）物流模式。

在京东，厂商不需要缴纳进场费、装修费、促销费、过节费。免去各种费用之后，京东销售利润率比通过传统渠道销售高很多，返款周期也较短，仅为 20 天。库存管理方面，库存周转率仅为 12 天，与供货商实行现货现结。同时，解读京东商城供应链可以看到，供货、系统、数据、仓储、配送，是一个综合的相互作用、不断升级的体系，而累积数据的时间和经验也直接决定着系统对于整个供应链的管理效率。

（资料来源：http://www.hishop.com.cn/products/kdt/shop/show_21558.html.）

### 3. C2C 模式

C2C（Customer to Customer）指消费者之间的电子商务。这种电子商务模式目前在网上出现比较多的是消费者之间的二手物品的拍卖。随着各种技术的进步，网上支付形式的变化和电子货币的推广和使用，以及参与电子商务的人越来越多，C2C 形式的电子商务也会快速发展起来。

C2C 模式的特征：①C2C 电子商务是为买卖双方进行网上交易提供信息交流平台；②为买卖双方进行网上交易提供一系列的配套服务；③用户数量多，且身份复杂；④商品信息多，且商品质量参差不齐；⑤交易次数多，但每次交易的成交额较小。

C2C 运作过程分为 7 个阶段：①卖方将欲卖的货品登记在社群服务器上；②买方透过入口网页服务器得到二手物品资料；③买方检查卖方的信用度后，选择欲购买的二手物品；④透过管理交易的平台，分别完成资料记录；⑤付款认证；⑥付款给卖方；⑦透过网站的物流运送机制，将货品送到买方。

## 案例 5-3

### C2C 案例——淘宝网

淘宝网是 C2C 模式典型的成功案例,那么它究竟有哪些设计比较人性化,与其他的 C2C 网站相比,又有哪些独特之处呢?

(1) 强大的管理功能。

在淘宝网的页面设计中,色彩用鲜艳的橙色为主。首页很整齐、有条理、有层次感,并且体现了淘宝网的精神——简单、简约。登录淘宝网首页后,通过搜索引擎,可以直接又方便地在淘宝网淘到想要的宝贝;或者点击"高级搜索",能缩小搜索范围,更方便地查找宝贝。通过价格、店主名字、店铺名字都可以迅速找到想要的宝贝。在后台有功能强大的二级栏目,包括我要买、我要卖、我的淘宝、社区(即互动论坛)、交易安全、帮助中心。可以使买卖方快捷、方便地进行交易。正是有了强大的管理功能,淘宝网才能在面对竞争对手时更好地为用户服务。

(2) 方便的网上买卖系统。

通过电子商务平台为买卖双方提供了一个在线交易平台,卖方可以主动提供商品上网销售或拍卖,而买方可以自行选择商品进行竞价和购买,不再受时间和空间的限制,广泛方便的比价、议价、竞价过程节约了大量的市场沟通成本。另同时,可以使参与的群体更庞大,选择的范围更广。

(3) 安全的支付系统——支付宝。

支付宝系统的引进在更深层次上为交易安全提供了保障。在淘宝网的交易过程中,买家看好货物后,可以选择通过支付宝先将钱交给淘宝网,得到淘宝网确认到款后,卖家放心地向买家发货。而淘宝网会在买家确认商品满意度后将钱款打入卖家的账号。支付宝功能为监督买家和卖家的信用提供了完整的解决方案。支付宝的实施过程中同样引入第三方监督机制,用户通过银行和淘宝网的 B2C 接口向淘宝网支付汇款,以银行为信用中介,淘宝网给客户提供了资金流向的监督保证。通过与银行的携手合作,将达到客户、银行、淘宝网的三赢局面,而这种三赢,实质上就是客户、淘宝网与银行之间建立的一种良性互动的诚信监督机制。

(4) 人性化的聊天交流工具——阿里旺旺。

有效的沟通是淘宝网的一大法宝。中国人做生意是讲感觉的,谈成了朋友也就谈成了生意。在网上做买卖,相互是摸不着的,沟通显得更加重要。商品的外观、价格等都必须通过交流进行必要的了解。许多购物网站、拍卖网站一直是以论坛的方式进行沟通的。买家、卖家并不能及时就商品买卖进行答复,这给网购者带来了不便。淘宝网通过特有的沟通方式——淘宝旺旺(一种类似 QQ 的聊天工具),解决了这一问题。正如淘宝网孙彤宇说的:"淘宝是一个做生意和交朋友的地方""中国人做生意并不仅仅在意钱的多少,他们也很在意感觉"。

(资料来源:http://blog.sina.com.cn/s/blog_159920f640102wgjr.html。)

### 4. B2G 模式

B2G(Business to Government)是企业与政府管理部门之间的电子商务,如电子通关、电子报税等。一个提供 B2G 电子商务模式服务的网站可以提供一个单一地方的业务,为一级或多级政府来定位应用程序和税款格式;提供送出填好表格和付款的能力;更新企业的信息;请求回答特定的问题;等等。B2G 也可能包括电子采购服务,通过它商家可以了解代理处的购买需求并且代理处请求提议的回应。B2G 也可能支持虚拟工作间,在这里,商家和代理可以通过共享一个公共的网站来协调已签约工程的工作，协调在线会议，回顾计划并管理进发展。B2G 也可能包括在线应用软件和数据库设计的租赁。B2G 有时也被称为电子政府。

B2G 模式速度快，信息量大。由于活动在网上完成，使得企业可以随时随地了解政府的动向，还能减少中间环节的时间延误和费用，提高政府办公的公开性与透明度。

B2G 比较典型的例子是网上采购，即政府机构在网上进行产品，服务的招标和采购。这种运作模式的来源是投标费用的降低。这是因为供货商可以直接从网上下载招标书，并以电子数据的形式发回投标书。同时，供货商可以得到更多的甚至是世界范围内的投标机会。由于通过网络进行投标，即使是规模较小的公司也能获得投标的机会。

### 5. B2E 模式

B2E（Business to Employee）是企业内部的电子商务，即通过企业内部网的方式对企业内部的信息流进行处理与交换，它是 B2B 的基础，但相对而言比外部电子商务更容易实现。它可以实现商务操作及工作流的自动化处理，对重要系统和关键数据的存取能力得到强化，并可以实现共享经验，共同解决客户问题，同时保持组织间的联系。

### 6. C2B 模式

C2B（Consumer to Business）模式，这是一种新型的模式，其概念比较泛化，形式也是比较多样化，常见的 C2B 模式有：聚合需求形式（反向团购、预售）、要约形式（逆向拍卖，客户出价，商家选择是否接受）、服务认领形式（企业发布所需服务，个人认领，类似威客）、商家认购形式（个人提供作品、服务，等待企业认领）、植入形式（软文）等。而目前看来电商的 C2B 模式主要依靠的形式还是聚合需求形式和要约形式，同时个性化定制也是一个重要的模式。

C2B 的核心是以消费者为中心，消费者当家做主。C2B 产品应该具有以下特征：①相同生产厂家的相同型号的产品无论通过什么终端渠道购买价格都一样，也就是全国人民一个价，渠道不掌握定价权（消费者平等）；②C2B 产品价格组成结构合理（拒绝暴利）；③渠道透明；④供应链透明（品牌共享）。

### 案例 5-4

#### C2B 案例——电子商务定制

2012 年 9 月 24 日在聚划算与海尔集团旗下品牌"统帅"联合举行的彩电百万网友定制新品首发活动中，仅开团 10 分钟，统帅三款个性定制彩电就被网友疯狂抢购了 3 000 台，"个性化定制"从一个个新闻个案，正在逐渐成为市民采买家装家电的途径之一。网友通过预付定金的团购方式，分三个价格梯度，购买人越多价格越便宜，充分展示了草根网友聚合起来的力量。

这三款彩电是 8 天内通过一百万天猫网友投票决定的，通过对 6 项定制点，电视尺寸、边框、清晰度、能耗、色彩、接口进行投票，随后根据投票结果安排生产。

C2B(消费者驱动企业)定制方式极大地激发了网友的热情,在短短 5 小时左右,共有超过万人购买定制的统帅彩电,成交额突破 2 000 万元,其中统帅 LE39PUV3 39 寸 LED 成交 5 000 台、统帅 LE46PUV1 46 寸 LED 平板彩电成交 2 000 台、统帅 LE24KUH1 两用显示器成交 1 000 台。

作为海尔集团互联网时代定制品牌,统帅通过互联网广泛收集消费者需求,定制预约,随后安排生产和配送,充分整合海尔集团四网优势资源,受到百万网友追捧。同时,通过设计师商品设计和调研,一周时间聚出 40 万件 Super T;通过 C2B 方式芝华仕沙发 3 天成交 1 223 万元。互联网正在改变我们的生产和生活方式。

阿里巴巴集团总参谋长曾鸣此前表示,未来的市场一定是消费者驱动的市场,C2B 将会是主流,其意义在于商品的客户化,并通过互联网将长尾聚集起来,通过柔性化供应链和物流,实现低成本高质量,真正为消费者解决问题,实现规模化定制。

(资料来源: http://blog.sina.com.cn/s/blog_ 886904ca0101c7k0.html.)

### 7. O2O 模式

O2O(Online to Offline),即线上到线下,是把服务的供需双方或服务方的前台放到网络上,使消费者可以在自己手机或其他终端上便捷地按照自己的价格、位置、时间等诉求查看服务方的线下服务;并可以人性化地解决消费者的核心需求,获得满意服务。这种模式是当前比较前沿的模式,其原因在于满足消费者特别是女性消费者的消费结算体验,或者说是消费快感。现在越来越多的消费者在网络平台上购物,但是在产品或服务的选择过程中总是担心自己将要购买的产品或服务与自己的预期有较大差距,所以也就诞生了 O2O 这样的模式,使消费者可以在线上预订,而在线下进行最终交易。

O2O 要确保交易达成、网上支付、线下兑现,有自己的一套交易兑现保障机制,或使用独立第三方,或使用特定 POS 机等来确认服务交易的完成。对消费者来说,O2O 模式是把用户的线下需求通过线上的方式快速筛选出来,降低的人们的消费成本和消费风险。对商家来说,O2O 模式是满足中小商家对自身产品和服务的可量化推广需求,实现高的投资回报率,降低对线下黄金地段的依赖。相比于其他模式,O2O 模式具有以下优点:①更省钱:解决了推广效果量化的难题,让低成本乃至零成本推广成为可能;②它更高效:加快(商品)流转、减少(服务)资源闲置和浪费,有效提高传统商业的运营效率;③更合理:降低企业与客户的沟通成本,并能按照不同产品(服务)所对应的不同群体实行差异化定向营销;④更便捷:方便客户及时、便捷地搜索优惠券和折扣进行消费。

O2O 运作过程分为 4 个阶段:①线上发布品牌商家发布选址需求、展示项目详情;②线下导入商家以及项目相关资料进行匹配;③随后带领有意向合作商家进行线下看铺团,实地踩盘;④最终达成合作的意向。

### 案例 5-5

## O2O 模式三大成功案例

2015 年是线上线下企业高呼转型的纷乱期,O2O 成为救命稻草。各零售企业结合自身发展,纷纷探索双线融合。

1. 苏宁云商："门店到商圈+双线同价"的O2O模式

所属行业：店商+平台电商+零售服务商。

苏宁的O2O模式是以互联网零售为主体的"一体两翼"的互联网转型路径。苏宁利用自己的线下门店，以及线上平台，实现了全产品全渠道的线上线下同价，帮助苏宁打破了实体零售在转型发展中与自身电商渠道左右互搏的现状。O2O模式下的苏宁实体店不再是只有销售功能的门店，而是一个集展示、体验、物流、售后服务、休闲社交、市场推广为一体的新型门店——云店，店内开通免费WiFi、实行全产品的电子价签、布设多媒体的电子货架，利用互联网、物联网技术收集分析各种消费行为，推进实体零售进入大数据时代。

2015年"百日会战"中，苏宁O2O模式优势凸显，双"11"，苏宁发起第二届O2O购物节，祭出门店、网站、手机、TV"四端协同作战计划"，并取得了一定成绩。

2. 京东："大数据+商品+服务"的O2O模式

所属行业：综合自营+平台电商。

京东与15余座城市的上万家便利店合作，布局京东小店O2O，京东提供数据支持，便利店作为其末端实现落地；京东与獐子岛集团拓展生鲜O2O，为獐子岛开放端口，獐子岛提供高效的生鲜供应链体系。另外，京东还与服装、鞋帽、箱包、家居家装等品牌专卖连锁店达成优势整合，借此扩充产品线、渠道全面下沉，各连锁门店借助京东精准营销最终实现"零库存"。

3. 万达："线下商场+百万腾电商"的O2O模式

所属行业：商业地产。

万达联合百度、腾讯，共同出资成立万达电子商务公司，万达打通账号与会员体系、打造支付与互联网金融产品、建立通用积分联盟、大数据融合、WiFi共享、产品整合、流量引入等方面进行深度合作，同时将联手打造线上线下一体化的账号及会员体系；探索创新性互联网金融产品；建立通用积分联盟及平台；同时，万达、百度、腾讯三方还将建立大数据联盟，实现优势资源大数据融合。

（资料来源：https://mp.weixin.qq.com/s?_biz=MjM5OTUwODYyMQ==&mid=400608125&idx=1&sn=9924711869186995b5ed5f1d362111e8&scene=1&srcid=0526F8VayY8qcFibPqPCyl8s&pass_ticket=q4%2B7kWLH8TYg1v9iPVGBco8dsAqRbrHMGn10LKv3SvnudierAU4WRCXrE8eVpdxn#rd.）

## 5.1.5 电子商务网站运营

网站运营是指一切为了提升网站服务于用户的效率，而从事与网站后期运作、经营有关的行为工作；范畴通常包括网站内容更新维护、网站服务器维护、网站流程优化、数据挖掘分析、用户研究管理、网站营销策划等。网站运营常用的指标：PV、IP、注册用户、在线用户、网站跳出率、转化率、付费用户、在线时长、购买频次、ARPU值。

衡量一个网站运营是否成功，一般离不开以下四点：专业、互动、用户体验、亮点（围绕盈利模式确立的亮点）。

（1）专业。专业化网站的衡量可以以同类领先行业网站为标准。创建电子商务网站前，可以看看电商界淘宝、京东等专业电商网站的网站设计风格。通过与专业网站比对，来规划设计自己的网站。

（2）互动。互动性强的网站更具有黏性，只要定位清楚，通过充分的前期推广，积累的用户就不会流失，网站流量会比较稳定，而且会呈现增长。因此，在策划之前，应确保网站具有很强的互动性。

(3) 用户体验。用户体验包括的方面比较广，体现在网站的每个细节，如网站登录入口设置、广告布局、是否会产生编辑性错误，等等。

(4) 亮点。亮点是指围绕盈利模式来确立的一种商业模式，即整个网站的定位要围绕此亮点来展开，业务模式的拓展要以此为重心。垂直性网站可以植入一些互联网比较流行的商业模式，如威客、拍卖等。当然，亮点除了跟盈利模式有关外，还应植入一些用户觉得有价值的东西。

## 5.1.6 电子商务网站的功能及分类

### 1. 电子商务网站的功能

电子商务网站的功能关系到电子商务业务能否具体实现，关系着企业对用户提供的产品和服务项目能否正常开展，关系到用户能否按照企业的承诺快速地完成贸易操作。因此，电子商务网站功能的设计是电子商务实施与运作的关键环节，是电子商务应用系统构建的前提。由于企业生产与经营目的的差异，各企业在网上开展电子商务的业务也是不尽相同的，所以，每一个电子商务网站在具体实现功能上是有所区别的。

(1) 企业形象宣传。这是一个非常重要的功能。对于目前大多数企业来说，电子商务业务的开展还处于初始阶段，因此，抢占未来商业竞争的制高点，建立自己的商务网站并率先打造企业品牌、树立企业形象，是企业利用网络媒体开展业务的最基本的出发点。此功能的实现是较容易做到的，但是却难以获得用户普遍的认可。

(2) 产品和服务项目展示。这是一个基本且十分重要的功能。利用网络媒体进行产品的推销，无疑使企业多了一条很有前途的营销渠道。

(3) 商品和服务订购。这是实现用户在线贸易磋商、在线预订商品、网上购物或获取网上业务的功能。该功能提供全天候24小时的随时交易，不仅依赖于技术的设计与实现，更依赖于网站主体在设计时从简化贸易流程且便于用户运用的角度去构思。

(4) 转账与支付、运输。这是体现资金流、物流信息活动的功能。该功能的实现要依赖于多个相关网站的协作，并需要支付、安全与物流等技术及标准的支撑。

(5) 信息搜索与查询。这是体现网站信息组织能力和拓展信息交流与传递途径的功能。当网站可供客户选择的商品与服务以及发布的信息越来越多时，逐页浏览式的获取信息的途径显然是无法满足客户快速获得信息的要求的。因此，商务网站提供信息搜索与查询功能，可以使客户在电子商务数据库中轻松而快捷地找到需要的信息，这也是电子商务网站能否使客户久留的重要因素。由于电子商务数据库比一般的数据库复杂，所以该功能的实现，除了要运用比较先进的信息存储与检索技术外，还要充分地考虑商务交易数据的复杂性。

(6) 客户信息管理。这是反映网站主体能否以客户为中心、能否充分地利用客户信息挖掘市场潜力的有重要利用价值的功能。随着市场竞争的加剧，利用网络媒体和电子商务手段及时地获取与处理客户信息已经越来越重要了，并逐步在企业中形成共识。

(7) 销售业务信息管理。完整的电子商务网站还要包括销售业务信息管理功能，从而使企业能够及时地接收、处理、传递与利用相关的数据资料,并使这些信息有序而有效地流动起来,为组织内部的 ERP、DSS、MIS 等管理系统提供信息支持。该功能依据商务模式的不同,包括的内容也是有区别的,如分公司销售业务管理功能应包括订单处理、销售额统计、价格管理、货单管理、库存管理、商品维护管理、客户需求反馈等;经销商销售业务管理功能应包括订单查询与处理、进货统计、应付款查询等;配送商销售业务管理功能应包括库存查询、需求处理、收货处理、出货统计等。

(8) 新闻发布、供求信息发布。包括新闻的动态更新、新闻的检索,热点问题追踪,行业信息、供应信息、需求信息的发布等。

2. 电子商务网站的分类

按照不同的分类方法,可以将电子商务网站分为不同的类型。

1) 按照商务目的和业务功能不同分类

按照商务目的和业务功能不同分类,可以将电子商务网站分为基本型商务网站、宣传型商务网站、客户服务型商务网站和完全电子商务运作型网站。

(1) 基本型商务网站。建立基本型商务网站的目的是通过网络媒体和电子商务的基本手段进行公司宣传和客户服务。此种网站适用于小型企业,以及想尝试网站效果的大、中型企业。其特点是:网站构建的价格低廉,性能价格比高,具备基本的商务网站功能。该类型商务网站可以搭建在公众的多媒体网络基础平台上,而且外包给专门公司来构建比自己建设还要便宜。

(2) 宣传型商务网站。建立宣传型商务网站的目的是通过网站宣传产品或服务项目,提升公司形象,扩大品牌影响,拓展海内外潜在市场。此种网站适用于各类企业,特别是已有外贸业务或意欲开拓外贸业务的企业。其特点是:具备基本的网站功能,突出企业宣传效果。企业一般是将网站构建在具有很高知名度和很强伸展性的网络基础平台上,以便在未来的商务运作中借助先进的开发工具和增加应用系统模块,升级为客户服务型或完全电子商务运作型网站。

(3) 客户服务型商务网站。建立客户服务型商务网站的目的是通过网站宣传公司形象与产品,并达到与客户实时沟通及为产品或服务提供技术支持的效果,从而降低成本、提高工作效率。此种网站适用于各类企业。其特点是:以企业宣传和客户服务为主要的功能。企业可以将网站构建在具有很高知名度和很强伸展性的网络基础平台上;如果有条件,也可以自己构建网络平台和电子商务基础平台。该类网站通过简单的改造即可以升级为完全电子商务运作型网站。

(4) 完全电子商务运作型网站。建立完全电子商务运作型网站的目的是通过网站宣传公司整体形象与推广产品及服务,实现网上客户服务和产品在线销售,为公司直接创造利润、提高竞争力。此种网站适用于各类有条件的企业。其特点是:具备完全的电子商务功能,并突出公司形象宣传、客户服务和电子商务功能。

2) 按照构建网站的主体不同分类

按照构建网站的主体不同分类,可以将电子商务网站划分为行业电子商务网站、企业电子商务网站、政府电子商务网站、服务机构电子商务网站等。

（1）行业电子商务网站。以行业机构为主体构建一个大型的电子商务网站，以便为本行业内的企业和部门进行电子化贸易提供信息发布、商品订购、客户交流等活动的平台。

（2）企业电子商务网站。以企业为主体构建网站来实施电子商务活动。根据企业生产的主导产品和提供的主要服务的不同，它可进一步分为各种不同类型的网站。

（3）政府电子商务网站。以政府机构为主体构建网站来实施电子商务活动，是为政府税收和政府公共服务提供网络化交流的平台。该类型网站也可以称为电子政务网站，在国际化商务交流中发挥着重要的作用。

（4）服务机构电子商务网站。以服务机构为主体构建网站来实施电子商务活动，包括商业服务机构的电子商务网站、金融服务机构的电子商务网站、邮政通信服务机构的电子商务网站、家政服务机构的电子商务网站、休闲娱乐服务机构的电子商务网站等。

3）按照网站拥有者的职能不同分类

按照网站拥有者的职能不同分类，可以将电子商务网站分为生产型商务网站和流通型商务网站两类。

（1）生产型商务网站。由生产产品或提供服务的企业来建立，其主要目的是用以推广、宣传其产品和服务，以便生产企业直接在自己的网站上开展在线产品销售和在线技术服务。作为最简单的商务网站形式，企业可以在自己网站的产品页面上附上订单，浏览者如果对产品比较满意，可直接在页面上下订单，然后汇款，企业付货，从而完成整个销售过程。这种商务网站页面较实用，主要特点是信息量大，并提供大额订单。

生产型企业要想在网络上实现在线销售，必须与传统的经营模式紧密结合，分析市场定位，调查用户需求，制定合适的电子商务发展战略，设计相应的电子商务应用系统架构，并在此基础上设计好企业商务网站页面，并使用户界面友好、操作简便。

（2）流通型商务网站。由流通企业来建立，其主要目的是通过网站宣传与推广所售产品与服务，以便顾客在网上也能更好地了解产品的性能与用途，从而促使顾客在线购买。这种商务网站着重于对产品和服务的全面介绍，能较好地展示产品的外观和功能。商务网站的页面都制作精美，动感十足，很容易吸引浏览者，能起到较好的广告效果和为产品及服务促销的效果。流通企业要想在网络上实现在线销售，也必须与传统的商业模式紧密结合。在做好充分的研究、分析与电子商务构架设计的基础上，设计与构建商务网站的页面，并充分利用网络的优越性，为客户提供丰富的商品、便利的操作流程和友好的交流平台。

4）按照产品线的宽度和深度不同进行分类

按照产品线的宽度和深度不同进行分类的划分方法主要是针对 B2B 电子商务模式的，依据产品线的宽度和深度的不同，可以将 B2B 商业模式的网站划分为水平型网站（Horizontal Site）、垂直型网站（Vertical Portal）、专门网站（Specialty Manufacturer）和公司网站（Company Site）四种类型。

（1）水平型网站。是指致力于某一类产品的网上经营的网站，又称 Aggregator。该类网站类似于网上购物中心或网上超市，其优势在于其产品线的宽度。顾客在这类网站上不仅可以买到自己所能接受的价格水平的商品，而且可以很容易实现"货比三家"。其不足在于深度和产品配套性的欠缺。由于该类网站充当的是中间商的角色，在产品价格方面处于不利地位。

（2）垂直型网站。是指提供某一类产品及其相关产品（互补产品）的一系列服务（从网上交流到广告、网上拍卖、网上交易等）的网站。该类网站的优势在于产品的互补性（如在一个汽车网站不仅可以买到汽车，还可以买到汽车零件，甚至汽车保险）和购物的便捷性。顾客在这一类网站中可以实现一步到位的采购（One – step Shopping），因而顾客的平均滞留时间（Stickiness）较长。

（3）专门网站。是指能提供某一类产品的最优产品（Best – in – breed）的网站。该类网站类似于专卖店，其优势在于提供高档优质价廉的产品。除直接面对消费者外，该类网站也面对很多垂直型和水平型网站的供应商。对这一类网站而言，提供品质优良、价格合理、品牌知名度高的产品比网站本身的维护更重要。

（4）公司网站。是指以销售本公司产品或服务为主的网站，相当于公司的"网上店面"（Storefronts），其致命缺点在于可扩展性不足。除少数品牌知名度极高、市场份额较大的公司外，该类站点的发展空间将非常有限。公司网站的一个出路在于朝其他类型网站的方向发展，从产品的形态看，金融服务、电子产品、旅游、传媒等行业在开展电子商务方面拥有较明显的优势。由于这些行业的一个共同特点是产品的无形化，不存在实物的流动，不需要相应的配送体系，因而特别适合在网上开展业务。

此外，按照电子商务模式不同划分可以将电子商务网站分为 B2B 商务网站、B2C 商务网站、C2C 商务网站、C2G 商务网站等。

如前所述，从商贸交易活动的过程来看，电子商务可以在多个环节实现，由此也可以将电子商务分为两个层次，即较低层次的非完全的电子商务和最高级的完全的电子商务。完全的电子商务的实现是需要多方面配合的，并依赖于商务环境、社会环境与国家法律政策等的支撑。因此，企业可以依据其业务职能、自身实力、战略目标和所处区域的商务环境等，制定自己的电子商务发展战略，进而构建适合其发展的电子商务网站。

## 5.2　电子商务网站的建设规划

### 5.2.1　电子商务网站的定位与策划

关于电子商务网站，迄今尚没有明确的定义。对于企业来讲，它好像是"工厂""公司""经销商"；对于商家来讲，它好像是"商店""商场""门市部"；对于政府机构来讲，它好像是"宣传栏""接待处""办公室"等。在电子商务中，网站是其拥有者与用户交流及沟通的窗口，是买卖双方信息交汇与传递的渠道，是企业展示其产品与服务的舞台，是企业体现其形象和经营战略的载体等。企业及政府机构实施电子商务，必须要建立网站或借助其他商务网站,否则电子商务的交易是不可能实现的。因此,可以简单地讲,电子商务网站是企业开展电子商务的门户(Portal),是实施电子商务的公司或商家与服务对象之间的交互界面,是电子商务系统运转的承担者和表现者。

电子商务网站在软、硬件基础设施的支持下,由一系列网页、制作工具、编程技术、后台数据库等构成,具有实现不同电子商务应用的各种功能,可以发挥广告宣传、经销代理、银行与运输公司中介、信息流运动平台等方面的作用。

作为一个企业,建立了自己的电子商务网站,就好像对外设立了一个门户,不仅有利于企业树立自己的网上品牌,宣传企业形象,在互联网上开展电子商务业务,而且有助于企业从长远发展和竞争战略高度来思考与制定未来的发展目标和经营策略。通过门户网站,企业可以为合作伙伴、客户等提供访问企业内部各种资源的渠道,并作为企业向外发布各种信息的窗口;能增加与客户的接触点,有助于企业提供更高水平的客户服务和提高用户忠诚度的个性化服务;可以使客户更方便、更快捷地购物、付款和交付,减少流通环节开支,增加企业效益;有利于企业发展"供应链网络",以实现"零库存",并且可以提高企业工作人员的工作效率、减少管理费用。

1. 网站定位

在制作网站之前要明确制作的网站是什么类型的网站,建设这个网站要到达一个什么目的。只有明确网站建设的目的,才可以集中精力,针对特定的需要来设计和规划网站。

任何一个网站,必须首先具有明确的建设目的和目标访问群体,即网站定位。目的应该明确,而不是笼统地说要做一个平台、要搞电子商务,应该清楚主要希望谁来浏览,具体有哪些内容,提供怎样的服务,达到什么效果等。例如,网站是面对客户、供应商、消费者还是全部浏览者,主要目的是为了介绍企业、宣传某种产品还是为了试验电子商务。如果目的不是唯一的,还应该清楚地列出不同目的的轻重关系。网站类型的选择、内容的筹备、界面设计等各个方面也都会受到网站定位的直接影响,因此网站定位是企业建立营销网站的基础。

确定了网站的目标之后,还要进一步确定网站面向的用户群体,也就是说,这个网站是给谁看的,针对的是什么样的用户群。因为不可能让所有的人都来访问所制作的网站,只能根据确定的网站目标来决定用户群体,再根据用户群体来制定网站的内容。

2. 资料的收集与整理

对网站的布局和设计胸有成竹后,就可以创建和收集所需要的资料了。这些资料可以是图像、文本或媒体(Flash、Shockwave 等),也可以是 GIF 动画、声音等。需说明的是,务必确保收集了所有的站点资料以后,再去建设站点、制作网页,这样才可以提高工作效率;否则,可能不得不为找到一副图像或创建一个按钮而经常中断站点开发过程。

3. 确定网站的内容及栏目结构

企业应根据自身特点和目标来设计网站内容。一个简明的企业商业网站提供的内容应当包括以下四个方面。

(1) 企业的产品和服务。以产品和服务为主要宣传特色的企业要突出本企业的产业和服务，尽可能详尽些，内容形式尽可能丰富一些，并提供超链接以方便消费者浏览感兴趣的主题。

【拓展知识】

(2) 购买信息。网上应该有产品清单并标明价格、型号和功能等内容，并没有购买登记卡或留言板以便目标消费者将地址及联系方式留下来，也可提供消费者购买此产品的地点。

(3) 新闻。网上应及时与消费者交流目前企业状况、市场需求、消费者动态和技术创新等信息，内容更新要快而且简单明了，与消费者关心的某些话题靠得越近越好。

(4) 联系我们。为最终消费者、中间商、媒体、相关社会团体甚至竞争对手提供公司名称、电话、传真、E-mail 等以方便联系。

4. 规划网站内容的组织构架

经过妥善规划的 Web 网站，其分类信息与浏览方式都应具有逻辑性的整体感。信息内容过度切割或链接，都会让主页产生混乱的感觉，而这种印象会降低用户再次访问网站的意愿。

如果想规划好 Web 网站的结构，应当设计一个主画面，将各部分内容串在一起，设法让访客面对有组织的信息而不是一盘散沙。最常用的方式就是在主画面上以网站地图的方式来呈现各类信息的链接，让访客能很快明白 Web 网站的主题内容，并找到自己所需的信息。网站地图不一定是真正的地图，可以用简单的文字或标签、按钮等图形来代替。

在规划网站的信息时，常用的组织结构有以下四种。

1) 序列结构

序列结构是组织信息最简单的一种方式。在一个序列中可以提供一种线性的叙述。作为一种有序的叙述或者处在一种逻辑秩序中的信息最适合组织成序列。这种序列可以是按时间排列的，也可以是从一般到特殊的一种逻辑主题系列，甚至可以是按字母顺序排列的，如在索引、百科全书与词汇表中就是如此。然而，最简单的序列组织通常只用于较小的站点，一旦叙述较为复杂，就要求更复杂的组织结构了。较复杂的站点仍然可以作为一个序列来组织，但在主要序列中的每一个也可以有一个或者更多分支页面和插入信息，或者是作为通向其他站点信息的中间连接。

2) 分栏结构

分栏结构也称为二维表结构，采用该结构组织的信息，使用户既可以横向浏览，也可以纵向浏览，非常方便。如程序手册、学校课程表或者企业的个案描述等，最好是按分栏的方式组织，分栏是一种连接各种变数的好方式。例如，某计算机 CPU 生产厂商，其生产情况表就可以分出注入 CPU 类型、数量、销售量和价格等栏目。要做到成功的分栏，在同一分栏中的各个单位就应该共享一个高度统一的主题和次主题的结构。这些主题常常并没有特别的重要性等级，如果用户并不知道这些信息的关系，就会感到理解有些困难。因此，这种结构建立的站点只适合于有经验的访问者，因为他们对主题及其结构已经有一定的了解。

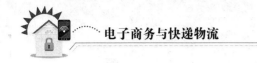

3）等级结构

按等级划分信息，是组织复杂信息的最好方式之一，且含有等级组织的结构特别适合于在站点上使用。因为网上站点一般都被组织由一个单一的主页向下延伸，大多数用户都熟悉这种等级的图形结构，都会觉得这些结构能帮助他们逐步深入。日常生活中到处都是等级结构的实例，等级结构已经为人们所认同。当然，要将信息组织为等级结构，必须对信息内容彻底理解才能将它们组织得很好。

4）网状结构

网状的组织结构对信息类型的使用几乎不加限制。它的目的经常是模仿思想的连接和观念的自由流动。在这种结构中，用户可以按他们的兴趣，以一种对每个访问者都是独特的、具有启发性的方式随意浏览，这种组织方式在互联网上得到长足的发展。它可以把访问者带到一个站点的其他信息栏目中去，也可以把他带到其他的站点上去，其目的就是要充分利用网上的资源和链接。但是，网状的组织结构也可能造成混乱和模糊的观念，因为它们难于使用户理解和预测站点内容，只有对于那些由链接列表控制的小站点，并且它的访问者主要是受过较高教育或较有经验的用户为寻求进一步的提高，它才工作得最好，而对理解基本主题却不是最适用的。

5. 设计网页的整体外观与导航

对于一个网站而言，它必须要保持整体外观与页面布局的一致性，否则会使用户进入网站后感到无所适从，出现"进入一个页面后，不知再如何进入下一个页面"的尴尬局面，所以，网站要具有统一的风格。不论站点中存在多少网页，版式如何新颖，都应该保持它们的风格是统一的，这样可以给人以整体的美感，也会让访问者在浏览网页时有规可循，所以导航栏目的规划要合理。设计站点时，应该考虑站点的访问者如何能够从一个页面移动到另一个页面。因此，在设计页面导航栏时应该保持导航在整个站点方位内一致。

6. 网站的风格设计

网站的风格指的是站点的整体形象给浏览者的综合感受，风格建立在网站内容的质量和价值性基础之上，体现在作品内容和形式等各种要素中。例如，对处理题材、描绘形象、表现手法、运用语言等方面所形成的特色，就是作品的风格。网站风格是抽象的、独特的，能让浏览者明确感觉到企业网站独有的特点；网站风格是有人性的，能通过网站的外形、内容、文字、交流等概括出一个站点的个性和特色。

7. 版式设计

作为一种视觉语言，版式设计应讲究编排和布局，虽然主页设计不等同于平面设计，但它们又有许多相近之处，都通过文字图形的空间组合，表达出和谐与美。多页面站点页面的编排设计要求把握页面之间和页面内的秩序和内容的关系，企业可能有一些视觉效果不错的标志及印刷品，可在网页上沿用这些标志和资源，使合作伙伴和目标顾客没有生疏感。

8. 色彩设计

商业网站设计过程中,根据和谐、均衡和重点突出的原则,可将不同色彩进行组合、搭配构成美丽的页面,并根据色彩带给人们的心理影响,合理地应用。色彩的温度:冷色、暖色,暖色记忆性较强;色彩的联想:红色——太阳,蓝色——海洋、天空;色彩的象征:红色——热烈,蓝色——优雅,绿色——健康,粉色——浪漫。

商业网站不宜用色彩进行过分渲染,一般色彩不超过三种,太多会让人眼花缭乱。由于国家种族、宗教信仰不同,以及生活习惯、地域环境、文化差异等,不同人群对色彩的喜恶程度也有不同。而且,色彩的搭配不同,会让人产生不同的心理感受。

网页色彩既烘托主题,又营造气氛,要做到与众不同不是一件十分容易的事。不同的色彩除了考虑对消费者产生何种效果外,还要考虑能带给消费者什么联想。另外,网页色彩可以适当使用技术处理技巧。例如,调整透明度或饱和度、色彩的层次感、对比色、色系的一致性等;如果实在找不到合适的色彩,可用一些过渡色(如灰色、灰绿等)。

商业网站要先确定网站的主色调,然后再进行搭配。主色调是指能体现网站形象和延伸内涵的色彩。

9. 加入关键词搜索功能

另一项方便浏览者寻找信息资料的功能是关键词搜索。当网站上提供的产品或服务项目很多时,搜索功能可以让上网的访客更快找到所需的信息。关键词的搜索工具最容易使用,而且好处多多,更棒的是要加入这项功能并不难,在互联网上有很多免费下载的程序可利用。

## 5.2.2 电子商务网站的规划设计

1. 网站规划的必要性

电子商务网站规划是网站建设的第一步:对网站进行详细的市场调研、准确的分析,并在此基础上提出网站制作的框架结构、部署网站的技术队伍、确定网站的建设流程,最后撰写出网站的规划书。网站规划书是网站建设团队建设网站的工作准则。有了网站规划书,网站建设从规划流程转入制作流程。电子商务网站规划的意义主要有以下几点。

(1) 指导网站建设过程中的每一个操作步骤。只有对网站建设整体进行详细的规划,网站制作才有章可循,电子商务网站的实际制作工作才能开始,才能有序地组织素材、设计界面、编写代码,网站建设的每一个步骤才能清晰明了。

(2) 网站规划是网站成功的有力保障。网站建设是一个系统工程,好比盖一座高楼,只有工序清晰、有序开展,才能保证工程顺利进行。网站建设绝不是今天做个界面,明天编个代码,这样的网站即使做出来了,日后的维护工作也无法进行。电子商务网站的制作必须按总体规划进行,这样网站建设才有保障。

(3) 可以有效利用时间、提高网站制作效率。网站制作一般都有明确的工期要求,必须有一个整体规划，才能按时、保质地完成网站建设工作。有了标准的流程，确定了明确的分工，每一个阶段有了具体的时间要求，网站才能如期交付。

（4）有利于实施团队合作，协同完成网站整体制作。网站的建设，不是一个人的力量所能完成的，必须发挥团队的优势。没有总体规划，就谈不上分工协作，业务、策划、美工、程序编写必须按照总体规划分工协作，共同完成。

（5）有利于保障网站的科学性、严谨性。网站是一个系统工程，必须保证其科学性与严谨性，而且网站的制作只是电子商务网站的第一步，日后的维护与更新将是一个漫长的过程。一个建设科学、严谨的网站，有规可循，日后维护工作也将极其便利。

2. 规划设计的步骤

网站规划是指在网站建设前对市场进行分析，确定网站的目的和功能，并根据需要对网站建设中的技术、内容、费用、测试、维护等做出规划。网站规划对网站建设起计划和指导作用，对网站的内容和维护具有定位作用。电子商务网站建设之前，必须进行一系列的准备工作，也就是网站的规划设计工作，具体包括以下几个方面。

（1）确定网站建设的主题。网站制作前，要确定网站的主题，即明确做一个关于什么内容的网站，是专门卖化妆品的网站，还是一个类似淘宝网的综合网站。然后根据已经确定的主题，确定网站的名字，再根据网站的名字注册网站的域名，同时申请网站的空间。

（2）规划分析。明确了主题，就要根据客户的要求，进行整体规划、系统分析。如网站的题目是什么，网站的主色调是什么，网站的结构怎样，网站的风格如何定位，网站的导航、网站的栏目如何确定等。

（3）收集资料。主题已定，规划分析也已完毕，接下来，就要收集各种资料，包括文字资料、图片素材、影音素材等。

（4）撰写网站规划书。网站规划书应该尽可能考虑周全，涵盖网站建设中的各个方面。网站规划书的写作要科学、认真、实事求是。网站规划书的内容还要切实可行，确保其可操作性。网站规划书包含的内容有建设网站前的市场分析，建设网站的目的及功能定位，网站技术解决方案，网站内容规划，网页设计方案和网站维护计划等。

3. 电子商务网站规划的常用方法

1）调查法

所谓网站规划的调查法，就是通过市场调查、用户调查、受众群体调查，进行网站规划的一种方法，要多方听取意见，广开言路。通过对同行业网站的调查，对市场现状的调查，对用户需求的调查，对用户企业实际情况的调查，对网站将要面对的受众对象的调查，全面掌握信息，全面了解情况，并在此基础上进行网站的规划设计。

（1）市场调查。市场调查侧重对网站可行性进行分析，对网站的建设目的、功能进行准确定位。调查对象主要有同行业网站、本行业市场经营现状。调查结束后，经过整理，完成网站的目的确定及功能定位规划。

（2）用户调查。给谁做网站，就要了解谁的真实意图，按照客户的要求完成整个网站的规划。用户调查时一定要全面了解用户的真实目的、实际情况、现有条件、可利用资源

（3）受众群体调查。成品网站要为目标客户群服务。为了使网站一开始就以客户实际需求为目标，使网络的规划更符合实际需要，在网站的规划阶段就要对网站的受众对象进行调查，尽可能多地了解他们的实际需求。

对调查法取得的资料、数据经过汇总，便形成了完整的网站规划材料，经过整理后便可直接制作网站规划书，完成网站的规划工作。

2）参照法

参照法是指网站规划时大量参照同类网站、学习同类网站，从而形成自己的规划方案的一种规划方法。进行网站规划时，要大量浏览同类网站，广泛吸取同类网站的优点。小到一个栏目、一个导航，大到整体布局、二级页面组织都要参照大量的网站，取其精华去其糟粕，形成自己独特风格。具体在实施参照法时，要分步骤进行。以网站功能规划为例，其规划步骤如下：①上网浏览大量同类网站，重点查看各网站的功能；②总结各网站的功能特点，将各网站的功能列在纸上；③将各网站的功能与自己原有的设想进行对比；④结合自己实际需要，对各网站的功能进行去粗取精，完成网站功能规划。

3）手绘法

手绘法是将网站的规划用手绘的方式进行表现的一种方法，比较适用于页面的布局规划。这是最为传统的一种规划方法，小型网络公司目前还大量采用此种方法。小型网络公司的管理者一般都兼任规划设计职务。

4）软件规划法

软件规划法是指用 Word、Photoshop、Fireworks 等软件进行页面规划的方法。这是目前电子商务网站建设比较常用的页面规划方法。规划结束后，可以直接形成网站规划书，方便快捷。实际应用时，将网上可以参照的资源直接复制到 Word、Photoshop、Fireworks 等软件中，甚至可以在这些软件中进行修改。一般使用 Word 进行总体规划设计，而使用 Photoshop、Fireworks 等软件进行页面的样例规划。

5）移花接木法

移花接木法就是对网站的每个细节部分都在网上找到与自己设想比较一致的样例，然后将网上样例通过截图软件保存下来，并粘贴到自己的规划图上。其实现方法很简单，首先在搜索引擎中检索相关网站，例如检索"电子商务网站"，然后依次打开检索到的每一个网站，重点查看每个网站的头部，发现合适的头部后立即用抓图工具截图，放到 Word 或 Photoshop 中。运用此法，再依次找到体部的每一个栏目以及适合的尾部。最后用 Word 组合成一个完整的页面，形成整体网站的构思。

## 5.2.3　电子商务网站的构建与设计

良好的网站规划和设计是吸引人们浏览网页的重要手段。在互联网飞速发展的现在，电子商务迅速发展，一个精美的电子商务网站能够帮助企业更好地吸引人们的关注。

通常情况下，通过浏览器看到的网页大多是静态的。所谓"静态"，是指网站的网页内容"固定不变"，当浏览器通过互联网的 HTTP（Hypertext Transport Protocol）协议向 Web

服务器请求提供网页时，服务器仅仅是将原来设计好的静态 HTML 文档传给浏览器。其页面内容使用的仅仅是标准的 HTML 代码，最多再加上流行的 GIF89A 格式的动态图片。若网站维护者要更新网页的内容，就必须手动更新所有的 HTML 文档。

静态网站的致命弱点就是不易维护。为了更新网页的内容，网站维护者必须重复制作 HTML 文档，随着网站内容和信息量的日益扩增，动态网站的需求增加。"动态"并不是指放在网页上的图片会动，动态页面应具有以下几个特点：①交互性：即网页能根据客户的要求和选择而动态改变和响应，浏览器即作为客户端界面，是 Web 发展的大势所趋。②自动更新：即无须手动更新 HTML 文档，就能自动生成新的页面，从而大大减少工作量。③因时因人而变：即当不同的时间、不同的人访问同一网址时能产生不同的页面，这对使用者授权的网站尤其适用。

随着的 Internet 迅速发展，不管是专业的 ISP（Internet 服务提供者）和 ICP（Internet 内容提供者），还是一般的政府机关、银行、交通部门、学校、医院、服务者，甚至是每个人，都在积极寻求在 Internet 上发布信息，提供新型的网上管理和服务。可以说，网站设计和网站的编辑正成为新兴的热门行业。

网站信息构建（Website IA）是由信息构建（Information Architecture，IA）发展而来的。IA 是由美国建筑师理查德·沃尔曼先生在 20 世纪 70 年代中期提出的，其含义是"组织信息和设计信息环境、信息空间或信息体系结构，以满足需求者的信息需求的一门艺术和科学"。即以引导信息的组织"化复杂为明晰"和"使信息可理解"。然而，由于受到当时环境和条件的限制，沃尔曼提出的 IA 理论并没有得到认同和重视。直到 20 世纪 90 年代中后期，随着网络的普及，由此引发的网站使用效果与效率问题日益频繁地影响着人们的访问，迫切需要借助一定的理论与方法解决网站的内容组织和空间建构等一系列问题。这时，IA 被美国学者重新发现并率先将其引入到网站的设计开发中，取得了较好的效果而引起广泛的关注。如今，网站 IA 的研究成果和实践案例不断涌现。

网站 IA 是指借助图形设计、可用性工程、用户经验、人机交互、图书馆学和信息科学等学科的理论与方法，在用户需求分析的基础上，对网站内容进行组织规划与设计的理论及方法。网站 IA 不是图形设计、编程和数据库开发，但是它涉及所有这三个方面，它强调技术、用户与内容的融合，使得网站的信息可理解、易获取和易使用，从而实现满足用户信息需求的目的。网站 IA 关注总体设计和总体布局的体系结构思想在电子商务网站设计与管理中有着重要作用。

1）网站信息构建的作用

与传统的文献信息组成及传播相比，网站信息由主页、导航栏、链接、内容页、网站地图、网站索引和检索框等一系列要素组成。由于网站涉及的媒体类型、文献类型和文件格式多样繁杂，超文本导航构成多维信息空间，可与其他网站任意交换信息，信息组织处理的独立性导致网站信息结构松散，边界模糊无形，所以网站可以向访问者提供内容、销售产品、交易处理、贸易合作等方面的服务。与普通的网站相比，电子商务网站更加复杂，不仅需要提供支持复杂访问与操作的技术，而且要替代销售人员、技术人员、服务代表、订购者等，完成许多商务活动。因此，在电子商务网站构建时，为了使用户能够在大量的信息中容易地浏览或检索到所需的商品信息,使网站拥有者能够有效地维护与管理随时增加与变化的信息,需要借助网站 IA 来规划与组织商务信息。

利用网站 IA 体系结构思想,电子商务网站规划与构建者,可以制定总体发展规划和构造商务活动所需的信息空间,平衡商务网站所属组织机构和访问者的需求,明确网站构建的目的与远景,确定网站涵盖的内容、功能及网页信息之间的逻辑关系,利用具体的方法与技术指导网站的组织、导航、标识和检索系统的建立。

2)网站 IA 系统的构成

网站 IA 系统主要是由网站的组织系统(Organization Systems)、导航系统(Navigation Systems)、标引系统(Labeling Systems)和搜索系统(Search Systems)四大部件组成。

(1)组织系统的目的是将所有无序的信息块组织起来并建立起彼此间的联系,以便用户按照某种等级结构快速找到自己所需的内容。组织系统由信息组织方案和组织结构两部分组成,组织方案定义的是信息内容的共性,直接影响到信息的逻辑分组,组织结构表现的是这些分组之间的关系类型。

(2)导航系统是为用户在新环境中快速定位提供路径线索和标志,使用户始终明确自己"在哪里""曾经去过哪里"和"可以去哪里"等访问中经常迷茫的问题,导航系统对于超文本链接的建立具有指引作用。常见的导航系统有全局导航元素、局部导航元素、语境导航元素以及补充导航。

(3)标引系统是向用户展示组织和导航系统的手段,标引名称的来源有很多,有来自网站、控制词表、词库、用户和专家的,也有根据实际情况从待标引的内容中提炼出来的。网站中的标引主要包括对导航系统、索引项、链接、标题和图标的标引。

(4)搜索系统通过为用户提供搜索入口,使得用户可以快速地查找到网站中是否包含了自己所要寻找的信息。搜索系统与导航系统互为补充,以更好地满足不同用户的需求。

3)网站 IA 的操作方法

网站 IA 在实践应用中,主要采用两种方法:自顶向下(Top-down)信息构建和自下向上(Bottom-up)信息构建。

(1)自顶向下信息构建是指在对商务活动和用户需求理解的基础上,依次完成确定网站的范围与蓝图设计操作,然后具体建立网站组织系统和导航系统等。它是一种从抽象到具体的构建信息组织结构的开发方法,其特点是集中于用户和信息需求。

(2)自下向上信息构建是指在对信息内容(如数据库、底层网站的内容对象)和所用工具理解的基础上,依次完成创建内容板块和建造数据库操作,然后通过标引等手段对网站内容对象进行信息组织的开发方法,其特点是集中于识别各种商品信息和公开信息的逻辑结构与文献类型(如 pdf、doc、html)。

4)电子商务网站设计与管理的主要内容

基于网站 IA 体系结构思想与方法,电子商务网站的设计与管理的基本流程主要包括:网站的规划与分析、网站的设计与开发、网站管理系统的设计、网站的评估与测试四个环节。

（1）电子商务网站的规划与分析。电子商务网站的设计与管理直接关系到电子商务的交易过程以及交易效果，盲目而不考虑结果就将一个网站搬到网上，不但会造成资金、人员和时间的大量浪费，而且会因不好的印象而影响客户对产品或服务的选择。因此，借助于网站 IA 详细地规划和设计是相当关键的环节，其中包括的主要内容有：网站构建的作用与目标分析、用户类型与信息需求分析、竞争性市场定位及可行性分析、技术及工具的选择、域名注册与 ISP 的选择等有关信息空间的构建与总体构建方案的设计。

（2）电子商务网站的设计与开发。网站的设计与开发是电子商务网站建立的主体内容，关系到网站的使用效率和效果，是网站规划的执行层。因此，网站 IA 在这个基本环节中具有重要的作用，首先根据网站 IA 体系结构思想，以用户为中心设计网站信息内容组织与开发的流程；其次，采用自顶向下或自下向上方法进行信息结构设计；最后，在前面规划与设计的基础上，具体完成网站的主页面设计、网站的可视化设计和网页的创建等。此外，与电子商务网站运行有关的支付与物流方面的问题，也是进行设计与开发时需要考虑的。

（3）电子商务网站管理系统的设计。由于庞大而结构复杂的商务数据在处理时间与传递安全、速度等方面对网站动态管理与维护提出了更高的要求，而电子商务经营形态与经营环境的不断变化，使网站也要及时地调整其发展方向与设置的内容。因此，及时地收集外部的信息和接受客户的反馈，全面地分析电子商务网站管理及维护的内容与功能，有针对性地开发电子商务管理系统是保障电子商务网站有效运行的不可缺少的重要环节。其具体内容有网站管理的总体结构分析、文件管理、内容管理、安全管理、综合管理、国内外电子商务站点管理软件介绍、文件管理系统的建立、客户管理系统的建立和在线管理系统的建立等。

（4）电子商务网站的评估与测试。建起的网站是否达到了网站 IA 设计的规划、是否满足了业务流程和用户的要求、浏览与检索界面是否友好、操作是否简单、输入与输出的数据信息是否准确流畅、网站是否便于维护与管理等问题，都必须经过一定的评估与测试来解决，所以，正式推出电子商务网站前的评估与测试是十分必要的。当然，在创建网站内容与开发管理系统过程中会有大量的调试，但是这些无论如何都不能代替总体的评估和测试。评估与测试的内容包括速度、兼容性、交互性、链接正确性、程序健壮性、超流量评估与测试等，如果发现问题应及时解决并记录下来。评估与测试的方式与途径有许多种，如果是自己做的网站，可以请内部员工或请合作伙伴（如经销商、供应商、运输商、中介机构等）按照网站 IA 进行评估与模拟测试，或请目标客户进行评估与模拟测试等；如果是外包给开发商做的网站，除了上述的途径外，还可以与开发商共同评估与测试。

## 5.3 电子商务网站的运营及推广

### 5.3.1 电子商务网站的运营管理

网站的管理就是为了保证网站的正常运行。电子商务网站的管理主要包括安全管理、性能管理和内容管理三个方面的内容。安全管理是基础也是关键,它贯穿整个网站,从最底层的硬件到最高层的网页,每个环节都离不开安全管理。性能管理是内容管理的前提,只有在整个网站系统稳定高效的前提下才能更好地对内容进行管理和维护。

1. 安全管理

安全一直是困扰互联网发展的重要问题,即使是普通的互联网用户也避免不了恶作剧的网络攻击,更何况是向所有互联网用户开放的网站。如果电子商务网站受到攻击,数据受到破坏,就很可能会造成难以估计的损失。

安全问题存在于从硬件到软件的各个环节,所以安全管理非常困难。安全管理主要包括以下六个方面的内容:操作系统的安全管理、WWW 服务器软件的安全管理、脚本语言的安全管理、网上信息传输的安全管理、数据库的安全管理和人员的安全管理。

虽然有关安全的探讨和解决方案层出不穷,但因为安全问题无处不在,所以不可避免地不断有新的安全问题出现,因此安全对所有的网站来说都是一个很大的难题。

2. 性能管理

性能管理的主要任务是保证操作系统和 WWW 服务器的正常运行,然后在正常运行的基础上最大限度地优化系统的性能。另外,当系统的负荷满足不了日益增长的用户访问需求时,要制定合理的方案来及时升级系统的配置。

性能管理也需要考虑很多方面,如网络、操作系统、WWW 服务器、动态网页服务器和数据库服务器的管理等。网络的管理主要是指互联网的接入带宽是否满足多个并行访问的需求。其他方面的管理要考虑的内容也和网络管理类似,目的都是保证各个环节的性能都能满足最大用户的访问。

3. 内容管理

内容管理的主要任务是确保网页内容、数据和超链接的正确及数据的及时更新。例如,超链接很容易因为网页文件的移动、删除或重命名,以及网页编辑软件的修改和人员的疏忽而发生错误,导致用户在访问一个网站时经常打不开网页,所以网站管理者必须时常检查网页之间的超链接以确保用户的正常访问。

静态的内容不会改变,看几次也就够了,用户通常不会频繁地访问来获取相同的信息,所以只有经常更新网站的内容,才能不断吸引用户的访问。

## 知识拓展

## 十大定律

1. 250 定律

拉德认为：每一位顾客身后，大体有 250 名亲朋好友。假如您赢得了一位顾客的好感，就意味着赢得了 250 个人的好感；反之，假如你得罪了一名顾客，也就意味着得罪了 250 名顾客。

在网站访客中，一位访客可能会带来一群访客，任何网站都有起步和发展的过程，在这个过程中此定律尤其重要。

2. 达维多定律

达维多认为，一个企业要想在市场上占据主导地位，那么就要做到第一个开发出新产品，又第一个淘汰自己的老产品。

国内网站跟风太严重，比如格子网、乞讨网、博客网，一个成功了，大家一拥而上。但实际效果是，第一个出名的往往最成功，所以在网站的定位上，要动自己的脑筋，不是去捡人家剩下的客户。

3. 木桶定律

木桶定律是指，一只木桶能装多少水，完全取决于它最短的那块木板。这就是说任何一个组织都可能面临的一个共同问题，即构成组织的各个部分往往决定了整个组织的水平。

注重审阅自己的网站，是速度最糟糕，美工最糟糕，宣传最糟糕？首先要做的，不是改进最强的，而应该是最薄弱的。

4. 马太效应

《圣经新约》中有这样一个故事，一个国王远行前，交给三个仆人每人一锭银子，吩咐他们："你们去做生意，等我回来时，再来见我。"国王回来时，第一个仆人说："主人，你交给我们的一锭银子，我已赚了 10 锭。"于是国王奖励他 10 座城邑。第二个仆人报告说："主人，你给我的一锭银子，我已赚了 5 锭。"于是国王奖励了他 5 座城邑。第三个仆人报告说："主人，你给我的一锭银子，我一直包在手巾里存着，我怕丢失，一直没有拿出来。"于是国王命令将第三个仆人的一锭银子也赐给第一个仆人，并且说："凡是少的，就连他所有的也要夺过来。凡是多的，还要给他，叫他多多益善。"这就是马太效应。

在同类网站中，马太效应是很明显的。一个出名的网站，比一个新建的网站，更轻易吸引到新客户。启示是，假如无法把网站做大，那么就要做专，做专之后再做大就更容易。

5. 手表定理

手表定理是指一个人有一块手表时，可以知道现在是几点钟，而当他同时拥有两块手表时却无法确定。

一个网站，只需要关注特定的用户群需求，不要在意不相干人的看法。

6. 不值得定律

不值得定律：不值得做的事情，就不值得做好。

不要把时间浪费在美化、再美化页面，优化、再优化程序，在网站能盈利后，这些事情可以交给技术人员完成。

7. 彼得原理

劳伦斯·彼得认为：在各种组织中，由于习惯于对在某个等级上称职的人员进行晋升提拔，因而雇员总是趋向于晋升到其不称职的地位。

不要轻易改变网站的定位。

8. 零和游戏原理

当你看到两位对弈者时，你就可以说他们正在玩"零和游戏"。因为在大多数情况下，总会有一个赢，一个输，假如我们把获胜计算为得1分，而输棋计为－1分，那么，这两人得分之和就是：1＋(－1)＝0。不要把目光一直盯在你的竞争网站上，不要花太多时间抢它的访客。把这些时间用来寻找互补的合作网站，挖掘新访客。

9. 邦尼人力定律

一个人一分钟可以挖一个洞，六十个人一秒钟却挖不了一个洞。合作是一个问题，如何合作也是一个问题。

10. 蘑菇治理

蘑菇治理是许多组织对待初出茅庐者的一种治理方法，初学者被置于阴暗的角落(不受重视的部门，或打杂跑腿的工作)，浇上一头大粪(无故的批评、指责、代人受过)，任其自生自灭(得不到必要的指导和提携)。

## 5.3.2 电子商务网站的推广营销

网站推广计划是网络营销计划的组成部分，制订网站推广计划本身也是一种网站推广策略，推广计划不仅是推广的行动指南，同时也是检验推广效果是否达到预期目标的衡量标准，所以，合理的网站推广计划也就成为网站推广策略中必不可少的内容。一般来说，网站推广计划至少应包含以下主要内容。

(1) 确定网站推广的阶段目标。如在发布后1年内实现每天独立访问用户数量、与竞争者相比的相对排名、在主要搜索引擎的表现、网站被链接的数量、注册用户数量等。

(2) 在网站发布运营的不同阶段所采取的网站推广方法。如果可能，最好详细列出各个阶段的具体网站推广方法，如登录搜索引擎的名称、网络广告的主要形式和媒体选择、需要投入的费用等。

(3) 网站推广策略的控制和效果评价。如阶段推广目标的控制、推广效果评价指标等。对网站推广计划的控制和评价是为了及时发现网络营销过程中的问题，保证网络营销活动的顺利进行。

案例 5-6

### 网站推广

美国注册会计师协会旗下经营性门户网站CPA2Biz的营销部高级主管Melissa Rothchild说，在其公司成立 15 周年之际，他们通过电子邮件给客户发送了 15 周年庆的电子贺卡，其中含有对会计师打折的业务促销信息。结果该电子贺卡邮件的开信率高达 50%（行业的一般邮件打开率是 30% 左右），邮件中促销链接点击率高达 24%，CPA2Biz 这次 Email 营销活动直接带来了 6.6 万美元销售收入。

（资料来源：http：//wenku.baidu.com/link? url = CTqJP5L8AdFg4rgQlsV8t7DEz79xjNuKVYND3kQGhI6cTNNQPX46TUlr8w9kX5CKyFd－T7_ mf8racCPwp－2IQ4cAqIT_ oA2PA5uP9JUsbDK.）

在推广计划中，网站的具体的推广方法显得尤位重要。如何有效的宣传，让大家知道并且了解这个网站，成为重中之重。网络资源的最大优势在于快速、便捷、低廉、高效，且具有互动性。如今上网的人越来越多，信息传播面广，传播速度快——可以充分利用这些特点，通过以下方法制定有计划的网站推广方案。

### 1. 利用搜索引擎进行营销

搜索引擎推广是指利用搜索引擎、分类目录等具有在线检索信息功能的网络工具进行网站推广的方法。在网络营销中，应该重视搜索引擎的作用。网站正式发布后应尽快提交到主要的搜索引擎，并关注网站是否被搜索引擎注册或登录，是否在相关关键字搜索时获得比较靠前的排名位置。

### 2. 关联网站推广策略

所谓关联网站，通常是指同一个机构所拥有或控制的各个独立的网站（包括二级域名的网站），但这些网站之间具有互相推广的关联关系。在实际应用中要合理利用关联网站之间的关系，不要使之成为虚假网站流量的工具。关联网站的作用表现在三个方面：增加在搜索引擎检索结果中被用户发现的机会、便于单个产品的重点推广、关联网站之间的链接优势。

### 3. 微博推广

微博推广以微博作为推广平台，每一个听众（粉丝）都是潜在营销对象，每个企业利用更新自己的微型博客向网友传播企业、产品的信息，树立良好的企业形象和产品形象。每天更新的内容有大家所感兴趣的话题，这样就可以达到营销的目的。

### 4. 举办活动来提高网站知名度

可以与政府或知名企业或网站等合作，举行一些活动，例如慈善活动，随着社会对慈善事业的广泛关注，此举不仅能提高网站的知名度，也能赢得大家的喜欢，从而为网站以后的运营积累下一定的信誉度。

### 5. 利用弹出式网络广告推广

弹出式广告是指当人们浏览某网页时，网页会自动弹出一个很小的对话框。随后，该对话框或在屏幕上不断盘旋或漂浮到屏幕的某一角落。当你试图关闭时，另一个会马上弹出来。虽然这是提高网站访问量的一个有效的方法，但用户会对大量的弹出广告产生反感情绪，且从长期来看，这种非自愿的访问量对销售增长帮助不大。

## 6. 利用传统的媒介推广

在网站推广的过程中,除了应用网络技术外,传统的推广手段也可以用来使用,网上和网下的推广结合起来效果更好。在传统推广策略中可以充分利用传统推广工具,比如电视、报纸、杂志以及其他传统媒体广告等,在这些工具里面强调企业网址,有意地强调网站的重要性,当顾客对你的产品感兴趣但是当前产品又不能够满足时,他们就会通过网址访问企业的网站,这样,这个传统推广策略的目的也就达到了。

## 7. 病毒营销

病毒营销(Viral Marketing)是指通过类似病理方面和计算机方面的病毒传播方式,即自我复制的病毒式的传播过程,利用已有的社交网络去提升品牌知名度或者达到其他的市场营销目的。也就是说,通过提供有价值的产品或服务,"让大家告诉大家",通过别人为你宣传,实现"营销杠杆"的作用。病毒式营销已经成为网络营销最为独特的手段,被越来越多的商家和网站成功利用。

最普遍的口头传递病毒营销方式是"告诉一个朋友"或"推荐给朋友",这也是大部分网站使用的方法。或者将网站的特征、核心等做成"病原体",其必须要有"传染性",能够引起别人的兴趣从而达到网站推广效果;然后选择准确的目标群体,也就是"易感人群",在适当的时机,通过发布渠道将网站进行推广,QQ、论坛、邮箱、微信朋友圈、微博是常用的渠道。同时"病原体"上要嵌入代码或网址,通过观察后台数据,就可以清晰地看到"病原体"的传播效果,可以据此进行调整。

**案例 5-7**

### 微信病毒式营销

微信病毒营销本质在于基于微信朋友圈这个相对真实、社交信任度相对较高的背景环境下,利用微信某些特定功能,辅助"病原体"在熟人之间进行更有效的传播,从而达到传播效益的最大化。甚至,可以通过一些小技巧,将热点进行强制性的曝光。

1. 转发福利式

案例:"饿了么"发红包。

通过人的心理——"利己性+利他性",将整个活动传播开去,再利用红包内的优惠券促使用户消费,从而带动整个平台的销售额。这种活动可以长期进行,人们对经常使用的代金券有长期的需求,但是成本较高。

2. 游戏炫耀式

案例:围住神经猫。

除了游戏本身极富趣味性外,利用炫耀分数让用户产生了一种自我满足感,从而引起用户的传播,活动实质上是用趣味性的方式为用户提供了一个寻求社会认同感的平台。成功的游戏"病毒"引爆的是游戏的热潮,知名度会迅速提升,但是用户的增长量却不是很明显。

3. 测试表达式

案例：×××被爱的五个理由。

用户转发不仅是一种娱乐的体验，更是一种对自我的表达，是一种寻求社会认同感的表现。同游戏炫耀式一样，测试的确可以当成引爆点，但是不能很好地进行用户的转化。

4. 游戏福利式

案例："赫莲娜"开年送礼。

HR赫莲娜在14年伊始曾做过送"赫"礼的活动，用户只需在微信中回复"我爱HR"即可参与。通过有趣的接宝游戏，可"马"上领取赫莲娜2014全新登录的极致修护晚霜体验装。同时如果分享活动，能得到更多的游戏机会和神秘好礼。游戏过后获得结合身份识别的唯一兑换二维码，让中奖用户到线下专柜领取。

除去该品牌自身的影响力外，该活动趣味性强，礼品充满诱惑力。参与游戏之前会员必须进行注册，这就在提升知名度的同时，也诱导增长了用户量。另外，赫莲娜有线下实体店的空间优势，可以将线下礼品的发放与线上活动同时进行，形成完美的O2O闭环。

5. 互动分享式

案例："耐克"人人都是摄影师。

2014年，AKQA与Nike合作，利用微信平台推出"自由起动"活动。关注Nike的微信号，随意上传一张照片，就能即刻收到一张根据照片量身打造的FREE ID设计图，上传的照片越是颜色亮丽、对比度高，FREE ID设计图的色彩也就越丰富。将设计图和起动故事分享到微博，还有可能获得一双真正的跑鞋。活动开始的一个月内，便积累了33 090张上传照片。

这种基于微信的互动营销由于活动内容充满创意，新鲜有趣，所以颇具人气。参与用户在关注微信公众号的同时，通过在其他平台的分享将活动传播开去。实际上，Nike此举完成了微博、微信粉丝的双向导流。

6. 投票福利式

案例："丽康宝贝"健康宝宝评选。

2015年，"丽康宝贝"发起健康宝宝评选活动，通过上传宝贝的照片到平台，为宝贝投票，从而评选出健康宝宝送出奖金。此活动看似为孩子提供了一个展示的平台，实际上是通过父母对孩子的自豪感和初为父母的表现欲，再加以奖金诱惑让其主动在朋友圈之间传播。通过关注微信号才能参与该活动，收获用户的同时也能造成用户的主动传播，网络票选的确是病毒式营销较稳妥的方式之一。而活动中的意见领袖与初期平台的粉丝基数也是网络票选能否成功的关键。

7. 活动集赞福利式

案例：Uber"极限挑战"活动。

Uber曾联合The North Face推出"1键冒险"活动，用户将活动信息分享到朋友圈集齐88个赞就有可能获取参与到极限挑战的资格。

活动自身同样是有趣有料，通过分享加集赞的方式让想参与的用户主动进行传播，对活动信息进行强制性的曝光，知名度提升很快。然而，想参与活动的人群只是一部分，参与用户让朋友帮忙点赞后由于所需点赞数太多或其他原因，朋友极少数会对活动信息进行二次分享，所以在第二轮传播中不少病毒链将会断掉。所幸一个人集齐需要88个赞，第一轮病毒传播的效益很大。

8. 升级集赞福利

案例：大众点评"拼色块"。

大众点评经常做升级版的集赞活动，推出某个活动传播给朋友，然后可获取优惠券。其实这种方式是"新酒装旧酒"，由直接集赞升级为让朋友拼色块，其本质都是让朋友看到这条活动信息。但是游戏可以直接发送给特定的朋友让其为自己点赞,避免分享到朋友圈让全部好友看到。通过拼色块游戏并不能直接为品牌带来用户,但是因为"优惠券"的使用而不得不成为品牌的用户。这种创新升级式的变相集赞适用于搭配纯福利(不能为用户提供展示面的福利:如现金、话费、优惠券、礼品)进行,而优惠券则是能带来销售额的最佳选择。

(资料来源:http://mp.weixin.qq.com/s?_biz=MzAwMDA3ODc2NQ==&mid=400005657&idx=1&sn=d9effdcd59b55a0272321a744749780a&scene=23&srcid=0413VrPi78rflm0A5ZVFHe2A#r。)

8. 事件营销

事件营销是指企业通过策划、组织和利用具有新闻价值、社会影响以及名人效应的人物或事件,吸引媒体、社会团体和消费者的兴趣与关注,以求提高企业或产品的知名度、美誉度,树立良好品牌形象,并最终促成产品或服务的销售的手段和方式。

事件营销存在两种模式:借力模式和主动模式。对于借力模式,将电子商务网站向社会热点"电商时代"等靠拢,从而在公众对热点话题的关注的同时实现网站的推广。对于主动模式,根据自身电子商务网站的特点、特征及核心,通过新闻等媒体使其成为社会的关注点,从而达到电子商务网站的推广。

### 案例 5-8

### ALS 冰桶挑战:席卷全球的公益病毒

ALS 冰桶挑战可以说是 2014 年夏天的大赢家,它由国外传入,并经国内最大的社交平台微博不断发酵。率先接受挑战的是科技界类似于周鸿祎、雷军、李彦宏这样的"大佬"们。而后,娱乐圈的各路明星也纷纷加入活动,使冰桶挑战的热度持续升温。围观的群众表示虽然自己被点到名的可能性非常之小,但看着平日里高高在上的名人们发如此亲民又好玩的视频实乃一大乐趣。

ALS 中文全称是"肌萎缩侧索硬化症",患有此病的波士顿学院的著名棒球运动员 PeteFrates 希望更多人能够关注到这一疾病,于是发起冰桶挑战。ALS 冰桶挑战是一次公益与营销十分有效的结合,不少品牌也纷纷依靠此活动借势营销,三星向苹果发起了"冰桶挑战"就是非常有名的案例。

(资料来源:http://www.cctime.com/html/2015-1-7/201517958599432.htm。)

当然,还有很多其他推广方法,例如利用户外媒体广告,生活用品、办公用品等推广网站,应该利用一切机会扩大网站的知名度。在推广过程中对网站推广措施的效果进行跟踪,定期进行网站流量统计分析,必要时与专业网络顾问机构合作进行网络营销诊断,改进或者取消效果不佳的推广手段,在效果明显的推广策略方面加大投入比重。要根据网站的自身情况,做好大面积的、高效的宣传工作,设计出显眼的、个性的、有独特魅力的推广方式。

# 本章小结

电子商务运营就是搭建电子商务平台，设计完备的电子商务解决方案将产品优化，再通过电子商务平台将其推广出去，同时建立服务团队支撑整个电子商务平台的运作。它主要包括电子商务平台建设和维护、品牌策略、视觉营销、品牌塑造及推广方案。电子商务运营是随着电子商务的发展而逐渐产生的，属于一种全新的网络营销方式，在电子商务市场争夺日益激烈的今天，这种营销方式越来越被企业看重。

根据参与主体和方式的不同，一般把电子商务运营模式划分为B2B模式、B2C模式、C2C模式、B2G模式、B2E模式、C2B模式和O2O模式。

电子商务网站建设包括网站定位、资料的收集与整理、确定网站的内容及栏目结构、规划网站内容的组织构架、设计网页的整体外观与导航、网站的风格设计、版式设计、色彩设计。

网站的管理就是为了保证网站的正常运行。电子商务网站的管理主要包括安全管理、性能管理和内容管理三个方面的内容。安全管理是基础也是关键，它贯穿整个网站，从最底层的硬件到最高层的网页，每个环节都离不开安全管理。性能管理是内容管理的前提，只有在整个网站系统稳定高效的前提下，才能更好地对内容进行管理和维护。

网站推广计划是网络营销计划的组成部分，制订网站推广计划本身也是一种网站推广策略，推广计划不仅是推广的行动指南，同时也是检验推广效果是否达到预期目标的衡量标准。

## 关键术语

B2B( Business to Business )    B2C( Business to Customer )
C2C( Customer to Customer )    B2G( Business to Government )
B2E( Business to Employee )

# 习 题

**一、判断题**

1. 电子商务运营就是搭建电子商务平台，设计完备的电子商务解决方案将产品优化，再通过电子商务平台将其推广出去，同时建立服务团队支撑整个电子商务平台的运作。（　　）
2. B2C 指消费者之间的电子商务。（　　）
3. 在规划网站的信息时，常用的组织结构有序列结构、分栏结构、等级结构和网状结构。（　　）
4. 病毒营销是指通过类似病理方面和计算机方面的病毒传播方式，即自我复制的病毒式的传播过程，利用已有的社交网络去提升品牌知名度或者达到其他的市场营销目的。（　　）

**二、选择题**

1. 下列不属于电子商务运营内容的是（　　）。
   A. 品牌策略的制定　　　　　　　B. 开发
   C. 电子商务运营平台的装饰　　　D. 品牌推广方案的策划
2. 企业与企业之间的电子商务是（　　）。
   A. B2B　　　　B. B2C　　　　C. B2G　　　　D. B2E
3. 电子通关、电子报税属于（　　）。
   A. B2B　　　　B. B2C　　　　C. B2G　　　　D. B2E
4. 二维表结构是（　　）。
   A. 序列结构　　B. 分栏结构　　C. 等级结构　　D. 网状结构
5. （　　）指利用搜索引擎、分类目录等具有在线检索信息功能的网络工具进行网站推广的方法。
   A. 搜索引擎推广　B. 关联网站　　C. 博客推广　　D. 病毒营销

**三、简答题**

1. 什么是电子商务运营？
2. 电子商务运营的内容有哪些？
3. 电子商务运营模式有哪些？
4. 简述电子商务网站建设规划过程。
5. 电子商务网站运营管理体现在哪些方面？
6. 电子商务网站推广方式有哪些？

## 阿里巴巴电子商务案例分析

1. 阿里巴巴电子商务网站介绍

阿里巴巴是中国领先的b2b电子商务公司，为来自中国和全球的买家、卖家，搭建高效、可信赖的贸易平台。其国际贸易网站主要针对全球进出口贸易，中国网站针对国内贸易买家和卖家。

基本功能：

（1）会员功能：注册、修改个人信息、申请各类收费服务等。

（2）发布产品功能。

（3）管理交易和订单功能。

（4）顶级商铺旺铺功能。

（5）图片相册功能。

（6）绑定支付宝、设置地址、开通全站账户等。

2. 阿里巴巴的运营模式

（1）专做信息流，汇聚大量的市场供求信息。信息更新快，信用度高，吸引了不少企业。

（2）采用本土化的网站建设方式，针对不同国家采用当地的语言，简易可读，还具有亲和力。阿里巴巴网站有多种不同的语言，用户可以选择不同语言形式这种形式吸引了更多的用户。

（3）网站门槛低，以免费的方式吸引企业登录平台注册用户，成为会员，汇聚商流，活跃市场，源源不断的信息流创造了无限商机。因为注册会员的人或企业越来越多，信息源源不断地更新，流量越来越大，也因此让阿里巴巴成为全球最大的B2B网站。

（4）阿里巴巴的信用度非常高，也因此吸引了大量企业，以打广告的形式运营。因为阿里巴巴有难以模仿的特点，吸引了更多的用户注册会员。

（5）阿里巴巴的物流体系和配送服务体系越来越完善。

（6）建立各种服务信息点，让用户了解阿里巴巴，信任阿里巴巴。

3. 阿里巴巴的管理模式

（1）阿里巴巴的信息流十分对称，没有不真实的，而且非常流畅，不受阻拦，反应速度非常快，信息更新速度也特别快。

（2）阿里巴巴的物流功能也在不断完善，越来越好，物流正在向全球化、信息化、一体化的方向发展，需求配送、装卸、库存越来越好，唯一缺乏的就是物流的个性化。

（3）阿里巴巴在保证消费者的隐私权、知情权、选择权、确认权、撤销权等方面做得比较完善。

（4）阿里巴巴诚信度非常高，但仍然存在不足之处，应该尽快建立网上、网下的失信惩戒机制，就算是电子商务发展之所需，也要有建设诚信社会的要求。

4. 阿里巴巴运作流程

阿里巴巴的运作流程简单来说是三步。

（1）申请旺铺，如果非诚信通会员，在阿里巴巴有活动期间可以按活动规则免费得到旺铺，另一方面可以购买旺铺，如果是诚信通会员，就本身具有旺铺了。

（2）旺铺基础建设/上传产品/设置检查和优化产品关键字，重视产品更新和信息推广。

（3）旺铺营销：旺铺优化/平台推广/信息发布技巧及借助阿里平台内及互联网其他进行平台综合营销。

5. 站点结构图

商城交易模块结构如图5.1所示(该结构图为大体结构,标准化结构以正式网站为准)。

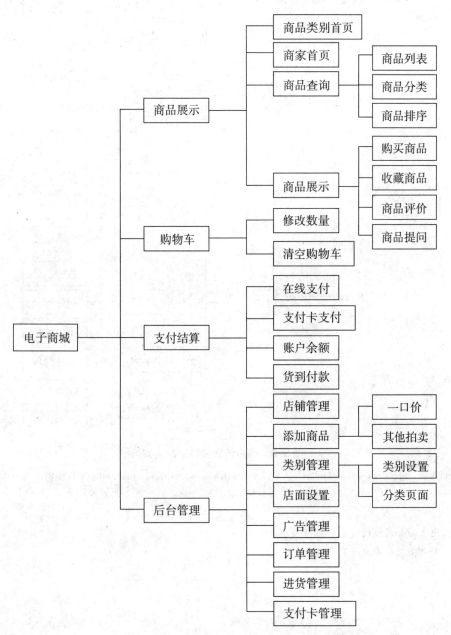

图 5.1　商城交易模块结构

账户管理模块功能结构如图5.2所示(该结构图为大体结构,标准化结构以正式网站为准)。

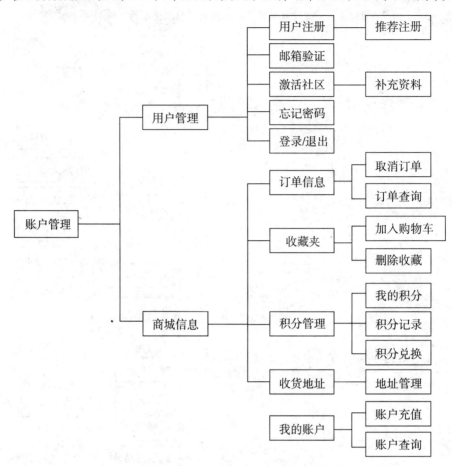

图 5.2 账户管理模块功能结构

(资料来源:http://wenku.baidu.com/link?url = d8xKWUGoxWmGjTOqrt1pMO5MKkF4MVDkeTxzDm WAZ7Q1ESG9 rsUImeWUahxrH4cU2XAiCry6EyMqPCRT7GhAL_ Ey5PRfQpsln5UybCff6AC.)

思考:

(1) 电子商务网站的建设步骤有哪些?

(2) 如何成功运营电子商务网站?

# 第 6 章 电子商务物流配送与配送中心

【学习目标】
(1) 配送的概念、分类和特征。
(2) 配送中心的概念、分类和功能。
(3) 配送中心的基本流程。
(4) 配送中心的设计原则、规划要素和规模的确定。
(5) "最后一公里"配送的概念和模式分析。

【学习重点】
(1) 配送中心的功能和基本流程。
(2) 配送中心规模的确定。
(3) "最后一公里"配送的模式分析。

【学习难点】
(1) 配送中心规模的确定。
(2) "最后一公里"配送的模式分析。

电子商务与快递物流

### 导入案例

**亚洲日订单处理能力最强的自动化物流配送中心——"华东一号"智能仓库**

"华东一号"仓库坐落在上海市松江区,占地面积20 000平方米,规划有10万立方米实时有效动态容量,50万种SKU(库存量单位)的管理能力,以及20万单的日订单处理能力。"华东一号"采用先进的自动化设备、软件技术和符合中国经验的商业模式,所有货物都设计有严格高效的入库和出库策略,拣选方式已从传统的"人找货"转变为"货到人",与传统仓库相比,其空间利用率也更为充分,能耗也大为下降。目前已有越来越多的电商入驻"华东一号"。

(资料来源:http://news.xinhuanet.com/tech/2015-06/23/c_127938944.htm.)

什么是物流配送,配送中心的功能有哪些?本章将介绍配送中心的概念、功能和作业流程等内容。

【拓展知识】

## 6.1 配　送

### 6.1.1 配送的概念

配送是在经济合理区域范围内,根据用户要求,对物品进行拣选、加工、包装、分割、组配等作业,并按时送达指定地点的物流活动。

配送是物流活动中一种特殊的、综合的活动形式,它将商流与物流紧密结合起来,既包括商流活动,也包含物流活动中若干功能要素,是物流的一个缩影或在某小范围中全部物流活动的体现,也有人称配送是物流活动中的"小物流"。一般的配送集装卸、包装、保管、运输于一身,通过这一系列的物流活动将货物送达目的地;特殊的配送则还要进行流通加工活动,其目的指向是安全、准确、优质服务和较低的物流费用。

### 6.1.2 配送的分类

经过较长时间的发展,国内外出现了多种形式的配送,以满足不同产品、不同企业、不同流通环境的要求。各种配送形式都有各自的优势,但也有一定的局限性。

**1. 按实施配送的节点不同分类**

1)配送中心配送

组织者是专职配送的配送中心,规模较大,有的配送中心需要储存各种商品,储存量比较大,也有的配送中心专职配送,储存量较小,货源依靠附近的仓库补充。从实施配送较为普遍的国家看，配送中心配送是配送的主体形式，不但在数量上占主要部分，而且是某些小配送单位的总据点，因而发展较快。配送中心配送覆盖面较宽，是大规模配送形式，因此，必须有一套配套的大规模实施配送的设施，如配送中心建筑、车辆、路线等。配送中心一旦建成便很难改变，灵活机动性较差，投资较高，在实施配送时难以一下子大量建立配送中心。因此，这种配送形式有一定局限性。

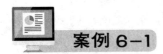

### 淘宝的配送模式及发展

淘宝网的配送模式是第三方配送模式，每个卖家都有自己经常选择的快递公司，送货时间长短不太可控。从广义上来看，淘宝网的物流系统全部都是依靠第三方物流公司，淘宝网主要是为卖家提供一个网络商店主页。所谓的淘宝物流模式，就是卖家与第三方物流公司的一种合作模式。卖家联系第三方物流公司将货物交给它，再通过第三方物流公司的供应链系统将货物送达给客户。第三方物流公司的运力、配送点分布的广泛、库存能力的高低以及公司现代化的进程等，决定了运输实力的大小以及将货物送达客户手中的时间长短。对于卖家来说，选择一家良好的第三方物流公司十分重要。首先是要确定物流公司的实力，再者是对比哪家物流公司给予自己的优惠幅度大。买家在网上寻找自己需要的货物并联系卖家，在淘宝网下订单。卖家根据买家的订单将货物找好，拿到快递公司位于该地区的收发货网点或是快递公司的快递人员上门收取运输货物，并将货物打包且按照客户在订单上留下的信息填写快递公司的发货单，由此形成托运关系。

（资料来源：http://wenku.baidu.com/link?url=iFD2MzbyohV34J-1SG3fcICirkxn_ePf-5mCXx36sN87jjmRRm2A0eJ3bm43Uz9s7BH7V8tMqlJUs30LEieWkG-7xjD353ep0Y5lLBqHdpO.）

2) 仓库配送

仓库配送是以一般仓库为据点进行配送的形式。它可以是仓库完全改造成配送中心，也可以是以仓库原功能为主并在保持原功能前提下，增加一部分配送职能。其优点是较为容易利用现有条件而不需大量投资。

3) 商店配送

组织者是商业或物资的门市网点，这些网点主要承担商品的零售，规模一般不大，但经营品种较齐全。除日常零售业务外，还可根据用户的要求将商店经营的品种配齐，或代用户外订、外购一部分本商店平时不经营的商品，和商店经营的品种一起配齐送给用户。

2. 按配送商品种类及数量不同分类

1) 少品种、大批量配送

工业企业需要量较大的商品，单独一个品种或几个品种就可达到较大输送量，可实行整车运输，这种商品往往不需要再与其他商品搭配，可由专业性很强的配送中心实行这种配送。其特点是配送工作简单，成本较低。

2) 多品种、少批量配送

多品种、少批量配送是按用户要求，将所需的各种物品（每种需要量不大）配备齐全，凑整装车后由配送据点送达用户。这种配送作业水平要求较高，配送中心设备复杂，配货、送货计划难度大，要有高水平的组织工作保证和配合。

3）配套成套配送

配套成套配送是指按企业生产需要，尤其是装配型企业生产需要，将生产每一台件所需全部零部件配齐，按生产节奏定时送达生产企业，生产企业随即可将此成套零部件送入生产线装配产品。这种配送方式，配送企业承担了生产企业大部分的供应工作，有利于使生产企业专注于生产。

### 3. 按配送时间及数量分类

1）定时配送

定时配送是指按规定时间间隔进行配送（如数天或数小时一次等），每次配送的品种及数量可按计划执行，也可在配送之前以商定的联络方式（如电话、计算机终端输入等）通知配送品种及数量。

2）定量配送

定量配送是指按规定的批量在一个指定的时间范围中进行配送。这种方式配送数量固定，备货工作较为简单，效率较高。

3）定时、定量配送

定时、定量配送是指按照规定配送时间的配送数量进行配送。这种方式兼有定时、定量两种方式的优点，但特殊性强，计划难度大，适合采用的对象不多，因而不是一种普遍的方式。

4）定时、定路线配送

定时、定路线配送是指在规定的运行路线上制定到达时间表，按运行时间表进行配送，用户可按规定路线、规定时间接货及提出配送要求。

5）即时配送

即时配送是完全按用户突然提出的配送要求的时间和数量进行配送的方式，是一种具有很高的灵活性的配送应急的方式。采用这种配送方式的物品品种可以实现保险储备的零库存，即用即时配送代替保险储备。

### 4. 按加工程度不同分类

1）加工配送

加工配送是一种和流通加工相结合的配送方式。它在配送节点中设置流通加工环节，或是使流通加工中心与配送中心建立在一起。当社会上现成产品不能满足用户需要，或是用户根据其对工艺的要求需要使用经过某种初加工的产品时，可以对产品加工后进行分拣、配送，再送货到户。流通加工与配送的结合，使流通加工更具有针对性，配送企业不但可以依靠送货服务、销售经营取得收益，还可以通过加工增值取得收益。

2）集疏配送

集疏配送是一种只改变产品数量组成形态而不改变产品本身物理、化学性态的与干线运输相配合的配送方式。例如，大批量进货后以小批量、多批次发货，零星集货后以一定批量送货等。

5. 按配送的组织形式不同分类

1）集中配送

集中配送是指由专门从事配送业务的配送中心对多家用户开展配送。其配送中心规模大，专业性很强，可与用户确定固定的配送关系，实行计划配送。集中配送的品种多、数量大，可以同时对同一线路中的几家用户进行配送。集中配送的经济效益明显，是配送的主要形式。

2）共同配送

日本是较早开展共同配送的国家之一，关于共同配送，日本有两种较为常见的定义。在日本工业标准中，"共同配送是为提高物流效率，对许多企业一起进行配送"。这个定义较为简单，强调了共同配送的目的，但没有深入其本质。日本运输省也对共同配送进行了界定，认为共同配送指"在城市里，为使物流合理化，在几个有定期运货需求的企业之间，由一个卡车运输业者，使用一个运输系统进行的配送"。

我国国家标准《物流术语》（GB/T 18354—2006）对共同配送的定义是"由多个企业联合组织实施的配送活动"。这种配送有两种情况：一种是由中小型生产企业之间分工合作实行共同配送，另一种是由几个中小型配送中心之间实行共同配送。前者是同一行业或同一地区的中小型生产企业在进行运输数量少、效率低的单独配送的情况下，进行联合共同配送，这样不仅减少了企业的配送费用，弥补了配送能力薄弱的企业和地区，而且有利于缓和城市交通拥挤，提高配送车辆的利用率。后者是针对某地区的用户由于所需物资数量较少，配送车辆利用率低等原因，几个配送企业将用户所需的物资集中起来，共同制定配送计划，实行共同配送。

3）分散配送

对少量、零星货物或临时需要货物的配送业务，一般由商业和物资零售网点进行分散配送。由于商业和物资零售网点具有分布广、数量多、服务面广的特点，它们比较适合开展对近距离、品种繁多而用量小的货物配送。

## 6.1.3 电子商务下的快递物流配送特征

随着电子商务的发展，物流配送更多的是顾客网络购物背后的敏捷运作，出现了信息化、自动化、网络化、智能化、柔性化的特征。

1. 信息化

物流配送信息化是适应经济全球化与市场一体化的要求，充分运用信息化手段和现代化方式，对物流配送做出快速反应，对资源进行快速整合，并使物流、资金流和信息流最优集成的管理模式与创新。随着信息技术的快速发展，国际、国内各种商业物流配送中心利用信息技术提升管理水平的企业已经越来越多。例如，目前各企业采用较多的信息管理技术包括产品识别条形码（Bar Code，BC）、企业资源计划系统（Enterprise Resource Planning，ERP）、管理信息系统（Management Information System，MIS）、电子数据交换系统(Electronic Data Interchange，EDI)、地理信息系统(Geographic Information System，GIS)、自动分拣系统(Automated Sorting System，ASS)、柔性物流系统(Automated Guided Vehicle，AGV)、全球定位系统(Global Positioning System，GPS)、仓库管理系统(Warehouse Management System，WMS)等。信息化是物流配送的基础，没有信息化，任何先进的技术设备都不可能应用于配送领域。

### 2. 自动化

自动化配送系统是根据配送作业的需要，应用现代电子和信息技术及相应的自动化设备，完成货物的自动识辨、分拣、储存和提取，将直接面对服务对象的集货、配货和送货有机地结合起来。自动化的基础是信息化，自动化的核心是机电一体化，自动化的外在表现是无人化，自动化的效果是省力化，它可以扩大物流作业能力、提高劳动生产率、减少物流作业的差错等。中国先进的物流装备和物流技术不断涌现，除了传统的货架、叉车、其他搬运车辆外，诸如自动化立体仓库、各种物流输送设备、高速分拣机、RFID 和 RF 无线射频技术、AGV 等先进物流装备和技术都得到高速发展。

### 3. 网络化

物流领域网络化的基础也是信息化，这里指的网络化有两层含义：一是物流配送系统的计算机通信网络，包括物流配送中心与供应商或制造商的联系要通过计算机网络。另外，与下游顾客的联系也要通过计算机网络通信，如配送中心向供应商提出订单这个过程，就可以使用计算机通信方式，借助于增值网(Value – Added Network，VAN)上的电子订货系统(Electronic Ordering System，EOS)和电子数据交换技术(EDI)来自动实现，物流配送中心通过计算机网络收集下游客户的订货的过程也可以自动完成。二是组织网络化及企业内部网(Intranet)。如我国台湾地区计算机业 20 世纪 90 年代创造的"全球运筹式产销模式"，其基本点是按照客户订单组织生产，生产采取分散形式，将全世界的计算机生产资源都利用起来，采取外包的形式将一台计算机的所有零部件、元器件、芯片外包给世界各地的制造商去生产，然后通过全球的物流网络将这些零部件、元器件和芯片发往同一个物流配送中心进行组装，再由该物流配送中心将组装的计算机迅速发给订户。

物流配送的网络化是物流信息化的必然结果，是电子商务下物流配送活动的主要特征之一。全球网络资源的可用性及网络技术的普及，为物流的网络化提供了良好的外部环境，物流网络化不可阻挡。

### 4. 智能化

物流配送管理智能化是物流科学作业的一个部分，它对现行配送模式进行优化，坚持"打破行政区划，按照经济区域进行配送"的原则，综合考虑客户在物流点之间的最短距离及配送中心之间资源的匹配能力，精确计算全局近似最优路径。智能化是物流自动化、信息化的一种高层次应用，在物流自动化的进程中，物流智能化是不可回避的技术难题。好在专家系统、机器人等相关技术在国际上已经有比较成熟的研究成果，物流的智能化已成为电子商务下物流发展的一个新趋势。

## 5. 柔性化

柔性化本来是为实现"以顾客为中心"理念而在生产领域提出的,但要真正做到柔性化,即真正地能根据消费者需求的变化来灵活调节生产工艺,没有配套的柔性化的物流系统是不可能达到目的的。20 世纪 90 年代,国际生产领域纷纷推出弹性制造系统(Flexible Manufacture System,FMS)、计算机集成制造系统(Flexible Manufacture System,FMS)、计算机集成制造系统(Computer Integrated Manufacturing System,CIMS)、制造资源系统(Manufacturing Resource Planning,MRP)、ERP 及供应链管理的概念和技术,这些概念和技术的实质是要将生产、流通进行集成,根据需求端的需求组织生产,安排物流活动。因此,柔性化的物流正是适应生产、流通与消费的需求而发展起来的一种新型物流模式。这就要求物流配送中心根据消费需求"多品种、小批量、多批次、短周期"的特色,灵活组织和实施物流作业。

在电商行业,市场份额排名靠前的自营电商企业,如京东商城、苏宁易购、国美、1 号店等大都开始采取完全自建物流或者部分自建物流的方式,也就是说大部分排名靠前的网络零售企业都不同程度地进入了快递行业,而且大部分自建物流的电商及其市场份额都在增加。

### 唯品会自建物流

论及电商自建物流,当大多数人都将目光聚焦到京东商城时,很少有人注意到唯品会的自建物流。早在 2014 年 7 月,唯品会就正式宣布自建物流,但这块业务的具体情况很少被公之于众。据唯品会高级副总裁唐倚智说,唯品会目前已成立全资控股的品骏物流公司,快递员已有 1.5 万人,实现了全国无盲点覆盖。品骏物流采取全自建无加盟,购买了干线物流车辆,与奥凯航空等合资成立了航空物流公司,并正在与比亚迪等电动汽车厂谋谈定制品骏自己的电动配送汽车,意图革新整个快递业。截至 2015 年 10 月,品骏快递承载唯品会 80%的订单,这部分订单占品骏总配送量的 70%,品骏同时为导购、电视购物、品牌商等第三方提供物流配送服务,这部分业务占品骏的 30%。

作为自建物流,品骏快递与"四通一达"相比其区别还是存在的。

首先,品骏的管理全部是直营模式,由自己控制。跟"四通一达"的加盟模式不同,服务上也存在区别。此外,品骏物流覆盖范围广而且深。其服务的范围可以说是是所有快递公司里最广的,很多顺丰、"四通一达"送不到的地方它都可以送到,比如说贵州,全境无盲点,甚至可以送到村镇一级,贵州很多地区连邮政的东西都由他们派送。当然在太偏远的地方也有一些合作伙伴,但是这些合作伙伴跟别的公司不一样,只允许做唯品会,所以他们不在快递员的 1.5 万名之内,但是受统一管理,而且系统完全都是品骏的系统。

唐倚智表示,物流是电商的核心竞争力,因为找货大家都可以找,但怎么把货送到顾客手上并且高效、快速,保证服务质量,这不是太容易的事,因此唯品会决定自己做物流。

目前,唯品会的业务品骏物流承载约 80%,还有 20%唯品会主动留给了一些长期合作的伙伴。其 1.5 万名快递员主要分布在二、三线城市,一线城市只有少数。品骏物流运行了一年半,唯品会平均配送时间缩短了 10 个小时。但成本却没有太多的变化，甚至于在比较偏远、建队伍和配送都较难的云南、贵州、广西、宁夏和新疆等地，品骏物流依然是赚钱的。据唐倚智称，这主要归功于唯品会做品骏之前的很多前期工作，比如自己研发信息系统，品骏的系统覆盖订单的核算、录入、问题单的查询、结算、客服等全部环节，大大减少了后勤的工作人员；提前做人才储备，储备大量管理培训生和管理干部；采用人性化的管理体制，提供较高的工资待遇，大大降低员工流失率。

品骏快递集中运输电商为主的包裹，主要为小件。品骏物流自有配送快递员和干线运输，并且购置了 30 多辆干线物流车，每辆一百多万。2015 年 9 月 25 日，品骏物流还和奥凯航空有限公司（OKAIR）、ATSG 西部有限公司（ATSG West Limited）联合成立了货运航空公司，作为大股东之一，其股份有百分之十几。品骏物流干线有自己的飞机、车子，末端的配送车辆也正在和电动车厂和很多技术厂合作研发，计划用一到两年的时间，快递送货将不再骑电瓶车，物流配送设备也将采用自己研发的一体化手机，实现全方位的信息化快递 3.0。

（资料来源：http://www.ebrun.com/20151020/152529.shtml.）

# 6.2 配送中心

## 6.2.1 配送中心的概念、分类

### 1. 配送中心的概念

我国国家标准《物流术语》（GB/T 18354—2006）中关于配送中心的定义如下："从事配送业务且具有完善信息网络的场所或组织。应基本符合下列要求：主要为特定客户或末端客户提供服务；配送功能健全；辐射范围小；提供高频率、小批量、多批次配送服务。"

配送中心是集多种流通功能（商品分拣、加工、配装、运送等）于一体的物流组织，是利用先进的物流技术和物流设备开展业务活动的大型物流基地。

### 2. 配送中心的分类

1）按配送中心在供应链中的位置划分

（1）供应配送中心。供应配送中心是专门为某个人或某些用户（如联营商店、联合公司）组织供应的配送中心，如为大型连锁超级超市市场组织供应的配送中心和代替零件加工厂送货的零件配送中心。

（2）销售配送中心。销售配送中心是以经营销售为目的，以配送为手段的配送中心。销售配送中心大体有三种类型：

① 生产企业将产品直接销售给消费者的配送中心。在国外，这种类型的配送中心很多。

② 流通企业作为本身经营的一种方式，建立配送中心以扩大销售。我国目前拟建设的配送中心大多属于这种类型，国外的例证也很多。

③ 流通企业和生产企业联合的协作性配送中心。

比较国外和我国配送的发展趋向可以看出，都在向以销售配送中心为主的方向发展。

2）按照辐射范围划分

（1）城市配送中心。城市配送中心是以城市范围为配送范围的配送中心，由于城市范围一般处于汽车运输的经济里程，这种配送中心可将货物直接配送给最终用户。

（2）区域配送中心。区域配送中心是以较强的辐射能力和库存准备，向省（州）际、全国乃至国际范围的用户配送的配送中心。这种配送中心配送的规模较大，一般而言，用户也较大，配送批量也较大，而且，往往是配送给下一级的城市配送中心，也配送给营业所、商店、批发商和企业用户，虽然也从事零星的配送，但不是主体形式。

3）按配送中心发挥功能不同划分

（1）储存性配送中心。这种配送中心有较强的储存和保管功能，可以调节市场供求。

（2）流通性配送中心。流通性配送中心是基本上没有长期储存功能，仅以暂存或随进随出方式进行配货、送货的配送中心。这种配送中心的典型方式是，大量货物整进并按一定批量零出，采用大型分货机，进货时直接进入分货机传输带，分送到各用户货位或直接分送到配送汽车上，货物在配送中心里仅做少许停滞。

### 案例6-3

**流通型配送中心**

苏果的生鲜加工配送中心属于典型的流通型配送中心，商品停留的时间非常短，一般只有几个小时，目的在于将大批量的商品分解成小批量的商品，再将不同种类的商品结合起来，满足门店多品种小批量的订货要求，通过集中与分散的结合，减少运输的次数，提高运输效率以及理货作业效率。

（资料来源：http://www.doc88.com/p-953214309657.html.）

（3）加工配送中心。加工配送中心是从事流通加工功能的配送中心。许多材料都指出配送中心的加工职能，但是加工配送中心的实例，目前见得不多。

## 6.2.2　配送中心的功能

配送中心是专业从事货物配送活动的经济组织，是集加工、理货、送货等多种职能于一体的物流节点。具体地说，配送中心有如下几种职能。

**1. 采购职能**

配送中心必须采购所要供应的商品，才能及时、准确无误地为用户（即生产企业或商业企业）供应物资。配送中心应根据市场的供求变化情况，制订并及时调整统一的、周全的采购计划，并由专门的人员与部门组织实施。

**2. 存储职能**

配送中心的服务对象是为数众多的生产企业和商业网点（如连锁超市、超级市场等）。

配送中心需要按照用户的要求及时将各种配装好的货物送交到用户手中，满足生产和消费的需要。因此，通过开展货物配送活动，配送中心能把各种工业品和农产品直接运送到用户手中，这客观上可以起到生产和消费的媒介作用；同时，配送中心通过集货和存储货物，又起到了平衡供求的作用，由此有效地解决季节性货物的产需衔接问题。为了顺利有序地完成向用户配送商品（货物）的任务，更好地发挥保障生产和消费需要的作用，配送中心通常要兴建现代化的仓库并配备一定数量的仓储设备，存储一定数量的商品。某些区域性的大型配送中心和开展"代理交货"配送业务的配送中心，不但要在配送货物的过程中储存货物，而且其所存储的货物数量更大，品种更多。

3. 配组职能

由于每个用户企业对商品的品种、规格、型号、数量、质量、送达时间和地点等要求不同，配送中心就必须按用户的要求对商品进行分拣和配组。配送中心的这一职能是其与传统仓储企业的明显区别之一，这也是配送中心的最重要的特征之一。可以说，没有配组功能，就无所谓配送中心。

4. 分拣职能

作为物流节点的配送中心，其服务对象（即客户）是为数众多的企业（在国外，配送中心的服务对象少则几十家，多则数百家）。在这些为数众多的客户中，彼此之间的差别很大，不仅各自的性质不同，而且其经营规模也大相径庭。因此，在订货和进货时，不同的用户对于货物的种类、规格、数量会提出不同的要求。针对这种情况，为了有效地进行配送，即为了同时向不同的用户配送多种货物，配送中心必须采取适当的方式对组织进来的货物进行拣选，并且在此基础上，按照配送计划分装和配装货物。这样，在商品流通实践中，配送中心除了能够储存货物、具有存储功能外，它还增加了分拣货物的功能，发挥分拣中心的作用。

5. 分装职能

随着经济的发展，物流由过去的少品种大批量进入多品种少批量或多批次少批量的时代。从配送中心的角度来看，它往往希望采用大批量的进货来降低进货价格和进货费用；但用户企业往往为了降低库存、加速资金周转、减少资金占用，则要采用小批量进货的方法。为了满足用户的要求，即小批量、多批次进货，配送中心就必须进行分装。

6. 集散职能

在物流大系统中，配送中心凭借其特殊的地位及其拥有的各种先进的设施和设备，能够将分散在各个生产企业的产品（货物）集中到一起，然后通过分拣、配货、配装等环节向多家用户进行发送。与此同时，配送中心也可以做到把各个用户所需要的多种货物有效地组合（或配装）在一起，形成经济、合理的货载批量，来实现高效率、低成本的商品流通。配送中心在流通实践中所表现出来的这种功能即（货物）集散功能，也有人称其为"配货、分散"功能。另外，配送中心在建设选址时也充分考虑了其集散功能，一般选择商品流通发达、交通较为便利的中心城市或地区，以便充分发挥配送中心作为货物或商品集散地的功能。如 2009 年年初，京东斥资成立物流公司，开始全面布局全国的物流体系。京东分布在华北、华东、华南、西南、华中、东北的六大物流中心覆盖了全国各大城市，并在西安、杭州等城市设立了二级库房。

7. 加工职能

为了扩大经营范围和提高配送水平，目前国内许多配送中心都配备了各种加工设备，由此形成了一定的加工能力。这些配送中心能够按照用户提出的要求和根据合理配送商品的原则，将组织进来的货物加工成一定的规格、尺寸和形状。这些加工功能是现代配送中心服务职能的具体体现。

加工货物是一些配送中心的重要活动。配送中心具备加工能力，积极开展加工业务，既方便了用户，省却了其烦琐劳动，又有利于提高物质资源的利用率和配送效率。此外，对于配送活动本身来说，加工货物客观上起着强化整体功能的作用。为了扩大经营范围和提高配送水平，国内外许多配送中心都配备了各种加工设备，形成了一定的加工能力。

8. 信息处理职能

配送中心拥有相当完善的信息处理系统，能有效地为整个流通过程的控制、决策和运转提供依据。而且，配送中心与销售企业直接建立信息交流，可及时得到销售企业的信息，有利于合理组织货源，控制最佳库存。配送中心还可以将销售和库存信息及时反馈给制造商，以指导商品生产计划的安排。配送中心由此已经成为整个流通过程的信息中枢。

## 6.2.3 配送中心的规划设计

1. 配送中心设计原则

配送中心一旦建成就很难再改变，所以，在规划设计时，必须切实掌握以下五项基本设计原则。

1）系统工程原则

配送中心的工作，包括手验货、搬运、储存、装卸、分拣、配货、信息处理以及供应商、连锁商店等店铺的连接等。设计时要考虑各个作业之间的协调均衡，追求整体优化是应该遵守的一个重要原则。

2）价值工程原则

在激烈的市场竞争中，客户对配送的准点及时和缺货率低等方面的要求越来越高，在满足服务质量的同时，又必须考虑物流成本。特别是建造配送中心耗资巨大，必须对建设项目进行可行性研究，并进行多个方案的技术、经济比较，以求取得最大的企业效益和社会效益。

3）管理科学化的原则

近年来，配送中心均广泛采用电子计算机进行物流管理和信息处理，大大加速了商品的流传，提高了经济效益和现代化管理水平。同时，配送中心要合理地选择、组织、使用各种先进物理机械、自动化设备，以充分发挥配送中心多功能、高效率的特长。

4）发展的原则

规划配送中心时，无论是建筑物、信息处理系统的设计，还是机械设备的选择，都要考虑到有较强的应变能力，以适应物流量扩大、经营范围的拓展。在规划设计第一期过程时，应将第二期工程纳入总体规划，并充分考虑到扩建使得业务工作的需要。

5）人本原则

配送中心作业地点的设计，实际是人机环境的综合设计，要考虑创造一个良好、舒适的工作环境。

2. 配送中心的规划要素

配送中心的规划要素就是影响配送中心系统规划的基础数据和背景资料，主要包括如下几个方面。C——Customer，是指配送的对象或客户；I——Item，是指配送货品的种类；Q——Quantity，是指货品的配送数量或库存量；R——Route，是指物流通路；S——Service，是指物流服务水平；T——Time，是指物流的交货周期；C——Cost，是指配送货品的价值或建造的预算。

1）配送的对象或客户——C

配送中心的服务对象或客户不同，配送中心的订单形态和出货形态就会有很大不同。例如，为生产线提供 JIT 配送服务的配送中心和为分销商提供服务的配送中心，其分拣作业的计划、订单传输方式、配送过程的组织将会有很大的区别；而同是销售领域的配送中心，面向批发商的配送和面向零售商的配送，其出货量的多少和出货的形态也有很大不同。

2）配送货品的种类——I

在配送中心所处理的货品品项数差异性非常大，品项数不同则其复杂性与难度也有所不同。例如，所处理的货品品项数为一万种的配送中心与处理货品品项数为一千种的配送中心是完全不同的，其货品存放的储位安排也完全不同。

另外，配送中心所处理的货品种类不同，其特性也完全不同。例如，目前比较常见的配送货品有食品、日用品、药品、家电产品、服饰、录影带、化妆品、汽车零件以及书籍等，它们分别有各自的物品特性，配送中心的厂房及物流设备的选择也完全不同。

3）货品的配送数量或库存量——Q

这里 Q 包含两个方面的含义：一是配送中心的出货数量；二是配送中心的库存量。

货品的出货数量的多少和随时间变化的趋势会直接影响到配送中心的作业能力和设备配置。例如，一些季节性波动、节日的高峰等问题，都会引起出货量的变动。

配送中心的库存量和库存周期将影响到配送中心的面积和空间的需求。因此，应对库存量和库存周期进行详细的分析。一般进口型的配送中心因进口船期的原因，必须拥有较长的库存量（约 2 个月以上）；而流通性的配送中心，则完全不需要考虑库存量，但必须注意分货的空间及效率。

4）物流通路——R

物流通路与配送中心的规划也有很大的关系。常见的几种通路模式如下。① 工厂→配送中心→经销商→零售商→消费者；②工厂→经销商→配送中心→零售商→消费者；③工厂→配送中心→零售商→消费者；④工厂→配送中心→消费者。

因此，规划配送中心之前，首先必须了解物流通路的类型，然后根据配送中心在物流通路中的位置和上下游客户的特点进行规划。

5）物流服务水平——S

一般企业建设配送中心的一个重要目的就是提高企业物流服务水平，但物流服务水平高低恰恰与物流成本成正比，也就是物流服务品质越高则其成本也越高。但是站在客户的立场而言，总是希望以最经济的成本得到最佳的服务。所以原则上物流的服务水准，应该是合理物流成本下的服务品质，也就是物流成本不会比竞争对手高，而物流服务水准比竞争对手高一点。

物流服务水准的主要指标包括：订货交货周期、货品缺货率和增值服务能力等。应该针对客户的需求，制定一个合理的服务水准。

6）物流的交货周期——T

在物流服务品质中物流的交货周期非常重要，因为交货周期太长或交货不准时都会严重影响零售商的业务，因此交货周期的长短与是否守时，是对物流业者重要的评估项目。

所谓物流的交货周期是指从客户下订单开始，到订单处理、库存检查、理货、流通加工、装车及货车配送到达客户的这一段时间。物流的交货周期依厂商的服务水准而不同，可分为 2 小时、12 小时、24 小时、2 天、3 天、1 星期等几种送达期。同样情况下，物流的交货周期越短，则其成本也会越高。

7）配送货品的价值或建造预算——C

配送中心在规划除了考虑以上基本要素外，还应该注意研究配送货品价值和建造预算。

首先，配送货品的价值与物流成本有很密切的关系。因为在物流的成本计算中，往往会计算物流成本所占货品的比例。如果货品的单价高而物流费用比例较低，则客户有能力负担；如果货品的单价低而物流费用比率较高，则客户难以接受。

另外，配送中心的建造费用预算也会直接影响到配送中心的规模和自动化水准。没有足够的建设投资，所有理想的规划都是无法实现的。

3. 配送中心规模的确定

配送中心的总体设计是在物流系统设计的基础上进行的。由于配送中心具有收货验货、库存保管、拣选、分拣、流通加工、信息处理以及采购组织等多种功能，配送中心的总体设计首先要确定总体的规模。进行总体设计时，要根据业务量、业务性质、内容、作业要求确定总体规模。

【拓展知识】

1）预测物流量

物流量预测包括历年业务经营的大量原始数据分析，以及根据企业发展的规划和目标进行的预测。在确定配送中心的能力时，要考虑商品的库存周转率、最大库存水平。通常以备齐商品的品种作为前提，根据商品数量的 ABC 分析，做到 A 类商品备齐率为 100%，B 类商品为 95%，C 类商品为 90%，由此来研究、确定配送中心的平均储存量和最大储存量。

2) 确定单位面积的作业量定额

根据规范和经验,可确定单位面积的作业量定额,从而确定各项物流活动所需的作业场所面积。例如,储存型仓库比流通型仓库的保管效率高,占仓库面积的30%以下,而流通型仓库往往要占到50%。同时,应避免一味追求效率高,而造成理货场所堵塞、作业混杂等现象,以致无法达到配送中心要求周转快、出货迅速的目标。根据实践经验,配送中心各作业区的单位面积作业量定额见表6-1。

表6-1 配送中心各类型作业量定额分布

| 作业区名称 | 单位面积作业量/(吨/米$^2$) |
| --- | --- |
| 收货验货作业区 | 0.2~0.3 |
| 分拣作业区 | 0.2~0.3 |
| 储存保管作业区 | 0.7~0.9 |
| 配送理货作业区 | 0.2~0.3 |

3) 确定配送中心的占地面积

一般来说,辅助生产建筑的面积,占配送中心建筑面积的5%~8%;办公、生活用户占地面积占配送中心的5%左右;再考虑作业区的占地面积,配送中心总的建筑面积便可大体确定。根据城市规划部门对建筑覆盖率和建筑容积率的规定,可基本上估算出配送中心的占地面积。

4. 配送中心选址

在确定了配送中心建筑规模之后,接下来就是选址的问题。配送中心的选址符合城市规划和商品储存安全的要求,适应商品的合理流向,交通便利,具有良好的运输条件、区域环境和地形、地质条件,具备给水、排水、供电、道路、通信等基础设施。特别是大型配送中心,应具备大型集装箱运输车辆进出的条件,包括附近的桥梁和道路。配送中心一般都选址在环状公路与干线公路或者铁路的交会点附近,并充分考虑商品运输的区域化、合理化。此外还应分析服务对象(如连锁超市的门店目前分布状况和将来布局的预测)及配送区域范围。一般先初定若干个候选地点,然后采用数值分析法和重心法,寻求配送成本最低的地点。

1) 配送中心选址的程序

(1) 收集整理历史资料。制定物流系统的基本计划,进行物流系统的现状分析,确定配送中心规模。

(2) 地址筛选。其考虑因素包括地形、地价、费用、配送路线、设施现状的分析及需求预测。

(3) 定量分析。运用的方法主要有数理解法及重心法。

(4) 复查。其主要考虑选址的约束条件,如地理、地形、地价、环境、交通、劳动条件及有关法律的条目。

(5) 确定。评价市场的适应性、购置土地调价、服务质量、总费用、商流、物流的职能及其他。

2）单一配送中心选址方法

(1) 数值分析法。数值分析法是利用费用函数求出由配送中心至顾客之间配送成本最小地点的方法。

(2) 重心法。重心法不是参照数值解析法进行计算，而是使用简单的试验器具，求得地址位置的方法。其具体操作方法：①在平板上放一幅缩尺地图，并画出 A、B、…、N 所在地点，在各点上分别穿一个孔；②用一定长度的细绳，分别拴上一个小锤。每个小锤的重量比例，按顾客需要换算求得；③把拴有 A、B、…、N 各重锤的线，分别穿过①项中的各对应孔，然后在平板上把各线段集中起来打一个小结；④用手掌把绳结托起，然后让它们自由落体，这样多次反复试验，把落下点比较稳定处作为核实的选址点。

但是，这种方法对于用地的实现性和候选位置点均缺乏全面考虑。例如，最适当的选址点可能是车站、公园等，就是不能实现的解。此时，可以在其最近处作为可以实现的场址点，可以在其附近选定几个现实的候补场址，再把各候补选址点代入前述的数值解析法中，在分析成本的同时进行求解。

3）配送中心的约束调节

配送中心选址决策常见约束条件有以下几个。

(1) 资金。资金约束将会影响到区位决策，因为不同位置的土地价格差异非常大。

(2) 交通运输条件。由于只能选择能够到达用户的运输方式，选址决策必须在此范围内进行。例如，对多数用户而言公路是唯一能到达的运输方式，则配送中心位置必须在公路交通枢纽或干线附近选址。

(3) 政府对土地用途的规划。地方政府对使用不同区块的土地有着各种不同的限制。有的地方，配送中心只允许建在政府指定的区域范围内。对化工、燃料等易造成环境污染的物流设施建设，限制就更多。

此外，一些特殊商品的物流中心还受到温度、湿度、雨量等自然因素的约束。

## 6.2.4 配送中心的基本作业流程

### 1. 配送方案的设计

在进行具体配送作业期间，应注意设计合理的物流配送方案。较为合理的计划与方案的制定（包括资源筹措、实施时间、地点、方式、要求、状况等的规定），合理的配送与订单处理、出入库管理、货物交接，采用何种运输工具，通过什么途径，运行何种线路等都应详细周到。

(1) 资源筹措方案是指为了能够按照用户要求配送货物，首先必须集中用户需求，规模备货，从生产企业取得种类、数量繁多的货物。

(2) 准时化管理是根据实施时间、地点、方式、要求、状况的规定实现合理化配送的根本保证。准时化管理意味着计划、采购、配送与需求方保持一致，实现准时服务。

(3) 通过与合作伙伴建立稳定的关系，降低运行成本，分散单个企业的竞争压力，与合作伙伴组成一个整体来规避市场风险，提高企业抗风险能力。

（4）从物流的观点来看，配送几乎包括了物流的全部活动；从整个流通过程来讲，它又是物流与商流、信息流的统一体。因此，配送计划的制定是按市场信息为导向、商流为前提、物流为基础的基本思想来制定配送计划。

（5）配送路线是指各送货车辆向各个客户送货时所要经过的路线。配送路线是否合理对配送速度、成本、效益有较大的影响，采用科学合理的方法来优化配送路线是配送活动中非常重要的一项工作。

（6）对于配送是否合理的判定是配送决策系统的重要工作内容。在目前尚无明确的技术经济指标体系判定的情况下，人们一般采用几个标志来定性分析，如库存标志、资金标志、成本和收益、供应保证标志等。

（7）配送成本分析是指配送中心承担了物流企业绝大部分的物流任务，因此其物流成本管理实际上是把企业的利润目标具体化，这就要求推行以预算管理为核心的物流成本计划和统筹管理，并通过成本差异分析发现问题，并提出解决问题的方式。

2. 配送中心作业内容

配送作业的具体内容如图6.1所示。这些具体作业项目之间衔接紧密，环环相扣，整个过程既包括实物流，又包括信息流和资金流。

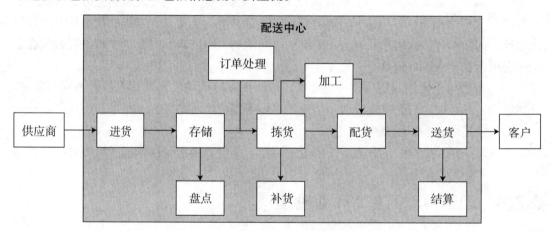

图6.1 配送中心的基本流程

（1）配送作业活动是以客户订单发出的订货信息作为其驱动源。在配送活动开始前，配送中心根据订单信息，对客户的分布、所定商品的名称、商品特性和订货数量、送货频率和要求等资料进行汇总和分析，以此确定所要配送的货物种类、规格、数量和配送的时间，最后由调度部门发出配送信息。

（2）备货也称进货，是配送的准备工作和基础工作，包括筹集货源、订货或购货、集货及相关的质量检查、结算、交接等。由于配送的优势之一就是可以集中不同用户的需求进行一定规模的备货，即通过集中采购，扩大进货批量，从而降低商品交易时价格，同时可以降低运输成本等以取得集中备货的规模优势。

（3）配送中的储存有储备及暂存两种形态。配送储备是按一定时期的配送经营要求，形成的对配送的资源保证。一般来说，储备数量较大，储备结构也较完成，根据货源及到货情况，可以有计划地确定周转储备及保险储备结构及数量。

（4）在配送作业中，配送加工这一功能要求属于增值性活动，虽不具有普遍性，但通常是具有重要作用的功能要素。有些加工作业属于初级加工活动，如按照客户的要求将一些原材料套裁；有些加工属于辅助加工，如对产品进行简单组装，给产品贴签或套袋等；也有些加工作业属于深加工，如食品类配送中心的加工通常是深加工。

（5）分拣是将物品按品种、出入库的先后顺序进行分门别类堆放的作业。

（6）配货是用各种拣选设备和运输装置，将存放的物品按客户的要求分拣出来，配备齐全送到指定发货地点。

【拓展视频】

配货作业有两种基本形式：一是摘取方式（拣选方式），即在配送中心分别为每个用户拣选其所需货物。此方法的特点是配送中心的每种货物的位置是固定的，对于货物类型多、数量少的情况，这种配货方式便于管理和实现现代化。二是播种方式（分货方式），即将需配送的同一种货物，从配送中心集中搬运到发货场地，然后再根据各用户对该种货物的需求量进行二次分配，就像播种一样。这种方式适用于货物易于集中移动且对同一种货物需求较大的情况。

分拣和配货是配送成败的一项重要支持工作，它是完善送货、支持送货的准备性工作，是不同配送企业在送货时进行竞争和提高自身经济效益的必然延伸。也可以说，分拣和配货是送货向高级形式发展的必然要求。

（7）当单个客户的数量不能达到车辆的有效载运负荷时，就存在如何集中不同客户的配送货物进行搭配装载以充分利用运能和运力的问题，这时就需要配装。配装与一般送货的不同之处在于，通过配装可以大大提高送货水平、降低送货成本。配装是具有现代特点的功能要素，也是现代配送与传统送货的重要区别之一。

（8）送货作业是将货物装车并实际配送。完成这些作业需要事先规划配送区域或安排配送路线，由配送路线选用的先后次序来决定商品装车顺序，并在商品配送途中进行商品跟踪、控制、制定配送途中意外状况及送货后文件的处理办法。

（9）结算作业是配送最终能得以实现的重要保证。送货单在得到客户的签字确认或交给第一承运人并签署后，可根据送货单制作应收账单，并将账单转入会计部门作为收款凭据。

### 沃尔玛配送中心的运作流程

沃尔玛配送中心的基本流程是：供应商将商品送到配送中心后经过核对采购计划、进行商品检验等程序分别送到货架的不同位置存放。商店提出要货计划后，计算机系统立即将所需商品的存放位置查出并打出印有商店代号的标签。整包装的商品直接由货架上送往传送带，零散的商品由工作人员取出后也送到传送带上。站在传送带的上方看到各种各样的商品从四面八方汇集到一起，就像是一条商品的"河流"，经传感器对标签进行识别后自动分送到不同商店的汽车装卸口。一般情况下，商店要货的当天就可以将商品送出。

（资料来源：http://wenku.baidu.com/link?url=wsKNBkQdhg3h1rbXukUCS6z9u8obWK9_ 4XpjvsVACS4 – K4D6Lai4 gHUYsQ3799eeO7wmnPwedzGAAdbySdg – WlHx2Lhzd6GxLBj9SuB1rP7.）

# 6.3 "最后一公里"配送

## 6.3.1 "最后一公里"配送概述

**1. "最后一公里"配送的含义**

"最后一公里"配送，是指用户在电子商务平台下订单后，购买的物品被运输到配送点后，从一个配送点，通过一定的运输工具，将物品送到用户手中，实现"门到门"服务的过程。"最后一公里"配送并不是物理意义上的一公里路程，是指从物流配送中心到用户手中的这一段距离，通过运输工具，将物品送至用户手中的过程。由于属于短距离配送，被形象地称为"最后一公里"配送。这一短距离配送，是整个物流环节的末端环节，也是唯一一个直接和客户面对面接触的环节，其意义重大。

**2. "最后一公里"配送的意义**

（1）"最后一公里"配送服务是电商面对客户的唯一方式。负责"最后一公里"配送服务的第三方物流无法完成电商或产品的品牌传播和货物售后服务等工作。由于客户个性化的需求，如以旧换新的上门服务，都是依靠"最后一公里"来实现的，客户满意度在很大程度上取决于这个环节的质量和效率。

（2）"最后一公里"配送服务可实现增值效益。服务中积累的数据，蕴含着客户端的丰富资源，能够积累出基于数据采购、信息管理的极有价值的东西，对于前端市场预测，提供有力的支撑。"最后一公里"配送，使得整个物流由被动转向主动分析客户信息，挖掘出隐藏价值，对客户提出个性化服务。由于直接的客户接触，企业的形象、价值文化等都能够通过"最后一公里"配送服务进行传播，达到增值效益。

总的来说，"最后一公里"配送意义重大，不仅是电子商务企业成败的关键，也是对电商消费者极其重要的一个物流活动。只有做好"最后一公里"配送，电商企业才能真正快速发展，整个物流过程才可以称得上通畅，才能获得客户满意。

## 6.3.2 "最后一公里"配送现状

**1. "最后一公里"配送存在的问题**

目前，电商物流"最后一公里"配送存在诸多问题，尤其是在"双11"等电商购物促销季节,"最后一公里快递难"等现象更为突出。总结起来,"最后一公里"配送存在的问题主要有以下三个方面。

(1)"最后一公里"配送时效性差,主要表现在快递员不能在约定时间内将包裹送到顾客手中,常出现"二次投递"现象。一方面,延长顾客收货时间,降低顾客满意度;另一方面,多次投递降低了快递企业的配送效率,增加了配送成本。

(2)配送质量缺乏有效控制,主要表现在包裹丢失、损坏。首先,一般公司对快递员采用计件工资,快递员希望在单位时间完成尽可能多的投递任务,为了减少"二次投递",快递员经常将包裹放在物业收发室,甚至顾客家门口,包裹的安全性就得不到保证。其次,为了降低配送成本,目前,"最后一公里"配送的工具主要是电动三轮车,而三轮车一般体积较小,快递员为了增加配送量,往往会导致超载、挤压问题,包裹的完整性难以得到保证。

(3)影响城区交通环境。目前,快递末端配送队伍庞杂,各种小公司林立,末端配送车辆型号多样,三轮车、电动车等各种车况的运营车辆穿梭在城市和小区道路,因末端配送导致的事故逐年增多。

2. "最后一公里"配送解决模式

基于电子商务的城市配送,除了一般情况下的送货上门外,我国目前在解决"最后一公里"的配送问题时,电子商务企业或快递企业一般采用了同便利店合作、同小区物业合作、自提点建设和智能快递柜配置等方式。

【拓展知识】

1)便利店合作模式

便利店合作模式,即电子商务企业或快递企业同社区便利店达成合作协议,将商品配送至便利店,再由消费者到指定的便利店进行自提。便利店一般可以提供 24 小时的自提服务,并支持到店采用刷卡或现金的方式支付货款。这种合作模式下,便利店的信息系统需要同电商企业或快递企业的信息系统进行对接,以便实现快件的跟踪和追溯。考虑到经营场所和货物的安全性等问题,采用该模式的配送会对包裹的大小和货物的价值有一定的要求。例如在上海亚马逊与全家便利店的合作,要求到便利店自提商品的外包装长、宽、高三边和不超过 120 厘米,单个包裹重量不超过 15 千克,单个包裹价值总额不超过 2 000元。该配送模式也是日本等发达国家在解决城市配送"最后一公里"问题时最普遍采用的一种方式。在国内,也还出现了天猫商城与好德便利店、顺丰与良友便利店等电商或快递企业与便利店之间的合作。

2)小区物业合作模式

小区物业合作模式,即电子商务企业或快递企业同居住社区或写字楼的物业公司合作,将商品配送至物业公司指定地点,业主可到物业指定地点自提,物业也可根据需要上门派件。这种模式下,物业公司只是提供快件包裹的暂存服务,对包裹的尺寸和数量没有限制,但是一般不涉及双方更深层次的合作,如信息系统对接、代收货款等。在此模式下,物业公司通常会和业主签订一份授权协议,明确双方的权利、责任和义务,从而避免纠纷的产生。

3)自提点建设模式

电子商务企业或快递公司根据自身业务的需要,在城市区域内按照网络布局规划,建设自提点,并负责自提点的运营。自提点一般有两种模式:一是除自提业务外,自提点还承担了区域配送的功能,该模式下自提点的建设将会充分考虑电商企业或快递企业的业务范围,并将自提点作为物流网络的一部分;另一种模式不具备配送功能,自提点仅面向消费者提供自提业务,这种模式的自提点多建在人口密集且业务量较大的区域,以高校居多。由于自提点是由电商企业或快递企业管理运营,其信息系统也将与公司的信息系统进行联网,便于货物的跟踪和追溯。自提点可提供货到付款服务,现金和刷卡两种方式均可。目前,该模式在国内的实践如京东商城在高校自提点、淘宝网在高校的阿里小邮局等。

4)投放智能快递柜模式

电子商务企业或快递企业在地铁、商务楼宇、超市里投放智能快递柜,收件人可根据需要将快件的收件地址填写为指定的智能快递柜,根据系统发送的提货码到智能快递柜自提商品。目前,智能快递柜的配置多以自营物流的电商企业为主,如京东商城在北京和沈阳的社区都投放了智能快递柜。用户在下单时选择"自助式自提"的配送方式,所购商品或快件将会被送至指定的智能快递柜,随后快递公司系统会自动发送短消息提示消费者取货。取货时,消费者仅需输入订单号和提货码,或直接扫描提货二维码,即可完成身份验证,在按提示完成POS机刷卡支付后,便可开柜取货。智能快递柜一般可以24小时运营,方便客户随时取货。依照目前京东智能快递柜的运营情况来看,商品可以在货柜里保留三天,三天后若无人来提,将重新发回配送中心。智能快递柜投放的选址一般会考虑客流量、高素质客户群、取件时间以及安保等因素。

目前,"最后一公里"配送模式经过许多发达国家和地区十几年的尝试与推广,呈现出多种形式,以适应不同国家和地区的配送需求。

表6-2 国外电子商务"最后一公里"配送案例概况

| 名称 | 城市和国家/地区 | 简述 | 需人否 |
| --- | --- | --- | --- |
| Bento Box | 柏林/德国;里昂/法国 | 灵活的包裹收集站点,适用于小包裹,组合了自行车或三轮车,用于"最后一公里"的配送 | 无 |
| Boat and bike distribution | 阿姆斯特丹/荷兰 | DHL公司建立的通过船和自行车来完成配送,减少汽车的使用量 | 有 |
| Vert chez Vous | 巴黎/法国 | 使用组合的电动自行车完成配送的分拨服务 | 有 |
| Cargohopper | 乌特勒支/荷兰 | 一个多用途拖车、窄体、太阳能电车进行"最后一公里"配送 | 无 |
| Chronocity | 斯特拉斯堡/法国 | 使用电动手推车在城市内进行的包裹配送,组合分拨中心和清洁运输工具 | 无 |
| Dropzones | 奥尔堡/丹麦 | 附近的商店作为包裹的提货点,商场延迟关门,减少配送的路程 | 有 |
| B2C pick-up point Kiala | 法国主要城市 | 使用便利店作为取货站点,是送货上门的一种补充 | 有 |

续表

| 名称 | 城市和国家/地区 | 简述 | 需人否 |
|---|---|---|---|
| Distribution center | 德国 | 使用加油站作为配送和取货的站点 | 无 |
| Chronopost | 巴黎/法国 | 使用地下停车场,和小型的电动车和电动带轮的箱柜 | 有 |
| Micro–Distribution center | 伦敦/英国 | 在伦敦市中心建立以固定运输车辆为微型分拨中心,用三轮车来配送商品 | 有 |
| La Pettie Reine | 波尔多/法国 | 使用城市郊区的分拨中心和电动车来完成配送 | 有 |
| BufferBox | 加拿大 | 为客户提供全天24小时服务,当客户在网上购买了货物,在选择送货地点时,他们可以选择适合自己取货物的指定的储物柜的地点作为送货的地址,客户在接到信息后来取走自己的商品 | 无 |
| Mobile Depot | 布鲁塞尔/比利时 | 移动仓库是装配了附属设备,例如装卸装置、贴标和数据输入等的汽车或电车,还包括电动三轮车,配送包裹 | 有 |
| Consignity | 巴黎/法国 | 基于自动储物柜网络的新型配送服务,用来为工程师配送零部件 | 无 |
| Packstation | 德国大多城市 | 德国邮政提供的服务,城市安装的存储柜,为企业和个人提供收集和返还商品。提供24/7服务 | 无 |
| ELP | 波尔多/法国 | 带有创新的设计和管理的社区配送站 | 有 |
| Paketshop | 德国一些城市 | 客户网上订购的商品直接送到Paketshop,客户到13 000个Paketshop取走商品、退货或接受客户邮寄的包裹等业务 | 有 |
| Coles delivery | 澳大利亚 | 在Coles的加油站配送点,客户可以取走网上购买的商品 | 无 |
| Popstation | 新加坡 | 智能储物柜,设在客户下班路上或居住地附近,方便他们取走在网络上购买的商品,提供7×24的无间断服务 | 无 |

# 本章小结

配送是在经济合理区域范围内,根据用户要求,对物品进行拣选、加工、包装、分割、组配等作业,并按时送达指定地点的物流活动。随着电子商务的发展,物流配送更多的是顾客网络购物背后的敏捷运作,出现了信息化、自动化、网络化、智能化、柔性化的特征。

配送中心是集多种流通功能(商品分拣、加工、配装、运送等)于一体的物流组织，是利用先进的物流技术和物流设备开展业务活动的大型物流基地。其职能主要包括采购职能、存储职能、配组职能、分拣职能、分装职能、集散职能、加工职能和信息处理职能。一个配送中心的设计遵循五项原则：系统工程原则、价值工程原则、管理科学化的原则、发展的原则和人本原则。

目前，"最后一公里"配送模式经过许多发达国家和地区十几年的尝试与推广，呈现出多种形式，以适应不同国家和地区的配送需求。

## 关键术语

配送(Distribution)
最后一公里(Last kilometer)
企业资源计划(Enterprise Resource Planning，ERP)
管理信息系统(Management Information System，MIS)
电子数据交换系统(Electronic Data Interchange，EDI)
地理信息系统(Geographic Information System，GIS)
自动分拣系统(Automated Sorting System，ASS)
柔性物流系统(Automated Guided Vehicle，AGV)
全球定位系统(Global Positioning System，GPS)
仓库管理系统(Warehouse Management System，WMS)

条形码(BarCode，BC)
配送中心(Distribution Centre)

## 习 题

一、判断题

1. 配送是在经济合理区域范围内，根据用户要求，对物品进行拣选、加工、包装、分割、组配等作业，并按时送达指定地点的物流活动。（　　）
2. 按配送商品种类及数量不同分类，配送可分为有配送中心配送、仓库配送和商店配送。（　　）
3. 随着电子商务的发展，物流配送出现了信息化、自动化、网络化、智能化、柔性化等特征。
（　　）
4. 按照辐射范围不同划分，配送中心有城市配送中心和区域配送中心。（　　）
5. "最后一公里"配送，是指用户在电子商务平台下单后，购买的物品被运输到配送点后，从一个配送点，通过一定的运输工具，将物品送到用户手中，实现"门到门"服务的过程。（　　）

二、选择题

1. 下列不属于按配送的组织形式不同分类的是(　　)。
   A. 集中配送　　　B. 第三方配送　　　C. 共同配送　　　D. 分散配送
2. (　　)是适应经济全球化与市场一体化的要求，充分运用信息化手段和现代化方式，对物流配送做出快速反应，对资源进行快速整合。
   A. 信息化　　　B. 自动化　　　C. 网络化　　　D. 智能化

3. 配送作业的具体内容包括三流,下列不属于的是( )。
   A. 实物流　　　　B. 信息流　　　　C. 资金流　　　　D. 网络流
4. 下列不属于配送中心的功能的是( )。
   A. 采购　　　　　B. 存储　　　　　C. 信息处理　　　D. 可持续
5. 配送中心规划设计,下列不属于其原则的是( )。
   A. 系统工程　　　B. 价值工程　　　C. 创新原则　　　D. 人本原则

### 三、简答题

1. 什么是配送？它的分类有哪些？
2. 简述电子商务下的快递物流配送特征。
3. 什么是配送中心？
4. 配送中心有哪些功能？
5. 简述配送中心的规划设计过程。
6. 什么是"最后一公里"配送？
7. "最后一公里"配送存在哪些问题？

**案例分析**

## 亚洲一号——京东物流的高端武器

【拓展视频】

1. 亚洲一号基础数据

位于上海嘉定的京东的"亚洲一号"上海物流中心,作为亚洲范围内B2C行业内建筑规模最大、自动化程度最高的现代化物流中心之一,完美调度了AS/RS、输送线、分拣机、提升机等自动化设备,极大地支撑和推动了京东大平台的物流运营。亚洲一号分为两期,规划的建筑面积20万平方米,其中投入运行的一期定位为中件商品仓库,总建筑面积约为10万平方米。运营支撑能力：普通客户订单处理能力为每日均值10万单；库容量方面,最大可支持10万中件SKU,可支持约430万件商品存储需求。亚洲一号分为4个区域：立体仓库区、多层阁楼拣货区、生产作业区和出货分拣区。

(1) 立体仓库区：库高24米,利用自动存取系统(AS/RS系统),实现了自动化高密度的储存和高速的拣货能力。

(2) 多层阁楼拣货区：采用了各种现代化设备,实现了自动补货、快速拣货、多重复核手段、多层阁楼自动输送能力,实现了京东巨量SKU的高密度存储和快速准确的拣货和输送能力。

(3) 生产作业区：京东的作业区采用京东自主开发的任务分配系统和自动化的输送设备,实现了每一个生产工位任务分配的自动化和合理化,保证了每一个生产岗位的满负荷运转,避免了任务分配不均的情况,极大地提高了劳动效率。

(4) 出货分拣区：采用了自动化的输送系统和代表目前全球最高水平的分拣系统,分拣处理能力超过20 000件/小时,分拣准确率高达99.99%,彻底解决了原先人工分拣效率差和分拣准确率低的问题。

2. 亚洲一号的运营流程

(1) 入库：系统提前预约、收货月台动态分配、全自动缠膜流水线(1条)对托盘货物进行裹膜；入库验收完成后通过提升机、入库输送线等设备将货物搬运到指定的上架区域,减少了人工搬运操作,提高了入库效率。

（2）上架：立体仓库区堆垛机全自动上架补货（堆垛机180米/分高速运行）、阁楼货架区提升机垂直输送搬运。

（3）存储：立体仓库高密度存储（约53 000托盘货位）、立体仓库吞吐能力600托盘/小时、4层阁楼货架海量拣选位（支持10万以上SKU）。亚洲一号的立体仓库在补货、移库等在库作业流程中，发挥了巨大作用。立体仓库往阁楼之间的补货、移库基本全部通过自动化设备完成，大大提升了补货、移库的作业效率。

（4）拣选：立体仓库输送线在线拆零拣选、立体仓库拣选区货到人补货、分区拣选避免无效走行、波次提总提升批量拣选效率。特别是将分区作业、混编作业、一扫领取等功能全面实现。

（5）SKU容器管理：基于容器/托盘的流向管理策略，建立多模式、完整的容器任务管理机制，扫描容器/托盘即可知道任务的流向，而不再依靠人工指派任务，"各人自扫门前雪"建立空托盘、空周转箱等容器管理机制。

（6）出库流程：京东的出库流程包括九大环节，特别是在订单任务派送上，全部是系统内部驱动，实现高效、均衡的派单计划。

（7）输送：全长6.5千米、最高速度达2米/秒的输送线遍布全场，分区分合流、动态平均分配确保流量均衡、输送能力15 000包/小时。

（8）复核包装：货到人、系统自动匹配订单、工位台、一件一包裹减少合流等待。

（9）分拣：采用全球最精准、高效、节能环保的交叉皮带分拣系统，分拣速度高达2.2米/秒、约20 000件/小时的包裹的处理能力、分拣准确率99.99%、135个滑道直接完成站点细分、动力滚筒滑槽降低破损，提升客户体验。

3. 智能设备——未来电商物流智能化发展趋势

根据与京东内部技术负责人交流的信息显示，京东的亚洲一号接下来将大量地推进智能设备的应用。

（1）智能穿戴设备应用到物流中心：提升作业效率。

（2）大数据云计算在物流中心的应用：在拣选路线、库存健康、室内定位、决策支持上实现更多的优化。

（资料来源：https: //mp. weixin. qq. com/s? _ _ biz = MjM5MjU3OTI0MA = = &mid = 402012956&idx = 3&sn = fabd2a3a112f6aad267487c9891ed6a4&scene = 1&srcid = 03126Z6hW6Xt7QnOSkSKlhmF&pass _ ticket = n1TaOG0tdLLjacszaYtoiTOMFRW6YAFgoAzBNp2GbOR3TvDgzpAckzPnjBEv2Pvy#rd.）

## UPS为什么能够成为世界级物流巨头

【拓展视频】

从活的鲨鱼到重要的文件，每年快速公司需要运送数十亿件货品，他们全年无休地通过海、陆、空三位一体的运输体系，将任何物品送往世界各地。经过一个多世纪的发展，有家快递公司已经将全球快递产业带入了高科技的领域。让我们来了解全球物流巨头——美国联合包裹服务公司（United Parcel Service, Inc. UPS）。

1. UPS凭什么成为世界最大的快递包裹公司

UPS每年处理将近40亿件货品，全球设有1 800处转运中心，并拥有一条大型铁路和270多架货机组成的机队，还拥有9.5万辆陆运货车。依托庞大的运输团队，UPS能够在全球200多个国家和地区展开业务。但是这家巨无霸物流企业的核心是位于美国肯塔基州的路易维尔（Louisville）转运中心，也被称为UPS世界港。UPS世界港是目前全世界最大的物流中转中心：营运面积达37万平方米，相当于80个美式橄榄球场地大小，拥有44个航站近机位。仅营业场地内的传送带就有1.9万个，总长达150公里，货物每秒移动5米以上。UPS世界港共有9 000名雇员，中转中心的核心构建是一条信息高速公路，这里每小时处理超过5 000万笔交易信息。UPS世界港集中处理来自当地转运中心的所有货物，也堪称是全球最先进的货物分拣设施。

## 2. UPS世界港里都有什么

UPS世界港占地240公顷(2.4平方公里),巨大的转运中心直接和机场接驳。UPS世界港的核心建筑是4层楼高的处理中心,内建有多条数公里长的传送带,处理中心连接有44个货运站的3大货机收发侧翼,每4小时轮转一次,能提供多达100架货机的装卸工作。工厂更是拥有规模惊人的作业量,世界港每天处理超过1百万件货物,最高纪录是在24小时内处理250万件货物。

## 3. 快递包裹如何进行入库和分拣

这个庞大的分拣系统源于各个当地运转中心,我们以目标货物为例,傍晚18:00开始工作,美国东部某城市的UPS快递员完成了最后的收件工作,将货件送往当地运转中心,在分类扫描后,输入UPS电脑系统。在当地UPS运转中心,分拣员根据货品的送达地和急迫性为数千件快件分门别类的进行处理。根据不同的服务项目,将隔夜快递(注:隔夜快递为今天发次日达)件混入3天送达件将会造成严重的问题。误打邮政编码也将无法准确送达急件。UPS员工知道分类工作不容有误,而这个系统的工程师则面临消除潜在人为误差的挑战,他们提出的解决方案被称之为智能标签的电脑分类程序。用以识别货品信息的UPS智能条码也被作为进入核心分拨区的明细资料,这个标签内含有重要信息,包括重量、紧急程度和邮政编码。这条条码还带有分类过的隐藏资料,首先是代表个别货物的识别码,第二个条码显示送达地区的邮政编码,还有包括所有资料信息的二维码,它包含了标准运送资料和详细递送路线等信息。

## 4. 如何完成收件第一步

在所有当地UPS转运中心,货件的尺寸是首要条件,分类的第一步便是以尺寸大小区分,UPS运输的每个货件都分为以下三类:小件货是低于4.5千克,23厘米×30厘米的信封或者纸盒;包裹则是45磅(20千克)之内的立体纸盒;特殊件包括笨重的或者形状不规则的货件。了解先进快递系统的最佳方式便是及时追踪货件,当地转运中心的一大任务便是为送往世界港的所有货品进行分类,转运中心必须迅速读取所有货件的资料,才能以正确的路线进行递送。货品在当地转运中心分类后,将通过UPS运送系统的2种路线送出,当地快件将以公路运输或者短途空运配送。但相当数额的外地或者国际邮件都会以空运的形式送达UPS世界港进行处理。

## 5. 如何让庞大的货机队高效安全地降落

近年来,UPS发现旗下航务需要新的科技为货机机队提供更加精确的指引和控制,普通的雷达不够精准,反应也不够迅速。UPS决定引入了新型的飞机定位科技已解决所面临的问题,他们采用世界上最先进的监视系统科技(Automatic Dependant SurveillanceBroadcast,ADSB)的广播式自动相关监视技术。ADSB技术的创新在于它工作的原理,雷达站是从地面发出信号,ADSB则从飞机上主动送出包括飞机位置、高度和航速的数据信号。航管员能从雷达屏幕上获取所有在此的货机信息,这对飞行安全带来了很大保障,其他货机同样获取信号,避免撞机事件的发生。

## 6. 快件如何进入UPS世界港处理中心

UPS货机降落在UPS世界港机场后,地面上有数十架货机等待装卸货物,地面保障人员必须有极高的效率才能完成这些工作。飞行员只有数分钟的时间操控飞机滑进航展侧翼,地面引导员和飞行员通力协作才能保证任务高效安全地完成。机场引导员指引货机进入卸货区,所有的其他团队成员马上把货柜卸入世界港的巨大传送带中。UPS世界港从高空俯瞰就像一个规模庞大的机场航站楼,跑道后方有A、B、C三个侧翼,能够同时进行44架货机的装卸任务,在一个繁忙的工作夜晚,9 000名工人要在4小时内卸下80多万件货物。由于隔夜快递的巨大需求,起重作业基本都是在晚上最忙碌的时候展开,现在工作的重心落到了地勤货运人员的身上。

## 7. 一个人如何拉动1吨重的货柜

UPS通过试误法找到解决方案,引入创新性的滚珠轴承地板。这种特制的滚珠轴承地板在表面安装有成排的钢珠滚珠轴承和塑胶皮滚轮,轴承用2个螺栓装在地面上,它可以随意的旋转滚动,即使是重型的货柜也能移动自如,这个巧妙的设计成为地勤们完成任务的不二法门,一个人就能搬动重达一吨的货柜。

8. 小件货物快速分拨的诀窍

在滚珠轴承底板的帮助下，货柜进入了机场侧翼的内部，员工们把货柜锁在侧翼中的200个卸货站之中的一个。为了卸下货柜里的所有货件，员工们通常每2个人一组工作。卸货员负责让新来的所有货件进入世界港的传送系统，员工们必须为每个货物进行分类。3种不同尺寸的货物都要推入不同的传送带系统，每个系统的设计只能处理专属货件的尺寸和重量。小件最容易处理，只需放在侧翼运输带上即可。包裹则稍微麻烦一点，为了追踪每个包裹的进度，工程师必须设法读取完整的包裹信息。他们打造了一种被称为DWS(Dimensioning Weighing Scanning)的机器，集测量尺寸、称重和扫描为一身。包裹被送上运输带，通过DWS设备的时候，内置的磅秤会在几秒内准确称重，接着会开启摄像机和激光仪用来测量包裹的高度和宽度，最后由DWS的扫描仪读取包裹的邮政编码。这组数据被送入中央处理器，服务器进行快速计算。服务器也是整个UPS数据港的核心区域，它根据任何时间通过这里的总流量进行运算，确认每个包裹应该采取的输送路线，其结果也是避免传送带造成堵塞、系统超重和包裹之间的碰撞。而种类繁多的特殊件处理则考验着这座超级转运中心，首先员工们要把这些物品以不同的路线进行传输，这需要更多的人工介入处理。

9. 如何尽快处理标准包裹

最重可达45千克的包裹则采用其他的分类方式，这些形状各异的中型货件占据了UPS包裹公司最大的配送量，它们的处理部门则放在较低楼层进行全自动处理。同样这里数公里长的运输带上也装备有数十架摄像机和条码读取器，不同的是在这里的运输带上安装了滑块式分拣机，这些分拣器则协助货件通过处理中心。滑块式分拣器通过在运输带上的滑块，让货件保持安全距离并成排前进。运输带上的货件如果有移动的话，就可能对系统产生破坏性影响。为了避免出现危险性的移动，有专门的摄像机专门处理在运输带上占据的空间距离，从而判定要用几个滑块推开货件，当运输带抵达连接处时，滑块就开始滑动，把货件推向正确的方向。这个巧妙的设计节省了很多人力成本，而且还能有效地避免人工出现的失误。

10. UPS如何高效节能的完成最后一公里

每辆UPS货车在出发前都已经被规划好行驶路线，UPS的工程师会检查卫星和货车的无线通信，并设计出最佳的配送路线，这个功能都被集成在被称之为信息传送收集器(Delivery Information Acquisition Device, DIAD)的设备上。DIAD通过无线连接进入线路和中央定位资料库，这种手持设备能为配送司机提供重要信息，能够及时提醒货物的配送优先性和司机最需要的路线变动。内置的GPS卫星定位系统能帮助司机行驶在正确的道路上，及时将货件送达正确地址。在货车司机出发前，DIAD装置便会提前储存好配送路线，DIAD能和地图软件系统相连接，司机碰到任何路线问题都能得到及时的解决方案。背后的大数据系统也对这套系统提供了节省时间和节省油耗的解决方案——不准左转。一般情况下，UPS的货车基本不会左转行驶，这样能够保障UPS能以最高效的方式进行配送。

(资料来源：物流产品 http://www.56products.com/Technology/2015-5-20/DFHKKA9DCIHJB1E565.html.)

思考：

(1) 分析京东物流配送概况。

(2) 分析京东的物流配送中心情况。

(3) UPS为何会成为世界物流巨头？

(4) UPS对我国的物流发展有何借鉴意义？

# 第 7 章 快递物流仓储管理与库存控制

【学习目标】
(1) 了解仓储管理的概念和作用。
(2) 了解库存的定义和作用。
(3) 掌握库存控制的三个方法。

【学习重点】
库存控制的三个方法。

【学习难点】
库存控制的三个方法。

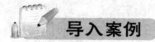

> **导入案例**

京东与美的展开供应链协同期望实现"零库存"

2015年9月以来，京东与美的公布了双方签署战略合作协议后的最新进展。主要是在渠道拓展方面的，双方已经初步建立了深度协同型供应链，实现了电子数据交换的深度协同，完成了从销售计划到订单预测以及订单补货的深度对接。此举是为了进一步提升双方的运营效率，降低库存率和缺货风险。

京东与美的表示，将在物流配送、大数据分析、智能设备等方面进行深度合作。据2014年11月27日京东与美的系统对接一期项目立项，2015年1月29日京东和美的系统直连项目上线，实现了基础订单数据及销量库存数据共享，4月底，双方实现传输数据量500万条，每天有数千个商品的数据共享；2015年5月18日，京东与美的深度协同项目（EDI对接二期方案）立项，2015年7月30日，京东和美的"协同计划、预测及补货"项目上线，8月15日京东完成了首次备货计划订单下发美的。

京东表示，供应链中普遍存在信息不对等的现象，供应链上的信息流从最终客户向原始供应商端传递时，由于无法有效地实现信息的共享，使得信息扭曲而逐渐放大，需求信息出现越来越大的波动，最终导致供应链失调，出现供应商货物积压或零售商出现缺货等现象。因此，实现京东和供应商在计划和预测层面的信息共享，将供应链的协作进一步延伸到生产环节有利于双方的发展，也方便消费者。

打通EDI进行供应链深度协同后，京东方面表示，可实现降低缺货风险、降低库存周转、提高数据共享效率的三大效果。对于美的而言，则可以实现生产计划预测性加强、智能补货的优化效果。

而谈到双方渠道拓展方面合作的进一步期望，京东与美的表示，双方的目标是实现完全的以销定产，达到零库存销售。供应商共享库存数据给京东，当有客户订单时，系统自动驱动向供应商采购，商品入库后执行订单配送，以销定产的业务模式，可显著降低库存周转，提高现货率和销售额。

（资料来源：http://digi.tech.qq.com/a/20150913/027900.htm.）

京东为何要与美的合作，实现"零库存"有什么作用？本章将介绍仓储管理与库存控制的概念、作用等内容。

【拓展视频】

## 7.1 仓储管理概述

### 7.1.1 仓储管理的基本概念

根据我国国家标准《物流术语》（GB/T 18354—2006），仓储即"利用仓库及相关设备进行物品的入库、存储和出库的活动"。随着电子商务与快递物流的飞速发展，仓储管理不断进步，包含内容多样，主要有以下几点：①仓储系统规划与设计；②仓储设施设备的选择与配置；③储位管理与物料分类编码；④仓库作业；⑤库存商品的保管与养护；⑥库存管理；⑦库存控制技术。

【拓展案例】　【拓展视频】

### 仓储管理

"仓"也称仓库，是存放物品的建筑物和场地，可以是房屋建筑、大型容器、洞穴或者特定的场地等，具有存放和保护物品的功能；"储"表示收存以备使用，具有收存、保管、交付使用的意思，当适用有形物品时也称为储存。"仓储"则是利用仓库存放、储存未即时使用的物品的行为。简而言之，仓储就是在特定的场所储存物品的行为。仓储管理就是对仓库及仓库内的物资所进行的管理，是仓储机构为了充分利用所具有的仓储资源提供高效的仓储服务所进行的计划、组织、控制和协调过程。具体来说，仓储管理包括仓储资源的获得、仓储商务管理、仓储流程管理、仓储作业管理、保管管理、安全管理多种管理工作及相关的操作。

仓储管理是一门经济管理科学，同时也涉及应用技术科学，故属于边缘性学科。仓储管理的内涵随着其在社会经济领域中的作用不断扩大而变化。仓储管理，即库管，是指对仓库及其库存物品的管理，仓储系统是企业物流系统中不可缺少的子系统。物流系统的整体目标是以最低成本提供令客户满意的服务，而仓储系统在其中发挥着重要作用。仓储活动能够促进企业提高客户服务水平，增强企业的竞争能力。现代仓储管理已从静态管理向动态管理发生了根本性的变化，对仓储管理的基础工作也提出了更高的要求。

（资料来源：http://baike.so.com/doc/667422-706462.html.）

## 7.1.2　仓储管理的作用

仓储管理是供应链的转换点，它主要负责生产资料的接收、发货及物料的日常保管和养护工作。仓储活动起到连接生产与消费的纽带和桥梁作用，用以克服众多的相互分离又相互联系的购、销、储、运等各个环节，以此解决众多生产企业之间、实体企业与消费者之间在商品生产和在使用过程中的不协调性，以满足一定时间内社会生产和消费的需要，从而保证社会再生产的顺利进行。仓储活动对于企业物流活动主要有以下作用。

（1）仓储是物流的主要功能要素之一，它主要克服了市场需求和实际生产的数量和时间上的差异。由于产品的生产周期和消费周期难以完全吻合，因而存储环节的工作及其作用也就显得尤为重要，特别是对诸如农产品之类只是季节性生产但却具有连续需求特点的产品更是如此。而要解决企业遇到的情况，就需要通过仓储来克服生产与消费在时间上的矛盾。

（2）仓储活动是保持物资原有使用价值和合理使用物资的重要手段。为了最大限度地保证产品使用价值、质量不受到损坏，必须提供必要商品存储的环节。因此，当物资处于储存状态时，必须进行科学的管理和必要的养护。

（3）仓储对企业货物进入市场销售前的质量起保证作用。企业通过货物仓储环节对产品的质量进行严格的检验能够有效防止假冒产品进入流通环节，既保护了消费者的合法权益，又保护了企业良好的信誉。企业通过仓储来保证产品的质量主要进行两个方面的工作：一是在货物入库的同时进行严格的质量检验，查看货物是否符合产品入库要求，严禁不符合仓储规范的产品混入仓库；二是在产品的储存时间内，通过采取一系列的合理措施，使产品尽量不发生变质变劣，最大限度地防止不合格商品进入市场。

（4）仓储对加快企业商品流通的速度，节约企业物流成本起到重要的作用。对于任何一个企业来讲，都会面临仓储设施的配置问题。即使货物在仓库中处于静态的储存状态，无形中也会给企业增加时间和财务的成本。但事实上如果处理好产品仓储问题，它不仅不会给企业带来时间和财务成本的增加，相反它能够加快企业商品流通的速度，进而节约企业的物流成本。因此，我们认为企业通过合理的仓储，既能有效降低运输和生产成本，也能在一定程度上带来企业总成本的下降。

（5）仓储能够为商品进入市场流通环节前作好铺垫工作。仓储在商品进入市场流通环节之前应该完成商品的整理、包装、质量检验、分拣等一系列的程序，这样就可以大大缩短销售环节的时间，从而加快商品的流动频率。

### 案例 7-1

#### 天津港"8·12"特别重大火灾爆炸事故

2015年8月12日23时30分，位于天津滨海新区的瑞海国际物流有限公司化工危险品仓库发生特别重大火灾爆炸事故，截至9月11日下午3时，共发现包括消防人员、公安民警在内的遇难者165人，另有8人失联，受伤人数近800人；由于爆炸中心临近进口汽车仓储地，数千辆进口新车因爆炸事故被焚毁，预估受损新车价值超过20亿元；爆炸还导致门窗受损的周边居民达17 000多户，另外还有779家商户受损，间接损失难以估量。国务院成立"天津港'8·12'瑞海公司危险品仓库特别重大火灾爆炸事故调查组"并全面开展调查工作。

作为危险化学品仓储的行业组织，中国仓储协会在第一时间及时了解了天津地区会员企业的受灾情况，与天津相关企业取得联系，就组织会员企业帮助疏散灾区仓储物品建立了相关机制。同时为了贯彻国务院安全生产委员会《关于深入开展危险化学品和易燃易爆物品专项整治的紧急通知》，向全体会员企业及业内相关企业发出了《中国仓储协会关于加强仓储安全管理的倡议》。

天津危险品爆炸事件发生后，全国各地开始了危化品仓储物流大检查，危化品仓储与运输的安全问题受到广泛重视，不少危化品仓储企业面临搬迁、调整甚至转行的可能。但是，由"爆炸事件"到"全国检查整顿"，也引起业内专业人士的深度思考：面对中国危化品制造业的大发展，如何兼顾危化品仓储安全与危化品仓库总量不足的关系；面对危险品仓库建设标准中的矛盾，由谁来解释与完善现行标准、科学界定危险品仓库的安全距离；面对现行的危化品安全监管法规与行业发展现状，如何完善监管体制与行业自律机制？

（资料来源：中国新闻网 http：//www.chinanews.com/cj/2015/12-31/7696792.shtml.）

【拓展案例】

## 7.2 库存管理与控制

### 7.2.1 库存的定义和分类

根据我国国家标准《物流术语》（GB/T 18354—2006），库存即"储存作为今后按预期的目的使用而处于闲置或非生产状态的物品，广义的库存还包括处于制造加工状态和运输状态的物品"。物流管理中的库存指一切当前闲置的，用于未来的，有经济价值的资源。其作用在于防止生产中断，保持生产稳定，节省订货费用，改善服务质量，防止短缺。库存也带有一定弊端，如占用大量资金，产生一定的库存成本，掩盖了企业生产经营中存在的问题等。

库存可以从几个方面来分类：根据库存在企业中的用途可以分为原材料库存、零部件库存、在制品库存、成品库存和消耗品库存；根据库存物品所处状态可以分为静态库存和动态库存；从经营过程的角度可以分为基本库存（即在一个订货周期中满足正常需求的库存）、安全库存（即除周期库存之外，为防范需求的不确定性或时间延误而特有的库存）、在途库存（指处于物流系统不同节点之间途中的库存），以及投机性库存（即因为诸如季节性需求，预计价格上涨和潜在产品短缺而特有的库存）。

【拓展知识】

## 7.2.2 库存的作用

**1. 平衡供求关系**

库存具有平衡市场供求关系，弥补时间上的差距，进而消除生产者与市场消费者之间差距的功能。由于市场上竞争者产品类型、产品价格和国家政策的变化等一系列原因，导致企业产品在生产和供应之间出现不协调性。为了提高市场竞争，稳定市场占有率，企业必须有合理数量的库存用以避免市场震动。另外，客户订货后要求收到物资的时间比企业从采购物资、生产加工到运送产品至客户的时间缩短，为了弥补时间差距，企业也要预先有一定的库存物资。

**2. 创造时间效用**

库存具有创造商品的"时间效用"功能。只有从经济核算角度评价其合理性，库存的"时间效用"功能才能显示出来。

**3. 降低物流成本**

库存具有降低物流成本的功能。对于生产企业而言，保持合理的原材料和产品库存，可以减少或者避免因上游供应商原材料供应不及时需要进行紧急订货而增加的物流成本。

**4. 稳定生产**

库存能减少运输过程中的不确定性。由于企业供应商的所在城市不同，生产企业的厂房或车间也在不同的地点，企业的客户更是分布在全世界各地，因此，企业如果不设立中转的仓库，在运输过程中，就有可能出现其他特殊的情况，导致产品不能及时到达客户手中。而通过设立仓库，再加上物流配送这一功能，企业就可以大大减少运输的不确定性。

**5. 预防发生其他的意外情况**

企业合理的库存，可以有效地预防这些意外情况的发生（如产品运输延误、零售商缺货、自然灾害等意外事件），大大提高客户满意度。

**案例 7-2**

### 联想的供应商管理库存

在国内IT企业中，联想第一个开始供应商管理库存(Vendor Managed Inventory，VMI)，其在北京、上海、惠阳三地的PC生产厂的原材料供应均在项目之中，涉及的国外供应商的数目也相当大。联想集团最终选择了伯灵顿全球货运物流有限公司作为第三方物流企业。

联想以往运作模式是国际上供应链管理通常使用的看板式管理，即由香港联想对外定购货物，库存都放在香港联想仓库，当国内生产需要时再由香港公司销售给国内公司，然后根据生产计划调拨到各工厂，这样可以最大限度地减少国内材料库存。但是此模式需经过11个物流环节，涉及多达18个内外部单位，运作流程复杂，不可控因素增大。由于订单都是从香港联想发给供应商，所以大部分供应商在香港交货，而联想的生产信息系统只在大陆的公司上使用，所以生产厂统计的到货准时率不能真实反映供应商的供货水平。

按照联想VMI项目要求，联想将在北京、上海、惠阳三地工厂附近设立供应商管理库存，联想根据生产要求定期向库存管理者即作为第三方物流的伯灵顿全球货运物流有限公司发送发货指令，由第三方物流公司完成对生产线的配送。从其收到通知，进行确认、分拣、海关申报及配送到生产线时间时效要求为2.5小时。该项目将实现供应商、第三方物流、联想之间货物信息的共享及时传递，保证生产所需物料的及时配送。实行VMI模式后，联想的供应链大大缩短，成本降低，灵活性增强。

这一项目对于物流商、企业、海关都提出了比传统的库存管理更高的要求，无疑它对任何一方都是一个巨大的挑战和机遇。

(资料来源：http://www.8glw.com/view_news.asp?id=13576.)

## 7.2.3 库存管理与控制的含义

### 1. 库存管理

根据我国国家标准《物流术语》(GB/T 18354—2006)的定义，库存管理是在保障供应的前提下，以库存物品的数量最少和周转最快为目标所进行的计划、组织、协调与控制。库存管理是企业一项非常重要的内部管理活动，其主要工作就是研究物料储存的收、管、发和与之相关的加工等经营活动，以保证适当的库存以维持企业正常的生产和销售。

### 2. 库存控制

库存控制是仓储管理的一个重要组成部分。它是以控制库存为目的的方法、手段、技术及操作过程的总称，是对企业库存量(包括原材料、零部件、半成品及产品等)进行合理规划、合理协调和合理控制，在保障供应、满足客户最大需求的前提下，通过合理控制企业的库存水平，力求使库存物资的数量最少，通过提高物流系统的利用效率，增强企业在日益激烈的市场竞争中的竞争力。

## 7.2.4 库存控制方法

**1. ABC 分类控制法**

ABC 分类控制法就是将全部库存物资按照品种数量的多少及其占用资金量的大小划分为 A、B、C 三类，采取有区别、分主次的方法对各类物资进行相应管理。这种方法能够分清主次、抓住重点，对库存物资进行最有效、最经济的管理，如表 7-1 所示。

表 7-1 ABC 分类法

| 物资分类 | 占物资总数权重 | 占库存资金权重 |
| --- | --- | --- |
| A 类物资 | 0.1~0.2 | 0.7~0.8 |
| B 类物资 | 0.2~0.25 | 0.15~0.2 |
| C 类物资 | 0.6~0.65 | 0.05~0.1 |

A 类物资占用企业库存资金最多，其品种虽仅占库存物资总数的 10%~20%，但占用的库存资金通常达到 70%~80%。

B 类物资品种数占到库存物资总数的 20%~25%，占用库存资金在 15%~20%。

C 类物资占库存物资总数的 60%~65%，但其占用库存资金仅为 5%~10%。

ABC 分析法是库存管理中常用的分析方法，具有以下作用：压缩总库存量；使库存结构合理化；降低管理成本。

A 类物资品种少但占用库存资金比例高，是日常管理的重点。控制 A 类物资的主要措施如下。

（1）精确计算每次订货量和再次订货量，严格按照预定的数量、时间组织订货。适当减少每次订购量和保险量，尽量增加订货次数，尽量使实际库存处于较低水平，以节约储存成本。

（2）对库存物资实行定期检查和实地盘点，及时掌握实际库存量、未来需求量和订货点等情况，以保证日常控制工作的正常进行。

（3）密切注意市场变动，认真进行市场预测和经济分析，尽可能使订货量符合实际需求，以避免积压或缺货。

B 类物资的数量和资金占用比例均处于中间状态，对其库存的控制不必像对 A 类物资那样严格，但也不宜过于宽松，可适当控制，在力所能及的范围内适度地减少 B 类物资的库存。一般可以按大类确定订货数量和储备金额，并注意生产经营中的重要程度和采购难易度，按照具体情况采用连续检查控制方式或周期检查控制方式。

C 类物资的品种数量多但占用资金比例少，故对其库存控制可以粗略一些，可以放宽控制，可采用定量订货控制，集中采购，增加订货量，加大两次订货的时间间隔，相应减少订货次数，在不影响库存控制效果的同时，减少一些库存管理工作量，大多采取周期检查控制方式。

【例7-1】小王是某大学毕业生,毕业后到武汉某仓储公司担任仓库主管一职,刚进仓库,就有员工反映仓库内原材料不足,当小王看到仓库库存明细表(表7-2)并得知仓库内所有物品均统一进货时,小王就发现仓库管理中存在的问题了。请你运用所学知识分析该仓库存在的问题。

表7-2 仓库库存明细表

| 产品序号 | 数量 | 单价/元 |
|---|---|---|
| 1 | 20 | 20 |
| 2 | 20 | 10 |
| 3 | 20 | 10 |
| 4 | 10 | 680 |
| 5 | 12 | 100 |
| 6 | 10 | 20 |
| 7 | 25 | 20 |
| 8 | 15 | 10 |
| 9 | 30 | 5 |
| 10 | 20 | 10 |

解:对表中的数据进行加工,并按要求进行计算,包括计算特征数值,特征数值占总计特征数值的百分数,累计百分数;因素数目及其占总因素数目的百分数,累计百分数,并编制 ABC 分析表,如表7-3 所示。

表7-3 ABC 分析表

| 产品序号 | 数量 | 单价/元 | 总资金/元 | 资金百分比/(%) | 累计百分比/(%) | 累计数量百分比/(%) | 分类 |
|---|---|---|---|---|---|---|---|
| 4 | 10 | 680 | 6 800 | 68 | 68 | 5.5 | A |
| 5 | 12 | 100 | 1 200 | 12 | 80 | 13 | A |
| 7 | 25 | 20 | 500 | 5 | 85 | 26.7 | B |
| 1 | 20 | 20 | 400 | 4 | 89 | 37.6 | B |
| 6 | 100 | 20 | 200 | 2 | 91 | 48.5 | C |
| 2 | 20 | 10 | 200 | 2 | 93 | 59.4 | C |
| 3 | 20 | 10 | 200 | 2 | 95 | 64.9 | C |
| 10 | 20 | 10 | 200 | 2 | 97 | 75.8 | C |
| 8 | 15 | 10 | 150 | 1.5 | 98.5 | 83.9 | C |
| 9 | 30 | 5 | 150 | 1.5 | 100 | 100 | C |
| 合计 | 182 | | 10 000 | 100 | 100 | 100 | |

## 2. 订货点库存控制法

订货点法又称订购点法，指对于某种物料或产品，由于生产或销售的原因而逐渐减少，当库存量降低到某一预先设定的点时，即开始发出订货单（采购单或加工单）来补充库存，直至库存量降低到安全库存时，发出的订单所定购的物料（产品）刚好到达仓库，补充前一时期的消耗。此订货的数值点，即称为订货点。从订货单发出到所订货物收到这一段时间称为订货提前期。

订货点库存控制法需要确定两个参数：订货点和订货量，它是建立在很多的假设基础上建立起来的数学模型，如：①订货提前期 $t$ 固定不变，即 $t$ 为常量；②$P$（即市场供应、装运条件）固定不变，即 $P$ 为常量；③每次订货的批量相等。所以运用订货点法的库存变化如图7.1所示。

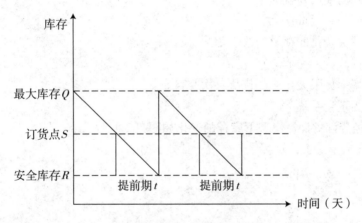

**图7.1 订货点法的库存变化**

订货点的基本公式为

$$订货点\ S = a \times t + R$$

式中，$a$——物料的日均需求量；

$t$——订货提前期；

$R$——安全库存。

当某项物料的现有库存和已发出的订货之和低于订货点时，则必须进行新的订货，以保持足够的库存来支持新的需求。

## 3. 经济订货批量模型 EOQ

### 1）经济订货批量的概念

经济订货量是采购企业基于自身库存成本最小化而通过数学模型确定的一种最佳采购数量，它是作为追求个体利益最大化的理性采购方法优化订货量问题的一种理想化模型。但是在越来越强调协调与合作的供应链管理环境下，这种理想化的聪明能干优订货模型很难得到应用。该模型其实是在一种供应方与采购方对立的模式下提出来的，一方所得即为另一方所失，结果双方不但没有实现自身利益的最大化，而且还可能导致两败俱伤。因此,供应链中的上下游企业应该着眼于长远利益,本着相互合作与协调以实现整体库存成本最优的共同目标,制定相应的最优订货策略。经济订货批量(Economic Order Quantity, EOQ)模型最早是由 F. W. 哈里斯于 1915 年提出的。1934 年威尔逊重新得出了哈里斯公式,即经济订购批量公式。

2) 经济订货批量的假设

经济订购批量模型是建立在很多的假设的基础上才成立的,主要假设如下。

(1) 外部对库存系统的需求率已知,需求率已知且为常量。年需求量以 $D$ 表示,单位时间需求率以 $d$ 表示,由于需求率均匀,$D$ 与 $d$ 相同。

(2) 一次订货量无最大最小限制。

(3) 采购、运输均无价格折扣。

(4) 订货提前期已知且为常量。

(5) 订货费与订货批量无关。

(6) 维持库存费是库存量的线性函数。

(7) 不允许缺货。

(8) 补充率为无限大,全部订货一次交付。

(9) 采用固定量系统。

所以使用经济订货批量模型下库存的变化如图 7.2 所示。

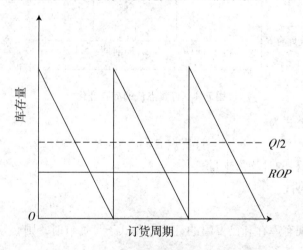

图 7.2 经济订货批量假设下的库存量变化

从图 7.2 中可以看出,系统的最大存储量为 $Q$,最小库存量为 0,不存在缺货。库存量按照固定需求率 $d$ 减少。当库存量降到订货点(ROP)时,就按固定订货量 $Q$ 发出订货。经过一个固定的订货提前期(Lead Time,LT),刚好在库存变为 0 时,新的一批订货 $Q$ 到达,库存量立即达到 $Q$。

设:

$CT$:年库存总成本;

$CH$:年维持库存费用;

$CR$:年订货费用;

$CP$：年购买费用；

$Q*$：最佳订货批量或称经济订货批量；

$D$：库存商品的年需求量；

$H$：单位维持库存费；

$h$：单位商品、单位价值商品的存储成本，$h=H/C$；

$P$：商品单位价格；

$S$：一次订货费；

$n$：每年的订购次数；

$t$：订货间隔周期；

$L$：从订货到商品到达的平均时间，或称前置期；

$$年库存总成本\ CT = CH + CR + CP$$

年维持库存费用（$CH$）随订货批量的增加而增加，是 $Q$ 的线性函数，可以表示为平均库存量（$Q/2$）与单位库存维持费用（$H$）之积。

年订货费用（$CR$）与 $Q$ 的变化成反比，随 $Q$ 增加而减少。一次订货费用为 $S$，年需求量为 $D$，则年订货费用为 $S$ 与 $D/Q$ 之积。

年购买费用（$CP$）为物品单位价格 $P$ 与年需求量 $D$ 之积，则

$$CT = H(Q/2) + R(D/Q) + P \times D$$

根据数学中的导数理论，将上式对 $Q$ 求导，并令一阶导数为 0，求得的订货批量为使总库存成本最小的最佳订货量。

经济批货批量：

$$Q^* = EOQ = \sqrt{\frac{2DS}{H}}$$

每年订货次数：

$$n = \sqrt{\frac{DH}{2S}}$$

订货周期：

$$t = \frac{1}{n} = \sqrt{\frac{2S}{DH}}$$

通过观察经济批量公式，可以得出结论：经济批量与商品的单位库存维持费用成反比，与商品的单位订购费用成正比。对于单位库存维持费用较高的商品（即价格贵的商品），经济批量倾向于较小，可降低商品的储存成本。相反，对于单位库存维持费用较低的商品（即价格低的商品），并且库存维持费用相对订购费用较低的商品，经济批量倾向于较大，以减少订购次数，降低订购成本。

## 本章小结

仓储管理就是对仓库及仓库内的物资所进行的管理,是仓储机构为了充分利用所具有的仓储资源提供高效的仓储服务所进行的计划、组织、控制和协调过程。具体来说,仓储管理包括仓储资源的获得、仓储商务管理、仓储流程管理、仓储作业管理、保管管理、安全管理等多种管理工作及相关的操作。仓储管理是供应链的转换点,它主要负责生产资料的接收、发货及物料的日常保管和养护工作。仓储活动起到连接生产与消费的纽带和桥梁作用。

广义的库存是指具有经济价值的任何物品的停滞与储藏,是供将来使用的所有闲置资源。库存可以平衡供求关系、创造时间效用、降低物流成本、稳定生产和预防发生其他的意外情况。

库存管理是在保障供应的前提下,以库存物品的数量最少和周转最快为目标所进行的计划、组织、协调与控制。库存控制方法有三种 ABC 分类控制法、订货点库存控制法和经济订货批量模型 EOQ。

## 关键术语

经济订货批量(Economic Order Quantity)　　仓储(Warehousing)
仓储管理(Warehouse Management)　　库存管理(Inventory Management)
库存控制(Inventory Control)　　ABC 分类控制法(ABC Classification Controlling Method)
订货点法(Order Point)

## 习 题

**一、判断题**

1. 仓库具有存储放、保护和配送物品的功能。（　　）
2. 仓储管理就是仓储机构为了充分利用所具有的仓储资源提供高效的仓储服务所进行的计划、组织、控制和协调过程。（　　）
3. 库存控制是在保障供应的前提下,以库存物品的数量最少和周转最快为目标所进行的计划、组织、协调与控制。（　　）
4. 库存管理是以控制库存为目的的方法、手段、技术及操作过程的总称,它对企业库存量(包括原材料、零部件、半成品及产品等)进行合理规划、合理协调和合理控制。（　　）
5. ABC 分类控制法就是将全部库存物资按照品种数量的多少及其占用资金量的大小划分为 A、B、C 三类,采取有区别、分主次的方法对各类物资进行相应管理。（　　）

6. 经济订货批量模型其实是在一种供应方与采购方对立的模式下提出来的，一方所得即为另一方所失，结果双方不但没有实现自身利益的最大化，而且还可能导致两败俱伤。（  ）

## 二、选择题

1. 仓储管理是供应链的转换点，它主要负责生产资料的接收、发货及物料的日常保管和（  ）工作。
   A. 购买　　　　　B. 养护　　　　　C. 配送　　　　　D. 存储
2. 库存可以从几个方面来分类。从生产过程的角度可以分为原材料库存、零部件库存、在制品库存、成品库存和（  ）。
   A. 危险品库存　　B. 投机性库存　　C. 消耗品库存　　D. 在途库存
3. 订货点的选择主要受（  ）、物料日均需求量和安全库存的变化而改变。
   A. 订货提前期　　B. 订货周期　　　C. 仓库存储总量　D. 仓库租金

## 三、简答题

1. 简述仓储管理的主要内容。
2. 仓储活动对于企业物流活动有什么作用？
3. 简述仓储与库存的区别。
4. 简述库存的作用。
5. 简述 ABC 分析法的作用。
6. A 类物资品种少但占用库存资金比例高，是日常管理的重点。控制 A 类物资的主要措施有哪些？
7. 什么是订货点法？
8. 库存控制的方法有哪些？

案例分析

## 打造电商第三方仓储物流航母

仓库的主要功能是为企业提供空间存储服务。但随着社会经济发展，尤其是近几年电子商务的蓬勃发展，仓库的服务形态已发生了质的变化。随着电商的蓬勃发展，作为仓储物流行业领先企业的百利威物流意识到，电商仓储物流时代已经到来。正因此，百利威将自己定位为仓储物流整合方案专家，致力于为电子商务企业和传统企业提供一体化供应链解决方案，和专业、集成、高效的第三方现代仓储物流服务，让客户专注于业务，帮助客户持续改善物流成本。

但无论是自建物流还是第三方物流，都要牵涉到物流环节的规模问题（即仓库的弹性问题）、配套服务问题、仓库管理问题和行业经验问题。仓库面积越大，电商企业的存储越有弹性，当市场销售出现波动时，可以很便利地扩大或减少商品库存，有利于资源的更好配置，如果是小规模仓库就不行了，你堆得满满的，出现大量进货时，又得重新去找仓库，临时增加人员。

另一个问题，现在很多专业人士不提倡电子商务企业自建物流，是因为电子商务和物流是两个非常专业的领域，你做电子商务很专业，但做物流则未必，并且物流还包含许多基础设施方面的问题；而行业经验、配套服务和仓库管理等等许多方面，都不一定是电子商务企业所擅长的。这也就是说，做电商的不可能都组建自己的快递企业。社会分工就是这样，做自己有独特优势、擅长的事。

百利威物流成立于 1997 年，是国内知名电商企业，均与百利威物流有过合作。百利威 26 号仓库，因当当、京东、乐淘在这里起步，被媒体称为中国电子商务的"福地"。这么多年和顶级电商企业"打交道"的经验，让百利威提前感受到市场的变化并主动适应市场需求而变化。

为适应电子商务市场的发展,以百利威为代表的传统仓储物流企业迅速向电子商务物流转变。据介绍,百利威的市场优势主要建立在两个基础之上。第一,因为百利威企业发展多年,仓储面积、基础设施、配套设施、仓储管理经验等都有一个很好的基础,这些优势保证了它能为客户提供基本的优质仓储物流服务,同时,这也形成一个无形的壁垒,因为这些基础优势不是一些新进入的物流企业短时间内所能具备的。第二,在物流行业原始经验积累的基础上,百利威向电子商务物流转变,致力于为中国电子商务企业提供电子商务物流解决方案。与传统仓库不同,百利威物流近几年新建和在建的仓库均按照电子商务的要求所建。内部结构、办公环境、单位平效、物流周转、订单处理、配套快递服务等均紧跟或超越国际电子商务水平,为电商企业提供低成本高效率的仓储物流服务,更好地解决电商企业的物流问题。

据介绍,百利威已在北京,正在沈阳、武汉、廊坊、马鞍山等地建立现代物流仓储基地。百利威在提供卓越的传统仓储服务基础上,利用仓储资源、行业经验、品牌效应,采用先进的技术手段和管理经验,整合各类资源,打造适合快速成长的电商物流市场的专业、集成、高效的标准化仓配一体化运营服务体系和面向大规模、高成长、高利润企业的专业仓储物流网络。百利威网络以北京为中心,将逐步扩展到沈阳、武汉、成都、上海、广州等枢纽城市,进而形成覆盖全国重点区域的网络化布局,成为行业领先的电商物流提供商和现代仓储物流整体解决方案专家。

(资料来源:http://roll.sohu.com/20130613/n378757190.shtml.)

## 2016 年中国仓储物流行业发展热点

1. 仓储资源深度整合与网络优化

经过近十年的快速发展,到 2015 年年底,我国营业性通用仓库面积已近 10 亿平方米,其中立体仓库接近 30%,图 7.3 显示了我国自动化立体仓库的市场空间。总体来看,仓库设施已基本满足物流需求,但在结构与地区分布上还存在一些供求矛盾。仓库供不应求与仓库供过于求同时存在,仓库高空置率与高租金同时存在,仓库快速建设与仓储效益下降、企业倒闭、转行同时存在。

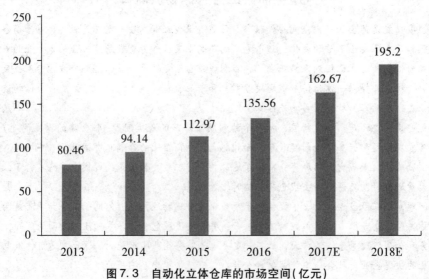

图 7.3 自动化立体仓库的市场空间(亿元)

仓储业也有一个供给侧改革的任务,仓储业 2016 年及今后将进入一个大调整、大整合、大重组的时期。

(1) 面对经济结构调整与物流需求的变化,如何优化仓库供应、增加市场急需的仓库设施,既包括围绕枢纽城市、节点城市完善全国性的仓库骨干网络,也包括围绕城市共同配送与电商物流完善城市仓储网络。

(2) 针对现有仓库资源在结构与地区分布上的不均衡,如何整合、改造与利用,充分发挥其效益,既包括各类园区仓库之间的资源共享与业务合作,也包括保税仓库与非保税仓库之间的资源整合与业务衔接;既包括枢纽性仓库、节点性仓库与分拨性仓库之间的网络性整合,也包括供应链物流及合同式物流仓库与专线零担、快递等分拨仓库的仓间货位整合。

(3) 面对分散的仓储资源与集约化的供应链物流之间的矛盾,如何促进仓储企业之间以及仓储企业与运输、货代、零担、快递企业之间重组整合,既包括国有企业之间的重组,也包括国企与外企、民企的重组;既包括同业之间的兼并重组,也包括跨业态之间的企业重组。

2. 仓储业信息化与电商仓储融合

仓储业的信息化是仓储业转型升级的目标之一。我国仓储业的信息化正在向深度(智能仓储)与广度(互联网平台)发展,电子商务特别是网络零售的发展,催生了海量单品、海量订单的专业性、网络化电商仓储的发展,出现了许多仓储互联网平台、仓储O2O平台以及大宗物资线上交易与线下仓储的互动平台。但从整体看,我国仓储业信息化发展很不平衡,30%左右的仓储企业信息化水平仍然较低,其中许多仓储企业至今还没有运用WMS,一些基于互联网的仓储平台基本上处于探索阶段,还没有成熟的商业模式,电商仓储的水平与规模远远不能适应网络零售快速发展的物流需求。图7.4显示了2007—2015年我国仓储业自动化系统及设备投入规模,由2007年的25亿元增长到2015年的453亿元,年均复合增长率高达43.64%。

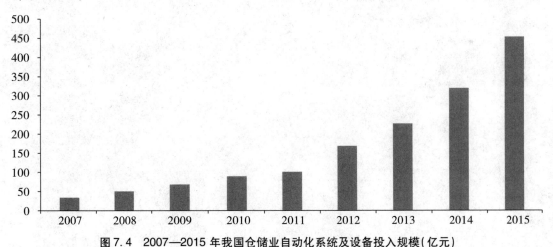

图7.4 2007—2015年我国仓储业自动化系统及设备投入规模(亿元)

3. 仓配一体化与城乡共同配送升级

仓配一体化是仓储业转型升级的重要任务。我国大中型仓储企业不同程度地开展配送业务,有的企业仓配一体化率达到60%以上。商务部在22个城市开展了共同配送试点,要求建立城市共同配送信息平台以及城市配送的互联互通平台,并将共同配送纳入了托盘循环共用及商贸物流标准化试点。但总体看,我国仓配一体化服务的水平还较低,不仅仓储企业的仓配一体化率平均不足30%,而且社会上还有海量的货物处于分散运输、货主自提的状态,不仅加大了物流成本,也造成了交通拥堵。

4. 仓储配送与包装的绿色化发展

"绿色发展"是党的十八届五中全会确定的五大发展理念之一。大力发展绿色物流是《物流业中长期发展规划》的重点内容。仓储与配送是现代物流业最核心领域，在节能减排与绿色发展方面有巨大潜力。自2013年中国仓储协会提出《中国绿色仓储与配送行动计划》以来，得到广大生产、流通与仓储企业积极响应，取得了可喜的成果。绿色仓储与配送工作2015年正式列入商务部流通司的工作计划，中仓协完成了《仓储配送与包装绿色化发展指引》研究课题与绿色仓库的行业标准。但总体来看，我国仓储配送与包装的绿色化发展才刚刚起步。

5. 库存管理与供应链优化

国家实施的供给结构性改革既是对长期以来经济高速发展的反思与调整，也为工商企业提出了供应链管理与优化的长期任务。供应链管理的核心是库存管理，通过降低库存、保持合理库存水平，使供应链体系减负、优化。供应链管理与库存控制既是工商企业的任务，也是仓储企业的服务内容。

仓储企业如何融入工商企业供应链管理中，协助工商企业全方位整合库存，完善供应链体系迫在眉睫。纵向整合库存：各类生产、批发(代理、经销)企业、仓储企业、零售企业都有自己的仓库及库存商品，商品在不同仓库间流转、层层配送实际是重复库存，产生极大的浪费。未来的总趋势是不断优化供应链流程，整合生产、批发、仓储与零售四个环节的库存，由四变三、变二，减少全社会的商品库存，加快商品流通。

(资料来源：https: //mp. weixin. qq. com/s? _ _ biz = MjM5MjU3OTI0MA = = &mid = 2651177654&idx = 2&sn = fff45d23437aaa049e8ef4290a964e86&scene = 1&srcid = 0520gKJXxFjK9sRkhYcl2JIU&pass_ ticket = DgBVaQDixyK7f9kwXkspAWhuijEzgNgWIAFX3hJAfCmwvtGjlKcOgNw%2BhNEYUPnm#rd. )

**思考：**

(1) 百利威打造的物流仓储有什么特点？

(2) 物流企业应该如何进行仓储管理？

# 第 8 章 快递物流装卸与运输管理

【学习目标】
(1) 了解装卸的概念、分类和原则。
(2) 了解运输管理的概念、分类、特点和方式。

【学习重点】
(1) 装卸的概念、分类。
(2) 运输管理的概念、分类。

【学习难点】
(1) 装卸的概念、分类。
(2) 运输管理的概念、分类。

电子商务与快递物流

**导入案例**

沃尔玛通过物流运输的合理化节约成本

沃尔玛公司是世界上最大的商业零售企业之一,在物流运营过程中,尽可能地降低成本是其经营的哲学。

沃尔玛有时采用空运,有时采用船运,还有一些货物采用公路运输。在中国,沃尔玛百分之百地采用公路运输,所以如何降低卡车运输成本是沃尔玛物流管理面临的一个重要问题,为此他们主要采取了以下措施。

(1) 沃尔玛使用一种尽可能大的卡车,大约有16米加长的货柜,比集装箱运输卡车更长或高。沃尔玛把卡车装得非常满,产品从车厢的底部一直装到最高,这样可以节约成本。

(2) 沃尔玛的车辆都是自有的,司机也是自己的员工。沃尔玛的车队大约有5 000名非司机员工,有3 700多名司机,车队每周一次运输可以达7 000~8 000公里。

(3) 沃尔玛采用全球定位系统对车辆进行定位,因此在任何时候,调度中心都可以知道这些车辆在什么地方,离商店有多远,还需要多长时间才能运到商店,这种估算可以精确到小时。沃尔玛知道卡车在哪里、产品在哪里,就可以提高整个物流系统的效率,也可以降低成本。

(4) 沃尔玛连锁商场的物流部门24小时进行工作,无论白天或晚上,都能为卡车及时卸货。另外,沃尔玛的运输车队还利用夜间进行运输,从而做到了当日下午进行集货,夜间进行异地运输,翌日上午即可送货上门,保证在15~18个小时内完成整个运输过程。这是沃尔玛在速度上取得优势的重要措施。

(5) 沃尔玛的卡车把产品运到商场后,商场可以把它整个地卸下来,而不用对每个产品逐个检查,这样就可以节省很多时间和精力,加快了沃尔玛物流的循环过程,从而降低了成本。这里有一个非常重要的先决条件,就是沃尔玛的物流系统能够确保商场所得到的产品是与发货单完全一致的产品。

(6) 沃尔玛的运输成本比供货厂商自己运输产品要低,所以厂商也使用沃尔玛的卡车来运输货物,从而做到了把产品从工厂直接运送到商场,大大节省了产品流通过程中的仓储成本和转运成本。

(资料来源:http://3y.uu456.com/bp-f23f4992dd88d0d233d46adf-1.html.)

沃尔玛为何如此重视物流运输环节,物流运输对企业经营有何影响?本章将介绍装卸搬运管理和运输管理。

【拓展案例】

# 8.1 装卸搬运管理

## 8.1.1 装卸搬运的概念

装卸是指物品在指定地点以人力或机械装入运输设备或卸下的过程;搬运是指在同一场所内对物品进行以水平移动为主的物流作业。装卸搬运即指在某一物流节点范围内进行的,以改变物料的存放状态和空间位置为主要内容和目的的活动。在实际工作中,装卸和搬运是密不可分的，因此在物流中并不过分强调两者的区别。曾广泛应用于物流行业中的装卸搬运活动，在电子商务发展迅速的今天，其应用更加普遍，也更加引起了我们的重视。

### 8.1.2 装卸搬运的地位

装卸搬运活动的基本动作包括装车（船）、卸车（船）、堆垛、入库、出库以及连接上述各项动作的短程输送，装卸搬运是随运输和保管等活动而产生的必要活动。装卸活动在物流过程中总是不断出现和反复进行的，其花费时间较长，且使用频繁，频率明显高于其他各项物流活动，所以往往成为决定物流速度的关键。

此外装卸活动所消耗的人力也很多，在人工费不断增长的现在，装卸费用在物流成本中所占的比重也越来越高。而装卸操作时往往需要接触货物，这也使得装卸活动成为造成货物破损、散失、损耗、混合等损失的主要环节。例如，玻璃、机械、器皿的破损和袋装面粉纸袋破损和散失等问题时常发生。因此，要想降低物流费用，装卸是必须要解决的问题。装卸活动的优化对物流效率及物流技术经济效果的提高都起到了重要的作用。

### 8.1.3 装卸的分类和原则

【拓展视频】

**1. 装卸的分类**

1）按设备对象不同分类

根据设备对象不同，装卸可分为仓库装卸、铁路装卸、港口装卸、汽车装卸等。

（1）仓库装卸配合出库、入库、维护保养等活动进行，主要包括堆垛、上架、取货等操作。

（2）铁路装卸是对火车车皮的装进及卸出，特点是一次作业就实现一车皮的装进或卸出，很少有像仓库装卸时出现的整装零卸或零装整卸的情况。

（3）港口装卸包括码头前沿的装船，也包括后方的支持性装卸运。由于港口大小及发展状况仍存在较大差异，有的港口装卸依旧采用小船在码头与大船之间"过驳"的办法，因而港口装卸的情况较为复杂，要实现船与陆地之间货物过渡的目的，中间流程往往还需要多次的装卸与搬运。

（4）汽车装卸一般一次装卸批量不大，由于汽车的灵活性，可以减少很多搬运活动，从而直接通过装卸作业实现车与物流设施之间货物的过渡。

2）按机械作业方式的不同分类

根据机械作业方式不同，装卸可分成吊车的"吊上吊下"方式、使用叉车的"叉上叉下"方式、使用半挂车或叉车的"滚上滚下"方式、"移上移下"方式及散装散卸方式等。

（1）吊上吊下方式。利用各种起重机械从货物上部吊起，依靠起吊装置的垂直移动实现装卸，并在吊车运行的范围内或回转的范围内实现搬运或依靠搬运车辆实现小搬运。

（2）叉上叉下方式。采用叉车从货物底部托起货物，并依靠叉车的运动进行货物搬运，搬运过程完全依靠叉车进行，货物可以直接实现点到点的移动，中间不停顿地放置到目的地。

（3）滚上滚下方式。主要指港口装卸的一种水平装卸方式。利用叉车或半挂车、汽车承载货物，连同车辆一起开上船，到达目的地后再从船上开下。拖车将半挂车、平车拖拉至船上后，托车开下船而载货车辆连同货物一起运到目的地，再原车开下或拖车上船拖拉半挂车、平车。滚上滚下方式需要有专门的船舶，即滚装船。这种方式大大便利了港口装卸活动，但由于过程比较复杂，因此对码头也有一定要求。

（4）移上移下方式。是在两车之间（如火车及汽车）进行靠接，然后利用各种方式，通过货物水平、上下移动实现货物从一个车辆推移到另一车辆上。移上移下方式需要使两种车辆水平靠接，因此，需要对站台或车辆货台进行变动，并配合移动工具实现这种装卸方式。

（5）散装散卸方式。主要针对散装物进行装卸。一般从装点直接到达卸货点，中间不再落地，这是集装卸与搬运于一体的装卸方式。

3）按作业连续性不同分类

根据作业的连续性不同，装卸可分成连续装卸与间歇装卸两类。

（1）连续装卸。主要是同种大批量散装或小件杂货通过连续输送机械，连贯、持续地进行作业。在装卸量较大、装卸对象固定、货物对象不易形成大包装的情况下适用采取这一方式。

（2）间歇装卸。有较强的机动性，装卸地点可在较大范围内变动，主要适用于货流不固定的各种货物，尤其适用于包装货物和大件货物等，散粒货物也可采取此种方式。

4）其他分类方式

除以上分类方式外，根据不同性质，装卸还有很多其他分类方式，如根据被装物的主要运动形式不同，可以分为垂直装卸、水平装卸等方式；根据搬运对象不同，也可分成散装货物装卸、单件货物装卸、集装货物装卸等。

2. 装卸原则

1）尽量不进行装卸

装卸作业本身并不产生价值，但是，如果进行了不适当的装卸作业，就可能造成商品的破坏或丢失。因此，在装卸搬运过程中，应当尽量减少装卸活动，排除无意义的作业。尽量减少装卸次数，以及尽可能地缩短搬运距离等，能有效地防止货物损坏，提高物流效率。装卸作业不仅要花费人力和物力，增加费用，还会使流通速度放慢。多增加一次装卸，费用也就相应地增加一次，同时还增加了商品污损、破坏、丢失、消耗的概率。因此，装卸作业的经济原则就是"不进行装卸"。所以，减少装卸次数、缩短移动商品距离的问题，是装卸活动中必须要考虑到的。

2）装卸的连续性

两处以上的装卸作业要配合好。进行装卸作业时，为了不使连续的各种作业中途停顿，而能协调地进行，整理设计作业流程必不可少。因此，需要进行"流程分析"，对商品的流动进行分析，使经常相关的作业配合在一起。例如，把商品装到汽车或铁路货车上或把商品送往仓库进行保管时，应当考虑合理取卸或出库的方便。在进行每一次的装卸作业，每一个装卸动作的时候，应当考虑下一步的装卸活动，从而有计划地进行整个流程。使整个流程成为一个系统，一系列的装卸活动相互协调、衔接配合。对作业动作的顺序、作业动作的组合或装卸机械的选择及运用进行统筹规划，以保证装卸作业的顺利进行。

3）减轻人力装卸

减轻人力装卸就是把人的体力劳动改为机械化劳动。在不得已的情况下，必须使用人力时，也应尽可能减少搬运距离。减轻人力装卸主要是在减轻体力劳动、缩短劳动时间、防止成本上升、保障劳动安全卫生等方面提高，促进装卸活动的自动化、机械化。

【拓展知识】

4）提高搬运灵活性

物流过程中，常需将暂时存放的物品再次搬运。从便于经常发生的搬运作业考虑，物品的堆放方法是很重要的，这种便于移动的程度，被称为"搬运灵活性"。衡量商品堆存形态的"搬运灵活性"，用灵活性指数表示。一般将灵活性指数分为五个等级，即：散堆于地面上为0级；装入箱内为1级；装在货盘或垫板上为2级；装在车台上为3级；装在输送带上为4级。

5）商品整理

商品整理就是把商品汇集成一定单位数量，然后再进行装卸，既可避免损坏、消耗和丢失，又容易查点数量，而且最大的优点在于使装卸、搬运的单位加大，使机械装卸成为可能，同时提高装卸、搬运的灵活性等。这种方式主要是把商品装在托盘、集装箱和搬运器具中，再原封不动地装卸、搬运，进行输送、保管等活动。

6）物流整体

在整个物流过程中，要从运输、储存、保管、包装与装卸的关系来考虑。装卸要适合运输、储存保管的规模，即装卸要起到支持并提高运输效率和储存保管能力的作用，而不是阻碍的作用。对于商品的包装来说也是一样的，过去是以装卸为前提进行的包装，要使用许多不必要的包装材料，采用集合包装，不仅可以减少包装材料，同时也省去了许多徒劳的运输。

## 8.1.4 装卸搬运设备的选择原则

1）根据作业性质和作业场合进行配置与选择

装卸搬运作业性质和作业场合不同，需配备不同的装卸搬运设备。根据作业是单纯的装卸或单纯的搬运，还是装卸、搬运兼顾，从而可选择更合适的装卸搬运设备；作业场合不同，也需配备不同的装卸搬运设备。

2）根据作业运动形式进行配置与选择

装卸搬运作业运动形式不同，需配备不同的装卸搬运设备。水平运动，可选用卡车、牵引车、小推车等装卸搬运设备；垂直运动，可配备提升机、起重机等装卸搬运设备；倾斜运动，可选用连续运输机、提升机等装卸搬运设备；垂直及水平运动，可选用叉车、起重机、升降机等装卸搬运设备；多平面式运动，可选用旋转起重机等装卸搬运设备。

3）根据作业量进行配置与选择

装卸搬运作业量大小关系到设备应具有的作业能力，从而影响到所需配备的设备类型和数量。作业量大时，应配备作业能力较高的大型专用设备；作业量小时，最好采用构造简单、造价低廉而又能保持相当生产能力的中小型通用设备。

4）根据货物种类、性质进行配置与选择

货物的物理性质、化学性质以及外部形状和包装千差万别，有大小、轻重之分，有固体、液体之分，有散装、成件之分，所以对装卸搬运设备的要求也不尽相同。

5）根据搬运距离进行配置与选择

长距离搬运一般选用牵引车和挂车等装卸搬运设备，较短距离搬运可选用叉车等装卸搬运设备，短距离搬运可选用手推车等装卸搬运设备。为了提高设备的利用率，应当结合设备种类和特点，使行车、货运、装卸、搬运等工作密切配合。

6）装卸搬运设备的配套

成套地配备装卸搬运设备，使前后作业相互衔接、相互协调，是保证装卸搬运工作持续进行的重要条件。因此，需要对装卸搬运设备在生产作业区、数量吨位、作业时间，场地条件、周边辅助设备上作适当协调。

在物流产业高速发展的今天，除了传统装卸搬运设备以外，机器人技术的应用也越来越广泛，如今已成为决定企业之间相互竞争和未来发展的重要衡量因素。目前，机器人技术在物流中的应用主要集中在包装码垛、装卸搬运两个作业环节，随着新型机器人技术的不断涌现，其他物流领域也出现了机器人的应用案例，如 Kiva 移动机器人。

案例 8-1

## Kiva 移动机器人

在半自动化医药配送中心一般采用以车辆为主的搬运设备，如手推车、叉车以及拖车。在 Kiva 自动化系统中，Kiva 移动机器人是唯一的搬运设备，其行走速度可以达到 1.5 米/秒。在传统的医药配送中心，一天最多只能出库 70 万个品规的药品，但是引进 Kiva 系统后，分拣人员不需要来回移动寻找药品，更不必记住每类药品摆放的位置，而是通过信息系统下达指令，由 Kiva 移动机器人快速将需要分拣的货架搬运至分拣人员面前，最快时可以达到一天出库 150 万个品规的药品。这大大缩短了药品分拣的时间，提高了订单出库的速度。

Kiva 移动机器人的结构比较简单，主要由 6 个系统组成：信息处理系统、顶升系统、搬运系统、定位检测系统、视觉系统、自动充电系统。每个 Kiva 移动机器人都装有一个信息处理系统，通过该系统来接收指令，然后对该指令进行处理，并控制机器人的路径选择、行走方向以及检测障碍物和电池电量是否充足。

顶升系统依靠 Kiva 移动机器人上的螺旋升降装置，当 Kiva 移动机器人到达货架的底部时，通过螺旋升降机将货物举起离开地面。为了保证 Kiva 移动机器人在搬运的过程中能平稳地搬运货架，顶升系统在升降机旋转的过程中通过控制机器人底下的两个橡胶轮进行反向旋转。

Kiva 移动机器人的前后都装有定位检测系统，运用红外线传感技术快速检测机器人周围的环境，识别是否有障碍物，一旦检测到周围有障碍物则自动停止以免碰撞。为了识别货架的信息和定位，在 Kiva 移动机器人的顶部中央位置和底部中央位置均装有一个摄像头，分别读取可移动货架底部的条形码以及在地上的网格视觉记号。图 8.1 所示为 Kiva 机器人外形。

图 8.1 Kiva 移动机器人外形

Kiva 移动机器人是由电池驱动的，每充一次电，基本上可以工作 8 小时，一旦系统检测到电量降低，则处理系统会自动驱动机器人到固定的充电站自动充电，无须人工操作。

(资料来源：http://www.tuopan808.com/News/2016-4-13/IGA45D15KJ4EEKB5035.html。)

## 8.1.5 装卸搬运合理化

为提高装卸搬运的效率，使装卸搬运过程更加合理化，需注意以下几个方面。

1. 减少无效作业

无效作业即在装卸作业活动中超出必要的装卸、搬运量的作业。为了有效提高装卸作业的经济效益，防止和消除无效作业是非常有必要的，主要可从以下几个方面进行改善。

(1) 尽量减少装卸次数，避免无效益的装卸作业。

(2) 提高被装卸物料的纯度。物料的纯度，指物料中含有水分、杂质与物料本身使用无关的物质的多少。物料的纯度越高，则装卸作业的有效程度越高。反之，则无效作业就会增多。

(3) 包装要适宜。包装的轻型化、简单化、实用化会不同程度地减少作用于包装上的无效劳动。

(4) 缩短搬运作业的距离。物料在装卸、搬运当中，要实现水平和垂直两个方向的位移，选择最短的路线完成这一活动，就可避免超越这一最短路线以上的无效劳动。

2. 提高灵活性

装卸、搬运的灵活性，主要根据物料所处的状态，即物料装卸、搬运的难易程度，其不同级别内容如下。

0级——物料杂乱地堆在地面上的状态。

1级——物料装箱或经捆扎后的状态。

2级——箱子或被捆扎后的物料，下面放有枕木或其他衬垫后，便于叉车或其他机械作业的状态。

3级——物料被放于台车上或用起重机吊钩钩住，即刻移动的状态。

4级——被装卸、搬运的物料，已经被起动、直接作业的状态。

从理论上讲，活性指数越高越好，但必须考虑到实施的可能性。例如，物料在储存阶段中，活性指数为4的输送带和活性指数为3的车辆，在一般的仓库中很少被采用，这是因为大批量的物料不可能存放在输送带和车辆上。

**知识拓展**

### 装卸搬运灵活性分析方法

1. 平均活性指数的方法

这个方法是对某一物流过程物料所具备的活性情况，累加后计算其平均值，用"$\delta$"表示。$\delta$值的大小是确定改变搬运方式的信号。

当$\delta<0.5$时，指所分析的搬运系统半数以上处于活性指数为0的状态，即大部分处于散装情况，其改进方式可采用料箱、推车等存放物料。

当$0.5<\delta<1.3$时，则是大部分物料处于集装状态，其改进方式可采用叉车和动力搬动车。

当$1.3<\delta<2.3$时，装卸、搬运系统大多处于活性指数为2，可采用单元化物料的连续装卸和运输。

当$\delta>2.7$时，则说明大部分物料处于活性指数为3的状态，其改进方法可选用拖车、机车车头拖挂的装卸搬运方式。

2. 活性分析图法

分析图法是将某一物流过程通过图示来表示出装卸、搬运活性程度，并具有明确的直观性能，使人一看就清楚，薄弱环节容易被发现和改进。运用活性分析图法通常分三步进行：第一步，绘制装卸搬运图；第二步，按搬运作业顺序做出物资活性指数变化图，并计算活性指数；第三步，对装卸搬运作业的缺点进行分析改进，做出改进设计图，计算改进后的活性指数。

（资料来源：http://baike.so.com/doc/5799815-6012612.html.）

3. 实现省力化

装卸搬运使物料发生垂直和水平位移，必须通过做功才能实现，要尽力实现装卸作业的省力化。在装卸作业中应尽可能地消除重力的不利影响。在有条件的情况下可利用重力进行装卸，以减轻劳动强度和能量的消耗。如将设有动力的小型运输带（板）斜放在货车、卡车或站台上进行装卸，使物料在倾斜的输送带（板）上移动，依靠重力的水平分力完成装卸活动。在搬运作业中，不用手搬，而是把物资放在车上，由器具承担物体的重量，以此减轻劳动强度。

重力式移动货架也是一种利用重力进行省力化的装卸方式之一。重力式货架的每层格均有一定的倾斜度，利用重力，货箱或托盘可沿着倾斜的货架层板自己滑到输送机械上。

为了减小物料阻力,通常在货架表面进行光滑处理,或者在货架层或承重物资的货箱、托盘下装上滚轮,将滑动摩擦变为滚动摩擦,使物料移动时所受到的阻力更小。

**4. 提高机械化**

物资装卸搬运设备以完成装卸任务为目的,并提高装卸活动工作效率、提高装卸质量和降低装卸搬运作业成本。通过提高装卸活动机械化,大大提高物流效率。提高机械化,主要包括以下内容。

(1) 确定装卸任务量。根据物流计划、经济合同、装卸作业不均衡程度、装卸次数、卸车时限等,来确定作业现场年度、季度、月、旬、日平均装卸任务量。再根据具体装卸任务量,合理安排装卸设备。通过把计划任务量与实际装卸作业量两者之间的差距缩小到最低水平,使装卸设备的运用达到最大化。同时,在进行装卸作业组织工作时,还要把装卸作业的物资对象的品种、数量、规格、质量指标以及搬运距离尽可能地做出详细的规划。

(2) 根据装卸任务和装卸设备的生产率,确定装卸搬运设备需用的台数和技术特征。

(3) 根据装卸任务、装卸设备生产率和需用台数,编制装卸作业进度计划,即装卸搬运设备的作业时间表、作业顺序、负荷情况等详细内容。

(4) 下达装卸搬运进度计划,安排劳动力和作业班次。

(5) 统计和分析装卸作业成果,评价装卸搬运作业的经济效益。

随着生产力的发展,装卸搬运的机械化程度定将不断提高。此外,由于装卸搬运的机械化能把工人从繁重的体力劳动中解放出来。尤其对于危险品的装卸作业,机械化能保证人和货物的安全,也是装卸搬运机械化程度不断得以提高的动力。

**5. 推广组合化**

在装卸搬运作业过程中,根据不同物料的种类、性质、形状、重量的不同来确定不同的装卸作业方式。处理物料装卸搬运的方法有三种形式:①分块处理,即普通包装的物料逐个进行装卸;②散装处理,即将颗粒状物资不加小包装而原样装卸;③集装处理,即将物料以托盘、集装箱、集装袋为单位进行组合后进行装卸。由于集装处理可实现单元化装卸搬运,可以充分利用机械进行操作,因此使用最为广泛。组合化装卸具有以下优点。

(1) 装卸单位大、作业效率高,可大量节约装卸作业时间。

(2) 能提高物料装卸搬运的灵活性。

(3) 操作单元大小一致,易于实现标准化。

(4) 不用手去触及各种物料,可达到保护物料的效果。

**6. 合理规划**

装卸搬运作业过程是指对整个装卸作业的连续性进行合理的安排,以减少运送距离和装卸次数。装卸搬运作业现场的平面布置直接关系到装卸、搬运距离,装卸搬运机械要与货场长度、货位面积等互相协调。足够大的集货场地才能满足装卸搬运机械工作面的要求,场内的道路布置要为装卸搬运创造良好的条件,保证货位的周转。同时注意使装卸搬运距离达到最小平面布置,以此达到减少装卸搬运距离的目的。

提高装卸搬运作业的连续性应做到:①作业现场装卸搬运机械合理衔接;②不同的装卸搬运作业在相互联结使用时,力求使它们的装卸搬运速率相等或接近;③充分发挥装卸搬运调度人员的作用,一旦发生装卸搬运作业障碍或停滞状态,立即采取有力的措施补救。

7. 运用新技术

随着自动化技术的发展,越来越多的科技运用在了装卸搬运中。

自动引导车(Automated Guided Vehicle,AGV)也称无人搬运车或自动搬运车,是一种现代化的先进物料搬运设备。随着工厂自动化以及计算机集成系统技术、柔性制造系统以及物流业的发展,自动导引车得到了日益广泛的应用。

根据中国国家标准《物流术语》(GB/T 18354—2006),AGV 为具有自动导引装置,能够沿设定的路径行驶,在车体上具有编程和停车选择装置、安全保护装置以及各种物品移载功能的搬运车辆。AGV 能够自动地从某一地点将物料移送到另一个指定地点,它的动力驱动常采用蓄电池供电,能够自动充电。AGV 采用先进的自动控制系统或计算机控制系统控制,与现场相关设备连成一个完整的功能网络,实现自动运行、自动作业、智能检测等功能,并且具有良好的柔性。

机器人技术也越来越多地被应用于物流的装卸搬运作业,从而直接提高了物流系统的效率和效益。搬运机器人可安装不同的末端执行器来完成各种不同形状和状态的工件搬运工作,大大减轻了人类繁重的体力劳动,目前已被广泛应用到工厂内部工序之间的搬运、制造系统和物流系统连续的运转以及国际化大型港口的集装箱自动搬运。

搬运机器人的出现,不仅可以充分利用工作环境的空间,而且提高了物料的搬运能力,大大节约了装卸搬运过程中的作业时间,提高了装卸效率。部分发达国家已制定出人工搬运的最大限度,超过限度的搬运必须由搬运机器人来完成。随着经济实力的增强,国内对搬运机器人的需求也在日益扩大。

## 8.2 运输管理

### 8.2.1 运输管理概述

1. 运输管理的概念

物资的存储与运输被人们称为"物流的支柱"。运输管理是指产品从生产者手中到中间商手中再到消费者手中的运送过程的管理。它包括运输方式选择、时间与路线的确定及费用的节约。其实质是对铁路、公路、水运、空运等运输方式的运行、发展和变化,进行有目的、有意识的控制与协调,实现运输目标的过程。

## 2. 运输管理的意义

（1）运输管理能保证劳动过程顺利进行，从而提高劳动生产效率。

一个规模较大的物流或运输企业，有几百人乃至几千人在一起共同劳动，这是一种协作性的劳动。通过分工协作，各部门、各机构组织一起为实现共同目标而努力，与此同时，为了保证劳动过程顺利进行，就必须有管理。这就是由共同劳动过程的性质产生出来的管理职能。

运输管理，就是对整个运输过程的各个环节——运输计划、发运、接运、中转等活动中的人力、运力、财力和运输设备等进行合理组织，统一使用，调节平衡，互相监督，共同完成目标。以求用同样的劳动消耗（活劳动和物化劳动），运输较多的货物，提高劳动效率，取得最好的经济效益。

（2）运输中运输费所占比重大，是影响物流费用的重要因素。

在物流业务活动过程中，直接耗费的活劳动和物化劳动，它所支付的直接费用主要有运输费、保管费、包装费、装卸搬运费、运输损耗费等。而其中运输费所占的比重最大，是影响物流费用的一项主要因素。日本曾对一部分企业进行了调查，在从成品到消费者手中的物流费用中：保管费占16%，包装费占26%，装卸搬运费占8%，运输费占44%，其他占6%；我国用于运输的费用也占物流费用的40%左右。可见运输费在物流费中所占的比重最大。因此，在物流各环节中，搞好运输工作，合理运输，不仅关系到物流时间问题，也影响到物流费用，直接关系到企业的成本。物流企业通过统筹规划，节约运输费用，才能降低物流费用，从而提高企业经济效益，增加利润。

## 3. 运输管理的特点

1）专业化

第三方物流企业必须具有专业化的人员，设施设备，服务管理，才能及时高效地完成运输任务，创造竞争优势，创造更大的利润空间。

2）系统化

第三方物流企业进行运输管理时，要从系统的高度合理运用运输工具，提高运输效能，并且通过运输信息化系统对运输源、物流客户、客户需求、服务项目、运输单证等进行综合管理，做到效益最大化。

3）信息化

信息系统水平是物流现代化的标志。为了对承接的多个运输任务进行有效的管理和控制，必须建立完善的信息系统，通过它可以及时把握市场信息，有效运用运力，制定最经济、最合理的运输方案。

此外第三方物流企业的运输管理还出现了高效率、高速度、低成本、集装化运作趋势。

电子商务与快递物流

### 案例 8-2

## 德邦物流的运输管理

德邦是国家5A级物流企业,主营国内公路零担运输业务。近年来,随着电子商务的快速发展,德邦更是设置了网上营业厅。德邦物流公司的运输方式有汽运(精准卡航、精准汽运、精准城运)、空运等。

(1) 精准卡航快速安全。德邦公司采用进口 VOLVO/SCANIA 等全封闭厢式卡车,通过对车辆GPS定位,通过网络准确知道货物的动向。这也体现了德邦运输的时效性。

(2) 精准汽运全国通达。德邦公司网络横贯东西、纵穿南北、遍布全中国。每日准点发车,专线通达全国。全国各地无处不达,运输线路持续优化。设专线直达城市,并在城市中设置多个接货提货点,方便顾客就近提货。德邦公司做到了"德邦物流无处不达"的承诺。

(3) 精准城运准点到达。德邦公司实现珠三角、长三角、京津唐、山东、辽宁、川渝区域城市之间快速送达。德邦对各个区域进行了城市划分。比如对长三角区域划分了上海、苏州、太仓、吴江、昆山、常熟、江阴、张家港、无锡、常州、杭州、嘉兴、湖州、绍兴、义乌、宁波、余姚、慈溪等多个城市,在长三角区域内实现城市点与城市点的货物精准直达。这一管理方式让德邦运输可以更好地做到货物准点到达,无须浪费过多的资源。

在各个物流企业中,德邦物流的空运代理实力也是很强大的。德邦拥有南航、国航、深航、厦航、东航、山航、海航等多家航空公司的代理权,在全国47个大中城市设有空运代理点,是华南地区最具实力的空运代理企业之一。德邦物流公司的零担配送做得也比其竞争对手好。德邦每天都会收到发往全国各地的货物,所以必须把将不同地方的货物分拣开来。为了节约成本、提高效率,德邦公司设置了运作中心这个平台和设置城市之间的专线。德邦是国内为数不多坚持自建网点、自组车队的物流企业。虽然自建网点和自组车队所需资金庞大,扩张耗用时间漫长,但是好处是规划管理同一方便,操作容易。

从长远的角度看,这是一项根基稳、效益高、回报多的决策。客户发货,可自己送来营业部、网上下单、电话预约,营业部再根据客户要求派车上门接货,然后开单、贴标签,晚上将货物运到运作中心分拣,如果是省内的就可以直接运到货物所到营业部,省外的就要到另一个运作中心分拣,才能达到所到的营业部,最后就是客户自提或送货上门,一切皆按客户要求操作。

德邦物流公司以客户为中心,提供优质服务,客户的货物发后有保障,与广大客户建立长期合作的关系,拥有自己的网点车队团队。期间肯定有很多困难,但是德邦坚持下来了。德邦这样的运输管理模式也成就了它成为众多物流企业中的先驱。

(资料来源:http://wenku.baidu.com/view/77de1dc74028915f804dc2ef.html。)

## 8.2.2 运输方式

目前电子商务与快递物流的运输方式主要包括:铁路运输、公路运输、水路运输、航空运输四种[①]。

### 1. 铁路运输

铁路运输是利用铁路进行货物运输的方式,是利用铁路设施、设备运送旅客和货物的

---

① 物流运输方式还包括管道运输,但由于快递不存在管道运输,因此本书不进行介绍。

一种运输方式，在国际货运中的地位仅次于海洋运输。铁路运输与海洋运输相比，一般不易受气候条件的影响，可保障全年的正常运行，具有高度的连续性。铁路运输还具有载运量较大、运行速度较快、运费较低廉、运输准确、遭受风险较小的优点。

铁路运输也存在缺陷，如运输受轨道的限制、不能跨洋过海，铁路建设投资大等，使得其应用在一定的程度上受到限制。

2. 公路运输

公路运输是指以公路为运输线，利用汽车等陆路运输工具，做跨地区或跨国的移动，以完成货物位移的运输方式。它是对外贸易运输和国内货物流程的主要方式之一，既是独立的运输体系，也是车站、港口和机场物资集散的重要手段。

【拓展视频】

公路运输生产点多、面广，公路运输最显著的运营特点是它的灵活性。具体表现在：空间上的灵活性，可以实现门到门运输；时间上的灵活性，可以实现即时运输，即根据货主的需求随时启运；批量上的灵活性，公路运输的启运批量最小；运行条件的灵活性，公路运输的服务范围不仅在等级公路上，还可延伸到等级外的公路，甚至许多乡村便道的辐射范围，普通货物装卸对场地、设备没有专门的要求；服务上的灵活性，能够根据货主的具体要求提供有针对性的服务，最大限度地满足不同性质的货物运送需求。

3. 水路运输

水路运输是指利用船舶等浮运工具，在水域沿航线载运旅客和货物的一种运输方式。水路运输具有成本低（仅为公路运输的1/3）、能耗省、过程长、运量大等与其他几种运输方式相比较的明显优势。

但受自然条件的限制与影响大，即受海洋与河流的地理分布及其地质、地貌、水文与气象等条件和因素的明显制约与影响；而且对综合运输的依赖性较大河流与海洋的地理分布有相当大的局限性，水运航线无法在广大陆地上任意延伸。

4. 航空运输

航空运输是指利用航空器运送货物的现代化运输方式。近年来，采用航空运输的方式日趋普遍，航空货运量越来越大，航空运输的地位日益提高。速度快、安全性好、节省包装等费用、加快资金周转。但缺点是投资大、运量小、运费比较高、易受天气的影响等。

【拓展视频】

【拓展案例】

## 8.2.3 第三方物流运输管理的合理化

1. 合理运输的五要素

影响运输合理化的因素很多，其中起决定作用的通常被称为合理运输"五要素"的是：运输时间、运输距离、运输环节、运输工具和运输费用。

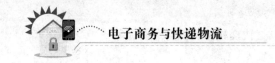

### 2. 运输合理化的有效措施

运输的投入主要是能耗和基础设施的建设。在设施建设已定型和完成的情况下，尽量减少能源投入，降低单位物品的运输成本，是少投入的核心。

（1）提高运输工具实载率。提高实载率的目的意义是充分利用运输工具的额定能力，减少车船空驶和不满载行驶时间，以求得运输合理化。

（2）合理选择运输方式，实现运输方式的分工。各种运输方式都有自己的优缺点，第三方物流公司在安排货物运输时要综合利用各种运输的长处，发挥各种物流方式的最佳效果。

（3）合理设计，正确选择运输线路。尽量采用直达，快速运输，尽可能缩短运输时间或安排沿路加载或循环配送，以提高车辆容积的利用率和车辆里程的利用率，节省运费。应避免迂回运输，重复运输，倒流运输和过远运输的发生。

（4）尽量运用合整装载运输。这是集运观念在第三方物流企业运输管理中的运用。在物品运输中，一般运输批量越大费率越低。采取合整装车运输，可以减少运输成本，节约劳动力，在一定程度上提高了运输工具的实载率。

（5）发展直达运输。直达运输是追求运输合理化的重要形式，要点是通过减少中转、过载、换装，提高运输速度，节省装卸费，降低中转货损。

（6）合理采用配载运输。这是充分利用运输工具的载重量和容积，合理安排装载的物品及载运方法，以求合理的运输方式。

（7）依靠科技进步发展特殊运输技术和运输工具。

# 本章小结

在同一地域范围内（如车站范围、工厂范围、仓库内部等）以改变"物"的存放、支承状态的活动称为装卸，以改变"物"的空间位置的活动称为搬运。装卸活动的基本动作包括装车（船）、卸车（船）、堆垛、入库、出库以及连接上述各项动作的短程输送，装卸搬运是随运输和保管等活动而产生的必要活动。装卸原则：①尽量不进行装卸；②装卸的连续性；③减轻人力装卸；④提高搬运灵活性；⑤商品整理；⑥物流整体。

运输管理是指产品从生产者手中到中间商手中再至消费者手中的运送过程的管理。它包括运输方式选择、时间与路线的确定及费用的节约。其实质是对铁路、公路、水运、空运等运输方式的运行、发展和变化，进行有目的、有意识的控制与协调，实现运输目标的过程。运输管理能保证劳动过程顺利进行，从而提高劳动生产效率。目前电子商务与快递物流的运输方式主要包括铁路运输、公路运输、水路运输、航空运输四种。

## 关键术语

装卸搬运(Handing)  运输(Tansport)
运输管理(Transportation Management)

# 习 题

**一、判断题**

1. 装卸活动的基本动作包括装车(船)、卸车(船)、堆垛、入库、出库以及连接上述各项动作的长途输送。（    ）
2. 铁路装卸是对火车车皮的装进及卸出，特点是一次作业就实现一车皮的装进或卸出，很少有像仓库装卸时出现的整装零卸或零装整卸的情况。（    ）
3. 装卸作业本身并不产生价值。（    ）
4. 目前电子商务与快递物流的运输方式主要包括铁路运输、公路运输、水路运输、航空运输和管道运输。（    ）

**二、选择题**

1. 在(    )、装卸对象固定、货物对象不易形成大包装的情况下适宜采取连续装卸。
   A. 装卸量较大　　B. 装卸量较小　　C. 货物较大　　D. 货物较小
2. 物资装卸搬运设备运用组织是以完成装卸任务为目的，并以提高(    )、装卸质量和降低装卸搬运作业成本为中心的技术组织活动。
   A. 装卸设备的质量　　B. 货物的完整性　　C. 装卸设备的生产率　　D. 装卸作业动作
3. 在物流业务活动过程中，直接耗费的活劳动和物化劳动，它所支付的直接费用主要有运输费、保管费、包装费、装卸搬运费、运输损耗费等，而其中(    )所占的比重最大。
   A. 运输费　　B. 保管费　　C. 包装费　　D. 装卸搬运费
4. 合理运输"五要素"是运输时间、运输距离、运输环节、(    )和运输费用。
   A. 运输方式　　B. 运输工具　　C. 运输路线　　D. 运输条件

**三、简答题**

1. 装卸搬运的概念是什么？
2. 影响物流效率、决定物流技术经济效果的重要环节是什么？请举例说明。
3. 装卸常见的分类方式有哪些？如何进行分类？
4. 装卸的原则是什么？
5. 装卸搬运设备选择的原则是什么？
6. 装卸搬运合理化的措施有哪些？
7. 物资装卸搬运设备运用组织包括哪些内容？
8. 处理物料装卸搬运的方法有几种形式？请具体说明。
9. 组合化装卸的优点有哪些？
10. 什么是运输管理？

11. 运输管理的意义是什么？
12. 运输管理的特点是什么？
13. 运输合理化的措施有哪些？

## 案例分析

### 云南双鹤医药的装卸搬运成本分析

云南双鹤医药有限公司是北京双鹤这艘医药航母部署在西南战区的一艘战舰，是一个以市场为核心、现代医药科技为先导、金融支持为框架的新型公司，是西南地区经营药品品种较多、较全的医药专业公司。

虽然云南双鹤已形成规模化的产品生产和网络化的市场销售，但其流通过程中物流管理严重滞后，造成物流成本居高不下，不能形成价格优势。这严重阻碍了物流服务的开拓与发展，成为公司业务发展的"瓶颈"。

装卸搬运活动是衔接物流各环节活动正常进行的关键，而云南双鹤恰好忽视了这一点，由于搬运设备的现代化程度低，只有几个小型货架和手推车，大多数作业仍处于人工作业为主的原始状态，工作效率低，且易损坏物品。另外，仓库设计得不合理，造成长距离的搬运；库内作业流程混乱，形成重复搬运，大约有70%的无效搬运，这种过多的搬运次数，不仅损坏了商品，也浪费了时间。

如果说物流硬件设备犹如人的身体，那么物流软件解决方案则构成了人的智慧与灵魂，灵与肉的结合才是完整的人。同理，要想构筑先进的物流系统，提高物流管理水平，单靠物流设备是不够的。

减少装卸搬运环节，改善装卸作业，既要设法提高装卸作业的机械化程度，还必须尽可能地实现作业的连续化，从而提高装卸效率，缩短装卸时间，降低物流成本，其包括以下合理化措施。

（1）防止和消除无效作业。尽量减少装卸次数，努力提高被装卸物品的纯度，选择最短的作业路线等都可以防止和消除无效作业。

（2）提高物品的装卸搬运活性指数。企业在堆码物品时事先应考虑装卸搬运作业的方便性，把分类好的物品集中放在托盘上，以托盘为单元进行存放，既方便装卸搬运，又能妥善保管好物品。

（3）积极而慎重地利用重力原则，实现装卸作业的省力化。装卸搬运使物品发生垂直和水平位移，必须通过做功才能完成。由于我国目前装卸机械化水平还不高，许多尚需人工作业，劳动强度大，因此必须在有条件的情况下利用重力进行装卸，将设有动力的小型运输带（板）斜放在货车、卡车上进行装卸，使物品在倾斜的输送带（板）上移动，这样就能减轻劳动强度和能量的消耗。

（4）进行正确的设施布置。采用"L"形和"U"形布局，以保证物品单一的流向，既避免了物品的迂回和倒流，又减少了搬运环节。

（资料来源：万联网 http://info.10000link.com/newsdetail.aspx?doc=2010052990010.）

### 中铁快运物流发展战略

2005年，由国家发展和改革委员会牵头，包括原铁道部在内的九大部委共同起草了《关于促进我国现代物流发展的意见》，拉开了中国发展现代物流业的序幕。提高企业运营质量、降低流通成本、增加经济效益和增强产品竞争力，已经成为各界对物流业的寄托和企盼。物流已经成为国家经济发展和政府高度关注的一个重要产业。

中铁快运股份有限公司董事长、总经理徐海锋表示："面对国内物流业的方兴未艾，我们不能无动于衷、等闲视之，要按照市场规律看待物流的发展，分析物流发展会给我们的企业带来什么样的机遇，加快向现代物流企业发展的进程。"

1. 优势互补中的劣势

中铁行包公司作为铁道部3个专业化运输公司之一，铁道部赋予其行包运输资产管理和路网使用权，公司拥有2 448辆行李车和86个直管站行包房资产。原中铁快运公司经过13年的发展，用辛勤的汗水精心打造了中铁快运的市场品牌。

新成立的中铁快运在用工和营销方面，形成了一套行之有效的市场化运作机制。原先两个公司都拥有对方所不具备的优势，新公司仔细分析了这两个公司的各自优势和原有运输产品，对公司未来的发展方向进行了认真思考。

原中铁快运在13年中主打小件快递，占总量的75%，其服务对象是运输高附加值、小批量货物和有较高时限要求的零散客户。以零散客户为主的门市经营模式，构成了原中铁快运的经营方式。而中铁行包的运输是以行包房为支点，为客户提供"站到站"服务，其70%以上的货源不是客户到行包房托运，而是掌握在中间商、代理商手里。不能直接掌握货源和客户，是行包房普遍面临的困境。

与此同时，国内快递市场向国外开放后，快递产业呈现群雄争斗的局面。国外四大巨头加快其在国内战略的实施，TNT（荷兰邮政）收购华宇集团，FedEx（联邦快递）以4亿美元收购大田集团，UPS（联合包裹）终结了十几年与中外运的合作，23个城市的网络被其用1亿美元买断。这些跨国快递企业都在跃跃欲试分割中国快递市场。

原中铁快运在发展过程中，曾经做过行业领头人。但由于国外快递企业的进入和竞争对手的效仿，其原有的市场份额被不断蚕食，快件运输越来越难了。合并后的中铁快运若仍以普通包裹和快递业务作为主要发展方向和赢利模式，发展空间将受到严重制约。

新公司要保持可持续、快速发展，必须在巩固原有业务基础上，开辟发展新领域。

2. 客户多元化的选择

2012年，一些生产企业已经实现了由自主运输向第三方物流外包的转变。在转变过程当中，他们面临一道难解的课题，就是这种转变实际上是企业的一场深刻的销售渠道变革。生产企业希望得到物流企业的全程服务，这样就可以取消一、二级批发商，采取直接销售的方式，把产品发售到各零售点。

徐海锋讲述了一次他的亲身经历。他在贵阳分公司调研时，与益佰药业公司的物流总监进行了一次交谈。益佰药业公司非常看好新中铁快运，一直在关注公司的合并重组。这位物流总监感慨地说，今天终于在中国找到了能够拥有资源的物流商，而且拥有的是全国的运输网络。

听了这位总监的话，徐海锋既兴奋又汗颜。兴奋的是这家上市公司能站在战略的角度寻找合作伙伴，看好新中铁快运的资源和网络；汗颜的是公司现有的网络实际上还不足以满足生产企业销售渠道变革的需求。

过去的中铁快运只能做小件快递，中铁行包只能做普通包裹。但今天，企业为客户提供的选择越多，对客户的拥有程度才能越大。对客户来说，组合定价就会降低成本。因此，新公司认识到，从确定核心业务到开发产品以及优化流程，必须主动适应客户多样化的需求，这样才能拥有客户，才能占领市场。

3. 地区和结点"瓶颈"的制约

当前，铁路行包运输存在的突出问题是货物违规迂回、重复中转乃至逆向中转、中转与始发争抢能力、短线物资占用长线资源、运达时限延长等。

2006年春运，一场大雪使郑州站积压行包最多时达14 000多件，造成郑州枢纽阻塞，多趟行李车被迫停装。这让他们看到了现有公司运输网络的脆弱。如果未来营销工作搞好了，货源充足到一定程度，这样的情况就会造成恶性循环，丢掉客户。

他们最后得到这样的启示：合并重组后的新公司不能停留在原有产品上，必须充分审视在未来经济可持续发展中可能遇到的问题，必须深入研究国家、铁路政策变化给行包运输带来的影响，研究汽油涨价、邮政法实施等引发的变化，研究国内市场开发，同时还要研究公路、水运、航空的政策变化。只有这样，才能未雨绸缪，加快实现由单一运输企业向以铁路为基础的现代物流企业的转变。新公司必须大胆创新，转变经营模式，寻找新的经济增长点，建立快捷货运大通道，走一条适应市场规律、适合公司特点、符合社会发展和客户需求的发展新路。

（资料来源：http://blog.sina.com.cn/s/blog_9066d1ca01012hi8.html.）

思考：

（1）云南双鹤医药装卸搬运中的问题及解决方法是什么？

（2）中铁快运在新环境下都采用了哪些方法进行运输管理？

# 第 9 章 电子商务与快递物流信息技术

【学习目标】
(1) 了解物流信息技术的概念、分类和作用。
(2) 掌握 RFID、条码、磁卡、二维码、硬币和指纹等信息识别技术的概念和应用。
(3) 掌握 WiFi 和蓝牙技术的概念。
(4) 掌握全球卫星定位系统和地理信息系统的概念和应用。

【学习重点】
(1) RFID、条码、磁卡、二维码、硬币和指纹等信息识别技术的概念和应用。
(2) 全球卫星定位系统和地理信息系统的概念和应用。

【学习难点】
(1) RFID、条码、磁卡、二维码、硬币和指纹等信息识别技术的概念和应用。
(2) 全球卫星定位系统和地理信息系统的概念和应用。

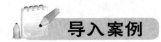
电子商务与快递物流

> **导入案例**

**RFID 手持终端结合仓储管理系统带来的优势**

物联网时代的到来，经济的加速发展，我国的物流行业进入了发展的快车道。而物流配送作为物流流程中的一个重要的方面，却存在许多的问题。主要问题在于物流配送效率低，中心信息化程度低，物流配送人才短缺。只简单地考虑仓储租金，很少结合配送成本、配送效率和服务质量来分析使得配送中心选址不科学。

思必拓结合 RFID 手持终端建立了一套仓储管理的方案：当贴有电子标签的货物运抵配送中心时，入口处的 RFID 手持终端将自动识读标签，根据读到的信息，管理系统会自动更新存货清单，同时，根据订单的需要，将相应货物发往正确的地点。这一过程将传统的货物验收入库程序大大简化，省去了烦琐的检验、记录、清点等大量需要人力的工作。

装有 RFID 手持终端的运送车自动对货物进行整理，根据计算机管理中心的指示自动将货物运送到正确的位置上，同时将计算机管理中心的存货清单更新，记录下最新的货物位置。

存货补充系统将在存货不足指定数量时自动向管理中心发出申请，根据管理中心的命令，在适当的时间补充相应数量的货物。在整理货物和补充存货时，如果发现有货物堆放到了错误位置，RFID 手持终端将随时向管理中心报警，根据指示，运送车将把这些货物重新堆放到指定的正确位置。

通过 RFID 手持终端系统，存货和管理中心紧密联系在一起，而在管理中心的订单填写，将发货、出库、验货、更新存货目录整合成一个整体，最大限度地减少了错误的发生，同时也节省了人力。

应用 RFID 手持终端技术后，货物运输将实现高度自动化。当货物在配送中心出库，经过仓库出口处 RFID 手持终端的有效范围时，RFID 手持终端自动读取货物标签上的信息，不需要扫描，就可以直接将出库的货物运输到零售商手中。

(资料来源：http://info.secu.hc360.com/2015/06/300850828498.shtml.)

物流信息技术有哪些？它们在物流企业的经营管理中起到什么作用？本章将介绍物流信息技术，如 RFID 技术、条码技术等。

## 9.1 物流信息技术概述

### 9.1.1 物流信息技术的概念和分类

物流信息技术是指物流活动中所采用的自然科学与社会科学方面的理论、方法以及设施、设备、装置与工艺的总称。

一般认为，物流信息技术包括两个方面，即物流硬技术和物流软技术。

物流硬件技术是指物流设备、装备和技术手段。传统的物流硬技术主要是指材料(集装、包装材料等)，机械(运输机械、装卸机械、包装机械等)，设施(仓库、车站、码头、机场等)。典型的现代物流技术手段和装备(或者叫现代物流技术)包括计算机、因特网、信息数据库技术、条码技术、语言技术,同时还有电子数据交换、射频识别、全球卫星定位系统、地理信息系统、自动数据采集、电子订货系统、增值网、电子货比转账、自动存取系统手持终端、集成电路卡等。

物理软技术是指为组织实现高效率的物流所需的计划、分析、评价等方面的技术和管理方法等。

## 9.1.2 物流信息技术的作用

### 1. 电子商务物流技术是提高现代物流效率的重要条件

现代物流的优势之一就是能大大简化物流的业务流程,提高物流的作业效率。在现代物流情况下,一方面,人们可以通过先进的科学技术,对现代物流活动进行模拟、决策和控制,从而使物流作业活动选择最佳方式方法和作业程序,降低货物的库存,提高物流的作业效率;另一方面,物流作业技术的应用可以提高物流作业的水平、质量和效率。

### 2. 电子商务物流技术是降低现代物流费用的重要因素

先进、合理的电子商务物流技术不仅可以有效地提高现代物流的效率,而且也可以有效降低现代物流的费用。这主要是由于先进、合理的现代物流技术的应用不仅可以有效地使物流资源得到合理的运用,而且也可以有效地减少物流作业过程中的货物损失。

### 3. 电子商务物流技术可以提高客户的满意度

电子商务物流技术的应用不仅提高了现代物流效率,降低了物流费用,而且也提高了客户的满意度,密切了与客户的关系。物流技术的应用,快速反应的建立,可以使企业及时根据客户的需要,将货物保质保量、迅速准确地送到客户指定的地点。

此外,先进、合理的信息技术的应用,还有利于实现物流的系统化和标准化,有利于企业开拓市场,扩大经营规模,增加收益。

### 海尔信息化建设的演进过程

建立 ERP 系统是海尔实现高度信息化的第一步。在成功实施 ERP 系统的基础上,海尔建立了 SRM (招标、供应商关系管理)、B2B(订单互动、库存协调)、扫描系统(收发货、投入产出、仓库管理、电子标签)、定价支持(定价方案的审批)、模具生命周期管理、新品网上流转(新品开发各个环节的控制)等信息系统,并使之与 ERP 系统连接起来。这样,用户的信息可同步转化为企业内部的信息,实现以信息替代库存,零资金占用。

海尔通过搭建 BBP 采购平台,实现了全球供应商网上查询计划、网上接收订单、网上查询库存、网上支付等活动，使供应商足不出户就可以完成一系列的业务操作。随着全球化信息网络和市场的形成，海尔物流开始着眼于全球供应链资源网络。

在物流产业化阶段，海尔通过研用信息集成化一流的物流执行系统 LES，成功地搭建起第三方物流运作管理的系统架构，实现全国 42 个配送中心的订单管理、条码扫描、GPS 运输管理、仓储管理在内的基本业务流程系统管理。通过实时取数、透明追踪、条码扫描、成本管理和决策支持来实现对多仓库、多客户、跨地域管理、复杂的仓位控制、安全存量设置、自动补货警示等先进技术，搭建起高效的第三方物流操作平台。

在此基础之上，海尔又在自己物流实践和优化业务流程之上，吸取先进仓储管理系统的经验，利用计算机及网络技术开发出针对市场需求的物流执行软件——海尔物流执行系统 HLES。目前以信息化为基础的海尔物流正在迅速拓展社会化业务。

（资料来源：http://wenku.baidu.com/link?_url=kPVVwrcpsu0jR_pup1ri2iYQs13XD-440HG7ZlTw0qW-V43VzRfr_GSshLUawjCt1pUi2sD3vQdp_fCvDl4vjpX4T9AVFZeyugM013h8ZGW.）

【拓展视频】

## 9.2　信息识别技术

### 9.2.1　RFID 技术

射频识别（Radio Frequency Identification，RFID）技术是 20 世纪 90 年代开始兴起的一种自动识别技术，是一项利用射频信号通过空间耦合（交变磁场或电磁场）实现无接触信息传递并通过所传递的信息达到识别目的的技术。

射频识别技术的优点是不局限于视线，识别距离比光学系统远。基于该技术的射频识别卡具有读写能力，可携带大量数据，难以伪造，且是智能化的，如日常使用的公交射频读卡器和射频卡。

1. 射频识别系统的构成

射频识别系统一般由信号发射机、信号接收机、编程器、天线等几部分构成。

1）信号发射机

在射频识别系统中，由于应用目的不同，信号发射机有不同的存在形式，最典型的形式是标签。标签一般是带有线圈、天线、存储器与控制系统的低电集成电路，它相当于条形码技术中的条形码符号，用于存储需要识别传输的信息。但与条形码不同的是，标签能够自动或在外力的作用下，把存储的信息发射出去。

2）信号接收机

在射频识别系统中，信号接收机一般称为阅读器。阅读器的基本功能是提供与标签进行数据传输的途径。标签中除了存储需要传输的信息外，还必须含有一定的附加信息，如错误校验信息等。阅读器把识别数据信息和附加信息按照一定的结构编制在一起，并按照特定的顺序向外发送。

3）编程器

只有可读可写标签系统才需要编程器。编程器是向标签写入数据的装置。一般来说，编程器写入数据是离线完成的，也就是预先在标签中写入数据，等到开始应用时直接将标签黏附在被标记的项目上。也有一些射频识别应用系统，其写入数据是在线完成的，尤其是在生产环境中作为交互式便携数据文件来处理时。

4）天线

天线是标签与阅读器之间传输数据的发射、接收装置，任何 RFID 读写器至少应包含一个天线来发射和接收射频信号。在实际应用中，除了系统功率，天线的形状和相对位置也会影响数据的发射和接收。

2. 射频识别技术的应用

目前，射频识别技术主要应用于以下几个方面。

1）门禁保安

射频识别技术在门禁保安中的应用最为常见。为了保证人员的单纯性，许多场所都采用工作证、出入证、小区门卡等形式识别人员身份，进而完成安全管理和收取费用等活动。使用射频卡可以简化出入手续、提高工作效率、实现安全保护。只要佩戴了被封装成信用卡大小的射频卡，进出口的读卡器会在人员出入时自动识别其身份。非法闯入则会有报警。

2）高速公路自动收费及交通管理

高速公路自动收费系统是射频识别技术最成功的应用之一。高速公路收费通常存在两大问题：一是交通堵塞；二是少数不法的收费员贪污路费，使国家蒙受损失。而将射频识别技术应用在高速公路自动收费上，能够充分体现它非接触识别的优势——让车辆高速通过收费站的同时自动完成收费，从而解决上述两个问题。

3）射频卡收费

一般来说，现金交易不方便也不安全，还容易出现税收的漏洞；磁卡、IC 卡在一些恶劣的环境中容易损坏，使用受到限制。而射频卡既不易磨损，也不怕静电，且用起来方便、快捷，还可以同时识别几张卡，并行收费，因此越来越受到重视。

4）生产线自动化

将射频识别技术应用在生产流水线上可实现自动控制、监视，可以提高生产率、改进生产方式、节约成本。

5）仓储管理

将射频识别系统应用于智能仓库货物管理方面，可以有效地解决仓库里与货物流动有关的信息管理问题。

【拓展视频】

利用射频技术进行仓储管理时，首先需要为每个货物贴上条形码，且所有条形码信息都要存储在仓库的数据库中。然后将射频卡贴在货物所通过的仓库大门边上，将读写器和天线放在叉车上。当货物需要被装运到别处时，另一读写器会识别并告知数据库该货物被放在了哪个拖车上。这样，管理中心可以实时了解已经生产了多少产品和发送了多少产品，并可自动识别货物，确定货物的位置。

## 9.2.2 条形码技术

【拓展知识】

条形码是将宽度不等的多个黑条和空白，按照一定的编码规则排列，用以表达一组信息的图形标识符。常见的条形码是由反射率相差很大的黑条（简称条）和白条（简称空）排成的平行线图案。

条形码可以标出物品的生产地、制造厂家，商品的名称、类别、生产日期，图书的分类号，邮件的起止地点等许多信息，因而在商品流通、图书管理、邮政管理、银行系统等多个领域都得到了广泛应用。

### 1. 条形码技术的特点

条形码作为一种图形识别技术，与其他识别技术相比有以下特点。

（1）可靠性高。条形码的读取准确率远远超过人工记录，平均每 15 000 个字符才出现一个错误。

（2）效率高。条形码的读取速度很快，每秒可读取 40 个字符。

（3）成本低。与其他自动化识别技术相比，条形码技术仅仅需要一张小贴纸和构造简单的光学扫描仪，成本低廉。

（4）易于制作。条形码的编写很简单，制作也仅仅需要印刷，因而被称为"可印刷的计算机语言"。

（5）易于操作。条形码识别设备的构造简单，使用方便。

（6）灵活实用。条形码符号可以手工键盘输入，也可以和有关设备组成识别系统实现自动化识别，还可以与其他控制设备联系起来实现整个系统的自动化管理。

（7）自由度大。条形码识别装置与其标签相对位置的自由度要比 OCR（光学字符识别）大得多。条形码通常只在一维方向上表达信息，而且同一条形码上所表示的信息完全相同并且连续。这样，即使标签有部分缺失，仍可以从正常部分输入正确的信息。

### 2. 条形码的分类

目前，世界上常用的条形码有 EAN 条形码、UPC 条形码、Code39 条形码、库德巴条形码等。其中，商品上最常使用的是 EAN 条形码。

1）EAN 条形码

EAN 条形码也称通用商品条形码，由国际物品编码协会制定，通用于世界各地，是目前国际上使用最广泛的一种商品条形码。我国目前在国内推行使用的也是这种商品条形码。EAN 条形码分为 EAN－13（标准版）和 EAN－8（缩短版）两种，如图 9.1 所示。

人们日常购买的商品包装上所印的条形码一般就是 EAN－13 码。

（1）前缀码 P1～P3。P1～P3 是国际物品编码协会分配给其成员的标志代码，实际上就是国家或地区代码，如我国内地为 690、691、692，香港特别行政区为 489。

（2）厂商代码 M1～M4。厂商代码由 4 位阿拉伯数字组成。我国的厂商代码主要由中国物品编码中心来分配。

（3）商品代码 I1～I5。I1～I5 为商品项目代码，由 5 位阿拉伯数字构成，用以标志具体的商品项目。

（4）校验码 C。校验码由 1 位阿拉伯数字组成，用来校验编码的正误，以提高条形码的可靠性，其数值由前面 12 位数字计算得出。

图 9.1　EAN 条形码

2）UPC 条形码

UPC 条形码（统一产品代码）是一种长度固定、连续的条形码，它主要在美国与加拿大使用，共有 UPC-A、UPC-B、UPC-C、UPC-D 和 UPC-E 五种版本。其中，UPC-A 应用于通用商品，UPC-E 是商品短码，如图 9.2 所示。

图 9.2　UPC 条形码

UPC-A 码是完整的商品条形码，由 11 位数字和一个系统符及其条形码特征符号组成，其构成如表 9-1 所示。

表 9-1　UPC-A 码的构成

| 项目 | 左侧空白 | 起止符 | 系统符 | 左侧数据 | 中间符 | 右侧数据 | 校验码 | 终止符 | 右侧空白 |
|---|---|---|---|---|---|---|---|---|---|
| 位数 |  |  | 1 位 | 5 位 |  | 5 位 | 1 位 |  |  |

3）Code39 条形码

Code39 条形码能用字母、数字和其他一些字符表示，具有全 ASCII 码特性，可将 128 个字符全部编码，同时具有自检功能。条形码长度是可变化的，通常用 * 号作为起始/终止符，每个字符由 5 条 4 空组成，如图 9.3 所示。

图9.3 code39 码

4）库德巴条形码

库德巴条形码可用数字 0~9 和字符 $、+、-，以及只能用做起始/终止符的 a、b、c、d 四个字符表示，长度可变，没有校验位，为非连续型条形码，每个字符由 4 条 3 空组成，如图 9.4 所示。

图9.4 库德巴码

3. 条形码识别设备

近几年来，企业普遍认识到了条形码技术给企业管理带来的巨大效益，因而纷纷使用条形码识别系统。常见的条形码识别设备（图 9.5）有以下几种。

1）手持式条码扫描器

手持式条码扫描器是 1987 年推出的技术产品，外形与超市收银员拿在手上使用的条码扫描器一样。绝大多数采用可接触图像传感器（Contact Image Sensor，CIS）技术，光学分辨率为 200dpi，有黑白、灰度、彩色等多种类型，其中彩色类型一般为 18 位彩色。也有个别高档产品采用电荷耦合元件作为感光器件，可实现 24 位真彩色，扫描效果较好。

2）小滚筒式条码扫描器

小滚筒式条码扫描器将条码扫描器的镜头固定，通过移动要扫描的物件进行扫描。这种扫描器在扫描时跟打印机一样，需要被扫描的物件穿过机器。因此，被扫描的物件不可以太厚或体积过大。这种扫描器最大的优点是体积很小，但使用起来有很多局限，如只能扫描薄薄的纸张、扫描范围有限等。

3）平台式条码扫描器

平台式条码扫描器又称平板式条码扫描器、台式扫描枪。目前，市面上大部分的条码扫描器都属于平台式条码扫描器。这种扫描器的优点在于使用方便，就像使用复印机一样，只要把扫描器的上盖打开，不管是书本、报纸、杂志还是照片底片，都可以放上去扫描，而且扫描出来的效果也是所有常见类型扫描器中最好的。平台式条码扫描器光学的分辨率为 300~8 000dpi，色彩位数在 24~48 位，扫描幅面一般为 A4 或者 A3。

其他常见的扫描器还有大幅面扫描器、笔式扫描器、条码扫描器、底片扫描器、实物扫描器，以及主要用于印刷排版领域的滚筒式扫描器等。

(a) 手持式条码扫描器　　　(b) 小滚筒式条码扫描器　　　(c) 平台式条码扫描器

图 9.5　常见的条形码识别设备

4. 条形码技术的应用

由于条形码技术具有便捷、高效的优势，因此应用非常广泛。在电子商务物流领域，条形码技术的应用主要有以下几个方面。

1) 条形码技术的基本应用

根据产品的流通过程，条形码技术的基本应用主要有以下几点。

(1) 生产线上的跟踪和管理。产品一上生产线，企业便可通过条形码技术对其进行跟踪和管理。为实现生产线上的跟踪和管理，首先需要在生产任务单上粘贴条形码标签，作为不同产品的标志；当产品处于不同的生产环节时，扫描任务单上的条形码，以即时更改数据库中的产品状态；当产品下线包装时，打印并粘贴产品对应的客户信息条形码，完成对产品生产各工序和整个过程的跟踪。

(2) 产品标签管理。在产品下线时，制造商打印出产品标签，并粘贴在产品包装的明显位置，使其作为跟踪产品流转的重要标志。

(3) 入库管理。当产品进入仓库时，管理员需要识读产品上的条形码标签，录入产品的存放信息，并将产品的特性信息及存放信息一同存入数据库，建立产品档案。

(4) 库存管理。在库存管理中，条形码主要用于存货盘点和出库备货。当产品进入仓库后，管理员首先需要利用手持式无线终端扫描物品条形码，收集、盘点商品信息；然后将收集到的信息由计算机进行集中处理；最后形成盘点报告。

(5) 出库管理。当产品出库时，管理员可通过扫描产品上的条形码，对出库产品的信息进行确认，同时更改其库存状态。

(6) 产品配送。在产品配送前，管理员要先将所配送产品的资料和客户订单资料下载到移动条形码终端中；然后根据订单情况，挑选货物并验证其条形码标签，以保证配送的准确性。

2) 条码技术在储运中的应用

条码技术在储运中的应用主要是对产品的入库、在库、出库管理和运输环节的跟踪管理。

在产品保管的入库、出库过程中，企业能够利用产品上的条形码信息简化办理货物保管时的手续。在向货主交付产品时，企业可以利用条形码识读设备扫描货票和取货人所持有的取货凭证中的二维条形码来验证产品的正确性和取货人的身份，有效简化取货程序，加快货物交付速度，改善货物运输的服务形象。

对一些特殊产品，如需要保温、保险、限时运输的产品，企业可以通过条形码技术实现对整个运输环节的跟踪管理，利用条形码记录产品的温度、出场时间等信息，及时了解产品现状，调整运输方案，保证运输的有效性。

3）条形码技术在供应链管理中的应用

利用条形码技术，可以构建对企业的物流信息施行采集跟踪的管理信息系统。通过对生产制造业的物流跟踪，满足企业正对物料准备、生产制作、仓储运输、市场销售、售后服务、质量控制等方面的信息管理需求。

4）条形码技术在配送中的应用

在传统的配送中心运作和管理中，商品物流信息主要以表单、账簿的形式表现出来，商品的进出及库存情况不能被及时地反映出来。同时，由于整个作业过程都是手工管理，出错率高，经常出现账货不符、商品货位不清、货物发送错误等现象，这些都会加大商品损失，并且使作业管理经常处于混乱之中，使得配送中心的经营成本居高不下。

一般而言，降低配送中心经营成本可通过两条途径来实现，即降低商品的库存和减少商品的损失。要做到这两点，配送中心一方面要进行物流跟踪和库存控制，另一方面要降低作业的出错率。在这种情况下，配送中心作业流程操作的每一步都要准确、及时，并且具备可跟踪性。而应用条码技术，配送中心可以实现高效、准确的管理。

## 案例 9-2

### 海尔条码和 RF 技术支持下的"五个按单"

由于海尔信息化的提前推广，使网络共享解决了基础设施的瓶颈，同时也为条码和 RF 技术在物流的各个环节、各个部门的数据采集和普遍应用做好了准备。海尔结合世界上先进的母本，设计了一套完整、科学的编码规则，使人、产品、设备、工位、仓位均有了规范统一的编码。

目前海尔应用最为广泛的条码主要分为 7 种：托盘条码、物料条码、仓位条码、成品条码、操作人员条码、工位条码及设备条码。托盘条码由 6 位阿拉伯数字组成，具有唯一性。物料条码相当于物资标签，每个容器外部都有一张物料条码，包含物料号、物料描述、批号、供应商及送货数量等信息。仓位条码相当于一个三维坐标，用来标识海尔青岛物流中心每个仓位的具体位置。例如 01-09-03，01 代表第 1 巷道，09 代表第 9 列，03 代表第 3 层。成品条码主要用来标记出厂成品，运用于整个成品下线、仓储及配送。成品条码共计 20 位，包括产品大类、版本号、流通特征、生产特征、序列号等信息。工位条码是海尔集团将所有的生产线统一编码，这使产品可追溯到生产线的生产工艺与质量。人码是海尔集团所有员工的编码，人码与其他条形码结合能够及时追溯到责任，同时也是海尔集团进行工资分配的依据。设备码是集团为所有设备的编码，为全面设备管理提供依据。条码和 RF 技术在海尔的广泛采用，使海尔的"五个按单"——按单采购、按单分拣、按单配送、按单核算、按单计酬成为可能。

（资料来源：http://wenku.baidu.com/link?url=kPVVwrcpsu0jR_pup1ri2iYQs13XD-440HG7ZlTw0qW-V43VzRfr_GSshLUawjCt1pUi2sD3vQdp_fCvDl4vjpX4T9AVFZeyugM013h8ZGW.）

## 9.2.3 二维码技术

**1. 二维码的概念**

二维码是一种新型的条码技术,其最早产生于日本,是通过在平面一定尺寸的矩形空间内通过分布具有一定规律的黑白像素点,通过黑白像素点的位置分布来记录所要存放的数据信息,由黑白像素点构成的矩形符号和下方的文字说明以及二维码号共同组成完整的二维码符。二维码利用黑白像素点与计算机内部的"0""1"二进制相对应,并通过不同的空间分布进行信息表示,通过对应的二维码扫描设备进行读取,获得存储的信息。二维码能够在水平方向和竖直方向两个方向同时表达信息,单位空间内信息存储利用率相对于一维码有了跨越性的提高(表9-2)。

一维条形码。一维条形码在问世以来得到了迅速的普及和广泛的应用。由于一维码信息容量小,因此一维条形码只能作为产品的标识来使用,更多的产品信息只能依赖于后台数据库的支持。离开了数据库,一维条形码将变得没有任何使用价值,因而它的发展也受到了一定的限制。一维条形码包括EAN码、UPC码、128码、93码、39码、交叉25码以及Coda bar(库德巴码)等。

表9-2 二维码和一维码对比

| 项目 | 二维码 | 一维码 |
| --- | --- | --- |
| 识读方位 | 360度,二维方向 | 水平方向 |
| 存储能力 | 高 | 低 |
| 抗干扰 | 强 | 弱 |
| 纠错能力 | 高 | 无 |
| 优点 | 强大的存储量,较强的纠错能力及全方位识读 | 信息录入快,操作简单、完全依赖计算机技术 |

**2. 二维码的技术特点**

(1) 存储信息容量大。最多可包含1 000多个字节,或500多个汉字,比一维条形码信息容量高出数十倍。

(2) 能表示多种多样信息。能够把文字、图片、音频、视频等多种信息进行编码存在二维码中。

(3) 具有较强的容错纠错能力。如果二维码受到撕毁、污损等,只要受损面积没有超过二维码面积的一半,使用者就能通过相关的纠错算法,提取出正确的二维码信息。

(4) 误码率极低,低于0.000 01%。

(5) 支持加密算法。如用基于DES和RSA的混合加密算法,就广泛应用于车票等二维码应用上，从而避免二维码使用者信息泄露。相对于一维条码，二维码具有更强的保密性和防伪性。

（6）使用成本极低，只需要对 PC 机二维码软件产生的二维码进行打印或者直接通过短彩信发送到使用者手机上即可，并且易于制作，持久耐用。

（7）二维码图像的尺寸、形状等在遵循一定规则的条件下可以进行改变。

（8）读取二维码信息的设备多样。除专用二维码读取设备外，人们还可以使用装有具有摄像功能的手机或者电脑的摄像头并配合相应软件进行二维码的读取。

3. 二维码的分类

二维码可以分为行排式二维条码和矩阵式二维条码。行排式二维条码由多行一维条码堆叠在一起构成，但与一维条码的排列规则不完全相同；矩阵式二维条码是深色方块与浅色方块组成的矩阵，通常呈正方形，在矩阵中深色块和浅色块分别表示二进制中的 1 和 0。

1) 行排式二维码

行排式二维码又称堆积式二维码、层排式二维码。其形态类似于一维码，编码原理同一维条码的编码原理类似。它在编码设计、识读方式、校验原理等方面与一维条码具有相同或类似的特点，甚至可以用相同的设备对其进行扫描识读，只不过识读和译码算法与一维条码不同。由于行排式二维码的容量更大，所以校验功能有所增强，但通常仍不具有纠错功能。行排式二维码中具有代表性的有 Code49 码和 PDF417 码两种。

（1）Code49 码。Code49 码（图 9.6）是 1987 年 Intermec 公司推出的行排式二维条码，可编码全部 128 个 ASCII 字符。符号高度可变，最低的 2 层符号可以容纳 9 个字母型字符或 15 个数字字符，而最高的 8 层符号可以容纳 49 个数字字母行字符或者 81 个数字字符；只有校验码，无纠错能力。Laserlight 公司推出的 Code16K 码与 Code49 码非常相似，编码范围有所扩大，可以编码 128 个 ASCII 字符和 128 个扩展 ASCII 字符。同时提高了对数字字符的编码能力，最高的 8 层字符最多可编码 1 541 个数字字符。

图 9.6　Code49 码

（2）PDF417 码。PDF417 码是 1990 年 SymbolTechnologies 公司美籍华人王寅君博士发明的。PDF 全称是 Portable Data File，即便携式数据文件。因为组成条码的每一个字符都由 4 个条和 4 个空共 17 个模块构成，故称为 PDF417 条码。PDF417 码在个人证件上有广泛的应用。

PDF417 码（图 9.7）可编码全部 ASCII 字符及扩展字符，并可编码 8 位 2 进制数据，最多可有 80 多万不同的解释。层数可从 3 到 90 层，一个符号最多可编码 1 850 个文本字符、

2 710 个数字或者 1 108 个字节。可进行字符自校验，可选安全等级，具有纠错能力。

图 9.7　PDF417 码

2）矩阵式二维码

矩阵式二维码以矩阵的形式组成，每一个模块的长与宽相同，模块与整个符号通常都以正方形的形态出现。矩阵式二维码是一种图形符号自动识别处理码制，通常都有纠错功能。具有代表性的矩阵式二维码有 DataMatrix 码、CodeOne 码、QR 码、汉信码。

（1）DataMatrix 码。DataMatrix 码（简称 DM 码，见图 9.8）是最早的二维条码之一，1988 年 5 月由美国国际资料公司发明。可编码标准和扩展 ASCII 字符集中的 256 个字符，最大数据容量为 2 335 个文本字符、2 116 个数字或 1 556 个字节。

（2）CodeOne 码。CodeOne 码（图 9.9）是 1992 年由 Intermec 公司发明的矩阵式二维码，是最早作为国际标准公开的二维码。可编码标准和扩展 ASCII 字符集中的 256 个字符，共有 10 个版本和 14 种尺寸，最大可表示 2 218 个文本字符、3 550 个数字或 1 478 个字节。

（3）QuickResponse 码。QuickResponse 码（简称 QR 码，见图 9.10）是 1994 年 9 月日本 Denso 公司研制出的一种矩阵式二维码符号。QR 码是最早可以对汉字进行编码的二维码，也是目前应用最广泛的二维码。QR 码有 40 个版本，有 4 个不同纠错能力的纠错等级，除了可以编码 ASCII 字符、数字和 8 位字节外，还可以编码中国和日本汉字，而且还具有扩展解释能力。最多可以编码 4 296 个文本、7 089 个数字、2 953 个字节或 1 817 个中文或日文字符。QR 二维码在快速识别和解码方面具有优势，并且编码范围广阔。

（4）汉信码。汉信码（图 9.11）是 2005 年由中国物品编码公司牵头开发完成的矩阵式二维码。汉信码的最大优势在于汉字的编码，可编码 GB18030 字符集中的所有汉字，并具有扩展能力。汉信码有 84 个版本，有 4 个不同纠错能力的纠错等级，最多可编码 4 350 个文本字符、7 928 个数字、3 262 个字节或 2 174 个中文常用汉字。

图 9.8　DataMatrix 码　　图 9.9　CodeOne 码　　图 9.10　QuickResponse 码　　图 9.11　汉信码

**案例 9-3**

**大部分商家已接入微信支付二维码支付方式**

【拓展视频】

微信支付的二维码支付方式让 O2O 支付成为可能,包括上品折扣、海底捞等商家已接入。

与微信达成合作的上品折扣百货中关村店,微信支付日交易额已经超过 24 万元,占店面销售额的 11%。支付方式:消费者选择好商品,交给柜台导购员,导购员在 PAD 中选取该商品,系统将自动生成商品二维码,消费者通过微信扫描 PAD 中的商品二维码,输入微信支付密码即可完成支付。

(资料来源:http://www.meihua.info/a/32931.)

## 9.2.4 磁卡技术

### 1. 磁卡

磁卡是一种磁记录介质卡片。它由高强度、耐高温的塑料或纸质涂覆塑料制成,能防潮、耐磨且有一定的柔韧性,携带方便,使用较为稳定可靠。通常,磁卡的一面印刷有说明提示性信息,如插卡方向;另一面则有磁层或磁条,具有 2~3 个磁道以记录有关信息数据。磁卡以液体磁性材料或磁条为信息载体,将液体磁性材料涂复在卡片上或将宽 6~14 毫米的磁条压贴在卡片上。磁条上有三条磁道,前两条磁道为只读磁道,第三条磁道为读写磁道,如记录账面余额等。磁卡的信息读写相对简单容易,使用方便,成本低,从而较早地获得了发展,并进入了多个应用领域,如电话预付费卡、收费卡、预约卡、门票、储蓄卡、信用卡等。

### 2. 磁条和磁道

磁条上有 3 条磁道。磁道 1 与磁道 2 是只读磁道,在使用时磁道上记录的信息只能读出而不允许写入或修改。磁道 3 为读写磁道,在使用时可以读出,也可以写入。磁道 1 可记录数字(0~9)、字母(a~z)和其他一些符号(如括号、分隔符等),最多可记录 79 个数字或字母。磁道 2 和 3 所记录的字符只能是数字(0~9)。磁道 2 最多可记录 40 个字符,磁道 3 最多可记录 107 个字符,如表 9-3 所示。

表 9-3 磁道参数

| 磁道 | 可记录的字符 | 字符容量 | 读写说明 |
| --- | --- | --- | --- |
| 1 | 数字(0~9)字母(A~Z)和其他一些符号(如括号、分隔符等) | 最多可记录 79 个数字或字母 | 在一般应用中为只读 |
| 2 | 数字(0~9) | 磁道 2 最多可记录 40 个字符 | 在一般应用中为只读 |
| 3 | 数字(0~9) | 最多可记录 107 个字符 | 在一般应用中既可以读出,也可以写入 |

目前磁卡多作为消费卡，对自助快递的推进具有较大的意义。其所含信息量大，使用过程中既能实现快递实名制，又能大大提高工作效率。但目前在快递物流中的使用较少，应用环境还有待开发。

## 9.2.5 硬币识别技术

1. 硬币识别技术简介

硬币在日常生活中扮演着重要角色。硬币在漫长的货币史中占据重要地位，并且与其他形式的货币相伴流通而发展。因人口的增加和社会文明程度的提高，硬币的需求量仍在日益增加，各国的造币厂尚在日夜兼程制造各种面值的硬币（如美国每年要生产200亿美元的硬币）。面对庞大的硬币流通量，硬币的高效检测是一项非常有意义的工作：银行等一些特殊部门要对大量的硬币进行高效的处理，如计数、分类、包装等以使其再流通；无人售票车等需要对硬币进行实时识别；自动售货机除了识别之外，还要提供找零功能等；随着假币的出现，在线识伪也成为一个急需解决的问题，硬币识别系统便应运而生。

硬币识别系统是对高速通过的硬币进行识别、计数，同时对伪币、残币进行剔除的系统。它是分类机、计数机、包装机、销毁机等众多硬币处理器具的基础。由于国情和货币体系不同，研制统一的硬币识别系统不现实，因此，需要针对不同的货币体系研制相应的识别系统。

2. 硬币识别器的种类

硬币识别器的种类也是多种多样的，发展也是越来越先进。在中国，硬币识别器的技术已经成熟，采用传感器技术与光电子技术和电磁技术对硬币的几何参数和材质进行检测使得识别器达到了很高的精度，即使硬币的表面有很多污垢也能准确地辨别出真假。

在中国与投币器配套使用的仪器和设备数量庞大且种类繁多。投币器需要适应市场的需求，因此必须添加硬币识别器。硬币识别器的种类并不多，最常见的硬币识别器有单一式硬币识别器和复合式硬币识别器，而单一式硬币识别器又可分为几何参数识别器、材质识别器。

3. 硬币识别器的原理

复合式硬币识别器结构简单，造价低廉，识别精度高且能够广泛应用在各种领域。因此此类识别器占据较大的市场，并且会有很大的发展空间。这种硬币识别器主要是由平板电容传感器、电感线圈传感器、检测电路、单片机控制电路组成。变介质平板电容传感器是通过检验硬币的厚度来辨别真伪的，当硬币通过投币口进入平板电容传感器时会引起传感器电容的变化，这个传感器也可以实现对硬币材质的检测，但这只是一个附加功能。通过电容传感器配用的交流电桥将电容的变化转换为电压信号，再通过放大电路将信号放大，进入单相桥式整流滤波电路将交流变为直流，并滤去干扰信号。在通过电压比较器后输入AD转换器，将模拟信号转换为数字信号传入单片机控制电路。而电感线圈传感器是通过不同的金属材质通过线圈时电感改变量不同来检测的。当硬币通过电感线圈时也会使电感量改变，通过电感式传感器配用的交流电桥电路使电感的改变转换为电压信号，由于硬币通过传感器的时间比较短，所以获得的信号比较微弱，因此需要在信号输出口连接一个放大电路使信号放大。在复合硬币识别器中需要用到单片机，而传入单片机的信号必须是直流信号，所以在放大电路的末端需要连接一个单相桥式整流滤波电路，将交流变为直流再传入单片机控制系统。在整个过程中也需要连接有滤波电路和电压比较器的输入单片机。整个信号的传输、接收流程如图9.12所示。

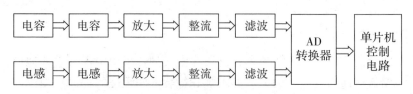

图9.12　单相桥式整流滤波电路的信号

如今为解决快递"最后一公里"配送，智能快递柜、便利店等均有较大的发展。硬币识别技术的发展有助于智能快递柜及便利店等第三方快递企业改变其现有经营模式，对于以后的应用还有很大的探索空间。

## 9.2.6　POS技术

### 1. POS系统概述

POS(Point of Sales)系统即销售时点信息系统，是指通过自动读取设备(如收银机)在销售商品时直接读取商品的销售信息(如商品名、单价、销售数量、销售时间、销售店铺、购买顾客等)，并通过通信网络和计算机系统传送至有关部门进行分析、加工以提高经营效率的系统。POS系统最早应用于零售业，以后逐渐扩展至金融、旅馆等服务行业，利用POS系统的范围也从企业内部扩展至整个供应链。图9.13所示为POS机外形。

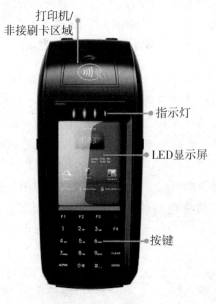

图9.13　POS机

POS 系统有两种类型，一类是商业 POS 系统，包含前台 POS 系统和后台 MIS 系统（Management Information System，管理信息系统）两大基本部分；另一类是金融 POS，它是由银行设置在商业网点或特约商户的信用卡授权终端和银行计算机系统通过公用数据交换网联机构成的电子转账服务系统。

2. POS 系统的组成及特点

（1）前台 POS 系统。前台 POS 系统是指通过收银机，在销售商品时直接读取商品销售信息，实现前台销售业务的自动化，对商品交易进行实时服务和管理，并通过通信网络和计算机系统传送至后台，通过后台 MIS 对交易信息进行储存、汇总、统计和分析，获得商品销售的各项信息，为管理者分析经营成果、制订计划提供依据。

（2）后台 MIS 系统。后台 MIS 系统包括计算机和相应的管理软件。MIS 系统负责全部商品的进销存管理以及财务管理、考勤管理等。它可根据商品进货信息对厂商进行管理，又可根据前台 POS 系统提供的销售数据控制进货数量，优化库存。通过后台计算机系统计算、分析和汇总商品销售的相关信息，为企业管理部门和管理人员的决策提供依据。

前台 POS 系统是为后台 MIS 系统采集数据的，后台 MIS 系统依据前台 POS 系统实时采集的数据进行计算、分析和汇总，可以控制进货数量、合理周转资金，还可统计各种销售报表，并可对收银员的业绩进行考核。因此，前台 POS 系统和后台 MIS 系统密切相关，二者缺一不可。

3. POS 系统的运行步骤

POS 系统的基本作业原理是先将商品资料建于计算机数据库中，前台操作时扫描商品上的条形码得到商品的编号，通过计算机与收银机的网络线，读取计算机数据库中的商品详细信息（商品名称、价格等），同时销售操作完成后，每笔销售记录传回计算机数据库中作为各种销售统计分析的基础数据。POS 系统具体运行包括以下几个步骤。

（1）条形码识别：收银员使用扫描器读取商品条形码。
（2）消费金额和总价确认：计算顾客购买的商品数量及总金额。
（3）信用卡刷卡（现金付款直接到第 6 步）：卡支付。
（4）输入密码。
（5）建立数据传输。
（6）打印凭条：打印出顾客的购买清单和付款总金额。
（7）信息回流后台数据库。
（8）信息反馈后，做出相应的调整：通过对销售实点信息进行加工分析来掌握消费者购买的情况，对商品品种、陈列和价格等进行调整。
（9）信息管理，制定计划。

4. POS 系统的应用

POS 系统对商品流转业务的管理主要体现在：通过核算员、收银员在流转的各个环节，将必要的票据记录到 POS 系统中去。所登录的数据主要有商品的单价、数量及金额等相关指标。

对于商品流转各个环节以及与商场管理密切相关的人为活动，如商品部的哪些人具有采购权，哪些人可以和厂家谈判签订合同等，POS 系统不能进行控制和管理。

商品进销调存各环节涉及的主要终端操作人员有：进货环节的商品库核算员、仓库核算员、销售环节的 POS 系统终端收银员、调拨环节的商品部核算员、仓储环节的商品部核算员、仓库核算员。

这些终端操作人员主要分为核算员和收银员。对核算员的要求是要熟悉商品流转业务，有一定的计算机和财务知识，严格执行商场管理规程及操作规程，充分理解商品流转各环节的票据含义；对收银员的要求是责任心强，对收款机操作熟练迅捷，能够处理一些简单的销售业务问题(如收款方式、付款方式、币种识别等)。

在 POS 系统应用过程中，要使 POS 系统发挥其功效，在系统工作的各个流程，工作人员都应熟悉本流程的工作，并按操作规程操作。对于各流程中的工作人员，具体包括以下事项。

(1) 商品编码、定价和登录。工作人员要了解和确定商品编码规范，包括商品店内码、商品条形码；了解和确定商品的进价、售价、调价等定价的方式；了解和确定商品定价单、调价单的单据格式及使用规范，并能进行相关操作。

(2) 进货。工作人员要了解和确定商品到货情况及处理流程；了解和确定验收单、进账单(货到单未到时使用)的单据格式及使用规范并能进行相关操作。一般商品到货分为全部进仓、全部进柜和部分进仓部分进柜 3 种情况。每种情况又有货单与货同到、货到单未到、单到货未到 3 种状态。

(3) 调拨。工作人员要了解和确定商品部内发生的商品调拨；了解和确定商品部之间发生的商品调拨；了解和确定调拨单的单据格式、使用规范，并能进行相关操作。

(4) 退货及换货。工作人员要了解和确定商品退货的过程；了解和确定商品换货的过程；了解和确定退货、换货验收单的单据格式和使用规范，并能进行相关操作。

(5) 仓储。工作人员要了解和确定商品移仓(支货)的过程；了解和确定商品退仓的过程；了解和确定商品的提货及退仓的过程；了解和确定移仓单的单据格式、使用规范，并能进行相关操作。

(6) 零售。工作人员要了解和确定商品零售的过程；了解和确定收款单、解款单的单据格式及使用规范，并能进行相关操作。

(7) 报损、报溢、报废。工作人员要了解和确定商品的报损、报溢过程；了解和确定商品溢耗损报核单、财产损溢审批单的单据格式及使用规范，并能进行相关操作。

(8) 盘点。工作人员要了解和确定商品盘点过程；了解和确定盘点表格式及使用规范，并能进行相关操作。

(9) 进货退补价。工作人员要了解和确定进货后发生退补价时的处理流程；了解和确定进货退补价单的单据格式及使用规范，并能进行相关操作。

此外，相关人员还需要对 POS 系统进行日常维护与异常处理，系统管理员和数据库管理员应定期进行主机系统的数据备份和数据清理工作，以避免有用信息的丢失以及非相关冗余信息占用有效空间。

## 9.2.7 指纹技术

1. 指纹技术的原理

每个人包括指纹在内的皮肤纹路在图案、断点和交叉点上各不相同，呈现唯一性且终生不变。据此，我们就可以把一个人同他的指纹对应起来，通过将他的指纹和预先保存的指纹数据进行比较，就可以验证他的真实身份，这就是指纹识别技术。

指纹识别主要根据人体指纹的纹路、细节特征等信息对操作或被操作者进行身份鉴定，得益于现代电子集成制造技术和快速而可靠的算法研究，已经开始走入我们的日常生活，成为目前生物检测学中研究最深入、应用最广泛、发展最成熟的技术。

2. 指纹的特征

识别指纹主要从两个方面展开：总体特征和局部特征。

1) 总体特征

总体特征是指那些用人眼直接就可以观察到的特征，包括纹形、模式区、核心点、三角点和纹数等。

（1）纹形。指纹专家在长期实践的基础上，根据脊线的走向与分布情况一般将指纹分为三大类：环型（又称斗形）、弓形、螺旋形。

（2）模式区。即指纹上包括了总体特征的区域，从此区域就能够分辨出指纹是属于哪一种类型的。有的指纹识别算法只使用模式区的数据，有的则使用所取得的完整指纹。

（3）核心点。位于指纹纹路的渐进中心，它在读取指纹和比对指纹时作为参考点。许多算法是基于核心点的，即只能处理和识别具有核心点的指纹。

（4）三角点。位于从核心点开始的第一个分叉点或者断点，或者两条纹路会聚处、孤立点、折转处，或者指向这些奇异点。三角点提供了指纹纹路的计数跟踪的开始之处。

（5）纹数。即模式区内指纹纹路的数量。在计算指纹的纹路时，一般先连接核心点和三角点，这条连线与指纹纹路相交的数量即可认为是指纹的纹数。

2) 局部特征

局部特征是指纹上节点的特征，这些具有某种特征的节点称为细节特征或特征点。两枚指纹经常会具有相同的总体特征，但它们的细节特征却不可能完全相同。指纹纹路并不是连续的、平滑笔直的，而是经常出现中断、分叉或转折。这些断点、分叉点和转折点就称为"特征点"，就是这些特征点提供了指纹唯一性的确认信息，具体包括终结点、分叉点、分歧点、孤立点、环点、短纹等，其中最典型的是终结点和分叉点。特征点的参数包括方向（节点可以朝着一定的方向）、曲率（描述纹路方向改变的速度）、位置（节点的位置通过 $x/y$ 坐标来描述，可以是绝对的，也可以是相对于三角点或特征点的）。

### 3. 采集指纹图像的技术

获得良好的指纹图像是一个十分复杂的问题。因为用于测量的指纹仅是相当小的一片表皮，所以指纹采集设备应有足够好的分辨率以获得指纹的细节。目前所用的指纹图像采集设备，基本上基于三种技术基础：光学技术、半导体硅技术、超声波技术。

1) 光学技术

借助光学技术采集指纹是历史最久远、使用最广泛的技术。将手指放在光学镜片上，手指在内置光源照射下，用棱镜将其投射在电荷耦合器件（CCD）上，进而形成脊线（指纹图像中具有一定宽度和走向的纹线）呈黑色、谷线（纹线之间的凹陷部分）呈白色的数字化的、可被指纹设备算法处理的多灰度指纹图像。

光学的指纹采集设备有明显的优点：它已经过较长时间的应用考验，一定程度上适应温度的变异，较为廉价，可达到500dpi的较高分辨率等。其缺点是：由于要求足够长的光程，因此要求足够大的尺寸，而且过分干燥和过分油腻的手指也将使光学指纹产品的效果变坏。

2) 半导体硅技术（CMOS 技术）

20世纪90年代后期，基于半导体硅电容效应的技术趋于成熟。硅传感器成为电容的一个极板，手指则是另一极板，利用手指纹线的脊和谷相对于平滑的硅传感器之间的电容差，形成8bit的灰度图像。

硅技术的优点是可以在较小的表面上获得比光学技术更好的图像质量，在1厘米×1.5厘米的表面上获得200~300线的分辨率（较小的表面也导致成本的下降和能被集成到更小的设备中）；缺点是易受干扰，可靠性相对差。

3) 超声波技术

为克服光学技术设备和硅技术设备的不足，一种新型的超声波指纹采集设备已经出现。其原理是利用超声波具有穿透材料的能力，且随材料的不同产生大小不同的回波（超声波到达不同材质表面时，被吸收、穿透与反射的程度不同），因此，利用皮肤与空气对于声波阻抗的差异，就可以区分指纹脊与谷所在的位置。

超声波技术所使用的超声波频率为 $1\times10^{4} \sim 1\times10^{9}$ Hz，能量被控制在对人体无损的程度（与医学诊断的强度相同）。超声波技术产品能够达到最好的精度，它对手指和平面的清洁程度要求较低，但其采集时间会明显长于前述两类产品。

物流企业通过指纹识别终端采集客户的指纹和身份信息，并上传到大系统数据库进行注册，从而实现信息共享。物流企业同时通过自身小系统对包裹进行收件、运输、投递和跟踪管理，在收件和投递时只需要采集客户的指纹信息，再与指纹身份信息大数据库匹配进行身份确认就能实现客户信息的自动录入和签收，从而有效避免收寄危险违禁品和冒领包裹的现象，也能大大提高工作效率。

## 9.3 通信技术

### 9.3.1 无线 WiFi 技术

**1. WiFi 技术概述**

所谓"WiFi"其实就是 Wireless Fidelity 的缩写,意思就是无线局域网。WiFi 是一种可以将个人电脑、手持设备(如 PDA、手机)等终端以无线方式互相连接的技术。简单来说其实就是 IEEE 802.11b 的别称,是由一个名为"无线以太网相容联盟"(Wireless Ethernet Compatibility Alliance,WECA)的组织所发布的业界术语,它是一种短程无线传输技术,能够在数百英尺范围内支持互联网接入的无线电信号。随着技术的发展,以及 IEEE 802.11a 和 IEEE 802.11g 等标准的出现,现在 IEEE 802.11 这个标准已被统称作 WiFi。它可以帮助用户访问电子邮件、Web 和流式媒体。它为用户提供了无线的宽带互联网访问。WiFi 无线网络是由 AP(Access Point)和无线网卡组成的无线网络。在开放性区域,WiFi 的通信距离可达 305 米;在封闭性区域,通信距离为 76~122 米,方便与现有的有线以太网络整合,组网的成本更低。WiFi 以其自身诸多优点,受到人们的推崇。

WiFi 产品的标准是遵循美国电工电子技术协会(IEEE)所制定的 IEEE 802.11 系列标准,它是美国电机电子工程师协会为解决无线网络设备互连,于 1997 年 6 月制定发布的无线局域网标准。所以一般所谓的 802.11×系列标准都属于 WiFi。IEEE 802.11 主要用于解决办公室局域网和校园中用户与用户终端的无线连接,其业务主要局限于数据访问,速率最高只能达到 2Mb/s。由于它在速率和传输距离上都不能满足人们的需要,因此,IEEE 又相继推出了 802.11b、802.11a 和 802.11g 这三个新标准,下面分别进行简要的介绍。

IEEE 802.11b 标准的制定推动了无线网络的发展,但由于传输速率只有 1~2Mb/s,该标准未能得到广泛的发展与应用。1999 年,IEEE 通过了新的 IEEE 802.11a 和 IEEE 802.11b 标准。IEEE 802.11b 定义了使用直接序列扩频调制技术,在 2.4GHz 频带实现速率为 11Mb/s 的无线传输。由于 DSSS 技术的实现比 OFDM 容易,IEEE 802.11b 标准的发展比 IEEE 802.11a 快得多,在 1999 年年末首先出现了支持 IEEE 802.11b 标准的产品,随后得到广泛使用,并通过互通性测试。IEEE 802.11b 已成为当今 WLAN 的主流标准。

随着用户需求的增加,如今又诞生了 IEEE 802.11a 标准,该标准工作在 5GHz 频段,最大速率可达 54Mb/s。采用 OFDM 调制技术的 IEEE 802.11a 标准与 IEEE 802.11b 相比,具有两个明显的优点:第一,提高了每个信道的最大传输速率(11~54Mb/s);第二,增加了非重叠的信道数。因此,采用 IEEE 802.11a 标准的 WLAN 可以同时支持多个相互不干扰的高速 WLAN 用户。不过这些优点是以兼容性和传输距离为代价的。IEEE 802.11a 和 IEEE 802.11b 工作在不同的频段,两个标准的产品不能兼容。由于传输距离的减小,要覆盖相同的范围，就需要更多的 IEEE 802.11a 接入点。2002 年年初，首次出现了支持 IEEE 802.11a 标准的产品。

2001 年 1 月，IEEE 802.11g 标准以草案的形式面世，在 2003 年 5 月成为正式标准。IEEE 802.11g 标准既能提供与 IEEE 802.11a 相同的传输速率，又能与已有的 IEEE 802.11b 设备后向兼容。IEEE 802.11g 也工作在 ISM2.4GHz 频段，在速率不大于 11Mb/s 时，仍采用 DSSS 调制技术；当传输速率高于 11Mb/s 时，则采用传输效率更高的 OFDM 调制技术。与 IEEE 802.11a 相比，IEEE 802.11g 的优点是以性能的降低为代价的。虽然 OFDM 调制技术能达到更高的速率，但 2.4GHz 频带的可用带宽是固定的，IEEE 802.11g 只能使用 2.4Hz 频段的 3 个信道，而 IEEE 802.11a 在 5GHz 频带室内/室外可用的信道各有 8 个。由于 IEEE 802.11a 的可用信道数比 IEEE 802.11g 多，在相同传输速率下，频道重叠少，干扰就小。所以，IEEE 802.11a 与 IEEE 802.11g 相比，具有较强的抗干扰能力。

2. WiFi 的优点

目前 WiFi 之所以被广泛用于城市公共接入热点，以及家庭网络和办公网络，有着"无线版本以太网"的美称，是因为其具有以下优点。

（1）无须布线。相比传统有线网络，WiFi 有着得天独厚的优势，毋庸置疑，无线是他的一个最大优势，无线使得整个网络不需要考虑整体规划、复杂的布线、距离的测量等工序，而且安装和设置相当简单，非常适合移动办公的应用场景和家庭网络使用。

（2）综合成本低。该技术使用的是 2.4GHz ISM 频段尚属无须许可证即可使用的无线频段，节省了很大的授权成本。厂商或者电信运营商只需在人员密集的地方设置 WiFi "热点"（AP），再通过高速线路将 AP 接入因特网即可，在很大程度上节省了网络布线的成本。根据有关计算，在一个公司规模在 400 人的企业，使用 WiFi 网络节省下来的联网成本就高达 490 美元。因此，WiFi 技术在公共接入服务领域备受瞩目，无线城市的诞生就是一个例证。

（3）覆盖范围广。相比覆盖范围只有 50 英尺左右(约 15 米)的蓝牙技术，WiFi 技术再次体现出了他的强大优势，WiFi 热点的覆盖半径可达 300 英尺左右(约 100 米)。不但一个办公室可以使用，而且一般的写字楼只需几个 AP 就能完全覆盖到。据报道，Vivato 公司新推出了一款交换机，他能把 WiFi 无线网络的通信半径从 100 米扩大到约 6.5 千米，在无线城市的拓建中可以发挥举足轻重的作用。

（4）传输速度较高。当前基于 OFDM 标准的 802.11a 标准最高速率可达 54Mb/s，而同时融合了 OFDM 和 MIMO 技术的 802.1ln 标准，使得 300Mb/s 甚至到 600Mb/s 都不再是梦想，同时它们的有效传输距离也变得更长，最关键的是它也支持各项已有标准的后向兼容性能。

（5）稳定性高。IEEE 802.1ln 采用智能天线技术，通过多组独立天线的组成天线阵列，波速可以随时调整，保证让用户接收到稳定的 WiFi 信号，其他相关电子信号也很难对 WiFi 信号进行干扰它的带宽的自动调整功能也有效地保证了 WiFi 网络在信号较弱或者有强大干扰的情况下的稳定性。

（6）健康安全。传统的 ffEE 802.11 标准规定的发射功率是不可超过 100mW，实际无线路由的发射功率一般都在 50mW 以下,也就是 100 米范围内,如果要达到 300 米的通信距离的话,要到 75~80mW,而且用户在使用 WiFi 无线网络时距离也不会十分接近,所以是相对比较安全的。

作为目前主流的无线接入技术,也将有越来越多的先进技术会融入 WiFi,比如 MIMO、OFDM、智能天线和软件无线电等,都开始被应用到无线局域网,充分发挥 WiFi 的整体性能。目前的主流标准 802.11n 就是采用了 MIMO 技术与 OFDM 技术相结合的技术,使传输速率得到了极大的提高。毋庸置疑,随着各项无线技术的进一步发展,还会有更多先进的技术将应用到 WiFi 中来,WiFi 也将具有更广阔的发展前景。

**仓库 WiFi 应用(室内)**

在物流企业中,仓库货场占有大面积的室内存储区域,且存放的货物种类很多。货物之间的走廊区域,WiFi 信号相对更低。由于不同种类的货物,摆放的高度和占地面积不同,对无线信号的屏蔽、反射效果也会不同。尤其是金属或码放高度较高的货物,都会影响走廊区域的信号覆盖强度和链路质量。波迅 MicroStation 系列智能微基站,采用 IEEE 802.11a/b/g/n/ac 无线协议,MIMO 2*2 空间流技术,支持 2.4GHz 和 5GHz 频段,最高数据带宽达 1167Mb/s,最大输出功率为 500mW,最高接收灵敏度为 -100dBm。支持 100+ 个终端并发接入,兼容各类手持无线终端、无线扫码枪、平板电脑等。通过提高上行/下行通信链路的信号质量,可有效地提高 WiFi 信号的覆盖范围,完全能够满足仓库区域的无线信号整体覆盖需求。

MicroStation 系列智能微基站安装简便,可以吊装在横梁、屋顶或者安装在侧面墙壁。

(资料来源: http://www.pcpop.com/view/1/1109/1109068.shtml?r=06174501.)

## 9.3.2 蓝牙技术

**1. 蓝牙概述**

蓝牙(Bluetooth)是一种无线技术标准,可实现固定设备、移动设备和楼宇个人域网之间的短距离数据交换(使用 2.4~2.485GHz 的 ISM 波段的 UHF 无线电波)。蓝牙技术最初由电信巨头爱立信公司于 1994 年创制，当时是作为 RS232 数据线的替代方案。蓝牙可连接多个设备，克服了数据同步的难题。

早在 1994 年，瑞典的 Ericsson 公司便已经着手蓝牙技术的研究开发工作，意在通过一种短程无线链路，实现无线电话用 PC 机、耳机及台式设备等之间的互联。1998 年 2 月，爱立信、诺基亚、英特尔、东芝和 IBM 共同组建特别兴趣小组。在此之后，3COM、朗讯、微软和摩托罗拉也相继加盟蓝牙计划。它们的共同目标是开发一种全球通用的小范围无线通信技术，即蓝牙。它是针对目前近距的便携式器件之间的红外线链路（Infrare Dlink，IRDA）而提出的。应用红外线收发器链接虽然能免去电线或电缆的连接，但是使用起来有许多不便，不仅距离只限于 1~2 米，而且必须在视线上直接对准，中间不能有任何阻挡，同时只限于在两个设备之间进行连接，不能同时连接更多的设备。"蓝牙"技术的目的是使特定的移动电话、便携式电脑以及各种便携式通信设备的主机之间在近距离内实现无缝的资源共享。

蓝牙是一个开放性的无线通信标准，它将取代目前多种电缆连接方案，通过统一的短程无线链路，在各信息设备之间可以穿过墙壁或公文包，实现方便快捷、灵活安全、低成本小功耗的话音和数据通信。它推动和扩大了无线通信的应用范围，使网络中的各种数据和语音设备能互联互通，从而实现个人区域内的快速灵活的数据和语音通信。

2. 主要技术

蓝牙技术是一种无线数据与语音通信的开放性全球规范，它以低成本的近距离无线连接为基础，为固定与移动设备通信环境建立一个特别连接的短程无线电技术。其实质内容是要建立通用的无线电空中接口（Radio Air Interface）及其控制软件的公开标准，使通信和计算机进一步结合，使不同厂家生产的便携式设备在没有电线或电缆相互连接的情况下，能在近距离范围内具有互用、互操作的性能（Interoperability）。

蓝牙技术的作用是简化小型网络设备（如移动 PC、掌上电脑、手机）之间以及这些设备与 Internet 之间的通信，免除在无绳电话或移动电话、调制解调器、头套式送/受话器、PDA、计算机、打印机、幻灯机、局域网等之间加装电线、电缆和连接器。此外，蓝牙无线技术还为已存在的数字网络和外设提供通用接口以组建一个远离固定网络的个人特别连接设备群。

蓝牙的载频选用在全球都可用的 2.45GHz 工业、科学、医学（ISM）频带，其收发信机采用跳频扩谱（Frequency Hopping Spread Spectrum）技术，在 2.45GHz ISM 频带上以 1 600 跳/秒的速率进行跳频。依据各国的具体情况，以 2.45GHz 为中心频率，最多可以得到 79 个 1MHz 带宽的信道。在发射带宽为 1MHz 时，其有效数据速率为 721kbit/s，并采用低功率时分复用方式发射，适合 30 英尺（约 10 米）范围内的通信。数据包在某个载频上的某个时隙内传递，不同类型的数据（包括链路管理和控制消息）占用不同信道，并通过查询（Inquiry）和寻呼（Paging）过程来同步跳频频率和不同蓝牙设备的时钟。除采用跳频扩谱的低功率传输外，蓝牙还采用鉴权和加密等措施来提高通信的安全性。

蓝牙支持点到点和点到多点的连接，可采用无线方式将若干蓝牙设备连成一个微微网（Piconet），多个微微网又可互联成特殊分散网，形成灵活的多重微微网的拓扑结构，从而实现各类设备之间的快速通信。它能在一个微微网内寻址 8 个设备（实际上互联的设备数量是没有限制的,只不过在同一时刻只能激活8个,其中1个为主7个为从)。

蓝牙技术涉及一系列软硬件技术、方法和理论,包括无线通信与网络技术,软件工程、软件可靠性理论,协议的正确性验证、形式化描述和一致性与互联测试技术,嵌入式实时操作系统(Embedded RTOS),跨平台开发和用户界面图形化技术,软硬件接口技术(如 RS232、UART、USB 等),高集成、低功耗芯片技术等。

## 9.4 自动跟踪技术

### 9.4.1 全球卫星定位系统

全球定位系统(GPS)是20世纪70年代由美国陆海空三军联合研制的新一代空间卫星导航定位系统。GPS 最初是为军方提供精确定位而研制的,具有全天候、高精度和全球的覆盖能力。

1. GPS 的构成

一个完整的 GPS 由以下三部分构成。

1)空间部分

GPS 的空间部分由24颗工作卫星和3颗有源备份卫星组成,它们位于距地表20 200千米的上空,均匀分布在6个轨道面上(每个轨道面4颗),轨道倾角为55°。这些卫星的分布使得在全球任何地方、任何时间都可以观测到4颗以上的卫星,并能获取在卫星中预存的导航信息。

2)地面控制系统

地面控制系统由监测站(Monitor Station)、主控制站(Master Monitorstation)、地面天线(Ground Antenna)组成。监测站均装配有精密的铯钟和能够连续测量到所有可见卫星的接收机。监测站将取得的卫星观测数据(包括电离层和气象数据)经过初步处理后,传送到主控制站。

3)用户设备部分

用户设备部分即 GPS 信号接收机,其主要功能是捕获按一定卫星截止角所选择的待测卫星,并跟踪这些卫星的运行。当接收机捕获到跟踪的卫星信号后,就可测量出接收天线至卫星的伪距离和距离的变化率,解调出卫星轨道参数等数据。

2. GPS 在电子商务物流中的应用

GPS 在电子商务物流中的应用主要体现在运输和配送管理中。

1)车辆定位与跟踪调度

GPS 在配送和运输中最常用于车辆定位、跟踪调度和陆地救援,常见形式是车载 GPS。

2）铁路运输管理

我国的铁路管理部门将 GPS 应用于铁路运输管理，开发了一套基于 GPS 的计算机管理信息系统。这套系统可以通过 GPS 和计算机网络实时收集全路列车、机车、车辆、集装箱及所运货物的动态信息，可以实现列车、货物的追踪管理。一般来说，使用者只需要知道货车的车种、车型、车号，就能从铁路网上流动着的几十万辆货车中找到该货车，还能得知这辆货车现在在何处运行、停在何处以及所有的车载货物发货信息。

3）航空运输管理

在航空运输管理上，GPS 主要是用于空中交通管理、精密进场着陆、航路导航和监视。国际民航组织提出，21 世纪将实现未来导航系统（Future Air Navigation System，FANS），以取代现行航行系统。FANS 是一个以卫星技术为基础的航空通信、导航、监视（Communication，Navigation，Surveillance，CNS）和空中交通管理（Air Traffic Management，ATM）系统，它利用全球导航卫星系统（Global Navigation Satellite System，GNSS）实现飞机航路、终端和进场导航。

4）水路运输管理

在水路运输管理方面，GPS 主要用于内河及远洋船队最佳航程和安全航线的测定、航向的实时调度、监测及水上救援。在我国，GPS 最先用于远洋运输的船舶导航。

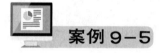

### 物流车队即时货况管理

技电脑（股）公司创立于 1979 年，为台湾地区主要的资讯科技产品通路商之一，企业营运项目主要区隔为自动辨识事业群与科技产品通路事业群。自动辨识事业群主要是提供工业级 PDA、条码扫描器与 RFID 等系统设计与解决方案服务；科技产品通路事业群主要则代理 HP、IBM、Sun Micro、Apple、ASUS 等产品，2006 年通路集团总营业额达 132 亿元。国内科技产品通路产业竞争激烈，营业毛利率也偏低，同时因为资讯产品硬体本身的差异化不明显，市场以价格导向为主，因此如何提供快速服务效率来回应客户需求，成为提升企业服务价值创造的一大思考方向，也是竞争力的主要来源之一。为了有效物流管理并控制成本，精技电脑（股）公司于 2000 年于林口自建物流中心，同时也自行拥有配送物流车队，针对人员、流程、物品与资讯流通强调做更有效的管理；除了建置 ERP 系统，物流中心也建置完善的仓储管理系统；另外，物流配送环节之中也导入了卫星车队即时货况追踪的资讯系统，将物流管理走向更精致化发展。

在导入此套系统应用后，每日由主管派遣调度车辆后，并由系统下载该班次配送订单于手持终端机，司机领取货物并比对订单无误后出车，每台运输车上都配置安装 GPS 卫星定位的车机系统，于每间隔时间内传输坐标资讯，后台资讯系统于接收到车辆坐标后，对应于电子地图中的相对位置，主管可随时了解在外所有车辆的即时位置，并可远端随时调度与掌握全局，当司机将货物送至客户端时，透过 PDA 扫描记录到点时间，并可记录送达状态。当客户想要了解货品是否已经顺利送达客户手上，主管或客服人员可以立即上网查询，第一时间即可给予客户满意的回应，同时也结合客户关系管理（CRM）系统提供顾客个人化服务，更可以节省传统纸笔作业所花费的时间浪费与人力成本，真正实现提升工作效率与客户满意度。

（资料来源：http：//wuliu. sz. bendibao. com/news/2009824/123815_ 2. shtm.）

## 9.4.2 地理信息系统

地理信息系统(Geographic Information System，GIS)是 20 世纪 60 年代开始迅速发展起来的地理学研究技术，是多种学科交叉的产物。GIS 是一种基于计算机的工具，它以地理空间数据为基础，采用地理模型分析方法，提供多种空间和动态的地理信息，从而为地理研究和地理决策进行服务。它可以采集、储存、管理、处理分析和描述整个与地理分布有关数据的空间信息系统，对地球上存在的东西和发生的事件进行成图和分析。通俗地讲，它是整个地球或部分区域的资源、环境在计算机中的缩影。

1. GIS 的特征

GIS 作为获取、存储、分析和管理地理空间数据的重要工具、技术和学科，近年来得到了广泛的关注并迅猛发展。由于信息技术的发展，数字时代的来临，理论上讲，GIS 可以运用于现阶段任何行业，在电子商务物流中的应用尤为成熟。GIS 技术将地图这种独特的视觉化效果和地理分析功能与一般的数据库操作(如查询和统计分析等)集成在一起。它具有以下三个方面的特征。

（1）具有采集、管理、分析和输出多种地理信息的能力，具有空间性和动态性。

（2）由计算机系统支持进行空间地理数据管理，并由计算机程序模拟常规的或专门的地理分析方法，作用于空间数据，产生有用信息，完成人类难以完成的任务。

（3）计算机系统的支持是地理信息系统的重要特征，因而使得地理信息系统能快速、精确、综合地对复杂的地理系统进行空间定位和过程动态分析。电子商务的发展必须依托传统物流，但随着两者的结合，人们对电子商务物流的要求也越来越高：供应商、生产商需要全面、准确、动态地掌握散布于全国的各个中转仓库的库存现状；经销商、零售商需要了解各个物流环节的产品流通状况；等等。而这些都存在不同的地域和空间问题，GIS 的引入则能有效解决这些问题。

2. GIS 的应用

GIS 在电子商务物流中的应用主要体现在以下几个方面。

1）机构设施的选址

对于供应商、经销商、配送中心和客户而言，需求和供给、服务和销售难免会存在空间分布上的差异。利用 GIS，相关企业可以更科学地选择机构设施的地理位置，决定机构设施的分布密度，客观评价并合理优化现有设施的地理位置，寻找距离最小化和利润最大化之间的平衡点。

2）交通路线的选择

运输和配送是物流的两大功能要素，交通路线是否合理将直接关系到运送成本和运送时间的优化程度。利用 GIS 进行空间管理，企业可以根据几何距离、经验时间、道路实时路况等准确选择出运输和配送的最佳路线。

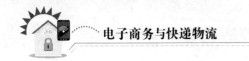

3)车辆调度

车辆调度需要结合 GPS 的应用。GIS 可以接收 GPS 的数据，使调度人员和货主能实时了解运输和配送的状态，以便对货物进行全程跟踪和定位管理，降低货物的空驶率、空载率，减少交通拥堵，最大限度地实现对物资流通的动态管理。

GIS 可以有效协调物流运作的多个环节，管理企业信息，促进协同商务发展，它有利于打造数字物流企业，提高企业信息化程度，提升企业运作效率和企业形象，更好地维护与客户的关系，更好地满足电子商务物流的发展要求。

### 3. 基于 GIS 的物流配送系统的功能

以某一城市中的物流配送过程为例，基于 GIS 的物流配送系统的功能主要集中在以下几个方面。

（1）通过客户提供的详细地址，确定客户的地理位置和车辆路线。

（2）通过基于 GIS 的查询、地图表现的辅助决策，实现对车辆路线的合理编辑和对客户配送的准确排序。

（3）用特定的地图符号显示客户的地理位置，用不同的符号表示不同类型的客户。

（4）通过 GIS 的查询功能或在地图上单击客户符号，显示此客户符号的属性信息，并可以编辑属性。

（5）在地图上查询客户的位置以及客户周围的环境以发现潜在客户。

（6）通过业务系统调用 GIS，以图形方式显示业务系统的各种相关操作结果的数值信息。

（7）基于综合评估模型和 GIS 的查询，实现对配送区域的拆分与合并。

# 本章小结

物流信息技术是指物流活动中所采用的自然科学与社会科学方面的理论、方法以及设施、设备、装置与工艺的总称，包括物流硬技术和物流软技术。

电子商务物流技术是提高现代物流效率的重要条件，是降低现代物流费用的重要因素，可以提高客户的满意度。

信息识别技术主要有六种：RFID 技术、条码技术、二维码技术、磁卡技术、硬币识别技术和指纹技术。通信技术有无线 WiFi 技术和蓝牙技术。自动跟踪系统包括全球定位系统和地理信息系统。

## 关键术语

信息（Information）      物流信息技术（Logistics Information Technology）

RFID 技术（Radio Frequency Identification Technology）      条码技术（Barcode Technology）

二维码技术（2 - Dimensional Bar Code Technology）      磁卡技术（Magnetic Card Technology）

全球定位系统(Global Positioning System)　　地理信息系统(Geographic Information System)
蓝牙(Bluetooth)　　指纹技术(Fingerprint Technology)
WiFi 技术(Wireless Fidelity Technology)

# 习　题

## 一、判断题

1. 电子商务物流技术是降低现代物流费用的重要因素。（　　）
2. 人们日常购买的商品包装上所印的条形码一般就是 EAN-8 码。（　　）
3. Code39 条形码能用字母、数字和其他一些字符表示，具有全 ASCII 码特性，可将 128 个字符全部编码。（　　）
4. 磁条上有 3 条磁道。磁道 1 与磁道 2 是只读磁道，在使用时磁道上记录的信息只能读出而不允许写或修改。（　　）
5. WiFi 无线网络是由 AP 和无线网卡组成的无线网络。在开放性区域，通信距离为 76~122 米。（　　）
6. 蓝牙是一种无线技术标准，可实现固定设备、移动设备和楼宇个人域网之间的长距离数据交换。（　　）

## 二、选择题

1. 磁条上有 3 条磁道。磁道 3 是（　　）磁道，在使用时可以读出，也可以写入。
   A. 只读　　　　B. 读写　　　　C. 只写　　　　D. 存取
2. 目前所用的指纹图像采集设备，基本上基于（　　）、半导体硅技术、超声波技术。
   A. 光波技术　　B. 纳米技术　　C. 光学技术　　D. 射频技术
3. 无线 WiFi 技术的优点是综合成本低、覆盖范围广、传输速度较高、无须布线、健康安全和（　　）。
   A. 稳定性高　　B. 辐射较低　　C. 使用便捷　　D. 信号较好
4. GPS 由空间部分、（　　）和用户设备部分构成。
   A. 监测站　　　B. 地面控制系统　　C. 主控制站　　D. 地面天线

## 三、简答题

1. 什么是物流信息技术？其包括了哪些内容？
2. 物流信息技术有什么作用？
3. 什么是射频识别技术？
4. 射频识别技术在仓储管理中是如何应用的？
5. 简述条码技术的特点。
6. 常见的条形码识别设备有哪些？请举例说明。
7. 简述二维码技术的特点。
8. 简述二维码与一维码的区别。
9. 常见的硬币识别器是什么？请举例说明。
10. 简述硬币识别器工作原理。
11. 简述光学指纹采集的优、缺点。
12. GPS 技术在电子商务物流中的应用主要有哪些？

电子商务与快递物流

案例分析

## 苏宁北京物流基地二期

苏宁在全国已经拥有60个物流基地，总仓储面积452万平方米。到2015年年底，苏宁物流仓储总面积达到500万平方米。为了进一步满足苏宁对物流服务的需求，促进苏宁物流向物流企业成功转型，苏宁在南京、上海、北京等地悄然展开了二期自动化仓库项目，全面升级了物流基地的自动化物流系统。

苏宁北京物流基地二期位于北京市通州区马驹桥镇物流基地内，项目净用地157亩，总建筑面积近13万平方米，总投资3亿元，是集团现代化、信息化、高端创新的综合平台，是集物流、售后、客服、办公、信息、培训、后勤等功能于一体的综合性服务基地。当前该基地除了能够满足苏宁自身的物流服务外，还开展了第三方物流服务业务，已有众多企业加入。

在物流基地升级过程中，苏宁引进国外先进管理理念，并与国际一流货架设计公司、机械设计公司合作，将基地中原有平地仓库升级改造为阁楼自动化输送线仓库。阁楼自动化输送线仓库高18米，货架高10.5米，仓位数量为50万个，总存储量超过1 000万台，其货位容积率与传统仓库相比，提高了7倍，其主要功能是高密度存储和为栋选区补货。

据了解，该自动化输送线仓库还导入了钢平台阁楼存储模块、空箱补给模块、DPS指引合单模块、整件分流模块、包裹矩阵分拣模块、收货自动分区模块以及发票打印模块，这些模块的应用极大地提升了物流基地整体作业效率。

在DPS指引合单模块的栋选区域，需要合单的商品自动流转到分拣区，工作人员通过无线蓝牙枪对商品进行扫码识别，系统根据相应信息发送至电子标签显示屏，指引工作人员将商品准确地放置在顾客货格中，当单个顾客购买的商品全部集齐后，系统通过电子标签显示屏发出指令，提示工作人员打印发票。

据悉，这项技术由苏宁硅谷研发团队和IBM公司合作研发，使苏宁成为国内第一个成功应用该类技术的电子商务公司。这项技术最大限度地降低了商品合单环节的错误率；相应作业效率提升了3~5倍；同时，确保了顾客购买的多件商品能够在同一时间全部送达，极大地提升了客户满意度。

此外，在物流信息化建设方面，该仓库内部应用了先进的仓库管理系统。同时，还投入了前移式叉车、电动托盘车、捆板式货架、流离式货架、夹抱车、手持终端等相关机械化设备；在仓库以外的物流配送方面则使用了TMS运输管理系统，优化了路线行程计划，显著减少了配送里程和工作时间，提高了工作效率，使物流配送从人工派工的不利局面中彻底解脱出来。

升级改造后的仓库单层面积56 000平方米（复合面积达106 000平方米），小件商品存储能力1 000万台（套），日作业能力近50万台（套），极大地拓展了物流作业空间，产出能力提升近2倍，可满足50万件/日的仓储作业要求。

在配送方面，该物流基地是北京大区区域配送中心，可以支持北京地区所有门店的销售，传统家电配送能力16 000台/天以上，配送服务辐射整个北京市及河北部分地区；小件商品能够辐射全国93个城市；同时，该基地承载着华北、东北地区苏宁的OEM产品及批量调拨作业，以及苏宁易购在华北大区的商品收发任务。

（资料来源：http://www.56products.com/Technology/2015-9-17/00FJ3IC7K2K4EAD5410.html.）

思考：
(1) 在电子商务与快递物流作业中有哪些物流信息技术？
(2) 苏宁北京物流基地使用了哪些物流信息技术？分别起到了什么作用？
(3) 还有什么技术是苏宁北京物流基地可以采用的？

# 第10章 电子商务与快递物流信息系统

【学习目标】
(1) 了解电子商务与快递物流信息系统的概念、功能和系统构成。
(2) 了解电子商务物流管理信息系统的开发过程和开发内容。
(3) 掌握电子商务与快递物流信息系统的实施步骤和评价指标。

【学习重点】
(1) 电子商务与快递物流信息系统的系统构成。
(2) 电子商务与快递物流信息系统的实施步骤。

【学习难点】
(1) 电子商务与快递物流信息系统的系统构成。
(2) 电子商务与快递物流信息系统的实施步骤。

### 导入案例

#### 电子商务企业的物流配送信息化解决方案

新大陆自动识别公司依托自身的在条码行业的雄厚实力,面对移动互联网电商时代的发展,快速响应市场提供条码识读产品及解决方案。特别针对电商企业中物流配送的特点,量身定制了一套多功能系统,实现了电商模式下物流配送链条的全面覆盖,从客户下单到拣货、发货、下派任务、配送,到货物送达用户手中,再签收上传,整个方案流程都可以在新大陆 PT30 手持设备上解决,实现了电商企业物流配送管理的信息化,该系统已经在真维斯等多个服装品牌厂商中使用。

消费者在电商平台(天猫、京东商城等)上下单后,真维斯的管理系统(如 ERP)会通过对接电商平台系统而收到订单信息,包括订单号、商品名称、数量、型号、联系人、地址等。配送中心的管理员会将全部订单进行分配,例如前 100 个订单分配给小王。小王上班后打开新大陆的 PT30 手持设备,用自己的用户名登录,然后进行任务下载,这样不仅节省了传统手抄订单的时间,并且准确无误。紧接着,小王打开第一个订单,按照订单信息进行拣货、配货。以前由于工作量大和一时疏忽往往发错号码,如客户订单是 M 号,收到的衣服却是 L 号。现在,这种情况再也不会发生了,小王在拣货配货的时候只要扫一下衣服上的条码,新大陆 PT30 手持设备就知道衣服跟订单是否一致。如果信息一致,新大陆 PT30 的屏幕会出现下一步扫描物流单号。

小王扫描物流单号后,即可与该订单信息进行绑定,这样就能随时知道衣服的物流信息。小王的最后一个流程是把刚才在 PT30 的操作通过无线网络上传到后台,也可以根据实际工作情况批量上传,使后台实时了解配送中心的库存及发货情况等。该系统使得实时处理网络订单成为可能。

新大陆为电商企业量身定制的物流配送管理系统,功能包括日常调货、货品调动、盘点核查、收货核查、签收单读入、系统设置、快递单货品分拣、快递单包装核查、快递单发货核查、拍摄拣货等。

(资料来源: http://www.prnews.cn/common/NewsShow2906507.htm)

物流信息化在物流配送管理中起到什么作用?本章将介绍电子商务与快递物流信息系统的概念、功能及设计等内容。

【拓展案例】

## 10.1　电子商务与快递物流信息系统概述

电子商务物流信息管理系统是一个由人与计算机网络等组成的能进行物流相关信息的收集、传送、储存、加工、维护和使用的系统。由于电子商务物流是信息网络和传统物流的有机结合,物流企业本身正以崭新的模块化方式进行要素重组,所以电子商务物流信息管理系统不仅是一个管理系统,更是一个网络化、智能化、社会化的系统。

物流系统的不同阶段和不同层次之间通过信息流紧密地联系在一起,因而在物流系统中,存在对物流信息进行采集、传输、存储、处理、显示和分析的物流管理信息系统。它的基本功能主要有数据的收集和录入、信息的存储、信息的传播、信息的处理和信息的输出等几个方面。

## 10.1.1 电子商务与快递物流信息系统的功能

【拓展案例】

**1. 集中控制功能**

该功能提供对物流全过程的监控，并能对各环节数据进行统计、分析，得出指导企业运营的依据。所涉及的环节有业务流程的集中管理、责任管理、运输管理、费用结算管理、仓储管理以及统计报表等。

**2. 运输管理功能**

运输管理分为制定计划、加单、发运、路线和签收五个环节，在发运和到站过程中可能存在短暂的中转。

（1）计划管理，包括分拨配送管理及运输计划管理。物流业务中的在一个重要的服务内容就是保证货物安全、准确、及时到达目的地。为了保证货物在运输过程中不混乱、不丢失，就必须知道分拨配送货物的明细信息。厂商根据产品在全国各地市场的销售情况和生产情况想运输商发送产品的分拨配送指令，及分拨配送货物的明细信息，运输商根据指令做出运输计划，并向厂商确认。

（2）接单管理。依据已审批的运输计划对需要运输的货物做出相应的交接单，以确保送货时货物的不混乱、不丢失。

（3）发运管理。在发运过程中，除了货物的发运信息外，还记录着运输企业（如运输工具、承运人）的相关信息等。有了这些信息，当运输过程中出现货损、货差时，可以很容易地进行责任管理。

（4）路线管理。提供在途跟踪功能，对运输过程中的路线进行跟踪管理。

（5）签收管理。提供正常和非正常的签收管理。

（6）运输过程中的单证管理。如分拨配送单、运输计划单及货物交接单等。

**3. 仓库管理功能**

仓库管理功能包括入库管理、出库管理和库存管理。

**4. 统计报表功能**

统计报表是物流信息系统中最主要的信息输出手段，是企业领导和客户了解业务状况的依据。该系统可以提供动态的统计报表功能，也可以提供多种固定的统计报表。

**5. 客户查询**

该功能为客户提供灵活多样的查询条件，使得客户可以共享物流企业的信息资源，如货物物流分配情况，货物在途运输状况——实时货物跟踪、货物库存情况等。

电子商务与快递物流

### 案例 10-1

### 京东物流信息系统在快递的应用

作为跟电商业务天然匹配的快递工作,最讲究的无非是两点:一是安全,二是快捷。对于一家大型物流企业而言,如何才能做到对每天跑在全国各地道路上的成千上万的快递员和车辆进行实时的监控和管理?

在这方面,京东的刘强东似乎找到了自己的法宝,那就是利用我国超级厉害的北斗卫星导航系统来管理京东的快递员和物流车辆。

为了做到这一点,刘强东也不惜重金投入,京东预计在2017年年底前,为京东近6万名配送人员全部配备上带有北斗卫星导航系统的智能手环。

据了解,截至2017年6月,京东名的配送员配备上了带有北斗导航系统的智能手环设备,剩余人员的发放配备工作也将陆续完成。

不仅如此,作为最早部署北斗卫星导航系统的企业之一,京东早在2012年,就已经启动了"基于北斗的电子商务云物流信息系统项目"。随后,京东开始在传站、摆渡、干支线等运输的所有环节的车辆上安装北斗导航设备,而且不仅是针对国家规定的所有重型卡车,京东在中型和小型货车上也同样安装了北斗设备。

截至目前,从京东内部了解到的数据显示,京东至今已经为近万辆自营及合作伙伴运输车辆全部加载了北斗系统,列装数量位居全国首位。

对物流车辆和快递人员加装和配备北斗卫星导航系统的好处是显而易见的。

其中最直观的作用就是,京东可以对物流车辆的运行速度和行驶路线进行后台的全程实时监控,从而随时保障驾驶安全。结合北斗导航系统的地理位置数据进行深入分析,京东可以结合自身仓储和站点的位置信息,分析和推算出该车辆的服务线路,从而提升物流运营的速度和效率,降低运营成本。

不仅如此,京东还可以据此实现对消费者订单配送全链条轨迹的透明追踪。据悉,京东的系统目前已经实现每30秒采集一次地理位置信息,每2分钟上传一次服务器。这样,消费者就可以随时通过手机看到商品配送轨迹和实时位置,大大提升了购物体验。

从京东了解到的情况是,京东通过基于北斗系统的OBD智能车辆管理系统,可以便捷高效地获取包括瞬时车速、瞬时油耗、转速、发动机信息等数据,再通过系统的智能分析计算,统计出车辆的行程数、里程数、耗油量、百公里油耗等指标,从而可以实现对车辆和人员的行车路线、位置及时间、速度、里程和停车点提供全方位动态监测,实现管理决策科学化,确保交易安全,降低物流成本,提高了物流配送效率,最大限度地节约能源、减少排放。

一旦京东将快递员的位置信息对用户开放,那么你在网上购物下单之后,就可以通过手机查看为你负责配送的快递小哥的实时位置了。

(资料来源:每日科技网 http://www.newskj.org/web/20170916103090.html.)

## 10.1.2 电子商务与快递物流信息系统的构成

根据我国国家标准《物流术语》(GB/T 18354—2006),物流信息管理系统(Logistics Management Information System)是指由计算机软硬件、网络通信设备及其他办公设备组成的，在物流作业、管理、决策方面对相关信息进行收集、存储、输出和维护的人机交互系统。物流管理信息系统构成主要包括以下内容。

1. 智能运输系统

智能运输系统(Intelligence Transportation System，ITS)是指综合利用信息技术、数据通信传输技术、电子控制技术以及计算机处理技术对传统的运输系统进行改造而形成的新型运输系统。

2. 货物跟踪系统

货物跟踪系统(Goods-tracked System)是指系统自动识别、全球定位系统、地理信息系统、通信等技术，获取货物动态信息的技术系统。

3. 仓库管理系统

仓库管理系统(Warehouse Management System，WMS)是指为提高仓储作业和仓储管理活动的效率，对仓库实施全面管理的计算机信息系统。库存信息管理系统是对保存在物流中心的商品进行实际管理、制定货位和调整库存的信息管理系统，是物流管理信息系统的中心，对于制订恰当的采购计划、接收订单计划、收货计划和发货计划来说，正确把握和控制商品库存是必不可少的。

（1）收货信息管理系统。是指根据收货预定信息，对收到的货物进行检验，与订货要求进行核对无误之后，计入库存、指定货位等的收货信息管理系统。

（2）发货信息管理系统。如何通过迅速、准确地发货安排将货物送到顾客手中，是物流信息管理系统需要解决的主要课题。发货信息管理系统是一种与接收订货信息管理系统、库存信息管理系统互动，向保管场所发出拣选指令或根据不同的配送方向进行分类的信息管理系统。

4. 销售时点系统

销售时点系统(POS)是指利用光学式自动读取设备，按照商品的最小类别读取实时销售信息以及采购、配送等阶段发生的各种信息，并通过通信网络将其传送给计算机系统进行加工、处理和传送，以便使各部门可以根据各自目的有效地利用上述信息的系统。

销售点系统在对销售商品进行结算时，通过自动读取设备(如收银机)在销售商品时直接读取商品销售信息(如商品名、单价、销售数量、销售时间、销售店铺、购买顾客等)，并通过通信网络和计算机系统传送至有关部门进行分析加工以提高经营效率的系统。关于销售时点系统的说明，如表10-1所示。

表10－1　销售时点系统说明表

| 效益 | 内容 | 说明 |
| --- | --- | --- |
| 提高服务品质 | 缩短结账时间；减少收银结账错误；提供多样化的销售形态；改变商家形象 | 解决高峰时刻各科等候时间；减少因人为错误所引起的错误；接受非现金购物服务；提供顾客现代化购物环境 |
| 降低成本 | 畅通物流；人员效率提升；精确行政账务管理 | 利用POS系统，提高商品效益；缩短时间，有效利用人力资源；防范作业人员舞弊，使现金管理合理化 |
| 增加收益 | 提高销售量；提升采购效率；最佳商品计划；有效运用陈列空间；掌握营业目标；资金灵活调度；增加商场竞争能力 | 客户分析，调整适当商品结构，增加销售业绩；精确掌握单品库，适时适量采购策略；精确统计分析但单品销售量，掌握畅、滞销售商品；使商品陈列合理化透过POS系统，达成营业目标；营业资料的收集迅速属实，数据可靠；分析消费趋势，以调整销售策略及经营方针 |

### 5. 电子订货系统

电子订货系统(Electronic Ordering System，EOS)是指不同组织之间利用通信网络和终端设备进行订货作业与订货信息交换的体系。按应用范围可分为企业内的EOS、零售商与批发商之间的EOS以及零售商、批发商与制造商之间的EOS。EOS的基本框架如图10.1所示。

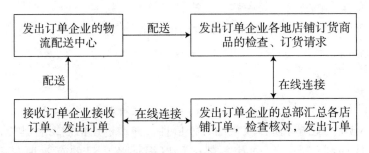

图10.1　EOS的基本框架

1）应用电子订货系统的基础条件

(1) 订货业务作业标准化。这是有效利用EOS的前提条件。

(2) 商品代码的设计。商品代码设计是应用EOS的基础条件。在零售业的单品管理中，每一件商品品种对应一个独立的商品代码，商品代码应该使用国家统一规定的标准。

(3) 订货商品目录账册的设计和运用。订货商品目录账册的设计和运用是EOS成功的重要保证。

(4) 订货终端设备。计算机和订货信息输入、输出终端设备和EOS系统设计是EOS的急促条件。

2) 电子订货系统在物流管理中的应用

(1) 提高订货效率。传统的订货方式效率低下，如上门订货、邮件订货、电话订货、传真订货、会议订货等往往效率都不高，EOS 系统可缩短从接到订单到发出订货的时间，缩短订货商品的交货期，降低商品订单的出错率，节省人工费用。

(2) 减少商品库存。EOS 有利于提高企业的库存管理效率，同时也能防止特别畅销商品缺货的现象，使企业保持一个合理的库存水平。

(3) 正确判断市场行情。对于生产厂商和批发商来说，通过分析零售商的订货信息，有利于正确判断市场行情（如哪些商品畅销，哪些商品滞销），有利于调整生产和销售计划。

(4) 提高物流信息系统效率。由于实行电子自动订货，各个业务子系统之间的数据交换更加方便迅速，从而有利于提高企业的物流信息系统效率。

除了上述信息管理系统外，物流信息管理系统还涉及运输信息管理系统、包装信息管理系统、流通加工信息管理系统、成本管理信息系统、配送信息管理系统、EDI 处理信息系统及物流综合管理信息系统。

## 10.2 电子商务与快递物流信息系统的设计

### 1. 电子商务物流信息管理系统的开发过程

建立电子商务物流信息管理系统，不是单项数据处理的简单组合，必须要有系统规划。因为它涉及传统管理思想的转变、管理基础工作的整顿提高，以及现代化物流管理方法的应用等许多方面，是一项范围广、协调性强、人机紧密结合的系统工程。

物流信息系统规划是系统开发最重要的阶段，一旦有了好的系统规划，就可以按照数据处理系统的分析和设计持续进行工作，直到系统的实现、物流信息系统的总体规划分为四个基本步骤。

(1) 定义管理目标。确立各级管理的同一目标，局部目标要服从总体目标。

(2) 定义管理功能。确立管理过程中的主要活动和决策。

(3) 定义数据分类。把数据按支持一个或多个管理功能分类。

(4) 定义信息结构。确定信息系统各个部分及其相互数据之间的关系，导出各个独立性较强的模块，确定模块实现的优先关系，即划分子系统。

### 2. 电子商务物流信息管理系统开发的内容

有了系统规划以后，还要进行非常复杂的开发过程，作为电子商务物流信息管理系统开发的内容，主要包括以下几个方面。

(1) 系统分析。主要对现行系统和管理方法以及信息流程等有关情况进行现场调查，给出有关的调研图表，提出信息系统设计的目标以及达到此目标的可能性。

（2）系统逻辑设计。在系统调研的基础上，从整体上构造出物流信息系统的逻辑模型，对各种模型进行优选，确定出最终的方案。

（3）系统的物理设计。以逻辑模型为框架，利用各种编程方法，实现逻辑模型中的各个功能块，如确定并实现系统的输入、输出、存储及处理方法。此阶段的重要工作是程序设计。

（4）系统实施。将系统的各个功能模块进行单独调试和联合调试，对其进行修改和完善，最后得到符合要求的物流信息系统软件。

（5）系统维护和评价。在信息系统试运行一段时间以后，根据现场要求与变化，对系统做一些必要的修改，进一步完善系统，最后和用户一起对系统的功能、效益做出评价。

## 10.3  物流管理信息系统的实施与评价

### 10.3.1  物流信息系统的实施

系统实施阶段要继承此前各阶段的工作，将图纸上的设计转化为实际的物理系统。在系统分析和系统设计阶段，系统开发工作主要集中在逻辑、功能和技术设计上，工作成果是以各种系统分析与设计文档来体现的。系统实施阶段要继承此前各阶段的工作，将图纸上的设计转化为实际的物理系统。系统实施阶段是新系统开发过程中的最后一个阶段，也是任务最繁重的一个阶段。在此阶段，开发人员不仅要完成系统的具体实施，还需要将新系统正确地导入到用户的管理环境，使用户能够顺利地接收和使用新系统。

系统实施阶段的主要任务是将新系统的物理模型变成可运行的计算机可执行模型，具体包括购置硬件、购置软件、程序设计、数据录入、人员培训、系统测试、系统调试和系统转换等各项工作。

系统实施阶段的成果主要有系统全套文档，包括系统的软件设计说明书、测试分析报告、源程序清单、用户使用说明书和系统验收报告。因此，系统实施的主要活动有：编制程序、调试和测试程序；系统转换；培训和编写文档等。图10.2所示为系统实施的内容及流程。

**1．程序设计**

程序设计是系统实施过程中非常重要的一步，程序设计工作是依据系统设计说明书中模块处理过程描述，选择合适的计算机语言，编制出正确、清晰、容易维护、容易理解、工作效率高的程序。

1）程序设计方法

在计算机系统开发领域中存在各种各样的系统分析和设计方法，其中结构化方法与面向对象方法是软件开发程序设计中的两个核心思想。结构化方法来自于20世纪60年代流

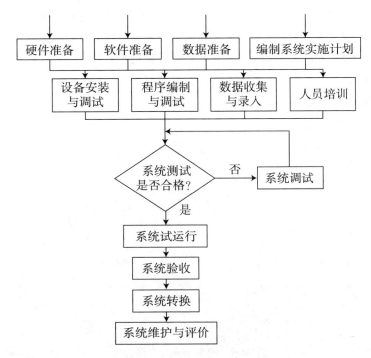

图 10.2 系统实施的内容及流程

行的结构化设计语言,例如 PASCAL、C 语言等,经过几十多年的研究及应用,最为成熟且影响最大。20 世纪 80 年代后,面向对象的程序设计(Object Orient Programming,OOP)技术日趋成熟并逐渐地为计算机界所理解和接受。面向对象技术之所以会受到广泛的重视,主要是因为它的思想接近于客观世界的实际和符合人们通常的思维。

(1)结构化程序设计。结构化方法程序设计的基本思想是:自顶向下,采用模块化技术,分而治之,逐步求精地将信息系统按功能分解为若干模块进行分析与设计,应用子程序实现模块化,模块内部由顺序结构、选择结构、循环结构三大基本控制结构组成。即从代表目标系统整体功能的单个处理着手,自顶向下不断地把复杂的处理分解为子处理,这样一层一层地分解下去,直到仅剩下若干个容易实现的子处理为止,并写出各个最低层处理的描述。

按照软件生命周期各个阶段的过渡和执行时间的特点,结构化程序设计方法分为结构化生命周期法程序设计和快速原型法程序设计。

结构化生命周期法将信息系统比作生物的一个生命周期,有开始、中间及结束等各个不同的阶段,对应每个阶段都有特定的工作内容,完成上一个阶段的目标才可以进入下一个阶段,这种方法在复杂的大型项目开发中被普遍采用。生命周期法把系统生命周期分为以下 5 个阶段,如图 10.3 所示。

图 10.3 生命周期法的 5 个阶段

快速原型法的基本思想是 1997 年开始提出的，它试图改进结构化生命周期系统开发方法的缺点，由用户与系统分析设计人员合作，在短期内确定用户的基本需求，开发出一个功能完善、实验性、简易的应用软件基本框架。先运行这个原型，再不断评价个改进原型，使之逐步完善。其开发过程是一个分析、设计、编程、运行、评价多次重复和不断改进的过程，其开发过程如图 10.4 所示。

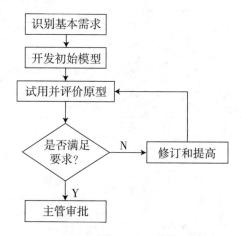

图 10.4　原型法开发方法流程

（2）面向对象程序设计。面向对象方法的出发点是尽可能模拟人类习惯的思维方式，使开发软件的方法与过程尽可能接近人类认识世界、解决问题的方法与过程，也就是使描述问题的问题空间与实现解法的求解空间在结构上尽可能一致。

面向对象是一种运用对象、类、继承、封装、聚合、消息传递、多态性等概念来构造系统的软件开发方法。它打破了传统的代码、数据分离做法，将一种数据结构和操作该数据结构的方法捆在一起，封装在一个程序内，实现了数据封装和信息隐藏，通过"操作"作为接口实现信息传递。对外部来说，只知道"它是做什么的"，而不知道"它是如何做的"，使得数据封装、信息隐藏、抽象代码共享等软件工程思想得到充分体现。

① 面向对象的重要特征。

抽象：从许多事物中舍弃个别的、非本质的特征，抽取共同的、本质性的特征，就叫作抽象。抽象是形成概念的必需手段。

类和对象："类"是面向对象语言中的一种抽象数据类型。面向对象方法认为客观世界是由各种对象组成的，复杂的对象可以由比较简单的对象以某种方式组合而成。例如人、车、学校、球场、商店、螺丝钉等都可以看作对象。对象按照不同性质可以划分成各种对象类。"对象"可以理解为"类"的一个实例，每个对象都有自己的属性（状态和特征）和方法（行为）。

继承：即特殊类的对象拥有其一般类的全部属性与服务。由于具有"继承"性这个特点，使得程序员对共同的属性以及方法只说明一次，并且在具体的情况下可以扩展细化或修改这些属性及方法。

封装：表示对象状态的数据和实现各个操作的代码，都被封装在对象里面，它与外界的联系是通过对象的对外接口(方法)实现。外界不需要关心对象是如何进行各种细节处理。

多态：指相同的操作或函数、过程可作用于多种类型的对象上并获得不同的结果。就如不同的对象收到同一消息，可以产生不同的结果。

② 面向对象程序设计方法步骤。面向对象软件开发的主要目的是用可重用软件分解基类和用子类加快问题求解，缩短开发时间和减少软件开发费用，通过改变一个或多个类的实现，使其影响局部化，从而降低软件维护费用。其基本步骤如图10.5所示。

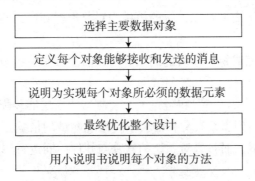

图10.5 面向对象程序设计方法步骤

2) 衡量程序设计的技术指标

(1) 可维护性。它可方便对程序的修改和补充。由于信息系统需求的不确定性，系统需求可能会随着环境的变化而不断变化，因此，就必须对系统功能进行完善和调整，对程序进行补充或修改。此外，由于计算机软硬件的更新换代，也需要对程序进行相应的升级。

(2) 可靠性。可靠性程序应具有较好的容错能力，即使在意外情况下也应便于处理，以免造成严重损失。

(3) 可读性。指程序清晰、层次清楚、可理解性好，容易读懂，可适当增加注释性语句等。

(4) 规范性。程序的命名、书写格式、变量的定义和解释语句的使用等都参照统一的标准，有统一的规范。

(5) 实用性。实用性即系统界面是否友好，操作是否简单方便，响应速度是否比较快速。从用户的角度来看系统是否方便实用。

2. 系统测试

系统测试是保证管理信息系统质量的一个重要环节。程序编制完成后，要用各种测试方法检查各个部分是否达到了规定的质量标准。系统测试是为了发现程序和系统中的错误。好的测试方案有可能发现从未发现的错误，否则就没有必要进行测试了。

1) 系统测试的基本概念

系统测试包含广义的测试和狭义的测试。广义的系统测试是从保证系统运行的安全性、有效性角度考虑，一切可能导致系统运行失败的错误都应该在系统投入正式运行之前测试出来。而狭义的系统测试则只考虑应用软件的测试，这里主要讨论狭义的系统测试。

2）系统测试应该注意的原则

（1）避免测试自己所编写的程序。

（2）制订周密的测试计划。

（3）完善测试用例。

（4）关注错误较多之处。

3）系统的测试内容

（1）模块测试。模块测试是以系统的模块为对象进行测试，验证模块及其接口与设计说明书是否一致。

（2）子系统测试。完成每个模块的测试以后，需要按照系统设计所完成的模块结构图把它们连接成子系统，即进行子系统测试。

（3）系统测试。系统测试就是将经过子系统测试的模块群装配成一个完整的系统进行测试，以检查系统是否达到了系统分析的要求，系统测试的依据是系统分析报告。报告的测试不仅是对软件的测试，而且是对系统的软件与硬件一同进行测试。

4）系统的测试方法

（1）静态测试是指人工评审软件的文档或程序，发现其中的错误。其手续简单，是一种行之有效的检验手段，主要是通过阅读程序发现软件错误和缺陷。

（2）动态测试是指有控制地运行程序，从多种角度观察程序运行时的行为，发现其中的错误。测试就是为了发现其中的错误而执行程序。

① 黑盒测试。测试人员把被测程序看成一个黑盒子，在完全不考虑程序的内部结构和处理过程的情况下，测试程序的外部特性，即测试系统的功能与接口是否达到了预定的目标。由于黑盒测试着重于检查程序的功能，所以也称为功能测试。

② 白盒测试。测试人员将被测程序看作一个透明的白盒子，要求测试人员完全了解程序的结构和过程，按照程序的内部结构和处理逻辑来设计测试数据，对程序所有逻辑路径进行测试，检查它与设计是否相符。由于被测程序的结构对测试者是透明的，因此又称这类测试为结构测试。

5）系统的调试

在对系统进行测试以后，可能会发现系统中存在错误，此时就需要对系统进行调试，以确定系统错误的位置和发生的原因，并对错误进行改正。系统的调试方法可以通过在程序中设置输出语句、反复运行错误程序和利用调试工具等。

3. 系统转换

系统转换是指用新开发的系统替换旧系统，并投入实际应用的过程。系统转换就是将系统的全部控制权移交用户，在转换过程中要注意尽可能地平稳过渡，使新系统正常投入运行，逐步安全地取代原有系统的功能。

1）转换前的准备工作

系统转换前，要做好转换前的各项准备工作，具体包括组织结构准备（建立专门机构，明确权责)、人员准备(各类人员的培训工作)、数据准备和文档准备等。

2) 转换方式

新系统在试运行成功之后,需要通过系统转换以投入实际运行。系统的转换主要有三种方式:直接转换、并行转换和逐步转换,如图10.6所示。

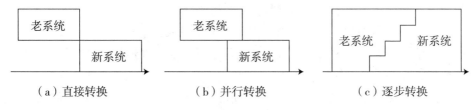

图 10.6　系统转换的三种方式

(1) 直接转换。简单,节省人员费用,但是风险大,适用于小型、不太复杂的系统转换。

(2) 并行转换。费用高,但是系统的运行可靠性能高、风险小,适用于大型、复杂、重要的系统转换。

(3) 逐步转换。保证了可靠性,费用也不太高。缺点是转换过程很难保证流畅。

4. 系统的导入

许多开发 MIS 的软件公司在长期的系统开发中积累了大量的相关行业知识,所开发的系统越来越适应不同公司管理的需要,同时许多软件公司所提出的 ERP 或类似 ERP 系统的整体解决方案可以使用户省略烦琐的系统分析、系统设计、系统实施中的程序设计、测试等工作,直接进入系统的转换。为了与企业自己所设计的系统转换有所区别,这里将从外界获取成熟的系统转换称为系统导入。

5. 系统维护

MIS 作为一个复杂的人机系统,受到系统内外诸多因素的影响。即使一个经过精心设计、实施的系统,在实际的运行中仍有需要改进的地方。而且 MIS 的外界环境是一个受到各种因素影响的、多变的管理系统,管理人员为了提高管理效果,经常会根据变化的环境提出新的管理思路和管理方法。这些原因导致了 MIS 在运行过程中需要进行大量的系统维护工作。

1) 系统维护内容

根据维护对象的不同,系统维护内容可分为:①程序维护;②数据维护;③代码维护;④设备维护;⑤文档维护。

2) 系统维护类型

(1) 改正性维护。系统测试不可能发现系统中所有潜在的错误,这些潜在的错误在某些特定的环境下才会暴露出来。

(2) 适应性维护。管理体制的改变、机构的调整会带来系统服务环境的变化;计算机技术的发展,会带来软硬件的更新换代。

(3) 完善性维护。扩充原有系统的功能,提高其性能。

(4) 预防性维护。预防性维护是指主动采取预防性的措施。为了适应未来软硬件的变化，对那些使用期长、目前尚能正常运行但有可能发生变化的部分进行提前维护。

3) 系统维护方法

(1) 详细记录运行状况。系统的运行状况与工作效率是系统维护的依据，因此在日常的系统运行中，必须将系统的实际运行状况记录下来。

(2) 维护工作的规范性。系统的维护并不是由维护人员随意进行，首先必须由系统用户提出维护的请求，然后维护人员对该请求进行分析、制订维护计划。维护计划得到有关部门批准以后，维护人员才能进行维护。

(3) 文档及时修改。一旦维护完成，必须对有关文档及时进行修改，保证文档与系统的一致性。

(4) 建立明确的维护质量控制标准。质量低劣是导致经常维护的主要原因，所以应该进行严格的系统维护质量控制标准，保证被维护系统的可理解性、可靠性、可测试性、可修改性和可移植性。

### 10.3.2 物流信息系统的评价

物流信息系统评价是系统分析中复杂而又重要的一个环节，它是利用模型和各种数据，从系统的整体观点出发，对系统现状进行评价。对物流信息系统评价需要有一定的量化指标，这样才能衡量物流系统实际的运行状况。一般把衡量系统状态的技术经济指标称为特征值，它是系统规划与控制的信息基础。对物流信息系统的特征值进行研究，建立一套完整的特征值体系，有助于对物流信息系统进行合理的规划和有效的控制，有助于准确反映物流信息系统的合理化状况和评价改善的潜力与效果。

物流信息系统评价是根据明确的目标来测定对象系统的属性，并将这种属性变为客观定量的计算值或者主观效用的行为过程。这一过程包括三个关键步骤：一是明确评价目的；二是建立评价指标体系；三是选择评价方法并建立评价模型。

1. 确定评价目的

对物流信息系统进行综合评价，目的是从总体上把握物流系统现状，寻找物流系统的薄弱环节，明确物流系统的改善方向。为此，应对物流系统各项评价指标的实际值与设定的基准值进行比较，以显示现实系统与基准系统的差别。基准值的设定通常有以下三种方式。

(1) 以物流信息系统运行的目标值为基准值，评价物流系统对预期目标的实现程度，寻找实际与目标的差距所在。

(2) 以物流信息系统运行的历史值为基准值，评价物流系统的发展趋势，从中发现薄弱环节。

(3) 以同行业的标准值、平均水平值或先进水平值为基准值，评价物流信息系统在同类系统中的地位，从而寻找出改善物流系统的潜力。

## 2. 建立评价指标体系

从系统的观点来看，系统的评价指标体系是由若干个单项评价指标组成的有机整体。它应反映出评价目的的要求，并尽量做到全面、合理、科学、实用。为此，在建立物流信息系统综合评价的指标体系时，应选择有代表性的物流信息系统特征值指标，以便从总体上反映物流信息系统的现状，发现存在的主要问题，明确改善方向。

## 3. 信息系统的评价指标

信息系统的评价是一项难度较大的工作，它属于多目标评价问题，目前大部分的系统评价还处于非结构化的阶段，只能就部分评价内容列出可度量的指标，不少内容还只能用定性方法做出叙述性的评价。

1) 系统性能指标

（1）人机交互的灵活性与方便性。
（2）系统响应时间与信息处理速度满足管理业务需求的程度。
（3）输出信息的正确性与精确度。
（4）单位时间内的故障次数与故障时间在工作时间中的比例。
（5）系统结构与功能的调整、改进及扩展，与其他系统交互或集成的难易程度。
（6）系统故障诊断、排除、恢复的难易程度。
（7）系统安全保密措施的完整性、规范性与有效性。
（8）系统文档资料的规范、完备与正确程度。

2) 与直接经济效益有关的指标

（1）系统投资额，包括系统硬件、系统软件的购置、安装，应用系统的开发或购置所投入的资金。另外，企业内部投入的人力、材料等也应计入。较精确的计算还应考虑资金投入的时间及占用时间等因素。对验收评价后所做的阶段评价还要包括系统维护所投入的资金。

（2）系统运行费用，包括消耗性材料费用、系统投资折旧费及硬件日常维护费等，消耗性材料包括存储介质、纸张与打印油墨等。由于信息系统的技术成分较高，更新换代快，一般折旧年限取 5~8 年。另外，系统所耗用的电费、系统管理人员费用等也应计入系统运行费用。

（3）系统运行新增加的效益，主要反映在成本降低、库存积压减少、流动资金周转加快与占用额减少、销售利润增加及人力的减少等方面。新增效益可采用总括性的在同等产出或服务水平下有无信息系统所致的年生产经营费用节约额来表示，也可分别计算上述各方面的效益，然后求和表示。由于引起企业效益增减的因素相互关联错综复杂，新增效益很难作精确的计算。

（4）投资回收期，是指通过新增效益，逐步收回投入的资金所需的时间，它也是反映信息系统经济效益好坏的重要指标。

3) 与间接经济效益有关的指标

间接经济效益是通过改进组织结构及运作方式、提高人员素质等途径，促使成本下降、利润增加而逐渐地间接地获得的效益。由于成因关系复杂，计算困难，企业只能作定性的分析，所以间接经济效益也称为定性效益。尽管间接效益难以估计，但其对企业的生存与发展所起的作用往往要大于直接经济效益。

一般信息系统的成功应用所产生的间接经济效益可体现在以下几个方面。

（1）对组织为适应环境所作的结构、管理制度与管理模式等的变革会起巨大的推动作用，这种作用一般无法用其他方法实现。

（2）能显著改善企业形象，对外可提高客户对企业的信任程度，对内可提高全体员工的自信心与自豪感。

（3）可使管理人员获得许多新知识、新技术与新方法，进而提高他们的技能素质，拓宽他们的思路，进入学习与掌握新知识的良性循环。

系统信息的共享与交互使部门之间、管理人员之间的联系更紧密，这可以加强他们的协作精神，提高企业的凝聚力。

（4）对企业的规章制度、工作规范、定额与标准、计量与代码等的基础管理产生很大的促进作用，为其他管理工作提供有利的条件。

# 本章小结

电子商务物流信息管理系统是一个由人、计算机网络等组成的能进行物流相关信息的收集、传送、储存、加工、维护和使用的系统。电子商务物流信息管理系统不仅是一个管理系统，更是一个网络化、智能化、社会化的系统。电子商务与快递物流信息系统的功能有集中控制功能、运输管理功能、仓库管理功能、统计报表功能和客户查询功能。

电子商务与快递物流信息系统包括智能运输系统、货物跟踪系统、仓库管理系统、销售时点系统和电子订货系统。

物流信息管理系统（Logistics Management Information System）是指由计算机软硬件、网络通信设备及其他办公设备组成的，在物流作业、管理、决策方面对相关信息进行收集、存储、输出和维护的人机交互系统。建立一套完整的特征值体系，有助于对物流信息系统进行合理的规划和有效的控制，有助于准确反映物流信息系统的合理化状况和评价改善的潜力与效果。

## 关键术语

物流信息管理系统（Logistics Management Information System）
智能运输系统（Intelligence Transportation System）　　货物跟踪系统（Goods – tracked System）
仓库管理系统（Warehouse Management System）　　销售时点系统（Point of Sale）
电子订货系统（Electronic Ordering System）　　面向对象的程序设计（Object Orient Programming）

系统开发(System Development)　　　　　　　系统维护(System Maintenance)
系统评价(System Evaluation)　　　　　　　　系统测试(System Test)

# 习　题

## 一、判断题

1. 电子商务物流信息管理系统是一个由人、计算机网络等组成的能进行物流相关信息的收集、传送、储存、加工、维护和使用的系统。（　）
2. 库存信息管理系统是物流管理信息系统的中心。（　）
3. 在系统分析和系统设计阶段，系统开发工作主要集中在逻辑、功能和技术设计上，工作成果是以各种系统分析与设计文档来体现的。（　）
4. 在计算机系统开发领域中存在各种各样的系统分析和设计方法，其中结构化方法与面向对象方法是软件开发程序设计中的两个核心思想。（　）
5. 对外部来说，面对对象法只知道"它是做什么的"，而不知道"它是如何做的"，使得数据封装、信息隐藏、抽象代码共享等软件工程思想得到充分体现。（　）

## 二、选择题

1. 运输管理分为制订计划、加单、（　）、路线和签收五个环节。
　　A. 转运　　　　　B. 装卸　　　　　C. 发运　　　　　D. 到站
2. 结构化方法程序设计的基本思想是将信息系统按功能分解为若干模块进行分析与设计，应用子程序实现模块化，模块内部由(　)、选择结构、循环结构三大基本控制结构组成。
　　A. 进出结构　　　B. 并列结构　　　C. 总分结构　　　D. 顺序结构
3. 生命周期法在系统生命周期第一个阶段为(　)。
　　A. 项目定义　　　B. 系统分析　　　C. 项目评估　　　D. 系统评价
4. 系统的测试内容包括(　)、系统测试和子系统测试。
　　A. 项目测试　　　B. 板块测试　　　C. 模块测试　　　D. 编码测试
5. 系统维护的类型有改正性维护、适应性维护、完善性维护和(　)。
　　A. 预防性维护　　B. 程序性维护　　C. 代码性维护　　D. 总结性维护

## 三、简答题

1. 简述物流信息管理系统的主要功能。
2. 什么是物流信息管理系统？它由哪些内容构成？
3. 什么是销售点系统？
4. 简述应用电子订货系统的基础条件。
5. 物流信息系统的总体规划的基本步骤有哪些？
6. 简述电子商务物流信息管理系统开发的内容。它主要包括哪些方面？
7. 物流信息系统实施主要包括了哪些内容？
8. 列表对比结构化程序设计与面向对象程序设计方法的区别。
9. 按照软件生命周期各个阶段的过渡和执行时间的特点，结构化程序设计方法可以如何划分？
10. 简述原型法开发的流程。

11. 面向对象的重要特征有哪些?
12. 简述面向对象程序设计方法步骤。
13. 衡量程序设计的技术指标有哪些?
14. 系统测试应该注意哪些原则?
15. 简述黑盒测试和白盒测试的区别。
16. 简述系统维护的内容。

## 沃尔玛信息管理系统的应用

沃尔玛的全球采购战略、配送系统、商品管理、电子数据系统、天天平价战略在业界都是非常成功的。可以说,所有的成功都是建立在沃尔玛利用信息技术整合优势资源,信息技术与零售业整合的基础之上。通过采用最新的信息技术,沃尔玛将最古老的销售技巧与最现代化的高科技联系起来,使其能够以最低的成本、最优质的服务、最快速的管理反应进行全球运作,达到提高生产率和降低成本的目的。目前沃尔玛正在应用的信息系统主要由以下几个部分组成。

1. 企业资源管理系统(Enterprise Resource Planning, ERP)

沃尔玛制定了"企业核心竞争力,降低总体成本"的新经营策略和理念,把企业信息资源管理(ERP)提升到提高企业核心竞争力的战略高度。通过新型的信息应用,沃尔玛的经营效率得到了革命性的提升。

2. 供应链管理系统(Supply Chain Management, SCM)

沃尔玛给人们留下印象最深刻的,是它的一整套先进、高效的物流和供应链管理系统。沃尔玛在全球各地的配送中心、连锁店、仓储库房和货物运输车辆,以及合作伙伴(如供应商等)都被这一系统集中、有效地管理和优化,形成了一个灵活、高效的产品生产、配送和销售网络。

3. 客户关系管理系统(Customer Relationship Management, CRM)

沃尔玛能够跨越多个渠道收集最详细的顾客信息,沃尔玛超市天天低价广告表面上看与CRM中获得更多客户价值相矛盾。但事实上,沃尔玛的低价策略正是其CRM的核心,以"价格"取胜是沃尔玛所有IT投资和基础架构的最终目标。

4. 数据库管理系统(Database Management System)

借助数据库管理系统,沃尔玛店的6万件单品、超市中心的10万件单品,以及全球5 300多家连锁门店,实行全面数据管理与分析,每件单品记录保留时间为65个星期。

5. 联合预测补货系统(Collaborative Forecast and Replenishment, CFAR)

联合预测补货系统主要是零售企业的相关负责人与生产企业的相关负责人就某种产品进行各种数据的交换,将这些数据放置在看板上,双方共同对这些数据进行分析,最后形成一致的商品生产和销售预测的决策,并以此为基础进一步制定商品生产、销售、规划、库存和物流等计划。

6. 射频技术(Radio Frequency, RF)

技术组成包括1个扫描器,1台体积小、功能强并带有存储器的计算机,1台显示器及1个供人工输入的键盘。射频技术接收传发装置通常安装在运输线的检查点、仓库、车站、码头、机场等处的关键点,货物无论到哪个环节,都能通过射频识别标签,并将相关数据传入系统,各级工作人员都能完全掌握所有信息。

7. 射频识别(Radio Frequency Identification,RFID)技术

RFID 存储的数据量是条形码的 1 000 倍,最大读取距离条形码的 100 倍,读取速度更是比条形码快很多,RFID 没有污染、受方向性影响较小、自动化程度较高。方便消费者的同时,有效地提高了效率,降低了成本。

8. 有效客户反馈系统(Efficent Customet Response,ECR)

有效客户反馈系统是零售市场导向的供应链策略,商品供应商/制造商、物流配送商、销售商、门店之间紧密配合,由客户引导补货,使高品质的商品和正确的信息经过无纸化的 EDI 系统,把生产商的生产线和零售商的结账平台连接起来。

9. 快速反应系统(Quick Response,QR)

1986 年,沃尔玛建立了快速反应系统,主要功能是进行订货业务和付款通知业务,通过 EDI 系统发出订货明细单和受理付款通知,提高订货速度和准确性,节约相关成本。

10. 电子自动订货系统(Electronic Ordering System,EOS)

电子自动订货系统是指企业之间利用通信网络(如互联网)和终端设备,以在线连接方式,进行订货作业和订货信息交换的系统。

11. 销售时点数据系统(Point of Sale,POS)

沃尔玛的 POS 系统即是销售时点数据系统,包含前台 POS 系统和后台 MIS 系统两大部分。

12. 管理信息系统(Management Information System,MIS)

在商品销售过程中的任一时刻,商品的经营决策者都可以通过 MIS 了解和掌握 POS 系统的经营情况,实现了门店库存商品的动态管理,使商品的存储量保持在一个合理的水平,减少了不必要的库存。

13. 自动补货系统(Automatic Replenishment,AR)

自动补货系统是连续补货系统(Continuous Replenishment,CR)的延伸,即供应商预测未来商品需求,负起零售商补货的责任,在供应链中,各成员互享信息,维持长久稳定的战略合作伙伴关系。

14. 视频会议系统(V2 Conference)

目前,在信息化建设上走在了零售业前沿的沃尔玛,采用了视频会议系统,以解决传统的电话沟通方式的不便,或者是各地相关员工赶往某地进行会议,花费高昂的差旅费用,甚至还严重影响了工作效率的问题。

15. 沃尔玛公司卫星中心控制系统

通过卫星中心控制通信,进行共同的电脑系统联系统一补货系统、统一 EDI 条形码系统、统一库存管理系统、统一会员管理系统、统一收银系统等,通过系统可以从一家商店了解全世界商店的资料。沃尔玛的各部门沟通、各业务流程都可以迅速而准确地运行。将整个公司的物流信息渠道管理供应系统成功连接。总部可在 1 小时内对全球 4 000 多家分店每种商品的库存量、上架量和销售量全部盘点一遍。

16. 电子数据交换技术(Electronic Data Interchange,EDI)

电子数据交换系统是企业与企业、企业与管理机构之间,利用电子通信来传递数据信息,产生托运单、订单和发票,通过供应商、配送者和客户的信息系统,得知最新的订单、存货和配送状况,使得数据传输的准备性与速度大幅提高,减少了纸张在商业交易过程中所扮演的角色,进而实现"无纸化贸易"。

思考:

(1) 电子商务与快递物流信息系统的功能有哪些?

(2) 电子商务与快递物流的设计流程有哪些?

(3) 沃尔玛信息管理系统对企业发展有何借鉴意义?

# 第 11 章 智能物流终端快递柜

【学习目标】
（1）了解智能快递柜的概念。
（2）掌握智能快递柜的功能。
（3）了解国内外智能快递柜的发展情况。
（4）掌握智能快递柜的操作流程。

【学习重点】
（1）掌握智能快递柜的功能。
（2）了解国内外智能快递柜的发展情况。
（3）掌握智能快递柜的操作流程。

【学习难点】
（1）掌握智能快递柜的功能。
（2）掌握智能快递柜的操作流程。

# 第 11 章 智能物流终端快递柜

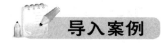

## 智能快递柜——电商快递的下一步

物流产业中,"最后一公里"配送一直是困扰物流公司的重大问题,而现在看来这一问题似乎有了可行的解决方法。2015年6月,顺丰、申通、中通、韵达、普洛斯五大快递巨头投资5亿元人民币联合成立丰巢科技有限公司,旨在研发运营面向所有快递物流公司的24小时智能快递柜。几乎在同一时间,一家主打社区便民服务的O2O公司"一号柜"也宣布获得3 000万元A轮融资,智能快递柜的发展目前已经开始得到资本的关注与支持并可能为电商快递带来新的革命。

在智能快递柜之前,很多物流公司都曾尝试解决"最后一公里"出现的种种问题,但并未获得理想效果,而智能快递柜的出现,则至少解决了在物流最后环节上的三个问题。

(1) 24小时工作的快递柜解决了目前极为普遍的收件方与送件方时间不对称的问题。电商行业的主要客户群体都是拥有全职工作的中青年,这类人群的上班时间与快递人员的工作时间重合,因此在一周的大多数时间里,他们只能在单位接收快递后带回家去,或者安排家人在家等候代收,这使得网购的便利程度大幅降低。而通过快递柜,收件人可以随时取件,省去了把快递带回家或者委托家里的其他人代收的麻烦。

(2) 快递柜的出现解决了合作代收点不专业、易出错的问题。快递代收点自出现以来一直面临着存货场地不足、快件损坏纠纷,甚至容易遭遇诈骗等问题,这主要是由于快递点自身缺乏专业性造成的,而智能快递柜则可以通过识别用户身份或快递代码避免这些问题的出现。

(3) 快递柜的大范围投入使用可以极大地提升快递员的工作效率,为物流公司降低成本。根据物流公司的数据显示,快递员上门派件的方式相比智能快递柜自助派件要多花费一倍以上的时间,因此快递柜的投入使用相当于为物流公司节省了一半的快递员成本,并且能有效缓解节假日等网购高峰期快递员的工作压力。

(资料来源:http://www.199it.com/archives/360236.html。)

智能快递柜为什么能在一定程度上解决"最后一公里"难题?本章将介绍智能快递柜的概念、国内外发展趋势等内容。

## 11.1 智能快递柜概述

智能快递柜是一个基于物联网的,能够将物品(快件)进行识别、暂存、监控和管理的设备,与PC服务器一起构成智能快递投递箱系统。PC服务器能够对本系统的各个快递投递箱进行统一化管理(如快递投递箱的信息、快件的信息、用户的信息等),并对各种信息进行整合分析处理。快递员将快件送达指定地点后,只需将其存入快递投递箱,系统便自动为用户发送一条短信(包括取件地址和验证码),用户在方便的时间到达该终端前输入验证码即可取出快件。该产品旨在为用户接收快件提供便利的时间和地点。

近年来，我国的快递企业在仓储布局、干线建设等方面做足了文章，云仓、干线运输网络建设等技术在日常的管理中已经开始逐步应用，并取得了良好的效果。但是快递业务量的激增却给快递末端配送带来了持续的挑战，如何在点、线扩能的同时增加末端配送网络的建设，成为各电商、快递企业关注的热点问题，以往的"爆仓"也开始向"堵在最后一公里"转化。为了解决电商、快递业"堵在最后一公里"的难题，各方都做了多种尝试，从顺丰的"嘿客"布局，到便利店取货等商业模式开始涌现，智能快递柜也是在这种环境下产生的。

2014年6月，为增强中国邮政在寄递市场的竞争力、提升邮政综合服务能力和服务水平，中国邮政集团公司下发了《关于加快推进智能包裹柜建设的实施意见》，提出了智能包裹柜建设的总体思路和建设目标——将利用3年时间，在全国主要城市建设布放5万台智能包裹柜，2014年重点在北京、上海、重庆、南京、杭州、广州、成都7个试点城市集中建设4 000台。根据集团公司的部署，浙江省分公司迅速行动，联合浙江省商务厅，在杭州、金华、温州等城市重点推进，当年建成了智能包裹柜1 500个。

2014年10月31日，国家邮政局正式发布《智能快件箱》行业标准。标准对智能快件箱的总体功能、系统结构、硬件要求、控制系统、操作流程、系统接口、代码、安全要求和环境要求等进行了规范。具体来看，主要包含两个层面的内容：一部分为技术层面，规定了技术指标和参数；另一部分为业务层面，随着功能的完善和市场的需要而推出的相应标准。

2014年12月，阿里巴巴对外宣布，将在全国建设不少于3万个网点的智能自提包裹柜。至此，在智能化的包裹收取平台建设领域，目前已经形成了以中国邮政、成都三泰控股、阿里巴巴、深圳丰巢公司四方力量为主，众多公司踊跃参与的竞争格局。

2015年，浙江省政府把智能包裹柜（浙江省分公司称其为"E邮站"）建设列入全省十大民生工程之中，提出全年建成3 000个以上"E邮站"，并且明确浙江邮政为该建设项目的责任部门和建设单位。经过各地邮政管理局、商务局、发改委、经信委和邮政分公司的共同努力和积极争取，浙江省大部分市、县政府目前都把"E邮站"建设列为2015年为民办实事项目。目前，已有23个市、县政府明确给予"E邮站"建设、运维以建设资金、运行费用补助等支持。

截至2015年10月底，浙江邮政建成并投入运营的"E邮站"已有4 000个，包裹投递格口数达22万个，实现了对全省各市、县的初步覆盖。目前，注册使用"E邮站"的社会快递公司共113家，注册快递员达2.6万人。2014年，全省"E邮站"累计转投邮件333万件，2015年1至10月累计转投邮件1 800万件。

随着国内物流市场发展的日益成熟，对物流服务质量、物流时效性等提出了更高的要求，而解决末端配送难题是提升物流服务质量和物流时效的关键所在。通过智能快递柜的设置，可以有效地解决"最后一公里"配送的难题。普及至小区甚至居民楼的智能快递柜，使得快递配送接近上门服务，同时也解决了快递上门服务可能存在的安全问题。通过智能快递柜，可以使快递员的上门投递和用户的取货行为都更为灵活，既为用户带来更加便捷的服务，也能提高快递员投递的效率。减少快递企业库存量；既提高了用户体验，又提高了快递企业自身的效率。

## 11.2 智能快递柜的发展历程

目前,快递自提服务在全球快速发展,在欧洲、中国台湾、日本等地自提服务更加普及,比如欧洲的"收寄点"(CDP)、新加坡的第二代自助式邮亭、日本和中国台湾地区的"便利店提货模式"等。在英国,旗下拥有多种零售业态的 Tesco 集团靠这种模式建立起了自己的终端配送网络。与此同时,亚马逊在日本、英国等国家也均提供收货自提服务。智能快递柜在国内外也越来越普遍。

### 11.2.1 国外智能快递柜的发展

国外在建设运营智能快递柜方面已经积累了成功的经验,通过总结,国外主流的商业模式有两类:欧美模式和日本模式。欧美模式投资行为主要以企业为主,而日本则以企业与政府共同投资为主。这也决定了欧美快递柜主要应用于人口集中地,以企业盈利为目标;而日本则有 99.1% 的新建筑和 85% 的旧建筑都配置了智能快件箱,将智能快件箱作为了日本建筑物的标准配置。国外智能快递柜发展的基本情况如下。

1)德国 DHL 智能包裹箱

DHL 国内包裹部以独栋或双拼住宅用户为目标,向用户推出了可定制包裹箱,信箱配备先进电磁锁防盗,在尺寸、样式、颜色及安装方式上给予使用者自主选择权。德国政府对其免收增值税,为智能包裹箱的推广提供支持。包裹箱使用向用户收取费用,以 99 欧元起步,此外,也可选择月付 1.99 欧元起步价进行租用。

目前 DHL 拥有 1 300 个邮局,已建成 10 000 多个包裹商店、2 650 个智能包裹箱和 1 000 个包裹邮筒的收寄网络。虽然德国邮政暂时未宣布是否独立使用智能包裹柜,但是包括 UPS、Hermes 等多个快递企业的目前已公开表示反对。

2)法国邮政智能包裹柜发展情况

2014 年法国邮政旗下的 GeoPost 快递包裹子公司与法国邮件技术与服务巨头 Neopost 公司合作,在法国和欧洲地区建设 3 000 个智能包裹柜的终端网络。双方共同成立合资公司推动本项目,由 Neopost 公司提供包裹设备、运行软件、安装和维护。而 Packcity 公司(2013 年 11 月,Neopost 与 RelaisCoHs 包裹公司在巴黎开展试运行价值 5 千万欧元的智能包裹箱网络,打造了"都市包裹"Packcity 的品牌)将负责网络的运营,其中 1 000 个智能包裹柜归法国邮政 GeoPost 专门使用,其余 2 000 个向其他快递公司开放使用,向大型电商企业末端用户提供"点击取件/线上到线下"服务。

根据协议内容,法国邮政未来拥有的 GeoPost/Neopost 法国智能包裹箱网络将超过德国 DHL 的智能包裹站网络,远期合作还将拓展到欧洲其他地区。GeoPost 在法国邮政旗下主营包裹柜业务,智能包裹柜将由旗下的 Coliposte 和 Chronopost 子公司使用,为国内包裹业务品牌服务。在法国境外，另一子公司 DPD 有可能使用智能包裹柜作为投递点的补充替代式服务，尤其是针对电商用户 24 小时可取，非家庭投递到户的服务。智能包裹柜还将用于个人用户向销售商或生产商退货服务。

3）丹麦邮政智能包裹柜发展情况

2014 年春，丹麦邮政和 Coop 连锁公司开始协商，在连锁商店通过智能包裹柜终端向用户提供自动寄、取件服务。丹麦邮政的顾客可以去超市购物时寄、取包裹，而 Coop 公司的顾客则可以在邻近生活圈的商店中提取网购的物品，是典型的双赢模式。Coop 连锁店也可以因这项增值服务比其他同类竞争对手形成差异化优势，其管理层希望吸引对自主包裹取件服务有需求的用户在来访的同时增加自身的商品销售，稳固客户忠诚度。对于丹麦邮政来说，包裹柜自动化网络的全覆盖是对 780 个邮政网点的有效补充，是提高用户满意度的核心措施。2013 年 12 月，包裹柜的平均处理包件量达到历史高水平的 1 万件，整套系统性能稳定而良好，机器操作简单，用户界面友好，深受客户好评，预期包裹柜系统在 Coop 连锁店可实现高水平的使用率。

4）波兰 easyPack 发展情况

"easyPack" 公司由波兰最大的独立邮政包裹集团 Integer. pl 和私募股权集团 PineBridge 投资公司旗下的 Asterina 投资公司共同所有，在获得波兰公平竞争和消费者保护办公室（UOKIK）的批准后创建。Integer. pl 投入 5 800 万欧元，PineBridge 投资公司投资 5 000 万欧元，用于 2016 年前在欧洲和独联体安装 16 000 台包裹终端机和用户接口。

5）美国储物柜发展情况

储物柜（Amazon Locker）在美国和英国都已经进入其便利店合作网络。例如，顾客可以到附近的 7－11 便利商店为在亚马逊购买的商品结账，然后再去指定的商店，从亚马逊储物柜（类似于邮政信箱）中取出包裹。到货后顾客将收到一封电子邮件通知，智能手机上也会收到一个条形码，然后前往指定的 7－11 便利店，到亚马逊储物柜（可以说是自动取款机和保险箱的结合）那里扫描条形码，获得一个 PINS。输入这个 PIN 码后，你就可以打开储物柜拿到包裹。表 11－1 展示了亚马逊智能快递柜与美国邮政智能快递柜对比情况。

表 11－1　亚马逊智能快递柜与美国邮政智能快递柜比较

| 开发方 | 美国亚马逊 | 美国邮政 |
| --- | --- | --- |
| 使用条件 | 拥有亚马逊账户且仅限在亚马逊网站购 | 在 UPS 下的子网站 gopost. com 注册账号—身份验证—收到智能卡和密码支付，在任何网站购物时都可以使用 |
| 寄存期限 | 最多可保存 3 天，3 天后未领取的包裹，将会退回至亚马逊，亚马逊对消费者全额退款 | 最多保存 15 天，15 天后未领取的包裹，将会退回给卖家 |
| 其他服务 | 部分支持美国亚马逊退货业务 | 支持寄件服务 |
| 安装地点 | 7－11 便利店、杂货店或连锁药店 | 便利店、杂货店、药店、交通枢纽、购物中心等 |

6）日本智能快递柜发展情况

日本的智能快件箱是作为基础设施存在的。在日本智能快递柜通常由开发商买单，设备属于整栋大楼的业主，物业公司提高物业费，一般每户每月多付5元物业费，物业公司从多交的物业费里面提取一部分给到智能快递柜运营公司。

【拓展案例】

## 11.2.2 国内智能快递柜的发展

### 1. 我国智能快递柜建设现状

2010年，作为解决"最后一公里"的补充途径，我国智能快件箱开始起步。历经多年发展，智能快递柜已进入快速发展期，当前国内典型企业自提点建设大多采用智能快递柜作为自提的工具。

目前国内智能快件箱出资建设方主要有四类：电子商务企业、快递企业、第三方运营公司和房地产开发商。

（1）电子商务公司。典型代表：京东商城、亚马逊、武汉家事易、苏州食行等。
（2）快递公司。典型代表：中国邮政公司、顺丰等。
（3）第三方运营公司。典型代表：近邻宝、速递易、收件虫等。
（4）房地产开发商。典型代表：万科、绿地。

投资建设智能快件箱的规格方面，通过社会上主要智能快件箱生产制造厂商产品查询，主要生产厂商产品规格见表11-2。

表11-2 智能快递柜箱体尺寸

| 企业名称 | 箱体尺寸/厘米 | | | 最小格口尺寸/厘米 | | |
| --- | --- | --- | --- | --- | --- | --- |
| | 高 | 宽 | 深 | 高 | 宽 | 深 |
| 中邮科技 | 179 | 130 | 68 | 10 | 35 | 40 |
| 成都我来啦 | 212 | 主柜：52<br>副柜：108 | 55~56 | 10 | 44 | 48.5 |
| 福州友宝 | 180 | 整体柜：200 | 45 | 8 | 45 | 50 |
| 杭州东城电子 | 190 | 主柜：52<br>副柜：86.8 | 55 | 12 | 40.8 | 55 |
| 校园100 | 220 | 整体柜：245 | 45 | 8 | 35 | 20~50 |
| 北京递兴泊 | 190 | 标准柜：30.4 | 53.35 | 3.42 | 25.4 | 37.7 |
| 近邻宝 | 210 | 主柜：56<br>副柜：90 | 55 | 11 | 28 | 41 |

275

## 2. 智能快递柜运营现状

在运营方面，智能快件箱投资建设后，一般秉承"谁建设，谁运营"的思路。

（1）电子商务、快递企业投资建成后以自用为主。目前，仅有中国邮政一家快递企业将智能快件箱资源开放给其他企业使用，例如，韵达快递与浙江省邮政公司杭州市分公司在杭州签署战略合作协议，宣布正式开启"e邮站"项目战略合作，利用遍布杭州的近900家"e邮站"，共同解决快件最后100米投递问题。

（2）第三方运营公司投资建设后，凭借其第三方身份将其智能快件箱开放给所有电商企业和快递企业使用。

（3）房地产开发商投资建成智能快件箱后，一般转为物业运营，物业将智能快件箱开放给所有电商和快递企业使用。

在盈利方面，智能快件箱运营企业盈利的基本来源是电商企业和快递企业的使用费，一般不向消费者收取额外费用，但是客户超过一定期限不取件，会向超期不领取的快件收取"延时费"。

## 3. 智能快递柜发展现存问题

我国智能快递柜发展过程中，主要存在以下问题。

1）缺乏整体规划，选址标准不一

目前，国内对于降低快递物流费用的需求急切，智能快件箱降低社会物流成本方面具有很大的发展潜力，但需要各家智能快件箱投资开发企业都能够理性地发展，齐心协力共同去培养市场。目前，据不完全统计，2014年以来，行业内涌现出从事智能快件箱的企业近百家，但各自为战，各有各的理念，市场比较混乱，缺乏整体规划。同时，《智能快件箱》（YZ/T 0133—2013）行业标准缺乏配套的制度引导市场化、商业化运营，生产、运营企业遵守程度参差不齐，各家企业选址标准不一，缺乏必要指导，校园里、地铁旁、便利店门口都可以见到投放的智能快件箱，重复建设严重，甚至有的两家智能快件箱仅仅间隔几十米，造成了严重的资源浪费。

2）资金投入不足，规模发展滞后

智能快件箱前期投入资金大，回收期长，同时我国地域广博，国内极少有企业有资金大规模投入到智能快件箱的战略布局中。以某智能快件箱投放企业为例，以其宣称投放10 000台来计算：每年场地入场费用2 000万元（2 000元/点），电费1 000万元，网费200万元（200元/台·点），短信费1 752万元（80件/天，6分/条），设备折旧6 000万元（成本3万元/台，按照五年折旧），每年仅用于设备方面的费用累计1.095 2亿元，这还不包括人工成本、办公费用、技术开发费用、设备配件和材料费、设备安装运输维护等费用。这会占用大量的流动资金，并且一段时间内无法收回，因此，对于一般企业来说是难以实现的。资金不足严重制约了智能快件箱的规模发展。

3）资源整合不足，使用效率不高

电商企业和快递企业投资建成智能快件箱后，由于同业竞争的存在，一般只对本企业开放或者不同类型企业开放，对同一类型企业实行封闭。例如，某电商企业的智能快件箱只针对在本电商平台购物的客户开放使用,不会对其他电商平台开放使用。快递企业之间的同业竞争更加明显,仅有第三方运营商和房地产开发商投资开发的智能快件箱会同时开放给所有电商企业和快递企业使用。同业竞争导致同业之间无法有效地进行资源整合,单个企业智能快件箱空置严重,造成了极大的末端资源浪费。

4) 盈利模式模糊,增值功能缺乏

目前智能快件箱主要是向电商企业和快递企业收取使用费以及向客户收取超期取件费用,暂时并没有开发增值服务功能,可持续盈利商业模式仍在探索中,还没有公认的多方共赢、可闭环的商业模式。也就是说,大部分运营公司均处于"烧钱"阶段。而且,有的智能快件箱运营企业"圈地"为实,布局为虚,在"圈地"的竞争中恶性竞争。盈利模式模糊的同时,市场监管缺失,行业价值堪忧,无序竞争的状态不仅影响了智能快件箱的健康发展,也使用户获得的服务质量受到威胁。

5) 政府扶持不够,政策仍不完善

据统计,2014年国家邮政已将智能快件箱纳入重点工作范围,部分地区(杭州、宁波、无锡、厦门、山东)已经出台相关的资金补贴扶持措施。但是大部分地区相关的政策扶持还未出台,全国范围内对智能快件箱的认识还不够清晰,还处于尝试和观望阶段,较大的政策扶持还没有全线推广,扶持政策仍不完善。

4. 智能快递柜的应用

通过对某地智能快递柜应用状况调研了解到,智能快递柜在高校、社区及写字楼都有较为广泛的应用。

【拓展视频】

在非居住类的环境中,工业园区办公楼与普通写字楼智能快递都较为常见,但是行政小区与医院等事业单位的智能快递应用就较为罕见。同时对于使用智能快递柜的态度,未使用的物业中,大部分人依然表示不大接受。

对于居住类的环境,智能快递柜则发展较快,调研数据显示该地区智能快递柜的普及率达30%。但与非居住类环境一样,尚未使用智能快递柜的物业对快递柜依然表示不太欢迎。可见智能快递柜无论对于居民还是物业来说,还是一个较为新鲜的事物,虽然能在一定程度上能提高人们收件的体验,提高投递效率,但还不能完全改变传统的快递投递方式,其普及之路还很长。

另外,在调研的数据中可以发现,配备有自提柜的小区有10%在城乡结合部,多数还是集中于市内,也说明智能快递柜还有待于从市中心向更边缘的地区扩散。

5. 智能快递柜企业运营状况

快递最后的投递收件一直以来是"政府关心、企业揪心、百姓闹心"的问题,智能快递柜作为解决这一问题的有效方式已经成为各方关注点,并在业内有众多实践。我国运营智能快递柜的主体包括三类:快递企业、电商和第三方。下面以近邻宝为例,介绍其运营状况。

【拓展知识】

1) 简介

中科富创(北京)有限公司是一家基于云计算、移动互联网、大数据及智能终端技术,集技术研发、系统集成、投资运营为一体，富有创新性的资本和技术驱动型企业。

公司自 2009 年成立伊始，就以"让物流更顺畅、生活更便利"为使命，依托创始团队丰富的物流自动化和信息化研发、集成及项目背景。在原有系统技术的基础上，持续高投入研发以末端智慧物流、智慧校园及社区生活应用为核心的技术及产品。

中科富创的品牌"近邻宝"在市场上拥有颇高的知名度，其针对高校快递进行了一系列的研究，其自主研发数十项行业内独有专利技术，研发了批量投递、批量开发及号码匹配等功能，效率已大大高于别的企业。目前，"近邻宝"已进入北京、上海、天津等 20 多个城市 1 000 多个社区及近 100 所大专院校，累计服务数千万人次，在上海、天津、河北、山东、辽宁、内蒙古、湖北、广西及贵州等地设有子公司。

近邻宝是专业的 24 小时快递自助服务运营平台，专注于快递最后 100 米，为个人提供快递代收、代发及临时寄存服务，让个人从"等快递"变为就近到"近邻宝"智能快件箱"取快递"，成为电商、快递和个人之间的桥梁，并面向所有个人和快递公司开放，其产品服务体系如图 11.1 所示。

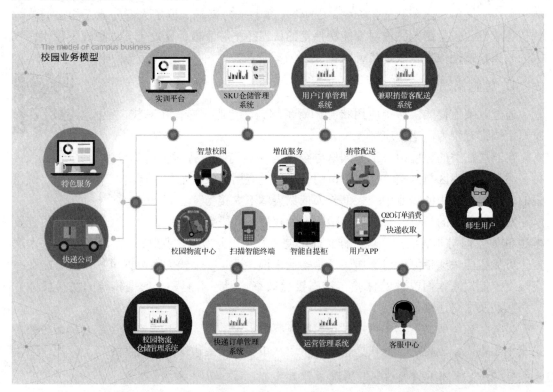

图 11.1　产品服务体系

"近邻宝"具有严格的安全验证机制及后台数据备份，并设置 24 小时视频监控，且每件快递均可打印签收小票，确保快件安全及过程的可追溯。其自主研发的手机 APP 具有"一键开箱取件""寄快递预约上门""随时随地查询快递进程"等功能，方便用户自主取件、寄快递等，如图 11.2 所示。此外，近邻宝还在不断上线新产品，如"聚惠"商城，在自建物流配送的基础上，为用户打造更便捷、更优质的服务。

智能物流终端快递柜 第 11 章

图 11.2　近邻宝手机 APP

其智能快件箱的使用非常方便，其操作界面如图 11.3 所示，快递员只需登录系统，扫描快递运单号，输入收件人的联系电话，空箱子的门就会随机打开一个。快递员将快递放入箱子、关上门，一条含有取件验证码的短信息就会发送到取件人的手机上。收件人在"近邻宝"的液晶屏上点击"收件"按钮，根据手机短信提示的取件密码，按下"确定"按钮后，系统将会自动打开包裹所在储物柜，收件人取出并关闭箱门，便成功完成自助取件。据了解，目前"近邻宝"快件箱是向快递员收取投递每个包裹 0.3~0.5 元。

图 11.3　近邻宝智能快递柜操作界面

## 2）近邻宝高校物流服务中心

近邻宝高校物流服务中心从规范校园秩序、美化校园风貌、方便师生生活出发，为学校创造一种新的收寄快件的模式，为在校大学生搭建一个合作创业和勤工俭学的平台，表 11-3 展示了截至 2015 年年底近邻宝在各个城市高校设置物流中心的情况。公司在校园指定位置开设快递中心，在最便利师生收取快件的位置（宿舍楼、办公楼）分散设置智能快递箱。公司和各家快递公司进行开放合作，代办校园内的快递收发业务。合作快递公司把快件统一交付快递中心，快递中心通过二次分拣，把快件投递到最方便收件人收取的智能自提箱。师生发送快件，可自由选择合作快递公司到快递中心办理发件业务。这种高校快件收发解决方案的优势如下。

（1）在校园设立统一的快递中心，可以规范快递收取秩序，改善目前各家快递公司随便摆摊设点的乱象，规避快递人员和车辆进入校区的不安全因素。

（2）快件统一登记收取，收件人凭密码和 APP 自行随时领取，保证快递的安全性和私密性。针对师生排队取件现象，特有"一键取件"和"扫二维码取件"的便捷模式。

（3）智能快递箱分散在师生最便利的位置设置，24 小时随时领取，提高了师生领取快件的方便性和灵活性。

（4）校园快递中心可以和各家快递公司开放合作，各家快递公司自由参与运营。

表 11-3 近邻宝高校服务区域

| 省（自治区、直辖市） | 学校 | | |
|---|---|---|---|
| 河北省 | 承德石油高等专科学校 | 承德护理职业学院 | 华北理工大学（长清校区） |
| | 承德技师学院 | 承德医学院 | |
| 山东省 | 山东大学 | 山东财经大学 | 山东师范大学（长清校区） |
| | 山东建筑大学 | 济南大学 | |
| 浙江省 | 浙江大学城市学院 | 浙江理工大学（下沙校区） | 浙江工业大学（屏峰校区） |
| | 浙江工商大学（钱江湾生活区） | 杭州师范大学（下沙校区） | |
| 湖北省 | 武汉船舶职业技术学院 | | |
| 贵州省 | 贵州大学 | 贵阳护理职业学院 | 黔东南州职业技术学院 |
| | 贵州建设职业技术学院 | 贵阳旅游学校 | 贵阳中医学院 |
| | 贵州花溪财经大学 | 凯里学院 | 贵州商业高等专科学校 |
| 上海市 | 上海电力学院 | 上海外国语大学（虹口校区） | 上海交通大学 |
| | 复旦大学 | 上海大学 | 华东理工大学 |
| | 上海对外经贸大学（松江） | 同济大学（嘉定校区） | |
| 天津市 | 天津城市职业学院 | 天津交通职业学院 | 南开大学 |

续表

| 省(自治区、直辖市) | 学校 | | |
|---|---|---|---|
| 北京市 | 中国农业大学 | 北京林业大学 | 北京邮电大学 |
| | 北方工业大学 | 北京印刷学院 | |
| | 北京师范大学 | 中国矿业大学 | |
| 内蒙古自治区 | 内蒙古科技大学 | 包头师范学院 | 呼和浩特职业学院 |
| 广西壮族自治区 | 广西机电学院 | 桂林理工大学 | 桂林电子科技大学 |
| | 广西民族师范学院 | 广西交通职业技术学院 | |
| 辽宁省 | 沈阳师范大学 | | |

### 案例 11-1

## 智能快递柜模式推演

在国外，早在 2011 年已经有电商巨头亚马逊在美国和英国的几个城市推出了智能快递柜 amazonlocker，其与美国最大的办公用品零售商 Staples 合作，在其店内放置供用户自提的储物柜。而在国内，各类企业，资本也纷纷切入智能快递柜领域，希冀解决"最后一公里"的难题，既包括像京东这样的电商，也包括顺丰、圆通这样的快递物流企业，还包括第三方企业(如上海宝盒、深圳速来宝、三泰控股旗下的速递易等)。其中，较为突出的速递易，据其自称，包裹投递量已经过亿，在全国 40 个城市开通了超过 18 000 余个网点。

智能快递柜解决的问题很实际。小区里安装智能快递柜，快递员将快递货品直接存入其中，设备会自动将取货密码发送到收件人手机上，收件人可安排时间自行取货。

作为一个曾经的，看过几千家企业，眼光毒辣的投资人，把智能快递柜作为自己新事业的起点，赵忠义的逻辑是，这个领域存在非常刚性的需求，而智能快递柜能够解决这个痛点。

第一个痛点是快递员与收件人时间不匹配的问题。几乎所有网购的人都碰到过快递来了，自己却不在家的问题，没办法就只能另约时间，或者默默等待。而智能快递柜的存在将收快递分解为两步，将原本必需的快递员发快件和用户收快件的同步过程变成了快递员放置快递到智能快递柜，用户再取出的异步过程。"按照 IT 行业的规律，从同步模式到异步模式，效率的提升至少在五倍以上。"赵忠义说。

第二个痛点是安全性问题。一方面，对于收件人而言，快递员算是陌生人，陌生人敲门时要不要开门是个问题。事实上，犯罪分子假冒快递员的治安案件已经在全国发生过多起，从概率上来讲并不绝对，但是摊上一件就是绝对的事情，此类安全隐患不得不防。此外，因为直接到柜，而不是到户，在快递单的填写上，家庭地址都可以不写，而直接写上某某小区"1号柜"，甚至将来直接以一个会员号码的形式呈现，手机号码都不用写，这样就彻底保护了用户的隐私，解决了安全性的问题。另一方面，对于快递员而言，以往在分派包裹的过程中，在途包裹容易丢失，为了防止丢失，快递员只能选择将所有的包裹带在身边，或者要求收件人下楼取，这都降低了用户体验。而智能快递柜的存在则可以消除安全隐患，提升效率。

更为深层次和趋势性的原因是，当老龄化社会来临，物流业末端的快递配送还采取人工服务、人工操作的形式，这就意味着人工成本一旦涨价，快递公司的压力巨大。而采用"1号柜"这样的智能快递柜，以设备代替人，将"人服务人"的模式变成"机器服务人"，那么服务的质量、标准化程度都将大幅度提高。

（资料来源：http://www.56888.net/news/2015417/3461158721.html.）

## 11.3 智能快递柜系统框架

基于智能快递系统的末端配送解决方案是以智能快递柜为核心，通过信息技术和快递业务自身特点量身打造，以提供更加智能、便携和效率更高的快递末端配送。该系统利用智能快递柜取代了传统的快递员等待配送机制，如图11.4所示。在物流层面，该系统还是与传统的配送机制一样，从电子商务企业开始，快递企业从揽件到干线运输，再到分拣配送，只是在末端配送时需要将包裹放入相应的智能快递柜中，由收件人利用移动设备收取快递。在信息层面，与传统模式不同的地方在于末端配送，当快递到达智能快递柜时，系统会自动将收件信息发送给收件人，收件人可以利用移动设备识别或者验证短信进行收件。

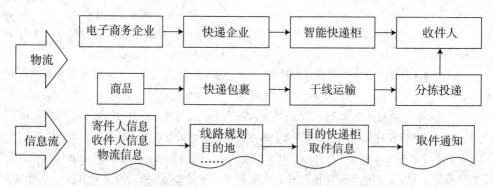

图11.4 智能快递系统框架

一般来说，智能快递柜系统包含三个子系统（图11.5）来完成末端快递的配送服务，分别是快件存放子系统、短信支撑子系统和收件监控子系统。

### 1. 快件存放子系统

快递完成干线运输和分拣作业到达末端配送网点时，快递员会将该网点区域的快件送达该区域的智能快递柜。一般来说以靠近用户、方便取件为原则，会在社区、学校等区域

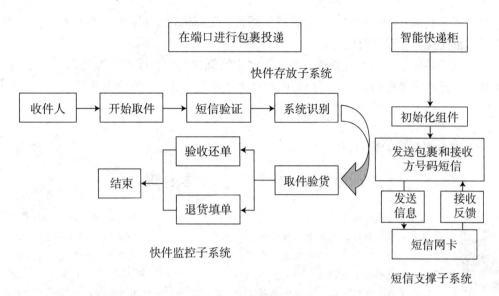

图 11.5 智能快递子系统

集中设置智能快递柜。

当快递员运送该区域的快件到达智能快递柜后,首先需要在快递柜的界面上进行身份信息识别,当信息确认后,快递员需要依次将快递放入快递柜中进行单号扫描,并根据快件大小选择合适的格口,将快件放入格口内,然后将格口关闭。此时,系统根据对应的格口给收件人发送短信。

2. 短信支撑子系统

本着方便收件人窗口期的原则,当快递员进行快件扫描时,系统会对扫描的条码对应的快件包裹信息进行调取,从而将包含收件人信息的短信通知给收件人,其中主要包含的信息有收件人姓名、快递柜格口号、验证码及提示的取件期限。

3. 收件监控子系统

在快递柜上方安装监控设备,对快递柜的安全与存取件流程进行实时监控,并将实时画面传送至监控中心,以此对快递柜进行安全监控,预防快递被盗等情况。

另外,通过监控管理可以使快递员在快递柜的操作上更加规范化,加强快递员的存件操作流程管理。与此同时为了解决收件人的验货问题,通过视频监控可以基本实现收件人收件到拆包的过程,从而能够为收件人退货提供有力证据,解决无人配送中出现的信任问题。

具体来说,一般的智能快递柜均包含以下功能。

(1)取件功能。快递人员完成投递后,收件人会收到一条短信,短信中包含取件密码。收件人在近邻宝智能快件箱中输入"取件密码"即可取件。

(2)投递功能。快递员输入运单号和收件人手机号,并选择合适的格口,完成投递后,收件人收到带有取件密码的短信。

（3）寄存功能。需要短时间存放包裹的用户，可以通过寄存功能寄存包裹，完成寄存后，手机会收到带有取件密码的短信。

（4）查询功能。投递员或收件人登录近邻宝智能快件箱，通过"查询"，进入投递记录界面，查看未取包裹的信息，可以修改收件人手机号，也可直接将包裹取回。

### 案例 11-2

#### 天津将设 440 个智能邮件快件箱

【拓展视频】

"以前快递员来了，我要是没在家，就拿不了快件。现在小区有了智能邮件快件箱，快递员只需把快件放到里面，我输入密码就可自取了。"家住天津市河东区的孙小姐说。

为了将邮政普遍服务和快递服务设施统一布局，提高派送效率，天津目前已在6个社区试点智能邮件快件箱。

据了解，这种智能邮件快件箱集收寄、投递与短信发送等多种功能于一体。与普通储物柜不同，智能快件箱柜体中间部位安有智能控制面板，分为寄件和取件两个触摸键，前者针对快递公司收派员，后者针对收件人。通过该系统，快递公司收派员可直接将快件存入箱柜内，智能邮件快件箱将自动给收件人发送一条含取快件密码的短信。凭此条短信，收件人就能打开相应的柜门，提取快件。

据天津市邮政管理局相关负责人介绍，智能邮件快件箱不仅能实现快件收寄，报纸、期刊、杂志也可使用。

（资料来源：新华社。）

# 本章小结

智能快递柜是一个基于物联网的，能够将物品（快件）进行识别、暂存、监控和管理的设备，与 PC 服务器一起构成智能快递投递箱系统。

国际上，在欧洲国家、中国台湾、日本等地自提服务比较普及。国外智能快递柜有着良好的发展，有德国 DHL 智能包裹箱、法国邮政智能包裹柜、丹麦邮政智能包裹柜、波兰 easyPack 和美国储物柜等。

2010 年，作为解决"最后一公里"的补充途径，我国智能快件箱开始起步。历经多年发展，智能快递柜已进入快速发展期。智能快递柜系统包括快件存放子系统，短信支撑子系统和收件监控子系统。

## 关键术语

智能快递柜（Intelligent Express Cabinet）　　　　自提服务（Self Service）

# 习 题

## 一、判断题

1. 目前智能快件箱出资建设方主要有四类：电子商务企业、快递企业、第三方运营公司和房地产开发商。（    ）
2. 基于智能快递系统的末端配送解决方案是以智能快递柜为核心，通过信息技术和快递业务自身特点量身打造，以提供更加智能、便携和效率更高的快递末端配送。（    ）

## 二、选择题

1. 智能快递柜是一个基于物联网的，能够将物品（快件）进行（    ）、暂存、监控和管理的设备，与PC服务器一起构成智能快递投递箱系统。
   A. 识别　　　　B. 扫描　　　　C. 派送　　　　D. 封装
2. 一般来说，智能快递柜系统包含快件存放子系统、短信支撑子系统和（    ）。
   A. 快递配送子系统　B. 收件监控子系统　C. 发件记录子系统　D. 送件管理子系统

## 三、简答题

1. 德国 DHL 之所以可以取得自助包裹柜 Packstation 的巨大成功的主要原因是什么？
2. 我国智能快递柜发展过程中，主要存在哪些问题？
3. 一般的智能快递柜的功能有哪些？

## 案例分析

### 近邻宝携手小麦公社打造校园智慧物流升级版

2016 年 5 月 10 日，随着北京语言大学校园快递服务中心的正式运营，近邻宝与校园综合服务 O2O 平台小麦公社在北京正式签署战略合作协议，双方在校园物流领域优势互补，全面深化合作。目前，双方在高校的合作门店已经达到 100 家，接下来将携手打造更多的校园智慧物流服务中心升级版，提升校园最后 100 米末端派送效率及客户体验。与此同时，两家企业还将打通流量入口，在"互联网+"背景下探索智慧校园商业新模式。

1. 开创校园智慧物流新局面

以近邻宝、小麦公社为代表的第三方社会物流机构整合校园优质网络资源，建立校园快递服务中心，集中为各快递公司开展校园派件业务。其中近邻宝自主研发的智能快件箱，可以承载亿级用户的技术架构，形成了"智能柜+连锁店+服务人员+管理系统+标准化管理"的运营模式。在互联网的推动下，随着近邻宝和小麦公社业务新模式探索和不断完善，校园智慧物流服务模式将进一步升级。

见证双方签约仪式的业内人士指出，校园物流服务中心代表了未来校园末端的主流趋势，符合建设校园智慧物流的总体思路，这种模式解决了校园"最后一公里"的配送问题，杜绝了校外占用公共资源摆摊，扰乱社会秩序的行为，实现真正"门到门"服务，从而使末端配送更便利，同时降低各快递企业的派件成本。

## 2. 第100家门店落户北京语言大学

在北京语言大学，近邻宝设置的多组智能快件箱与小麦公社的自提"货架"模式互为补充，相得益彰，整个服务平台忙而不乱。双方合作以来，首先从校园快递入手，通过进行资源深度整合，利用多种科技手段提高大学生取件效率，合作城市遍布北京、上海、武汉等地。

在近邻宝副总经理邓庆元看来，双方合作是一次强强联手的深度资源整合，根据规划，依托小麦公社现有的高校营业网点，及近邻宝拥有的校园智慧物流解决方案，双方将共同打造升级版校园快递模式，后期的合作门店也正在加速筹备，力争覆盖各大中心城市大学校园。

## 3. 打通校园流量入口

近邻宝不同于传统独立的智能快递箱，而是在校园采取自建营业厅的模式，通过后台"云"与前端"店""人""柜"相结合，打造出针对校园快递派送的解决方案。为保证服务标准化，近邻宝完全采用自营。小麦公社则是国内最早进入校园快递领域的服务商，目前已是校园垂直O2O领域里覆盖范围最广、实体服务门店覆盖校园最多的企业。对于双方的强强合作，业内给予了普遍关注。小麦的优势校园资源加上近邻宝先进、成熟的物流解决方案，将打造出一个新的校园智慧物流平台，为校园商业探索提供更大空间。

互联网时代，谁拥有流量谁就会占据市场主导权。双方透露，在快递业务合作的基础上，双方将共同探索校园智慧物流新的商业模式。

校园物流是一个重要的流量来源，通过资源整合和服务提升，双方将联合打造一个共同的流量入口。邓庆元表示："今后以快递业务作为基础的流量入口将同时向双方开放，供双方进行商业层面的业务探索与合作。"

业内预测，智能快件箱——校园物流服务中心的技术核心，完全可以成为互联网的下一个入口。将来，快件箱可以用大屏幕提供电子货架，用户扫码就可以下单支付；还可以装载冷柜，需要冷链保鲜的商品实现完美配送。快件箱就是无人值守的快递网点，再叠加上其他O2O功能，未来会是一个很丰富的互联网终端。

(资料来源：http://www.zkfc.cn/? list_ con/lm/406/id/96. html. )

**思考：**

(1) 智能快递柜能解决什么问题？有什么不足？

(2) 你认为智能快递柜的前景如何？

(3) 有什么方法可以促进智能快递柜发展？

# 第12章 电子商务与快递物流的发展趋势

**【学习目标】**

了解电子商务与快递物流的发展趋势。

**【学习重点】**

电子商务与快递物流的发展趋势。

**【学习难点】**

电子商务与快递物流的发展趋势。

电子商务与快递物流

### 导入案例

顺丰仓网：快了 30 小时，成本降两成

如今，传统的论堆管理货物的仓储已无法适应新时期电商的需求，开始向多仓甚至是基于大数据而建立的云仓转型，这将逐步晋级成为深度信息化模式的"仓网"。

顺丰仓配事业群产品副总裁涂鸣中在物博会电子商务千人论坛上介绍，自 2012 年开始，顺丰潜心打造仓网服务底盘：仓储方面，顺丰仓配以两周扩建一个仓的进度，在全国迅速完成 7 个区域配送中心及 53 个一、二线城市的布仓，每天为入仓客户提供 120 万个的订单处理能力；运力方面，40 架全货机、32 条一级陆运干线、16 000 辆运输车辆，全力保障货物在全国范围的调拨转运；技术方面，顺丰仓配通过自主研发物流系统，对物流数据进行智能化分析，让大数据贯穿从入仓到配送到售后的全流程，以驱动智能分单、智能分仓、智能分拣、智能调拨的实现；人员方面，数百名 IT 人员 24 小时值班，对收派能力、运输能力进行实时监控，及时调配资源。

截至 2015 年 10 月，顺丰已基本建成覆盖全国的电商仓储配送体系，借助仓网，电商商家无须自建物流，即可通过分仓备货实现全国皆仓，方便其就近发货以节约成本、提升时效。

某电商商家告诉记者，过去其一直使用单一仓库直接发货给终端客户，虽库存积压少，但单仓发全国的距离远、配送成本高、时效差。后来，该商家与顺丰合作，根据往期的销售数据与顺丰提供的物流数据，对当下各个区域的销售量进行预测，而后分仓，将商品提前运送到区域配送中心，消费者下单后，由最近的区域配送中心就近发货，结果，单票快件时效较之前提升了近 30 小时，综合物流成本下降两成。

（资料来源：http://news.sina.com.cn/c/2015-10-16/doc-ifxivsee8319051.shtml.）

顺丰为什么要建立仓网，电子商务与快递物流将会朝着什么趋势发展？本章将介绍电子商务与快递物流的发展趋势。

## 12.1　物流网络化运营

### 1. 物流网络化运营的概念

物流网络化运营指的是通过网络手段和技术进行物流管理以及经营的模式，利用计算机信息技术以及关系网络等互联网形式，整合各个成员企业之间的物流组织和设施等资源，建立起相对独立的物流运作实体，使各个成员企业能够通过共享物流技术，使资源获得规模化的成本优势以及高度专业化的物流效率，有效提高企业的核心竞争力。

### 2. 物流网络化运营的特点

通过网络手段和技术进行的物流管理具有以下特征。

（1）物流网络化运营的信息化。知识经济时代是全球信息化的时代，信息产业已成为经济增长的主要推动力,而信息化也成为物流网络化运营的主要方式和途径。物流企业通过网络化的信息平台,及时获取信息,能快速根据信息进行反映、提高物流效率。现在的物流企业都设立有专业的物流信息系统,可以提高物流效率,也为客户查询、了解货物流通提供了信息平台。由此可见,信息化是物流网络化运营的主要内容,信息技术的不断发展也为物流的网络化运营提供了技术支持。

(2)物流网络化运营的多功能化。物流的网络化运营使得现代物流企业的服务朝着多元化、多功能性发展,增加了许多增值性的服务,如货运付费、咨询服务、延迟处理等。

(3)物流网络化运营的人性化。物流的网络化运营坚持以客户的需求为中心,坚持客户为上的原则。随着电子商务的迅速发展,企业需要根据客户的需求,制定多样化、差异化的客户服务,使物流的网络化运营朝着人性化的方向发展。

(4)物流网络化运营的开放性。物流的网络化运营是通过网络平展开的,在这样的运营模式下,整个物流服务开展运行过程公开在企业、上下游的商家以及客户面前,物流情况不仅是企业内部的信息,也是参与者清楚明晰的商业情况,从而形成公开透明的物流网络化管理服务。

(5)网络化运营的规模化。物流的网络化运营将分散的物流网络节点整合成为一个整体,在总体上对其进行有效地把控和掌握。利用网络手段进行物流各个节点的整合有利于把整个物流体系形成一个有效的体系,进而扩大物流的规划化优势。

## 12.2 增值服务柔性化

1. 物流增值服务

与传统物流相比,电子商务物流除了提供运输、储存、装卸搬运、包装、流通加工、配送和信息处理等基本功能外,还提供增值服务功能。而且,随着物流市场竞争的日趋激烈和客户需求的多样化,增值功能将会显得越来越重要。

1)提供便利性服务

电子商务物流服务务必提供送货上门的"门对门"一条龙服务。

2)快速反应服务

未来主要集中在通过优化电子商务系统的配送中心、物流中心网络,重新设计电子商务流程、减少流通环节来提高反应速度。

3)供应链集成服务

供应链集成服务是将来"第四方物流"提供的服务,其中包括市场调查与预测、采购及订单处理、物流咨询、物流方案规划、库存控制决策、贷款回收与决策、物流教育与培训、物流系统设计等。

2. 物流服务柔性化

柔性化源自生产领域,即通过采用计算机控制和管理、加工中心以及加工中心之间的自动向导或传送带，使多品种、小批量生产取得了类似大批量生产的效果。柔性生产系统的产生使大规模定制生产成为可能，从而能够满足用户个性化需求。生产的柔性化必然要求作为生产后勤系统的物流系统的柔性化，及要求物流系统能提供"多品种、小批量、多批次、短周期"的物流服务。传统物流系统当然也能满足这些要求，但成本会因此而成倍甚至几十倍地上升。而柔性物流系统依靠信息技术和自动化技术，能够以用户能接受的成本提供这些服务。随着电子商务的发展，定制物流（Customized Logistics），即根据用户的特定要求而为其专门设计的物流服务模式将逐渐成为主流物流模式，不仅在工业品领域得到应用，在消费品领域也将逐步推广。这就注定了只依靠大批量运输降低物流成本的传统物流模式将只存在于供应链上游产业，而在供应链的中游和下游的产业中，柔性化物流将成为主导性物流模式。在西方国家，铁路运输的重要性逐年下降，而公路运输的重要性不断上升，正是这种趋势的体现。

## 12.3 物流过程精益化

精益物流（lean Logistics）是起源于日本丰田汽车公司的一种物流管理思想，其核心是追求消灭包括库存在内的一切浪费，并围绕目标发展的一系列具体方法。它是从精益生产的理念中蜕变而来的，是精益思想在物流管理中的应用。

1. 精益物流的内涵

精益物流是运用精益思想对企业物流活动进行管理，其应遵循以下基本原则。
（1）从顾客的角度而不是从企业或职能部门的角度来研究什么可以产生价值。
（2）按整个价值流确定供应、生产和配送产品中所有必需的步骤和活动。
（3）创造无中断、无绕道、无等待、无回流的增值活动流。
（4）及时创造由顾客拉动的价值。
（5）不断消除浪费，追求完善。

2. 精益物流的目标

精益物流的目标可概括为：企业在提供使顾客满意的服务水平的同时，把浪费降到最低程度。企业物流活动中的浪费现象很多，常见的有不满意的顾客服务、无须求造成的积压和多余的库存、实际不需要的流通加工程序、不必要的物料移动、因供应链上游不能按时交货或提供服务而等候、提供顾客不需要的服务等，而努力消除这些浪费现象就是精益物流最重要的内容。

3. 实现精益物流应该注意的几个问题

1）精益物流的前提是正确认识价值流

价值流是企业产生价值的所有活动过程，这些活动主要体现在三项关键的流上：从概念设想、产品设计、工艺设计→投产的产品流;从顾客订单→制定详尽进度→送货的全过程信息流;从原材料制成最终产品→送到用户手中的物流。因此,认识价值流必须超出企业在这个世界上公认的划分单位的标准,去查看创造和生产一个特定产品所必须的全部活动,搞清每一步骤和环节,并对它们进行描述和分析。

2)精益物流的保证是价值流的顺畅流动

消除浪费的关键是让完成某一项工作所需步骤以最优的方式连接起来,形成无中断、无绕流和排除等候的连续流动,让价值流顺畅流动起来。具体实施时,首先要明确流动过程的目标,使价值流动朝向明确。其次,把沿价值流的所有参与者与企业集成起来,摒弃传统的各自追求利润最大化而相互对立的观点,以最终顾客的需求为共同目标,共同探讨最优物流路径,消除一切不产生价值的行为。

3)精益物流的关键是顾客需求作为价值流动力

在精益物流模式中,价值流的流动要靠下游顾客的拉动,而不是上游企业来推动,当顾客没有发出需求指令时,上游的任何企业都不要去生产产品。当然,这也不是绝对的现象,在实际操作中,还要区分是哪一种类型的产品。如果是需求稳定、可预测性较强的功能型产品,可以根据准确预测进行生产;而需求波动较大、可预测性不强的创新型产品,则要采用精确反应、延迟技术,缩短反应时间,提高顾客服务水平。

4)精益物流的生命是不断改进,追求完善

精益物流是动态管理,对物流活动的改进和完善是不断循环的,每一次改进,消除一批浪费,形成新的价值流的流动,同时又存在新的浪费而需要不断改进,这种改进使物流总成本不断降低,提前期不断缩短而使浪费不断减少,实现这种不断改进需要全体人员的参与,上下一心,各司其职,各尽其责,达到全面物流管理的境界。

## 案例 12-1

### 丰田汽车的精益物流

对于物流行业来说,丰田汽车的"零库存"概念是首个将供应链理念运用于汽车制造的企业案例。在与中国企业对接和融合后,丰田制造的物流模式又呈现出了新的变化与特点。

广汽丰田汽车的物流充分运用了丰田生产方式(TPS)的准时化(JIT)和自动化理念,以实现最佳物流品质、最低物流成本为目标,践行准时化物流和TPS的持续改善,致力于追求世界第一的物流模式,特别是借助于股东方日本丰田的经验优势,这些理念和目标已深深融入汽车物流运作的每一个环节,形成明显的特色。

在零部件物流方面,广汽丰田为满足顾客需求,实现市场动向、工厂生产和零部件采购的同期化管理,全面采用了同步物流和循环取货的零部件物流模式。同步物流是生产和供应之间的最短连接,快速高效、库存最小,体现了精益物流的精髓——消除一切浪费。广汽丰田在项目规划时,就将50%以上货量的零部件布局在工厂周边,建立同步物流体系。同步物流的信息,由生产线控制系统直接传送,也就是说,他们将周边供应商完全纳入厂内工程系统。可以说,运用最新的理念,进行前瞻性的规划布局,是广汽丰田物流成功的起点。

循环取货的特点是高效、准确、灵活，是供应链物流最有效的运输模式，也是中国汽车零部件物流发展的方向。广汽丰田是中国汽车物流业"循环取货"的先行者，也是其理论和方法的集大成者。其"循环取货"最大的特色，是每个环节融入丰田生产方式的JIT理念，作"平准化"的物流供应。比如物流中转仓，除了进度吸收，更重要的功能是进行与生产同步的平准化作业，这是一个操作过程，而非单纯的仓储功能。广汽丰田零部件物流的特性是：从供应物流到生产，再到销售，全部在TPS的一体化系统下运行，这是其他企业不具备的。

（资料来源：http://www.chinachuyun.com/yuedu/cehua/136883834318597.html.）

## 12.4 物流社会化

随着市场经济的发展，专业化分工越来越明确，一家生产企业生产某种产品除了一些主要部件由自己生产外，其他部件大都是外购。生产企业与零售商所需的原材料、中间产品、最终产品大部分由不同的物流中心、批发中心或配送中心提供，以实现少库存或达到零库存。这种配送中心或物流中心、批发中心不仅可以进行集约化物流，在一定半径内实现合理化物流，从而大量节约流通费用，而且可以节约大量的社会流动资金，实现资金流的合理化。物流社会化表现在第三方物流的兴起和配送共同化，而这又要求物流规模化。

第三方物流作为现代物流发展的重要方向之一，具体技术的先进性与经济上的节约性。第三方物流的优质服务既满足了客户复杂多变的物流服务要求，同时又促进了第三方物流的蓬勃发展，从而推进经济和社会的协调发展。

在产业组织理论中，企业规模经济是指企业在一定范围内，因大规模扩大而减少了生产或经销的单位成本时间而产生的经济状态，即随着企业生产规模的扩大，产品单位成本降低，收益增加，直至达到企业最优规模经济状态。物流企业也是一种企业形式，其必然受到规模经济规律的限制，我国目前流通领域的主要问题可以概括为"小、散、乱、差"，数量众多而规模和实力弱小的企业各自为政，财力、物力、人力分散，难以形成规模优势和群体优势，企业经济效益差。其主要表现如下。

（1）我国大多数物流企业的规模和市场容量小，离最优规模经济状态还很远。

（2）现有的行政管理体制将物流市场按条块分割，阻碍了物流的大市场化和物流网络的建立。物流管理按行政分割、行业垄断严重。

（3）历史形成的条块分割体制，物流企业"大而全""小而全"的现象比较普遍，各物流企业都有拥有相对独立的仓储运输系统，但利用率普遍较低，沉淀成本很大，造成社会资源的严重浪费。

规模的扩大可以是企业合并，也可以是企业之间的合作与联盟，主要表现在两个方面：①物流园区的建设。物流园区的建设，有利于实现物流企业的专业化和规模化，发挥它们的整体优势和互补优势。②物流企业的兼并与合作。随着国际贸易的发展，美国和欧洲的一些大型物流企业跨越国境，展开连横合纵式的并购，大力拓展国际物流市场，以争取更大的市场份额。除此以外，另一种集约化方式是物流企业之间的合作与建立战略联盟。

### 案例 12-2

#### 众包物流的正确做法

与打车软件为代表的共享经济一样，众包物流依然"在路上"。众包物流面临的首要问题就是对其合法性的质疑。《邮政法》第51条规定："经营快递业务，应当依照本法规定取得快递业务经营许可；未经许可，任何单位和个人不得经营快递业务。"

而且按照此前规定，个人要从事快递员职业，需要参加邮政部门组织的培训，并考取《快递员从业资格证书》才可以上岗。如果参照该规定，众包物流的配送员，大多数并不具备这个资质，也未取得上岗资格。这些使得其发展前景与打车软件一样具有不确定性。

于是在2014年，人人快递在天津等多地被叫停，最主要的原因就是其未取得快递业务经营许可，涉嫌违法经营。而在京东众包上线后，监管部门尚未对其合法性表态。此后，2015年9月，国务院常务会议决定，快递业务员职业技能不再作为部门行政审批受理的必要条件，也就是说，快递员上岗不再需要职业资格证。这也在一定程度上为配送员参与众包物流扫清障碍。

即便如此，法律界人士普遍认为，如果按照现有法律，叫停众包物流并没有什么问题，由于目前物流行业实行许可制，未经许可不得开展相关业务，违反了肯定会受到监管；但与此同时，对于互联网催生出的新业态，法律条文的确是有滞后性的，这会给监管带来不小的考验。

不仅是外部的法律和监管风险，众包物流先天不足的固有问题也要改进，例如服务质量不可控，尤其是在异常天气或订单量超负荷的时候，配送员不能及时服务，甚至还出现过即使增加补贴也没有人接单的情况。

对于众包物流的未来，业内人士普遍认为，仅就目前来说，无法断言其是解决"最后一公里"难题的一剂良药，但是未来将会是解决"最后一公里"问题的重要组成部分。即便如此，对于众包物流的质疑始终如影随形。不少消费者曾有过这样的经历，本来开开心心等到外卖的午餐，配送员衣冠不整，也不注意个人卫生，虽然拿到了午饭，但是瞬间没了胃口，这就是众包物流的真实写照。

众包物流作为互联网的创新应用和尝试，已经得到了投资方的认可，监管部门也可能为了适应这一新业态而创新监管方式。各个物流平台也需要建立起来一套完善的管理机制，需要更强大的大数据运算以及风险控制能力。如果众包物流加以规范和监管，互联网让分享经济将更好地服务于消费者。

（资料来源：http://www.keloop.com/information/art6.html.）

## 12.5 物流国际化

【拓展视频】

物流国际化源自生产、经营方式的国际化和运输与信息科技的大发展。在经济全球化大背景下，跨国经营和本土生产已成为现代经济的主流，国际化采购、国际化生产、国际化销售格局基本形成，这使得物流的空间范围趋向国际化。现代科技在物流领域和信息领域的大规模使用，产生了大量高性能的物流设备和快捷的信息沟通方式，极大地提高了物流在全球范围内经营的能力，支持了物流国际化。

电子商务的产生和发展，对物流国际化提出了新的要求，进一步加快了物流国际化的进程。国际化的电子商务自然需要有国际化的物流来支撑，而且对物流服务的时间性、准确性都提出了更高的要求，物流国际化将向一个新的层次发展，并将在全球经济活动中占有越来越重要的地位。

我国物流业的国际化发展面临两方面的挑战：①国内市场的国际化，即外资企业进入国内市场。目前少数外资企业以各种方式进入了国内物流市场，国外物流业大规模的进入已经成为必然，他们在资金、技术、管理和运营经验等方面有明显的优势，一些企业本身就是国际标准和规则的制定者，与这些国际上的巨头同台竞技，中国物流业面临的挑战很大。②物流企业本身的国际化。要实现世界范围的物流目标，物流企业需要有全球性的体系、设施和人员。就目前我国物流业的现状来说，离这个要求还很远，只有少数几家企业有全国性的物流网络，短期内还谈不到向国外延伸，而像一些具有国际能力的运输企业一般只从事国际干线运输业务，没有在国外的配送终端体系，形不成完整意义上的物流企业。

## 案例 12-3

### 物流企业加速跨境物流布局

近年来跨境电商的增长惊人，数据显示 2013 年中国跨境电子商务零售额达 240 亿美元，从 2008 年到 2013 年，跨境电商连续 5 年复合增长率超过 30%。迅速成长的跨境电商市场也让国内的物流公司嗅到了新的利益增长点。"圆通是从 2005 年就开始关注跨境电商市场了，2006 年成立了海外事业部。从我们的了解来看，近两年来跨境电商已经开始逐步从零散走向规模化发展。"圆通的相关人士告诉记者。

据了解，国内的大型快递公司开始尝试跨境物流的时间基本都是在 2006 年前后，而从 2012 年开始各大快递公司明显加快了对跨境电商领域的进军脚步。"近两年我们在跨境电商的脚步还是比较快的，包括东南亚、中亚、欧美及澳大利亚在内的多个地区的跨境快递业务都已经规模化开展。"圆通相关人士告诉记者。

而在圆通之外，包括申通、顺丰等多家快递公司近年在跨境电商的脚步也明显加快。今年年初，申通在美国的官网网站正式上线，除此之外，申通海外部的诸项业务都已经迅速开展，并有望规模化运行。"目前国内一、二线城市市场已经趋于饱和，利润率也勉强维持在一个较低的层面，在这种情况下，跨境电商对于物流公司来说或许就是下一个利润增长点。"圆通相关人士告诉记者。

在国内电商市场，物流公司往往扮演着"跑腿"的角色，而在跨境电商市场，物流公司却表现出了更大的野心。

近期申通收购国内知名美国海淘论坛引起了业界的普遍猜想，相关人士向记者透露，申通在跨境电商领域不仅仅只想做物流，更想做平台。"申通想做平台已经不是一两天的事情了，在国内电商平台已经发展比较成熟，后来的入局者很难打开局面，但在跨境电商领域目前的市场还没有成型，还存在很大的空间，因此申通可能在这个领域围绕自己的物流数据做一个平台。"相关人士告诉记者。

记者也向申通方面求证这一猜想，申通顾女士告诉记者，近期海外部开展了很多业务，还处于理清阶段，做平台是在计划之中，但都还没有确定。在申通跨境电商平台的扑朔迷离之际，顺丰的海淘转寄服务平台"海购丰运"已经在本月正式上线。

据顺丰描述，海购丰运从美国转寄至中国内地只需7~10个工作日。记者在"海购丰运"上发现，顺丰在物流服务以外同时开展了包括海购网站推荐、海购产品推荐等多项业务，而在网站正式运营后，还会定期推出母婴类、高档鞋服类商品的特卖和优惠资讯。

"很显然，海购丰运的发展方向不会仅仅是物流服务平台，而是一个以物流服务为中心的海购电商平台。"相关人士向记者分析道。

（资料来源：http://info.10000link.com/newsdetail.aspx?doc=2014050890036.）

## 12.6 物流标准化

标准化是工业生产的基础，更是现代物流合理化的基础。物流标准化是以物流作为一个系统，制定系统内部设施、机械设备、专用工具等各个分系统的标准；制定系统内各个分领域，如装卸、运输等方面的工作标准；以系统为出发点，研究各分系统与分领域中技术标准与工作标准的配合性，统一整个物流系统的标准；研究物流系统与相关其他系统的配合性，进一步谋求物流大系统的标准统一。由于物流标准化的重要性，国际物流界一直都在不断探索标准化技术，并不断出台标准化措施，可以说，物流标准化是今后物流发展的重要趋势之一。

但是由于物流业在我国还处于低水平阶段，我国的标准化现状令人担忧。

（1）我国的现代物流业是在传统行业的基础上发展起来的，由于传统的物流被认为割裂为很多阶段，而各个阶段不能很好地衔接和协调，加上信息不能共享，造成物流的效率不高，这在很多小的物理企业表现得尤为明显。

（2）我国虽然已经建立了物流标识标准体系，并制定了一些重要的国家标准，如《商品条码 储运包装商品编码与条码表示》（GB/T 16830—2008）等，但这些标准的应用推广存在严重的问题。

（3）各种标准之间缺乏有效的衔接。例如，虽然目前我国对商品包装已有初步的国家和行业标准，但在各种运输装备、装卸设施、仓储设施相衔接的物流单元化包装标准方面还比较欠缺，这对各种运输工具的装载率、装卸设备的负荷率、仓储设施空间利用率方面的影响较大。

（4）由于物流业缺乏有效的环境管理标准体系，我国目前物流活动对环境造成了很大的污染，形成了巨大的环境成本。

因此，为了改善以上状况，应对激烈竞争，我国物流业应针对当前物流标准化进程中存在的问题和国际物流标准化的发展方向，尽快制定与国际接轨的现代物流的国家标准，按照先急后缓、先易后难、成熟先行的原则，分阶段分步骤制定完善，逐步形成我国现代物流业的技术标准化体系。

## 案例12-4

### 上海百大配送有限公司的物流配送标准化管理的实践

上海百大配送有限公司是上市公司昆百大控股的云南百大投资有限公司在物流配送业投资的一个全国性的配送网络(以下简称上海百大配送),经过近五年的运作,已建成包括上海、北京、南京和昆明四城市四种商业模式的从事第三方物流末端服务的专业公司,获得了上海创股和北京联办等投资机构的注资,形成了自己的标准化业务和管理流程,实现了整体盈利,为今后的配送网络复制和扩张打下了基础,并开始与"阳光网达"等中游物流企业进行企业标准对接。

上海百大配送的标准化内容包括:机构设置及管理制度、程度的标准化;业务流程的标准化;业务开发的标准化;客户开发及维护的标准化;数据库建设的标准化(包括数据采集、分析、提供等);与供应商、银行、终端消费者接口的标准化;属地公司及配送站建设的标准化等。

上海百大本着的标准化管理经历了三个阶段的探索和实践。

(1) 第一阶段:基于ISO 9002:1994标准建立并实施的标准化管理。

为了配合上海百大配送的战略发展需要,该公司在昆明和上海成立了专业的第三方物流配送公司,经过一年多的运作,积累了一定的经营和管理经验,并确立了在全国范围内成立同类的第三方物流配送公司,形成全国直投网络的战略目标。新公司的建立和运作需要有一套规范化、标准化的管理手册作指导;随着昆明和上海两公司物流配送业务量的增长,对运作及管理规范化、标准化的需求促使该公司实施标准化管理。

实施标准化管理的过程中,主要采取了以下措施:①按照ISO 9002:1994建立质量体系;②根据公司行政、财务管理需要,按照ISO 9002:1994的理念建立行政财务管理体系;③将质量管理体系与行政财务管理体系有机融合,形成一套完整的公司管理手册(以下称"管理手册V1.0");④在已成立的公司逐步实施"管理手册V1.0",并以引指导新公司的建立和运作。

上海百大配送所属的昆明公司在标准建立之初,即承担了配合设计并试验标准化管理体系及"管理手册V1.0"的任务,标准化管理体系的建立及实施,规范了公司的运作和管理,使公司的业务运作及行政财务进入有序状态,提升了公司的服务质量,增强了竞争力,使该公司成为昆明地区物流配送行业的明星企业。随后,公司在"管理手册V1.0"的指导下在南京、北京相继成立了第三方物流配送公司。

(2) 第二阶段:根据实际运作情况,总结并提炼不同类型物品的物流配送运作过程规范化的标准化管理。

上海百大配送在昆明、上海、南京四城市分别成立第三方物流末段配送公司,经过几年的运作,尽管四城市公司经营重点不同,但单一物品的物流配送业务流程已较成熟,而且同类物品的配送在不同地区、不同公司的业务流程与管理基本一致。在此基础上进行了标准化管理的升级。

上海百大配送综合所属四个物流企业的实际运作经验,总结不同物品、不同服务的业务流程,自下而上地收集各环节、各岗位操作指导,并按部门及功能块制订切实可行的管理制度及控制标准,形成了"管理手册V2.0"。

"管理手册V2.0"建立并实施后,公司内各部门及功能块控制点清晰,管理目标明确,减轻了中层管理人员的管理难度;各岗位人员严格按照操作指导及标准工作。为公司提升业务量及增加新的配送服务业奠定了基础;各地区公司在开展新业务时,依据"管理手册V2.0"已建立同类业务的业务流程、操作指导及管理控制标准实施业务的开发、运作及管理,大大加快了各公司业务的拓展。

(3) 第三阶段:对有共性的不同物品的物流配送过作过程一体化的标准化运作及管理的探索,并增加对客户、用户及合作者的接口标准化内容。

随着上海百大配送在四个城市的运作日趋成熟,各城市公司在物流配送实际运作中都不同程度地实现了不同物品、不同服务过程的资源共享及综合利用(注:资源包括人力、信息、基础设施、工作环境、供方、合作者、银行及财务资源等)。因此,上海百大配送总结公司在不同物品物流配送实际运作中的搭载经验,探索及总结公司关联单位、客户、用户及合作者的业务标准化接口,对实际运作经验进行分析,掌握搭载规律,制订运作及管理标准,在"管理手册V1.0"及"管理手册V2.0"基础上,随着业务种类、合作伙伴和合作方式的不断增加,采用ISO 9001:2000及ISO 9004:2000标准建立管理体系及标准,形成"管理手册V2.1"及后续同级版本。

(资料来源:http://wenda.tianya.cn/question/042ce2cff94b6638.)

## 12.7　物流绿色化

【拓展案例】

随着经济全球一体化的发展,国际竞争将更加激烈和残酷,人们对环境的利用和保护越来越重视。中国物流业要在激烈的全球竞争中占有一席之地,绿色物流将是未来赢得市场空间和长远可持续发展的必然选择。美国逆向物流协会执行委员会(Reverse Logistics Executive Council,RLEC)在研究报告中对绿色物流的定义是:绿色物流又称生态型物流(Ecological Logistic),是一种在物流过程中产生的生态环境影响进行认识并使其最小化的过程。绿色物流即在物流过程中抑制物流对环境造成危害的同时,实现对物流环境的净化,使物流资源得到最充分的利用。它具有资源节约、低能量消耗、可循环利用等特点。绿色物流是建立在可持续发展理论、生态经济学理论、生态伦理学理论、外部成本内部化理论以及物流绩效评价理论基础之上的、符合科学发展观要求的科学理念。在21世纪,物流的发展必然要求我们从环境保护的角度对物流体系进行改造,形成一种环境共生型的物流管理系统,改变原来经济发展与物流、消费生活与物流之间的单向作用关系,在抑制物流对环境造成危害的同时,形成一种能促进和消费生活健康发展的现代物流系统,即向绿色物流转变。现代绿色物流管理强调了全局和长远的利益,强调全方位对环境的关注,体现了企业的绿色形象,是一种新的物流管理趋势。

发展绿色物流,第一,要树立绿色理念,强化绿色管理。消费者的环保意识淡薄,就会成为绿色物流发展的外在阻碍因素。因此,必须加强环境教育,提高消费者的环境保护意识。第二,要科学规划网点布局,优化整合物流流程。第三,要完善废弃物回收利用系统,加强绿色环保。第四,要加强绿色物流理论研究,大力培养物流人才。

### 案例12-5

#### 阿里正在制定"绿色物流"标准

随着网购发展日益繁荣,快递垃圾的回收处理问题逐渐成为一个社会性难题。按2015年我国快递业务量206亿件核算,仅去年一年就消耗编织袋29.6亿条、塑料袋82.6亿个、包装箱99亿个、胶带

169.5亿米、缓冲物29.7亿个——这些包材几乎没有回收，塑料快递袋也无法降解，造成大量浪费和污染。环保人士不禁呼吁，希望从快递物流源头解决这一问题。

近日，这一问题的解决终于有了一些眉目。阿里巴巴集团掌舵人马云表示，目前阿里正在制定"绿色物流"标准。同时表示"我们正在尝试推出可重复使用的安全塑料材质的环保箱，逐步替代快递纸箱。买家签收取货后，快递员把箱子收回，按链路流程回到发货仓库。"

与此同时，从阿里旗下物流平台菜鸟网络解到"绿色物流"具体包括环保快递箱、环保快递袋、环保快递车等产品。目前菜鸟网络平台运行着23万辆快递合作伙伴的运输车。环保快递车项目是用新能源车逐步取代传统货车，降低运输环节的碳排放量，首批最快年内投入使用。

菜鸟网络相关负责人表示，环保箱4月将先在上海试用，计划年底推广到菜鸟联盟"当日达"覆盖的20个城市。

据悉，马云已在企业内部多次提及加快推进"绿色物流"，期待菜鸟联盟推动几大快递公司合作，解决包装业"绿色化"问题。

不少人士还指出，目前网购包装的成本大多是由商家自己承担。环保包装的实行是否会带来成本的上升？对此菜鸟网络负责人表示"包装材料的环保化会导致成本上升，我们希望得到卖家和物流合作伙伴的支持，菜鸟网络也会有专门的投入。光凭菜鸟网络不能完全做好'绿色物流'，我们会说服商家与合作伙伴一起来做。"

据悉，因塑料环保箱可重复使用，成本上升不是特别明显，推行中最可能遭遇成本障碍的将是环保快递袋。对此菜鸟网络也作出回应表示"我们正在和政府部门、行业协会、企业研究生产可降解的环保袋，它会在一段时间内在土壤中自然分解，避免污染。这种环保袋的成本是现在塑料快递袋的数倍。"

（资料来源：http://www.chinawuliu.com.cn/xsyj/201605/10/311956.shtml.）

【拓展知识】

## 12.8 物流智能化

物流智能化是指利用集成智能化技术，使物流系统能模仿人的智能，具有思维、感知、学习、推理判断和自行解决物流中某些问题的能力。智能物流就是利用条形码、射频识别技术、传感器、全球定位系统等先进的物联网技术通过信息处理和网络通信技术平台广泛应用于物流业运输、仓储、配送、包装、装卸等基本活动环节，实现货物运输过程的自动化运作和高效率优化管理，提高物流行业的服务水平，降低成本，减少自然资源和社会资源消耗。物联网为物流业将传统物流技术与智能化系统运作管理相结合提供了一个很好的平台，进而能够更好更快地实现智能物流的信息化、智能化、自动化、系统化运作模式。智能物流在功能上要实现6个"正确"，即正确的货物、正确的数量、正确的地点、正确的质量、正确的时间、正确的价格；在技术上要实现物品识别、地点跟踪、物品溯源、物品监控、实时响应。

1. 物流智能化体系的发展

（1）业务智能化水平的提升。现代物流体系的目标是将互联网和物联网技术引入物流领域，从而提升物流的智能化水平，进而改变现有物流作业流程，丰富物流业务体系，极大地提高现有业务体系的核心业务、辅助业务、增值业务和应用业务的智能化水平，形成一系列智能化信息服务模式和智能化控制服务模式。

(2) 物流增值业务的扩展。除了物流的七项基本业务之外，通过引入"互联网+"思维，利用物联网等技术改变物流工作组织方式，实现整个物流体系的成本节约或盈利增加的衍生业务。例如，通过一系列的信息采集服务，衍生出系统优化、状态实时查询、配送路径动态调度等服务，形成新的基于互联网技术的物流增值业务体系，从而完善物流服务功能，实现从传统人工控制物流向依托信息技术和互联网思维的智能物流的转变。

(3) 支撑业务的变化。在内部支撑体系内，物流设施通过传感网布局及其他感知手段实现全方位、大规模的信息采集；物流装备进行升级和感知与控制功能扩展；物联网在物流行业的应用技术将直接融入现有物流技术体系中，感知技术与网络技术则作为物联网在物流行业应用的底层技术支持；同时，随着互联网技术在物流行业的应用，相关的管理理论和行业标准也会发生相应的变化。

在外部支撑体系中，电子商务在互联网思维的作用下将对商流和物流做进一步的融合，实现商流对物流的智能化和自动化控制，物流信息的采集和分析也将为电子商务的商流和决策提供准确、快速、即时的信息支持。通过将金融支付应用到物流的财务管理中，实现物流智能结算，并将结算系统与金融信息系统对接，完成智能支付。

2. 物流作业流程智能化

智能化是基于互联网的物流业务流程区别于传统物流业务体系的主要标志。通过物联网技术，能智能化地获取、传递、处理与利用信息，实现物流业务之间信息的无缝整合，作业即时协作，状态实时沟通，从而有效地提高物流作业的效率和安全性，减少物流作业的差错。

(1) 运输业务智能化。通过互联网集成各种运输方式，应用自动获取数据技术（条码技术、RFID 技术等），自动跟踪技术（GIS、GPS），自动数据交换技术和数据管理技术等，进行订单处理、在线数据传递、实时运输路线追踪、车辆调度管理和货物在途状态控制等一系列运输作业，建立一个高效运输系统，及时掌握货物信息、道路交通信息、物流设备信息等。在互联网环境下，将附有车辆与物品信息的 RFID 电子标签附着于车辆与物品上，利用先进的物流信息技术实时查询车辆与物品的运输状况，借助车辆实时配送、可视化在线调度与管理系统，从而实现运输作业流程的标准化与优化、运输作业信息的透明化，最大限度地降低货物运输成本，提高货物运输的安全性和智能性。

(2) 仓储业务智能化。在互联网环境下，利用信息采集与识别技术、电子数据交换技术、感知货架、自动搬运设备、堆垛机的自动控制和自动仓库管理系统等先进的技术和设备，实时采集产品信息和仓储信息，即时掌握仓储活动状态，实现实时响应，动态应对。条形码和 RFID 的应用为仓储作业全过程提供详细的产品库存数量、位置、时间和货位信息查询，汇总和统计各类库存信息，实现货物验收、入库、定期盘点和出库等仓储环节的自动化及实时监控，提高仓储管理服务水平和工作效率。

(3) 配送业务智能化。利用互联网的网络化信息技术、智能化的作业设备及现代化的管理手段，能自动识别跟踪货品，智能实现出入库管理、分类拣货、补货以及产品销售情况分析，解决目前物流仓储配送数据采集不精确、数据利用率不高等问题，精确、快速地实施物流配送业务，控制物流配送流程，支持物流配送决策，减少货品库存积压率，在提高配送效率的同时提高服务品质。

## 本章小结

电子商务与快递物流迅速发展，未来的发展趋势包括物流网络化、增值服务柔性化、物流过程精益化、物流社会化、物流国际化、物流标准化和物流绿色化。

## 关键术语

定制物流（Customized Logistics）　　　　　精益物流（Lean Logistics）
增值服务（Value – added Logistics Service）　快递物流（Express Logistics）
物流网络（Logistics Network）　　　　　　物流国际化（Internationalization of Logistics）
物流标准化（Logistics Standardization）　　生态型物流（Ecological Logistic）
绿色物流（Green Logistics）

## 习　题

一、判断题

1. 知识经济时代，信息产业已成为经济增长的主要推动力，而信息化也成为物流网络化运营的主要方式和途径。（　　）
2. 精益物流核心是追求消灭包括库存在内的一切浪费，并围绕目标发展的一系列具体方法。（　　）
3. 精益物流的目标可概括为：企业把浪费降到最低程度。（　　）

二、选择题

物流智能化体系的发展主要表现为业务智能化水平的提升、物流增值业务的扩展和（　　）。
　　A. 支撑业务的发展　　B. 物流技术的提高　　C. 物流过程精益化　　D. 货物运输的便捷

三、简答题

1. 通过网络手段和技术进行的物流管理具有哪些特征？
2. 电子商务物流的增值功能主要有哪些？
3. 什么是定制物流？
4. 精益物流的基本原则是什么？
5. 实现精益物流应该注意的问题有哪些？
6. 我国目前流通领域的主要问题的表现有哪些？
7. 我国物流业的国际化发展面临的挑战有哪些？

8. 如何发展绿色物流？
9. 物流作业流程智能化的表现有哪些？

**案例分析**

## 2016电商物流发展现状与五大发展趋势

电子商务行业作为数字化生存方式，代表着未来的贸易方式、消费方式和服务方式。因此要求打破原有物流行业的传统格局，建设和发展以商品代理和配送为主要特征，物流、商流、信息流有机结合的社会化物流配送中心，建立电子商务物流体系。

1. 电商物流行业发展现状

近年来，随着电子商务的快速发展，我国电商物流保持较快增长，企业主体多元发展，经营模式不断创新，服务能力显著提升，已成为现代物流业的重要组成部分和推动国民经济发展的新动力。

1）发展规模迅速扩大

2015年，我国电子商务交易额为20.8万亿元，同比增长约27%。全国网络零售交易额为3.88万亿元，同比增长33.3%，其中实物商品网上零售额为32 424亿元，同比增长31.6%。2015年，全国快递服务企业业务量累计完成206.7亿件，同比增长48%，其中约有70%是由国内电子商务产生的快递量。总体来看，电子商务引发的物流仓储和配送需求呈现高速增长态势。

2）企业主体多元发展

企业主体从快递、邮政、运输、仓储等行业向生产、流通等行业扩展，与电子商务企业相互渗透融合速度加快，涌现出一批知名电商物流企业。

3）服务能力不断提升

第三方物流、供应链型、平台型、企业联盟等多种组织模式加快发展。服务空间分布上有同城、异地、全国、跨境等多种类型；服务时限上有"限时达、当日递、次晨达、次日递"等。可提供预约送货、网订店取、网订店送、智能快递柜自提、代收货款、上门退换货等多种服务。

4）信息技术广泛应用

企业信息化、集成化和智能化发展步伐加快。条形码、无线射频识别、自动分拣技术、可视化及货物跟踪系统、传感技术、全球定位系统、地理信息系统、电子数据交换、移动支付技术等得到广泛应用，提升了行业服务效率和准确性。

2. 电商物流行业发展趋势

1）电商物流的移动化、数据化、平台化

在2015年，约1.3亿网购人群从PC端转移到移动端，移动端网购人群的占比已经逼近70%。信息经济条件下的消费行为发生了本质改变，由固定位置、断点式在线转变为24小时在线，消费者可以随时随地下单、接单、发包裹、收包裹，电商物流的应用场景呈现指数级增长。同时，平台化带来的分享经济和共享经济的变化，在整个O2O业态发展当中，快递物流也在快速跟进。

2）电商物流正在以前所未有的速度全球化、农村化

技术在不断地改变着商业的形态，在拓展着商业的边界，也在拓展物流快递的边界。2015年，跨境电子商务迅猛发展，一度成为行业热词。2015年"双11"期间，超过3 000万国人在当天购买来自全球100多个国家的产品，同时有232个国家和地区的消费者参与了"双11"狂欢购，跨境出口物流规模同比增长了224%。

在全球化的同时，电商物流的农村化、城市本地化也在快速演进。伴随这样一个过程，快递物流行业从骨干线路的覆盖，进一步走向支线、毛细血管的覆盖。物流快递毛细体系的建立是这一年最大的亮点。以"三通一达"为代表的快递公司正在把毛细体系铺设到农村，让农村得到跟北京、上海的居民一样的普惠的商业服务。

3）电商物流的园区化，以及跨业态聚集

2015年一年时间内，有超过一千个电商产业园成立起来，甚至有的不是新建的产业园，而是通过改造传统的过剩房地产的园区，使其变成了产业园。例如著名的广东岭南电商产业园，就是从东莞一家鞋城批发市场转型升级而来。类似这样的案例不在少数，随着互联网打通商业信息链，去中间化趋势日益明朗，原本依赖信息优势的各类专业批发市场面临巨大压力，很多开始转型升级为电商产业园。

物流需要货物集聚，而互联网让世界更加比特化，电商在园区的小集聚意味着货物的大流转、大集聚，园区集聚形成的对等开放与大规模协作，使得"互联网+产业园+物流园"的发展模式应运而生，这成为当前电商物流发展布局的一大趋势，这也是线上生态与数据的变化，所导致的线下物流产业空间集聚态势改变的新鲜商业场景。

4）需求侧供应链再造促进供给侧改革

中央提到的供给侧改革问题，是要解决过剩产能的问题，要解决中国的高端消费者没有好商品的问题。但目前所观察到的是需求侧的供应链的全新的再造，电商与快递物流公司正在协力打造一个需求端的商业价值体系，并进行进一步的升级和改造。

为了推动供给侧改革，一个全新的、覆盖全国的电子商务和物流的服务体系将会建立，这个基础设施的建立是非常重要的。

5）商业基础设施的个人化、应用化

最重要的特征是基础设施投资更加社会化、私人化，这种投资甚至包括每一台智能手机，个人购买的手机，不再像是过去的国有航空公司购买飞机，这个基础设施的主导者是个人，商业基础设施的投资，当然也包括物流快递的基础设施投资，进一步走向轻资产化、应用化、融合化，将一切社会资源连接起来、整合起来、重新盘活并运营起来，比过去占有重资产的基础设施更加重要。这是基础设施升级和转型创新的方向。

（资料来源：https://mp.weixin.qq.com/s?_ _ biz = MjM5MjU3OTI0MA = = &mid = 402505906&idx = 2&sn = 10359c58c7e783e7a8b4ef9c74eb8521&scene = 1&srcid = 04044D0ABEjzxfSJjzU8TRsl&pass_ ticket = ndu%2BYrhzkoIEwA8Yi63%2FmSpR9nD1PQpBchhyeApw84w%2FxwH7XHt6DUWzbTy8eb4U#rd.）

思考：

（1）请分析我国电商物流的发展趋势。

（2）请分析我国电商物流迅速发展的原因。

# 第13章 电子商务与快递物流综合实训方案

【学习目标】
了解电子商务快递物流相关基础知识、模式和流程。

【学习重点】
（1）掌握电子商务网站的建立与维护技术。
（2）掌握物流设备实操技能、配送中心拣选、规划设计等一系列的工作技能。
（3）掌握"互联网+物流"下的信息识别（RFID、磁卡、条码、二维码、硬币、指纹）技术、无线WiFi和蓝牙通信模块技术、智能快递柜控制管理等综合物流信息技术。
（4）掌握快递柜信息管理系统的开发和应用技术。

【学习难点】
综合应用知识与技能，进行电子商务与快递物流系统规划、设计、分析、技术开发及运营管理。

## 13.1　实训目标

2015年5月13日，国务院办公厅发布的《国务院办公厅关于深化高等学校创新创业教育改革的实施意见》提出"强化创新创业实践"，"各高校要加强专业实验室、虚拟仿真实验室、创业实验室和训练中心建设，促进实验教学平台共享"。实训课程的开展一方面可以使学生巩固所选理论知识，指导其学以致用；另一方面可以提高学生的实践能力和创新能力，促进学生全面发展。

实训可以帮助各高校、职业院校的相关专业学生熟悉电子商务与快递物流的理论知识，通晓电商物流的信息技术，掌握电商网站的构建与维护、物流中心拣选、配送路径跟踪及物流信息技术等技术手段，成为创新型电商物流综合应用型人才。该实践教学模式以物流信息技术综合实践为手段，以智能快递柜新型设备为基础的校园物流中心为实训基地，通过电商网站购物下单、仓库拣选、配送、落地配等主要环节的实训操作，熟悉电商物流全过程，掌握相关的信息识别、通信、控制管理和手机应用开发等技术手段，具备电商物流系统设计、分析、技术开发及运营的工作能力。

创新型电商物流人才教学实践基地的建设，以培养创新型电商物流人才为目标，以物流信息技术实训教程为手段，依托于教学与实训相结合的课程体系和软硬件资源，旨在提高学生的综合知识水平和专业实践能力，为学生提供实践、演练、创新、创业平台。

通过培训和学习使学生了解电子商务快递物流相关基础知识、模式和流程。具体包括以下知识和技术。

(1) 掌握电子商务网站的建立与维护技术。

(2) 基于VR虚拟化电商物流配送中心的实训空间，丰富学生的物流基础认知、掌握物流设备实操技能、配送中心拣选、规划设计等一系列的工作技能。

(3) 熟悉电子商务物流过程中所应用的配送路径优化与物流跟踪调度技术。

(4) 掌握"互联网+物流"下的信息识别(RFID、磁卡、条码、二维码、硬币、指纹)技术、无线WiFi和蓝牙通信模块技术、智能快递柜控制管理等综合物流信息技术。

(5) 通过智能快递柜管理系统实训，掌握通用的Android框架和手机APP应用开发技术，以及嵌入式开发原理和应用技术等。

(6) 依托于实训基地，综合应用以上知识和技能，进行电子商务与快递物流系统规划、设计、分析、技术开发及运营管理的工作能力。

## 13.2 实训方案

以校园物流中心实训基地为依托,实训流程模拟覆盖网购下单、拣选、配送到落地配的各个环节。电子商务与快递物流认知环节能够使学生了解电子商务与快递物流的基本理论、业务流程,以及基本模式和技术手段;电子商务网站实训环节,能够使学生掌握电子商务网站构建的技术和方法;VR物流中心实训环节,能够使学生掌握物流实操技能、配送中心流程、物流装备、配送中心安全等一系列的学习任务;物流配送管理与跟踪技术实训环节,为学生和教师提供了模拟配送和运输环节的实验平台,通过该环节使学生能够直观地了解现代物流配送和运输体系的运作模式和关键技术原理;物流信息技术实训环节,让学生在实际操作中了解最新物流信息技术和发展方向、掌握基本嵌入式相关技术原理和实验方法;智能快递柜信息管理实训环节,使学生掌握快递柜信息管理系统的开发和应用技术。

创新型电商物流人才教学实践基地建设,依托于丰富的软硬件工具,以满足电商物流工作流程的教学实践需求。实训基地实训流程如图13.1所示,实训基地工具如表13-1所示。

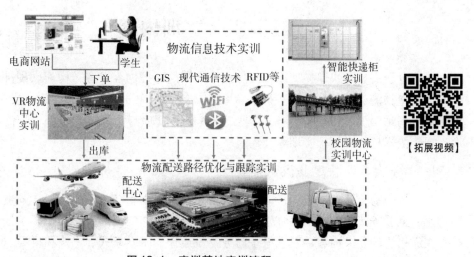

图13.1 实训基地实训流程

表 13-1 实训基地工具

| 工具分类 | 工具名称 | 工具说明 |
| --- | --- | --- |
| 软件资源 | 专业实训教材 | 全套实训教材，包括《电子商务与快递物流》《电子商务网站实训》《物流配送路径优化与物流跟踪实训》《物流信息技术实训》《智能快递柜管理系统实训》 |
| | 教学电子资源 | 教学配套视频、扩展知识等二维码素材；教学 PPT 等配套教学资源 |
| | 软件系统 | 电子商务网站系统；物流配送路径优化与物流跟踪系统；智能快递柜管理系统；后台 VR 管理系统 |
| | 移动 APP | 智能快递柜管理移动 APP |
| 硬件设备 | VR 设备 | 基于构建的虚拟化物流中心实训空间 |
| | 物流信息技术实验箱 | 与物流信息技术综合实训模块配套的物流信息技术实验箱 |
| | 智能快递柜 | 全套智能快递柜设备，用于校园物流实训基地建设，及智能快递柜管理系统实训教学 |

## 13.3 实训内容

根据电子商务与快递物流综合信息技术实训的课程内容设置，构建软硬件兼备的电子商务与快递物流综合信息技术实训平台系统，该系统主要包括电子商务与快递物流认知、电子商务网站实训、VR 物流中心实训、物流配送管理与跟踪技术实训、物流信息技术实训、智能快递柜信息管理实训等几大模块。

1. 电子商务与快递物流认知模块

基于校园物流实训基地，采取理论教学和实践应用相结合的方式，认知电子商务与快递物流的全业务流程，可以使学生了解电子商务与快递物流的基本理论，掌握电子商务环境和快递物流的业务内容，熟悉电子商务物流运作的基本模式、方法和技术。

电子商务与快递物流认知模块，一方面，以注重案例分析和实践应用为原则，结合大量的国内外电子商务快递物流相关研究成果和知名企业电商物流运作的实际案例，对电子商务与快递物流的理论与应用知识进行了详细的说明，具有较强的实用价值。另一方面，依托以智能快递柜为基础的校园物流实训基地，通过对校园物流中心整体运作流程的介绍，将电子商务与物流的相关知识贯穿其中，使学生能够亲身体验电子商务下物流的作业过程，加深学生对相关知识的理解，提高学生的实践能力。

## 2. 电子商务网站实训

电子商务网站作为整个电子商务与快递物流系统的初始环节，着重体现依托于互联网和信息网络技术进行产品、服务及信息交换的过程。电子商务网站实训部分，有助于学生深入了解电子商务网站的构成，学习网站的规划、设计、管理以及维护，并且通过实例学习，使学生熟悉网站的开发环境和开发工具，明确电子商务网站建设的各个环节，掌握整个电子商务网站的各个功能模块的开发设计方法。

电子商务网站主要包括前台用户登录模块、前台商品信息查询模块、前台购物车模块、后台商品管理模块、后台订单管理模块以及后台用户管理模块。其中，前台用户登录模块主要包括用户注册及登录；前台商品查询可根据商品的排行、分页和分类进行查询；前台购物车模块包括添加、查看、清空购物车及生成订单的过程；后台商品管理模块包括商品的添加和商品信息的查询；后台订单管理指订单查询、物流查询及订单执行的全过程；后台用户管理模块的功能包括用户查询、添加和删除等。

电子商务网站实训模块不仅包括电子商务网站开发的基础知识介绍，也提供全部的网站实例代码，并结合图书电子商务网站实训案例，使学生可以逐步掌握电子商务网站的开发技能(图 13.2)。

图 13.2　电子商务网站实训效果图介绍

### 3. VR 物流中心实训

VR 物流中心实训模块是依托于 VR 虚拟现实眼镜等设备构建虚拟化的实训空间，可为教师提供全新的物流教学实验场所，同时可为学生提供丰富的物流基础认知、掌握仓库拣选等实操技能、配送中心流程、物流装备等一系列的学习任务。通过身临其境的实训场景，使学生置身于虚拟的实训场景之中，体验到全新的物流实训世界。

VR 物流中心实训部分，包括 VR 新手教学子系统、配送中心认知子系统、配送中心运营实操子系统、配送中心安全子系统等内容，以便教师教学和学生进行配送中心相关知识和技能的实训，能帮助学生深入理解知识，并掌握应用操作技能。VR 物流中心实训模块具有以下特色。

（1）沉浸式教学。改变传统机械或静态的教学方法，采用动态沉浸式教学，将学员引入虚拟物流世界中，通过不断的互动和丰富的内容进行交互学习，可以极大地激发学生学习兴趣，使学生高效地掌握知识。

（2）成本低。极大地节约实训空间，将不同的设备整合到虚拟世界中，只需要一套实训场地即可实现实训效果，通过虚拟化设备进行训练，同时避免了购置工业化物流设备造成的极大资金消耗。

（3）内容丰富。知识点可涵盖配送中心认知、实操、运营等多方面内容。

（4）实践性强。将现实中危险的，实验成本较高的相关训练搬入虚拟世界，极大地提高了实践教学的可行性，操作简单实用（图 13.3）。

 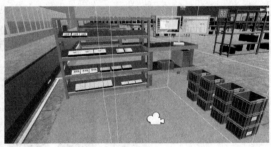

图 13.3　VR 物流操作实训示意图

### 4. 物流配送管理与跟踪技术实训

物流配送管理与跟踪技术实训模块，是为学生和教师提供模拟配送和运输环节的实验平台。系统通过对物流配送过程中车辆调度和最短路径的有效选择，使得配送更加合理化。并且，在运输过程中使用地理信息系统（GIS）技术、全球定位系统（GPS）技术和现代通信技术相结合的方法，完成商品在途运输的定位、追踪及可视化管理，使学生能够直观地了解现代物流配送和运输体系的运作模式和关键技术原理，并且对整个物流配送跟踪系统的效益进行有效评估。

在物流配送和跟踪实训模块学习中，不仅可以加深学生对物流基础知识的理解，并且能够学习到基本运输问题、车辆调度和定位跟踪问题的解决方法。首先，学生可以学习节约法、表上作业法和破圈法等解决运输基本问题的方法;其次,学生能够掌握配送车辆调度问题和路径优化的方法,如 VRP 问题模型、精确求解算法和启发式求解算法;最后,可以使学生熟悉 GIS 和 GPS 技术在物流跟踪领域的应用。

物流配送管理与跟踪技术实训模块(图 13.4),以零基础、可操作的实训教学方案为学生提供实用的物流配送规划指导;以丰富生动的图形展示,最大限度地帮助学生理解教学内容,掌握配送优化调度和跟踪技术;完整可靠的配送案例程序解读,方便学生进行学习和实操实践;基于实际快递物流配送问题的案例求解,真正实现理论与实践的相结合。

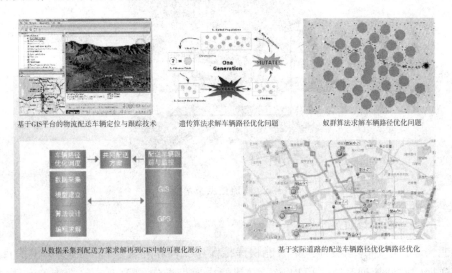

图 13.4 物流配送管理与跟踪技术

### 5. 物流信息技术实训模块

物流信息技术实训模块依托于物流信息技术综合实验平台,开展快递物流行业中常用的网络与通信技术、自动识别技术等现代物流信息技术实训。针对 APP、智能快递柜等最新物流技术和设备的出现,物流信息技术综合实验平台主要涵盖电子锁控制技术、硬币识别技术、温湿度检测控制技术、条码识别技术、指纹识别技术、RFID 应用技术、GSM 短信通知技术、WiFi 通信技术、蓝牙通信技术等,着重介绍各信息技术的原理、电路设计、程序控制以及系统搭建方式等。该部分采用理论与实践相结合的方式进行讲解,各个技术模块可单独进行实验,也可根据设计者需要进行综合设计开发,使学生不仅能够了解各信息技术的工作原理,掌握其使用方法,更重要的是能够在实际应用中选取合适的物流信息技术。

物流信息技术实训模块通过实训的方式让学生在实际操作中,了解最新物流信息技术和发展方向、掌握基本嵌入式相关技术原理和实验方法、提高学生的综合实践动手能力,以培养适应快速发展的现代物流信息技术需要的合格人才。物流信息技术综合实验平台,具有以下特色。

(1) 综合性强。运用机械、传感器、逻辑电路、互联网、通信、射频等相关学科技术,将嵌入式开发、互联网、通信和射频技术通过多个实验模块进行有机结合,达到综合实训的效果。

（2）扩展性强。实验箱上有多个可供插拔电路板的位置，可以进行实验模块的替换和教学内容的升级，无须再重新购买或更换新的实验箱（图 13.5）。

（3）层次清晰。实验设计按照实验内容由浅入深、由易到难的顺序进行设计，有助于激发受训人员的学习兴趣。

（4）与实践应用结合紧密。每个实验中都有相应的使用场景介绍，并结合工作实践，提出选型示例。

图 13.5　物流信息技术实验箱

6. 智能快递柜信息管理

智能快递柜信息管理实训包括智能快递柜操作实训和开发实训。该实训模块具备基于智能快递柜的软件管理系统，可以实现对智能快递柜操作的管理，包括查询和添加商品、远程控制自提柜开锁、查询设备状态等操作。系统的用户关系管理模块，用于添加新用户和用户操作历史的查询；库存管理模块实现对商品的查询和添加；设备状态管理模块主要实现对设备状态的查询与显示；远程控制开锁模块是取件时实现对快递柜进行远程开锁的控制；与 Android 应用程序通信相关接口模块的设计主要用来实现手机 APP 对快递柜的简便操控。通过对智能快递柜信息管理系统的学习，可以使学生掌握快递柜信息管理系统的开发和应用技术，并掌握手机 APP 应用通用开发技术，以及嵌入式开发原理和应用技术。

# 本章小结

随着"互联网+"时代的到来，我国电子商务与快递物流业的快速发展，创新型电商物流人才的需求日益增加。本章通过对前面几章所学知识进行总结实践，设计出针对不同板块知识的实践活动，通过实际动手操作，使全书的内容得以巩固，同时增强学生的实践与创新能力。

# 附录 本书主要专业术语

**宏观调控**：国家运用计划、法规、政策、道德等手段，对经济运行状态和经济关系进行干预和调整，把微观经济活动纳入国民经济宏观发展轨道，及时纠正经济运行中的偏离宏观目标的倾向，以保证国民经济的持续、快速、协调、健康发展。

**微观调控**：是运用政府干预，当市场出现需求缺乏、失业率下降等现象时，政府经过货币政策、财政政策抚慰市场或补偿市场缺乏，使经济总量恢复平衡。

**政府失灵**：是指个人对公共物品的需求在现代化议制民主政治中得不到很好的满足，公共部门在提供公共物品时趋向于浪费和滥用资源，致使公共支出规模过大或者效率降低，政府的活动或干预措施缺乏效率，或者说政府做出了降低经济效率的决策或不能实施改善经济效率的决策。

**市场失灵**：是指市场无法有效率地分配商品和劳务的情况。

**网络经济**：一种建立在计算机网络（特别是 Internet）基础之上，以现代信息技术为核心的新的经济形态。

**欧盟**：全称是欧洲联盟（European Union，EU），总部设在比利时首都布鲁塞尔，是由欧洲共同体发展而来的，创始成员国有 6 个，分别为德国、法国、意大利、荷兰、比利时和卢森堡。该联盟现拥有 28 个会员国，正式官方语言有 24 种。

**亚太经济合作组织**：简称亚太经合组织（Asia-Pacific Economic Cooperation，APEC）是亚太地区最具影响的经济合作官方论坛。

**信用经济**：信用是商品和金融交易的一种交易方式，在这种方式下，交易者通过债权债务的建立来实现商品交换或货币转移。人类社会交易方式经历了实物交换、以货币为媒介的交换和靠信用完成交换三个发展阶段，因此，信用经济是商品经济发展到一定阶段后产生的一种经济现象。

**第三方物流公司**：是指为公司提供全部或部分物流服务的外部供应商。第三方物流供应商提供的物流服务一般包括运输、仓储管理、配送等。

**国民经济**：是指一个现代国家范围内各社会生产部门、流通部门和其他经济部门所构成的互相联系的总体。工业、农业、建筑业、运输业、邮电业、商业、对外贸易、服务业、城市公用事业等，都是国民经济的组成部分。

**分销物流**：是指生产企业的产品出厂或者商业流通企业的商品分销领域的物流，分为运输、仓储、装卸、包装、流通加工和信息几个专业物流活动。

**销售物流**：又称企业销售物流，是企业为保证本身的经营利益，不断伴随销售活动，将产品所有权转给用户的物流活动。

**原材料**：是指企业在生产过程中经加工改变其形态或性质并构成产品主要实体的各种原料及主要材料、辅助材料、燃料、修理备用件、包装材料、外购半成品等。

**在制品**：包括正在加工的产品和准备进一步加工的半成品。

**产成品**:又称"成品",是指在一个企业内已完成全部生产过程、按规定标准检验合格、可供销售的产品。

**计算机硬件**:是指计算机系统中由电子、机械和光电元件等组成的各种物理装置的总称。这些物理装置按系统结构的要求构成一个有机整体为计算机软件运行提供物质基础。

**计算机软件**:是指计算机系统中的程序及其文档,程序是计算任务的处理对象和处理规则的描述;文档是为了便于了解程序所需的阐明性资料。

**CPU**:全称为中央处理器,是一块超大规模的集成电路,是一台计算机的运算核心和控制核心。它的功能主要是解释计算机指令以及处理计算机软件中的数据。

**库存管理系统**:是指主要用于库存管理,以入库、出库、查询为主要应用类型建立相应的事务处理。

**快递业务量**:企业收寄的各类快递业务总数量,由受理用户委托的企业负责统计。快递业务量=国内同城快递业务量+国内异地快递业务量+港、澳、台快递业务量+国际快递业务量。

**国内同城快递业务量**:同城范围内以快递方式收寄的各种快递业务(含信件、包裹等)的数量。

**国内异地快递业务量**:国内不同城市间以快递方式收寄的各种快递业务(含信件、包裹等)的数量。

**港、澳、台快递业务量**:以快递方式收寄,寄往港、澳、台地区的各种快递业务(含信件、包裹等)的数量。

**国际快递业务量**:以快递方式收寄,寄往其他国家的各种快递业务(含信件、包裹等)的数量。

**快递业务收入**:企业从事快递业务取得的收入。快递业务收入=国内同城快递业务收入+国内异地快递业务收入+港、澳、台快递业务收入+国际快递业务收入+其他快递业务收入。

**快递运单**:用于记录快件原始收寄信息及服务约定的单据。

**WTO**:全称世界贸易组织(World Trade Organization),1994年4月15日,在摩洛哥的马拉喀什市举行的关贸总协定乌拉圭回合部长会议决定成立更具全球性的世界贸易组织,以取代成立于1947年的关贸总协定。

**商业拍卖**:以委托寄售为业的商行当众出卖寄售的货物,由许多顾客出价争购,到没有人再出更高一些的价时,就拍板,表示成交。

**供应链**:是指商品到达消费者手中之前各相关者的连接或业务的衔接,是围绕核心企业,通过对信息流、物流、资金流的控制,从采购原材料开始,制成中间产品以及最终产品,最后由销售网络把产品送到消费者手中的将供应商、制造商、分销商、零售商,直到最终用户连成一个整体的功能网链结构。

**零库存**:是指以仓库储存形式的某种或某些种物品的储存数量很低的一个概念,甚至可以为"零",即不保持库存。

**人口基数**:人口统计学的概念,就是在统计人口变化的时候,所使用的人口数的一个基本量，在这个基本量的基础上，计算人口的变化，比如增长率、增长量。

**机会主义行为**：是指在信息不对称的情况下人们不完全如实地披露所有的信息及从事其他损人利己的行为。一般是用虚假的或空洞的非真实威胁或承诺谋取个人利益的行为。

**运营成本**：也称经营成本、营业成本，是指企业所销售商品或者提供劳务的成本。

**产品销售成本**：在产成品被销售后，由于库存产品减少了，就需要将该产成品的产品成本从库存成本中减少，而减少的这部分产品成本即成为"产品销售成本"。

**经济效益**：是通过商品和劳动的对外交换所取得的社会劳动节约，即以尽量少的劳动耗费取得尽量多的经营成果，或者以同等的劳动耗费取得更多的经营成果。

**社会效益**：是指最大限度地利用有限的资源满足社会上人们日益增长的物质文化需求。

**集装箱(Container)**：是指具有一定强度、刚度和规格专供周转使用的大型装货容器。

**国民生产总值(Gross National Product，GNP)**：是最重要的宏观经济指标，指一个国家(地区)所有常驻机构单位在一定时期内(年或季)收入初次分配的最终成果。

**毛利**：商业企业商品销售收入(售价)减去商品原进价后的余额。

**物流成本(Logistics Cost)**：是指产品的空间移动或时间占有中所耗费的各种活劳动和物化劳动的货币表现。具体来说，它是产品在实物运动过程中，如包装、搬运装卸、运输、储存、流通加工等各项活动中所支出的人力、物力和财力的总和。

**互联网技术**：指在计算机技术的基础上开发建立的一种信息技术。

**域名(Domain Name)**：是由一串用点分隔的名字组成的 Internet 上某一台计算机或计算机组的名称，用于在数据传输时标识计算机的电子方位。

**超链接**：是指从一个网页指向一个目标的连接关系。

**信息流**：指的是信息处理过程中信息在计算机系统和通信网络中的流动。

**资金流(Fund Flow)**：指在营销渠道成员之间随着商品实物及其所有权的转移而发生的资金往来流程。

**库存周转率**：指某时间段的出库总金额(总数量)与该时间段库存平均金额(或数量)的比，是指在一定期间(一年或半年)库存周转的速度。

**订货交货周期**：指从准备订货到货物收到的间隔时间。

**缺货率**：指某家经营式的公司，客户需要的货源因缺货或种种原因没有按时达到，一段时间后，统计缺货的数量与总发货量的比例。

**市场供求关系**：指在商品经济条件下，商品供给和需求之间的相互联系、相互制约的关系，它同时也是生产和消费之间的关系在市场上的反映。

**运输费**：指将商品从消费者原使用场所运至经营者修理、更换、退货地及返回过程中所需支付的运费。

**包装费**：指商业储运企业代货主办理商品包装、加固、拼装、改装、捆扎、打包等业务所发生的各项费用，主要包括消耗的包装材料价值和组织管理所支付的各项费用。

**条形码**：指将宽度不等的多个黑条和空白，按照一定的编码规则排列，用以表达一组信息的图形标识符。

**蓝牙**：一种无线技术标准，可实现固定设备、移动设备和楼宇个人域网之间的短距离数据交换（使用2.4~2.485GHz的ISM波段的UHF无线电波）。

**物流作业流程**：指物流系统为实现特定的物流目标而进行的一系列有序物流活动的整体，它直接反映了物流系统运行过程中物料的流动、设备的工作及资源的消耗情况。

**电子商务**：指以信息网络技术为手段，以商品交换为中心的商务活动。

**配送**：指在经济合理区域范围内，根据客户要求，对物品进行拣选、加工、包装、分割、组配等作业，并按时送达指定地点的物流活动。

**仓储**：指在指定的场所储存物品的行为，仓储过程中需要用到的仓储物流设备主要包含地龙货架、地龙搬运车、地龙堆高车、地龙电动叉车等。

**二维码**：指用某种特定的几何图形按一定规律在平面（二维方向上）分布的黑白相间的图形记录数据符号信息；在代码编制上巧妙地利用构成计算机内部逻辑基础的"0""1"比特流的概念，使用若干个与二进制相对应的几何形体来表示文字数值信息，通过图像输入设备或光电扫描设备自动识读以实现信息自动处理。它具有条码技术的一些共性：每种码制有其特定的字符集；每个字符占有一定的宽度；具有一定的校验功能等。同时还具有对不同行的信息自动识别功能及处理图形旋转变化点。

**RFID**：射频识别技术，又称无线射频识别，是一种通信技术，可通过无线电信号识别特定目标并读写相关数据，而无须识别系统与特定目标之间建立机械或光学接触。

**GPS**：全球卫星定位系统，利用GPS定位卫星，在全球范围内实时进行定位、导航的系统。

**GIS**：地理信息系统，是一种特定的十分重要的空间信息系统。它是在计算机硬、软件系统支持下，对整个或部分地球表层（包括大气层）空间中的有关地理分布数据进行采集、储存、管理、运算、分析、显示和描述的技术系统。

# 参 考 文 献

[1] 屈冠银. 电子商务物流管理[M]. 3版. 北京：机械工业出版社，2012.

[2] 陈益梅，关井春. 电子商务物流[M]. 北京：水利水电出版社，2011.

[3] 高功步. 电子商务物流管理与应用[M]. 北京：电子工业出版社，2010.

[4] 国家邮政局快递职业教材编写委员会. 电子商务与快递服务[M]. 北京：北京邮电大学出版社，2012.

[5] 于宝琴. 电子商务与快递物流服务[M]. 北京：中国财富出版社，2015.

[6] 李俊韬. 智能物流系统实务[M]. 北京：机械工业出版社，2013.

[7] 吴健. 电子商务物流管理[M]. 2版. 北京：清华大学出版社，2013.

[8] 陈雪梅. 电子商务物流[M]. 成都：西南财经大学出版社，2011.

[9] 沈珺，丁军. 物流管理概论[M]. 北京：北京交通大学出版社/清华大学出版社，2014.

[10] 王靓. 电子商务概论[M]. 北京：中国轻工业出版社，2007.

[11] 罗振华. 电子商务物流管理[M]. 杭州：浙江大学出版社，2009.

[12] 孟泽云. 电子商务物流管理[M]. 北京：北京师范大学出版社，2010.

[13] 刘磊，梁娟娟. 电子商务物流[M]. 2版. 北京：电子工业出版社，2014.

[14] 李创，王丽萍. 物流管理[M]. 北京：清华大学出版社，2008.

[15] 王曰芬，丁晟春. 电子商务网站设计与管理[M]. 2版. 北京：北京大学出版社，2004.

# 北大版 · 物流专业规划教材

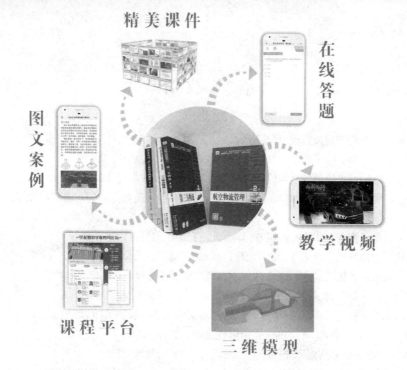

精美课件
在线答题
教学视频
三维模型
课程平台
图文案例

## 本科物流

物流信息管理　物流项目管理　物流运作管理　物流运筹学　供应链管理　交通运输工程学

第三方物流　国际物流管理　采购管理与库存控制　物流配送中心规划与设计　航空物流管理　现代物流信息技术

## 高职物流

物流信息技术与应用　采购管理实务　物流案例与实训　采购与仓储管理实务　企业物流管理

扫码进入电子书架查看更多专业教材，如需申请样书、获取配套教学资源或在使用过程中遇到任何问题，请添加客服咨询。